서대문형무소 근현대사

일제시대편

나남출판

나남신서 · 759

서대문형무소 근현대사

일제시대편

김 삼 웅

나남출판

서대문형무소사(史) 개설 ─ 머리말을 대신하여

(1) 신문사 내 방에는 황색벽돌 한 개가 유리관 속에 '소중'하게 보관 돼 있다. 벽돌의 유리관에는 다음과 같은 내용이 쓰여 있다. "이 벽돌은 일제의 강압에 의해 항일투사들의 손으로 만들어져 선열들을 감금 옥사 시킨 서대문형무소를 축조했던 벽돌임. 1992년 8월 15일 서울특별시." 그러니까 서대문형무소 건물이 서대문독립공원의 조성으로 팔려나가면 서 벽돌 일부를 서울시가 유리관에 넣어서 관계 인사들에게 나눠준 것 중의 하나이다.

나는 이 벽돌을 지금은 병중에 계신 이종갑 순국선열유족회장으로부 터 '선물'받아 소중하게 보관하고 있다. 이 벽돌을 받기 이전부터 지금 은 서대문독립공원으로 이름이 바뀐 서대문형무소 터를 자주 드나들었 다. 1987년 11월 15일 서울구치소가 경기도 의왕시로 이전하기 이전까 지는 감히 얼씬하기도 어려웠던 곳이지만, 그 이후에는 독립공원으로 조성되고, 이곳에서 순국선열유족회가 순전히 항일투쟁과 친일파 문제 등 그야말로 '민족문제'만 취급하는 월간지 《순국》(殉國)을 발행하는 관 계로 자주 드나들게 되었다.

그 이전, 그러니까 서대문형무소 또는 서울구치소의 명칭 때는 야당 기관지 기자의 신분으로 민주인사들의 면회(구실의 취재)를 위해서, 그리고 유신과 5공의 폭압시절에는 자신의 신념을 테스트하고자, 틈만 나면 이곳(과 주변)을 찾았다. 야당과 재야시절, 또는 쫓기는 신세이거나 거듭된 실업자의 상태에서 이곳을 '배회'하는 날이 많았다. 이곳에서 나는 대한제국 말기에서 1980년대 후반까지 80여년 동안 한국 근·현대사 격동기에 '현저동 101번지'에서 시련을 겪은 항일지사와 민족·민주인사들의 고난을 생각하면서 마음을 채찍질하곤 하였다.

인연이란 질긴 것이어서 지금은 서대문구청이 이곳에 서대문형무소 역사관을 설치하면서 운영자문위원으로 위촉하여 자주 드나들게 되고, 개인적으로 또는 공적으로 좌절감이 들거나 서글픈 일이 생길 때에는 이곳을 찾곤 한다. 소중한 사람과 만나는 장소도 가끔 이곳을 택하는 경우도 있다.

이런저런 연유로 나는 오래전부터 서대문형무소에 관심을 기울여 왔고, 이에 대한 자료를 찾았다. 그러나 놀랍게도 변변한 자료집 한 권, 논문 한 편도 찾을 길이 없었다. '변변한'이란 수식어를 붙이지 않더라도 자료집이나 연구서 한 편 나온 것이 없다(열화당에서 1988년에 《서대문형무소》란 사진문고가 나왔을 뿐이다).

그럴듯한 이유를 댈 수는 있을 것이다. 일제시대나 해방후를 막론하고 이곳에 드나드는 사람은 일반 잡범을 제외하고는 대부분이 독립운동가이거나 민족·민주인사들이었다. 철저한 검사와 집필금지 그리고 기록과 자료를 남겼다가는 '후환'이 따르거나 연좌죄에 걸리게 되는 상황에서 누구라도 기록을 남기기란 쉽지 않았을 것이다.

조선총독부는 일제패망시에 대부분의 기록과 자료를 소각하였고 6·25 전쟁 때에도 폭격으로 소진되었다. 이런 사유로 하여 기록과 자료가 전무한 상태가 된 것이다.

그렇다고 '면탈'이 되는 것은 아니다. 한국 근·현대사 격동기의 수난과 민족의 한이 서린 역사의 현장에 대한 연구와 자료발굴이 되지 않는 것은 현대사를 연구하는 교수나 지식인, 언론인들의 무책임과 나태에 책임이 없는 바 아니다. 근현대사 연구라면 모두들 명분과 명예가 따르는 의병이나 독립운동사에 매달리고 부끄러운 역사의 뒷장에 도사린 매국노·친일파 문제는 외면하는 학자들이나, 그날그날 사건현장에만 매달리면서 시간을 축내는 언론인들에게 서대문형무소는 언제나 망각 또는 배척의 사각지대가 되었다. 그래서 순국자만 400여 위, 투옥됐던 애국지사가 4만여 명에 이르는 이곳이 잊혀지거나 묻혀지게 된 것이다.

그렇다고 언제까지 '남의 탓'만 할 것인가. 10년 장병에 5년 묵은 쑥이 특효라면 이제부터라도 쑥을 묵히거나 5년 묵은 쑥을 찾는 일이 현명하지 않을까, 하여 직접 나서기로 했다. 학식이 넓지 못하고 붓이 예리하지 못한 처지에 이 작업은 애초부터 무리이고 내가 감당하기에는 힘이 부친 일이었다.

그러나 앞서 열거한 '인연'을 이유로 《순국》지에 1997년 11월호부터 "서대문형무소 근현대사"라는 제목으로 연재를 시작하여 2000년 1월호까지 25회를 연재하고, 이승만 관련 부분과 부록으로 실은 수감자명단을 추가하여 한 권의 책으로 엮게 되었다.

2년여 연재기간에 나는 관련자료를 찾고자 참으로 많이 헤매었다. 도서관과 헌책방을 비롯하여 일본 헌책방과 인편을 통해 일본의 여러 도서관을 뒤졌다. 그렇지만 이렇다 할 자료는 나타나지 않았다. 일본인으로 서대문감옥의 전옥을 역임한 사람이 《법조협회잡지》 등에 쓴 자료 등 일부만을 입수했을 뿐이다.

그러다보니 여기저기 단편적인 자료를 인용하거나 취합하여 그달그달 연재를 메워나갔다. 때문에 내용이 부실하고 놓친 부문도 적지 않다. 또한 잡지 연재의 성격상 사건 중심으로 쓰다보니 개인적으로 항일

투쟁에 나섰다가 이곳에서 옥사하거나 옥고를 치른 분들을 놓친 경우가
적지 않을 것이다. 좀더 많은 시간과 정력을 기울여 자료를 찾아 정리
했어야 하는데 그렇지 못한 것은 순전히 나의 책임이다. 후일 보완하는
것으로 보답하기로 하겠다.

 (2) 서울특별시 서대문구 현저동 101번지에 위치한 통칭 서대문형무
소는 대한제국 말기인 1908년 10월 21일 경성감옥으로 신축되었다. 일
본 통감부가 전국에서 일어난 의병들을 수감하기 위해 급조한 것이다.
 일제는 강제합병을 앞두고 1907년부터 그들의 침략에 항거하는 수많
은 애국지사들을 투옥시키기 위한 현대식 감옥의 필요성을 절감하여 이
듬해부터 감옥을 짓기 시작했다. 일본인의 설계로 지어진 이 감옥은 당
시 화폐 5만 원이라는 엄청난 비용을 들였다. 480평 규모의 감방과 80
평 정도의 부속시설로 수용인원은 500명 정도였다. 당시 전국 8개 감옥
총 수용인원이 300여 명이었던 것과 비교하면 대규모의 감옥이었다. 경
성감옥은 1912년 9월 3일 서대문감옥으로 명칭을 변경한 데 이어 1923
년 5월 5일 서대문형무소로 다시 명칭을 바꾸었다. 이렇게 하여 해방되
던 해 11월 21일 서울형무소로 개칭할 때까지 현저동 101번지의 이 감
옥은 서대문형무소로 불리었다.
 1961년 12월 23일 박정희 군사정부는 형무소라는 명칭을 서울교도소
로 고치고, 1967년 7월 7일 다시 서울구치소로 변경하였다가 1987년 11
월 15일 서울구치소를 경기도 의왕시로 이전하면서 1992년 8월 15일 한
맺힌 현저동 101번지는 지금의 서대문독립공원이란 이름을 얻게 된 것
이다.
 현재 서대문독립공원에는 서울구치소가 의왕시로 옮겨갈 때 남아있
던 15개 동의 옥사(獄舍) 중 역사성과 보존가치를 고려하여 제9, 10,
11, 12, 13 옥사와 중앙사, 나병사(癩病舍)가 보존돼 있고, 옥사 3개

동(제10, 11, 12 옥사)과 사형장은 사적 제324호로 지정되었다. 사적으로 지정된 사형장은 일제가 1923년에 지은 목조건물로서 서대문형무소를 비롯하여 전국에서 사형선고를 받고 투옥된 애국지사들이 이감된 후 사형이 집행된 곳이다.

항일 애국지사와 해방후 조봉암 진보당 당수 등 민족·민주인사들의 형이 집행된 사형장의 둘레는 높이 5m의 붉은 돌담이 쌓여 있고, 면적은 50㎡이며, 내부에는 개폐식 마루판 위에 사형수가 앉는 의자가 있고 그때에 사용한 굵은 동아줄이 내려져 있다. 앞면은 사형을 집행할 때 배석자들이 사용한 긴 의자가 그대로 보존되어 있다.

사형장의 바로 옆에는 사형을 집행한 시신을 형무소 밖 공동묘지까지 몰래 버리기 위해 일제가 뚫어놓은 비밀통로가 있다. 일제가 그들의 만행을 감추기 위해 폐쇄했던 것을 1992년 서대문독립공원을 조성할 때 입구에서 40m를 복원한 것이다. 사형장 입구의 한 그루 미루나무는 형장으로 들어가는 사형수들이 붙들고 잠시 통곡했다고 하며, 사형장 안에 있는 미루나무는 사형수들의 한이 서려 잘 자라지 않는다는 일화가 전한다.

'유관순 굴'로 불리는 지하감옥도 복원되어 지금까지 남아있다. 일제는 독립운동에 참여한 여성들을 투옥하기 위해 1916년 지하에 여사(女舍)를 신축하였다. 지하 독방에는 비중이 있는 애국지사들을 수용하여 가혹한 신문과 고문을 하는 장소로 사용하다가 1934년에 옥사를 고치는 과정에서 지하감옥을 매립하였다.

1992년 독립공원을 조성할 때 발굴, 복원된 이 지하감옥의 면적은 190㎡이며, 사방 1m도 안되는 독감방 4개가 있다. 특히 이곳은 유관순 열사가 일제의 모진 고문 끝에 순국한 곳으로 일명 '유관순 굴'이라 불린다. 유관순 열사는 1919년 8월 1일 서대문감옥으로 이감되어 매일 아침저녁으로 독립만세를 외쳤고, 그때마다 잔혹한 고문이 자행되고 지

하 독방으로 격리수용되었다. 유관순 열사는 1920년 10월 12일 거듭된
고문과 영양실조로 이곳에서 순국하였다.

　요즘에도 가끔 영화나 드라마의 세트장으로 이용되는 담장은 수감자
들의 탈옥을 막고, 동태를 감시하기 위해 설치했던 담장과 망루의 일부
를 원형대로 보존한 것이다. 1907년 담장을 설치할 때는 나무기둥에 함
석을 붙였으나, 현재의 붉은 돌담은 1923년에 설치한 것이다. 담장의
높이는 4.5m, 길이는 1,161m였으나 현재는 앞면에 79m, 뒷면에 208m
만 남았다. 망루는 6개소 중 2개소만 원형대로 보존하였는데, 8면에 감
시청이 설치되어 있고 높이는 10m이다. 정문의 망루는 1923년에 설치
했으며, 뒤쪽의 망루는 1930년에 만든 것이다.

　⑶ 조국해방을 위해 온 몸을 던진 애국선열들의 고귀한 희생정신과
한이 서린 서대문구 현저동 서대문독립공원 안 옛 서대문형무소가 서대
문형무소역사관으로 단장돼 개관한 것은 1998년 11월 5일이다. 서대문
구청(이정규 청장)이 역사전시관을 마련하여 역사의 산 교육장으로 문
을 열게 된 것이다. 지상 2층, 지하 1층 규모로 일제 때 고문과 취조장
소로 악명을 떨쳤던 옛 보안과 건물을 보수하여 새롭게 단장하였다. 이
곳에는 서대문형무소의 설립내역과 변천과정, 일제 때의 전국형무소 현
황, 항일저항사, 옥중시설, 고문실 등 서대문형무소의 역사가 영상 및
각종 모형으로 전시되어 당시 애국선열들의 고난과 투쟁의 흔적을 보여
준다. 하루평균 1,500명의 관람객이 이곳을 찾아 서울의 새로운 관광명
소로 자리잡게 되었다. 망국시절과 독재시절에 애국지사와 민주인사들
의 고난의 장소가 역사의 '산 교육장'이 된 것은 역설이지만, 그만큼 역
사가 주는 교훈도 큰 것이다.

　그러나 서대문형무소역사관에는 몇 가지 문제점이 따른다. 1992년 노
태우 정부가 세운 '지하옥사'의 지상건물이 일본식이라는 비판이 나온 지

오래이다. 지하옥사 위에 세워진 51평(가로 세로 13m) 넓이의 보호각
건물은 이중지붕에다 처마가 '일자형'이며 지붕 중앙에는 탑 모양의 조
형물을 설치했는데, 이것은 14~15세기 일본중세의 건축양식이 가미됐
다는 게 건축전문가들의 지적이다. 전통적인 한국양식은 '곡선형'이다.

독립유공단체와 일부 뜻있는 인사들이 보호각을 철거하고 다시 지을
것을 요구하고 있지만 관계당국은 건립 당시의 설계자는 물론 설계관련
자료도 찾지 못한 상태에서 이를 외면하고 있다. 서울시 건설안전관리
본부가 건립한 이 건물은 건설본부가 해체되고, 독립공원 관할권이 서
울시에서 서대문구청으로 넘어가면서 설계도면 등 관련자료가 폐기됐다
는 것이다. 보호각건물과 함께 역사관 10사(舍)와 11사 사이에 위치한
원형연못과 담장 주변에 수십 그루 심어진 일본수종인 벗나무와 편백나
무도 관람객들의 눈살을 찌푸리게 한다.

하필 민족수난의 장소에 지은 건물이 왜식이고, 이곳에 심은 나무가
일본수종이라는, 행정당국의 몰역사성과 무책임이 망국시절 조국독립
을 위해 몸을 바친 애국선열들의 고귀한 정신을 손상시키지 않을지 심
히 우려된다.

1999년 이곳에서는 백범 김구 선생의 서거 50주년 추모 음악제를 비
롯, 서대문형무소 민족예술제가 열리는 등 점차 역사, 문화, 예술의 명
소로 자리잡아가고 있다. 파리 바스티유 감옥의 오페라가 세계적 명성
을 얻게 되었듯이 서대문형무소 역사관의 민족예술제도 제값을 하여 이
곳을 거쳐가신 애국선열과 민족민주인사들의 고귀한 희생정신이 길이
빛나기를 기원한다.

(4) 이 책을 쓰는 데는 많은 분들의 도움이 있었다. 일일이 열거하지는
않지만《순국》지에 연재토록 해 주신 이종갑 선생과 편집진, 그리고 양
성숙 서대문형무소역사관 학예연구사의 도움에 감사드린다. 아울러 '장

사가 힘들지도 모를 책'을 기꺼이 출판해 주신 조상호 나남출판사 사장님
께는 《백범 김구전집》 출판 때의 우정으로 감사 드린다. 몇해 전 《해방
후 양민학살사》란 책을 냈더니 나를 아끼는 분이 "당신은 왜 팔리지도
않을 책만 골라서 쓰느냐"라는 '힐책'에 "그런 책을 출간하는 출판사가 있
어서 그렇다"라고 답했던 적이 있다. 또 한 권의 '팔리지 않을 책'을 추가
하게 된 것이 아닌가 싶어 염려가 되기도 하지만, 의미있는 출판이라 자
부해 보고 싶다. 그렇지만 이 책의 속편이라 할 《서대문형무소 해방후
편》도 쓰고자 열심히 자료를 수집중이다. 이 작업은 다소 쉬울 것 같다.

2000년 1월

金 三 雄

나남신서 · 759

서대문형무소 근현대사

일제시대편

차 례

· **서대문형무소사 개설-머리말을 대신하여 / 7**

민족의 수난처 서대문형무소

"지면에 옥(獄)을 그려놓아도 사람은 그것을 피하고 나무를 깎아 형리(刑吏)를 만들어도 사람은 그것과 면대하길 싫어한다"라고 사마천은 '임안(任安)에게 드리는 글'에서 말했다.

감옥을 말하는 '옥'(獄)자는, 사나운 개 두 마리가 사람의 입을 지키는 모양을 하고 있다. 자유를 구속하는 형상인 것이다. 따라서 감옥은 인간의 육체와 정신을 속박하고 자유를 박탈하기 때문에 누구나 이를 기피한다. 돌이켜보면 지배와 피지배라는 인간의 지배질서가 시작되면서 감옥이 만들어지고 '발전'되었다. 인간이 원시상태일 때에는 '밀림의 법칙'만이 존재하였을 뿐이다.

그러나 인간이 법과 도덕, 종교와 관습이 발달되는 고등사회로 진화하면서 범법자와 반체제, 이단자를 제재하는 재판제도와 이들을 격리하는 감옥이 필요하였다. 이러한 현상은 동서양을 막론하고 인류사의 발전과 함께 나타났다. 보편적으로는 범죄자를 일반인으로부터 격리 또는 유폐·수용하는 공권력의 행사가 바로 감옥제도이다. 그리고 본원적으로는 지배층이 도전세력을 합법적으로 봉쇄하는 방법의 하나이기도 하다.

일제 강점기 동안 조선천지가 감옥이고, 한국인 모두가 죄인 아닌 죄인의 취급을 받은 터이지만, 일제는 전국 도처에 철옹성과 같은 감옥을 짓고 민족지사, 반일투사 수만 명을 체포하여 형언할 수 없는 고문과 탄압을 일삼고 더러는 일제의 형률에 의해 처형하였다. 또한 수많은 애국지사들을 투옥하여 회유하거나 전향을 강요하고 그래도 듣지 않으면 혹독한 고문으로 반신불수를 만들어 옥사시킨 사례도 허다했다.

일제의 조선지배 정책은 가혹한 형벌주의로 시종하였다. 처음부터 국가폭력을 동원하여 조선을 병탄한 이래 일선융화·동조동근·내선일체·팔굉일우·황민화 따위를 내세우면서 '합병'을 시도했지만, 어떠한 정책이나 형벌로도 한국인을 일본인으로 동화시킬 수 는 없었다. 그래서 야만적 최후방법인 폭력과 형벌로 다스릴 수밖에 없었던 것이다. 일제시대 한국사회에서는 "말깨나 하는 놈 까막소 가고, 얼굴깨나 생긴년 유곽에 간다"는 유행어가 나돌 만큼 의식있는 한국인이 가는 곳은 감옥이었다. 또한 일제의 형벌정책이 얼마나 가혹했는지는 "조선놈은 두들겨 패야 말을 듣고, 명태는 두들겨야 맛이 난다"라는 저들의 비어에서도 잘 나타난다.

일제는 한국을 침략하면서 감옥부터 지었다. 초기에는 의병학살에서 보이듯이 현장에서 참혹하게 학살하는 것을 원칙으로 삼았다. 그러나 이러한 만행이 한국인들의 반일감정을 더욱 북돋우고 국제사회에서 일본의 야만성에 대한 비난이 빗발치면서 방향을 바꿔 형식적이나마 재판제도를 실시하고 감옥을 증설하여 우리 지사들을 형벌로 위협하였다. 일제는 수많은 조선의 의병과 독립운동가를 체포하여 서대문형무소 등 여러 감옥에 수감하고 그 중에서 많은 지도자를 처형·학살하였다. 국립묘지에 안장된 순국선열 중 서대문형무소에서 순국한 대표적인 애국지사는 〈표 1〉과 같다.

일제시대에 수많은 의병과 항일지사가 서대문형무소에서 고초를 겪었으며, 김구·안창호 선생을 비롯한 애국지사, 그리고 1919년 3·1항쟁을 주도한 손병희·한용운·권동진 선생 등 민족대표와 수천 명의 민중이 이곳에 갇히고, 유관순 열사·김동삼 선생·강우규 의사가 여기서 옥고를 치르거나 생을 마쳤다.

〈표 1〉 서대문 형무소에서 순국한 대표적 애국지사

성 명	생몰년	활동상	서훈형태
강우규	1859~1920	조선총독 암살 미수	대한국민장
이인영	1860~1910	의병장	대통령장
민 강	1885~1931	재(在) 서울 일제기관 폭파	국민장
변춘식	1895~1926	군수 사살사건	국민장
송학선	1893~1927	일인 암살사건	국민장
윤병구	1890~1931	의열단원. 총독부 폭파미수	국민장
윤준희	1892~1921	회령 조선은행 현금탈취, 무기구입사건	국민장
이병묵	1900~1930	의열단원. 친일분자 암살	국민장
임국정	1894~1921	회령 조선은행사건	국민장
이양섭	1834~1925	면사무소·주재소 습격	국민장
김동삼	1878~1931	서로군정서, 정의부 조직	대통령장
채기중	1873~1921	대한광복단 조직, 경상관찰사 살해	대통령장

해방후에는 한때 최남선 등 거물 친일파들이, 그리고 국회프락치사건으로 다시 항일경력의 국회의원들이 수감되고, 4·19혁명으로 최인규 등 자유당 간부가, 5·16군사쿠데타 후에는 민주당 정권 각료와 혁신계·반혁명사건 연루자들이 무더기로 수감되었다. 박정희 정권에서는 반공법·국가보안법 위반혐의로 구속된 시국사범과 긴급조치 위반으로 수감된 양심수들로 온통 감옥이 초만원을 이루었다.

서대문형무소에서는 진보당 당수 조봉암, 3·15부정선거 원흉 최인규, 정치깡패 이정재, 육영수 여사 저격범 문세광, 박정희 대통령을 저격한 김재규, 북한 노동당 부부장 황태성, 위장 귀순간첩 이수근이 처형되었으며, 강력범 고재봉·김대두·박철웅·주영형 등도 이곳에서 형이 집행되었다.

서울 서대문구 현저동 101번지. 지금은 서대문 독립공원으로 조성되어 많은 시민이 한가를 즐기는 곳이다. 정부는 1988년 2월 27일 이곳을 사적 제324호로 지정하여 시민공원으로 개방하였다. 이 자리는 일찍이 조선왕조 초기의 국사 무학대사가 무악재를 넘으며 "터는 좋은데 3천 명의 홀아비가 탄식할 곳"이라고 말했다는 전설이 깃든 곳이다. 우연의 일치인지 아니면 이 말이 적중한 것인지는 알 수 없지만, 이곳에 감옥이 만들어졌을 당시 수용규모가 3천여 명이었다 한다.

현저동 101번지 영천에 처음으로 감옥이 설치된 것은 대한제국기인 1908년 10월 21일, 경성감옥이란 명칭으로 세워졌다. 당시는 금계동(金鷄洞), 즉 닭이 알을 품는 형국이라 해서 명당으로 알려진 마을이름이었다.

이보다 앞서 1904년 7월 14일 종로에 있던 전옥서(典獄署)가 경무청 감옥서로 개칭되면서, 4년후인 1908년 4월 11일 경성감옥으로 이름이 바뀌어 같은해 10월 21일 현재의 위치로 신축, 이전되었다. 그후 다시 4년 만인 1912년 마포형무소가 경성감옥이란 명칭으로 설립되면서 서울구치소는 서대문감옥으로 개칭되고, 1923년 서대문형무소란 명칭을 거쳐 해방후인 1946년에 경성형무소, 1950년에 서울형무소, 1961년 5·16 군사쿠데타 후에 서울교도소로 바뀌었다가 다시 1967년 7월 7일 서울구치소로 개명되었다.

마지막 이름이 서울구치소가 된 이 감옥에는 일제 때 독립투사를 비롯, 35만 명의 동포가 거쳐가거나 순국하는 등 80여년 동안 민족사적인 고통과 애환을 간직하다가 1987년 11월 15일 경기도 시흥군 의왕읍 포일리 청계산 기슭의 새 건물로 이전하였다. 이로써 그 오명을 이제 역사의 기록으로 남기게 되었다.

이 감옥은 그동안 한국 근현대사의 와중에서 여러 차례 명칭이 바뀌고 규모가 확장되었지만, 1923년이래 23년여 동안 서대문형무소라는 이름으로 불리면서 숱한 애국자들을 고문하고 생명을 앗아감으로써 이 감옥은 겨레의 원부(怨府)가 되었다. 따라서 이곳은 바로 '서대문형무소'라는 대명사로 불리게 되면서 일제시대에는 항일투사가 사상범, 해방후에는 민족지사와 통일운동가·민주화 운동가 등 정치범과 양심수가 시련을 겪는 '고난의 성지'가 되었다. 바꿔 말해서 근현대 80여년 동안 민족적인 양심과 시대적인 정의가 일제, 백색·적색의 독재세력과 대결하면서 수난을 받는 고난의 한맺힌 장소인 것이다.

1934년 당시 서대문형무소 전경.

서대문형무소에 갇혔던 사람 중에는 살인범을 비롯하여 강·절도 등 파렴치범들도 적지 않았다. 해방후에는 오히려 이들 '잡범'의 숫자가 훨씬 더 많았다. 그러나 일제 강점기 동안 일제가 그토록 적대하고 질시하던 '불령선인'과 '조센징 사상범' 그리고 해방 후에는 통일조국 건설과 민주화를 위해 반독재 투쟁에 앞장선 '정치범'과 '양심수'들이 이곳에 수감됨으로써 서대문형무소는 명실상부한 민족민주통일운동의 수난지가 되기에 이르렀다.

원래 서대문 금계동에는 일반 감옥을 관장하던 감옥서(監獄署)라는 관서가 있었다. 1894년 갑오개혁 때 경무청관제직장(警務廳官制職掌) 및 행정경찰장정(行政警察章程)에 의거하여 좌·우 포도청이 폐지되고 내무아문 소속의 경무청으로 통합하면서, 경무청 소속의 경무사가 감옥 사무를 관장하고 이곳에 감옥서가 설치되었다.

이와 함께 종래 전옥서라고 불리던 것을 감옥서로 고치고 규칙도 새로 제정하였다. 경무청 소속의 감옥 담당관리로는 감금(監禁)·부감금·감수(監守)·감금서기 각 1명, 그리고 압뢰(押牢) 10명을 두었다. 이듬해 4월 이를 고쳐서 감옥서장·감옥서기 2명, 간수장 2명을 두었으며, 각 지방에도 감옥서를 두었다. 1898년 1월에는 감옥세칙도 마련하였다. 감옥서의 소관사무는, 첫째 재감인(在監人) 출입명부와 소원(訴

願)·급여품·투입물·소지품에 관한 사항, 둘째 재감인의 직업에 관한 사항, 셋째 재감인의 계호·서신·접견에 관한 사항, 넷째 재감인의 행장(行狀)과 상벌에 관한 사항, 다섯째 범죄인의 형집행시 비품용구에 관한 사항, 여섯째 문서의 편찬·보존·통계에 관한 사항 등이 있다.

이상과 같은 직제와 소관사항 및 관제 용어는 모두 일본인 고문관의 관여하에 입안된 것이었다. 그후 1907년 7월 조선통감부 칙령 제1호로서 경시청 관제가 공포되어, 경무청을 대신하는 경시청이 설치되고 감옥업무가 경찰업무에서 분리되기에 이르렀다.

본격적인 감옥업무는 1907년 12월 칙령 제52호로 감옥서의 관할이 내부에서 법부로 옮겨지고 감옥관제가 새로 제정되면서 시작되었다. 이어서 동년 정미 7조약이 체결되면서 일제통감부가 설치되고, 이른바 차관정치가 실시되면서 도쿄 공사원 검사장이었던 구라도미(倉富勇三郎)가 한국정부의 법부차관에 임명되었다. 이와 함께 감옥서의 고위직에 일본인이 속속 임명되어, 대심원장·검사총장·경성공소원장·동 검사장·경성지방재판소장·동 검사장 등 수뇌직 기타 판·검사·서기 등이 일본인으로 임명되고, 수감자와의 의사소통을 이유로 통역관제가 실시되면서 많은 일본인이 관리로 채용되어 이 나라의 형정(刑政) 또한 일제의 손아귀로 넘어갔다.

이 무렵 감옥서의 명칭이 '감옥'으로 바뀌고 직제도 전옥 9명, 간수장 54명, 감옥의(의사) 12명, 통역 9명, 간수와 여취체역 등 약간 명의 직원을 두도록 개편되었다. 전옥이 법부대신 및 공소원 검사장의 지휘감독을 받아 감옥의 모든 업무를 관리하고 부하직원을 감독하도록 하였다. 일제에 의해 처음으로 제정된 감옥관제(칙령 제52호)는 일제강점기 동안 우리나라의 감옥업무를 규제하는 첫 규정이므로 그 내용을 살펴보기로 한다.

제1조 : 감옥은 법부대신의 관리에 속하여 형의 집행에 관한 사무를 장(掌) 함.

제2조 : 감옥의 위치 및 명칭은 법부대신이 이를 정함.

제3조 : 공소원 검사장은 법부대신이 명을 받아 그 관할지내에 있는 감옥을 감독함.

제4조 : 각 감옥을 통하여 좌의 직원을 치(置)함.

· 전옥 9명(칙임)

· 간수장 전임 54명(판임)

· 감옥의 전임 12명(칙임 또는 판임)

· 통역 전임 9명(판임)

제5조 : 전옥은 감옥의 장으로 법부대신 및 검사장의 지휘감독을 받아 감옥의 사무를 장리(掌理)하고 부하관리를 감독하며 간수 이하의 진퇴를 전임함.

제6조 : 간수장은 상관의 지휘를 받아 감옥사무에 종사하며 간수 이하를 지휘감독함.

제7조 : 감옥의는 상관의 명을 받아 의무에 종사함.

제8조 : 통역은 상관의 지휘를 받아 통역 및 문서번역에 종사함.

제9조 : 감옥에는 제4조에 게(揭)한 직원 외에 간수 및 여감 취체를 두고 판임 대우도 함.

제10조 : 법부대신은 필요에 따라 분감을 둘 수 있다. 분감장은 간수장으로 하고 전옥의 지휘를 받아 분감의 사무를 장리하고 부하를 지휘감독함.

제11조 : 전옥의 유고시에는 상석 간수장이 이를 대행하고 분감장의 유고시도 위와 같음.

부칙 : 본령은 융희 2년 1월 1일부터 이를 시행함.

1910년 8월 29일 이른바 한일합방조약의 공포와 함께 통감부관제는 폐지되고 조선총독부 및 소속관서의 관제가 칙령 제354호로서 제정, 공포되어 10월 1일부터 실시하게 됨으로써 재판과 감옥에 관련한 모든 주권이 조선총독의 수중으로 넘어갔다.

대한제국 정부는 1907년 7월 한일협약에 의해 사법 및 감옥에 관한 사무를 이미 일본정부에 '위임'하고 있었다. 이에 따라 일본정부는 동년 11월 통감부 재판소를 설치하고 한국의 재판사무를 인수하여 종래의 통감부 법리원(法理院)에서 취급한 일본인에 대한 재판도 관장하게 되었다.

이보다 앞서 통감부는 재판소구성법을 공포하여 재판소와 검사국을 설치하고, 다수의 일본인을 초청하여 중요한 판사·검사·서기로 임용하여 우리나라 사법권을 실질적으로 장악하였다.

1909년 10월에는 다시 칙령 제243호로서 통감부관제를 공포하여 11월 1일부터 시행에 들어갔는데, 이것을 합병과 동시에 조선총독부 감옥관제로 명칭과 직제를 바꾸게 된 것이다. 일제는 합병 직후인 1910년 9월에는 다시 칙령 제366호로서 조선총독부 감옥관제를 공포하여 10월 1일부터 시행토록 하였다. 이로써 일제는 항일민족지사들을 '합법적'으로 투옥하고 재판에 회부하는 사법권을 장악하게 되었다.

조선총독부의 감옥은 조선총독의 관리하에 두었으며, 복심법원 검사장은 조선총독의 명을 받아 그 관할구역 안에 있는 감옥을 지휘감독하도록 하였다. 즉 조선총독부 감옥은 1차로 그 소재지를 관할하는 복심법원 검사장이 감독하고, 2차로 조선총독이 감독하도록 하는 직제를 만들었다. 조선총독부 감옥의 설치 및 폐지는 조선총독이 정하며, 필요한 경우 분감(分監)을 둘 수 있도록 하였다.

일제는 조선을 식민지화하고 사법권을 강탈하면서 가장 먼저 일본식의 대형감옥을 지으면서 한국인에게 공포감을 주고 수많은 반일인사들을 투옥하여 항일의지를 끊고자 하였다.

서대문형무소 연혁

을사조약과 한일협약 등으로 대한제국의 사법권과 형정권(刑政權)을 강탈한 일제는 1907년 서대문 밖 인왕산 기슭의 금계산 자락 30여만 평 자리에 대규모의 신식감옥을 지었다.

준공 당시에는 480평 규모의 감방과 부속건물 80평 정도의 청사 및 부속건물이 마련되었다. 전면만이 벽돌담이었고 지붕은 함석(양철), 주위벽은 판자 위에 아연판을 두른 허술한 목조건물이었다.

이층 건물의 옥사는 감시하기 편리하도록 T자형, 부채꼴 형태의 세 방향으로 뻗어 있었으나, 햇볕을 차단시키는 바람에 음산하기 이를 데 없었다. 감방은 가운데 복도를 사이에 두고 마주보게 되어 있었고, 복도 천장을 뚫어 철망 사이로 위층을 훤히 올려다 볼 수 있게 만들었다. 수용능력은 5백 명 정도로, 당시 전국 여덟 개 감옥의 총 수용면적이 3백여 평이었던 데 비하면 어마어마한 규모의 현대식 감옥이었다.

당시의 청사는 서울 전동(典洞)에 있던 홍사단 건물을 이축한 것으로서 1924년까지는 청사로, 그후 6·25 사변 전까지는 병사(病舍)로 사용되다가 휴전 직후 현재의 자리에 다시 이축, 관사(官舍)로 활용되었다. 일제 강점기인 1916년에는 여사(女舍)가 신축되고 1923년에는 새 청사 및 사형장이 세워졌으며, 1935년에는 제1~6사(현존)가 신축됨으로써 상당한 규모의 시설을 갖추었고 수용인원도 3천 명 선으로 늘어났다.

이 신식감옥이 경성감옥이란 이름으로 그 업무를 시작한 것은 1908년 10월 21일이었다. 2년여 동안의 공사기간에 당시에는 거액인 약 5만 원의 경비를 들여 완공한 이 건물과 관련한 자세한 자료는 남아있지 않다. 다만《일본의 감옥사》(重松一義)란 책에는 "1907년 일본 예부산(禮富山), 화가산(和歌山)의 전옥을 역임한 사천왕수마(四天王數馬)가 조선정부의 초청으로 일·한융합이란 당시 양국의 국시를 바로세우기 위해 주로 사상범의 지도에 주안점을 두고 조선에 근대적인 감옥건설을 지휘하게 됐다"고 하는 기록이 있다. 설계·감리자 역시 사천왕이라는 괴상한 이름을 가진 간수 출신 일본인 돌팔이 건축가였던 것이다(김동현·민경원,《서대문형무소 — 옮기던 날의 기록 그리고 그 역사》, 열화당, 1988).

또한 조선총독부에서 행형과장과 서대문형무소장 등을 지낸 나카하시가 집필하고 총독부 치형협회(治刑協會)에서 발행한《朝鮮舊時의 刑

政》(1937)은 경성감옥의 신축이전 경위를 다음과 같이 기술하고 있다.

> 마루야마(丸山) 경무고문(警務顧問)은 장차 사회의 변화에 따라 범죄인이 크게 증가하게 될 것을 예측하고 경비 약 5만 원을 들여 인왕산 금계동에 감옥의 신축에 착수하였다. 건물의 설계는 본국(일본)에서 전옥을 지낸 사천왕수마(四天王數馬)가 맡았다.
>
> 이 신축감옥은 전부 목조로 하였고 주벽은 전면의 일부만 벽돌로 하고 그 외는 모두 아연판을 붙인 판자로 하여 허술한 점이 있었지만 청사 및 부속건물 80평, 감방 및 부속건물 480평에 건축구조는 감방의 순경·시찰·환기 및 방풍을 고려하여 T자형으로 하고 외초(外哨)와 순찰로를 설치하여 계호상 편리하도록 하였다.
>
> 그러나 감방은 주간에는 어둡고 매우 침침하여 이 점만은 결점이었다. 하지만 공장·목욕실 그외 필요한 설비를 갖추었으며 수용능력은 500명 정도였다.
>
> 이와같이 신감옥이 설치되어 있었지만 당시 군대해산병이 폭도화하여 城(서울) 외는 어수선하였고 新帝(순종) 즉위 후 정무가 혼잡하였지만 사법기관(일제헌병, 경찰기관 등 — 필자)을 창설하고 이에 따라 송도 감옥은 더욱 수용난을 겪게 되어 이곳(종로감옥)은 구치감으로 하여 미결수만 수용하고 기결수는 모두 신감옥으로 옮겨서 수용인원을 조정하였다.

여기서 말하는 마루야마 경무고문은 통감부 시대에 경무청 고문이라는 직위에 있으면서 한국병탄에 주력했던 인물이다.

을사조약과 한일협약 등을 통해 조선의 외교와 내정을 강탈하다시피 한 일제는 본격적으로 병탄을 서두르는 한편 저항하는 한국인들을 일반대중으로부터 격리시키고 탄압하기 위해 전국 주요도시에 서둘러 감옥을 건축하였다.

융희 원년(1907년) 이완용과 통감 소네가 사법·감옥사무 위탁에 관한 각서(조선의 사법 및 감옥사무가 완비했음을 인정할 때까지 조선정부는 사법 및 감옥사무를 일본정부에 위탁함)를 조인한 데 이어 12월 27일 법

〈표 2〉 전국 감옥의 명칭과 위치

명 칭	위 치
경성감옥	한성부
평양감옥	평안남도 평양
대구감옥	경상북도 대구
공주감옥	충청남도 공주
해주감옥	황해도 해주
광주감옥	전라남도 광주
진주감옥	경상남도 진주
함흥감옥	함경남도 함흥

부령(法部令) 제1호로 '경성감옥서를 설치하는 건'을 반포하고, 이듬해 4월 11일 법령 제2호로 전국 8개 감옥의 명칭과 위치를 정하여 공포하였다.

이때 확정된 전국 감옥의 명칭과 위치를 정리하면 〈표 2〉와 같다.

전국에 세워진 감옥은 1908년 7월 13일 법부령 제10호 '감옥사무 개시기에 관한 건'의 발효와 함께 7월 16일부터 업무가 시작되었다.

그러나 일제의 국권강탈 과정에서 군대해산과 고종의 강제양위 등으로 전국적으로 의병이 궐기하고 항일의 열기가 넘치면서, 일제의 감옥은 아무리 지어도 모자랄 지경이었다. 그 때문에 통감부는 1908년 11월 20일 법부령 제19호로 '감옥분감(分監)의 설치령'을 제정함으로써 경성감옥 인천분감 등 8개소의 분감을 전국에 설치하였다. 이때 설치된 분감은 경성감옥 인천분감과 춘천분감, 공주감옥 청주분감, 함흥감옥 경성분감·원산분감, 평양감옥 의주분감, 진주감옥 부산분감, 광주감옥 전주분감 등이다.

각 지역 분감들의 업무개시 일자는 다음과 같다.

· 인천분감 1909년 2월 16일
· 부산·전주분감 1909년 2월 20일
· 의주분감 1909년 2월 24일

· 춘천분감 1909년 3월 1일
· 원산 · 경성(鏡城) 분감 1909년 3월 3일
· 청주분감 1909년 3월 10일

일제는 분감설치에 따라 54명이던 간수장을 1909년 2월 18일(칙령 제15호) 간수장을 70명으로 증원하였다.

일제는 무슨 심산이었는지 하필이면 대한제국이 자주독립의 의지를 내외에 과시하기 위해 세운 서대문의 독립문 근처에 대규모 현대식 감옥을 건립하였다.

독립문은 갑오경장 이후 자주독립의 결의를 다짐하고자 중국사신을 영접하던 사대외교의 표상인 영은문을 헐고 그 자리에 자주민권과 자강운동의 상징으로 세운 것이다. 미국 망명에서 귀국한 서재필이 중심이 된 독립협회의 발의로 고종황제의 동의를 얻어 많은 개화인사와 국민들의 호응으로 이 건물이 세워졌다.

독립문은 1896년 11월 21일 정초식을 갖고 공사에 들어가 이듬해인 1897년 11월 20일에 완공하였다. 설계는 서재필의 구상 아래 프랑스 파리의 개선문을 모형으로 하였지만, 비용관계로 축소해서 기본설계를 하였다. 독일 공사관의 스위스인 기사(일설에는 러시아인 사바친)가 서재필을 도와서 기술적인 세부설계도를 작성하였으며, 한국인 기사 심의석이 실제 공사를 도급받아 작업하였다. 심의석은 당시 유명한 목수로서 독립협회의 발기인이 되어 간사원(幹事員)에도 선출되었으며 독립문 건립의 실제 담당 건축기사였다. 석공은 조선인 기술자들이 맡고 인부는 중국인 노동자들을 고용하였다.

독립문의 구조는 화강석 쌓기로서 중앙에 홍예문이 있고 내부 왼쪽에 정상으로 통하는 돌층계가 있으며, 정상에는 돌난간이 둘러져 있다. 홍예문의 이맛돌에는 조선왕조를 상징하는 이화문장이 새겨져 있고 그 위의 앞뒤 현판석에는 각기 한글과 한자로 '독립문'이라는 글씨와 그 좌우에 태극기가 새겨져 있다(현재는 성산대로 공사관계로 원위치에서 서북쪽으로 70미터 떨어진 지점으로 옮겨졌다).

　이와같이 민족의 자주독립을 상징하는 독립문 부근에 일제가 대형감옥을 축조한 것은, 우리 명산과 거암에 쇠꼬챙이를 박아서 땅의 기(氣)를 죽이고자 했던 음모의 연장선상에서 발상된 것으로 보인다.

　일제는 독립문 근처에 감옥을 지어 독립지사들을 고문하고 처형함으로써 우리의 독립정신과 항일의지를 꺾고자 기도했던 것이다.

무자비한 일제의 감옥제도

일본은 한국을 침략하면서 무력과 법제의 두 가지 방법을 적절히 활용하여 병탄을 성공시켰다. 한국의 사법권과 감옥사무를 빼앗는 것도 기유각서(己酉覺書)라는 협약을 통해서 이루어졌다.

1909년(융희 3년) 7월 12일 한국의 총리대신 이완용과 일본의 통감 소네 아라스케(曾禰荒助) 사이에 맺어진 기유각서에 따라 한국의 법부와 재판소는 폐지되고, 그 업무를 통감부의 사법청이 맡게 되었다. 이로써 한국의 구율(舊律)은 모두 폐지되고 한국국민은 일본의 형률(刑律)을 따르도록 하고, 통감부를 경유하여 법관을 임명토록 하였다. 또한 재판관리는 모두 일인으로 충원시켰다.

4개 조항으로 된 기유각서의 내용은 다음과 같다.

제1조 : 한국의 사법(私法) 및 감옥사무를 완비하기까지 한국정부는 사법 및 감옥사무를 일본국정부에 위탁할 것.
제2조 : 일본정부는 일정한 자격을 소유한 일본인 및 한국인을 한국에서 일본재판 및 감옥관리로 임용할 것.
제3조 : 한국에서 일본재판소의 협약 및 법령은 특별히 규정될 것이며 외국에 있는 한국신민에 대해서 한국법규를 적용할 것.
제4조 : 한국의 지방관청 및 관공리는 각각 그 직무에 따라서 사법 및

감옥사무를 관장할 것이며 한국은 일본관청의 지휘·명령 및
보조를 받을 것.

그러나 기유각서가 체결되기 전에 한일신협약(1907)에 의해 법령제정
권·관리임명권·행정권의 위임 및 일본인 관리의 채용 등을 강제하는
조약으로 이미 한국의 사법권이 일제에 예속되기에 이르렀다. 한일신협
약에 따라 통감부는 각 부의 고문제도를 폐지하는 대신 일본인 차관을
임명하여 한국의 외교와 내정을 전부 통감의 지휘에 따라 집행토록 했
다. 이른바 차관정치의 시대가 열리고 군대의 해산, 사법권, 경찰권의
박탈이 이루어졌다.

일제가 처음으로 한국에 감옥을 설치한 것은 1905년 7월 18일 경성에
세운 한국주차위수감옥이다. 이를 경성수금장(京城囚禁場)이라 불렀는
데, 군관계 형사피고인, 유치인, 군율위반자의 구금·처형을 위해서 한
국에 주둔한 일본군사령관이 세운 군인감옥이었다.

서울 남창동의 옛 조선정부군 병영에 세운 경성수금장은 장장(場長)
인 일제헌병사령관 밑에 8명의 헌병과 하사졸(下士卒)이 업무를 수행하
였다. 그러나 1907년 4월 1일 경성수금장은 폐지되고 같은 장소에 용산
위수감옥이 개설되었는데 4월 22일 서대문 밖 옛 조선정부군 병영으로
이전하면서 10월 15일부터 주차군위수감옥으로 개칭되었다. 1908년 9
월 10일 기공한 용산의 위수감옥 청사는 다음해 9월 30일 완공되고, 이
에 따라 주차군위수감옥은 1909년 7월 24일에 신축청사로 이전하였다.
용산의 신축청사는 양식 청사 28평, 감방 99평, 기타 부속건물 합계
384평으로 붉은 벽돌담장이었다. 주차군사령관에게 예속된 위수감옥의
구금 대상자는 징역·금고·구류처분을 받은 일본 육군군인, 육군학생
·생도, 육군군속, 사형선고를 받은 자와 군관계 형사피고인 등이다(임
종국, 《일본군의 조선침략사 1》).

일제의 주차위수감옥을 길게 소개한 데는 까닭이 있다. 이것이 일제
가 한국에 세운 첫 감옥이었기 때문이다. 이와 더불어 1909년 10월 23

〈표 3〉 수감자들의 식량규정

등급	1등	2등	3등	4등	5등	6등	7등	8등	9등	10등
1일의 식량	9홉	8홉 4작	7홉 8작	7홉 2작	6홉 6삭	6홉	5홉 4작	4홉 8작	4홉 2작	3홉 6작

일 사법·감옥사무 위탁각서에 의해 '통감부 감옥관제'란 법령이 공포되고 같은 날에 일본칙령 제292호로 '한국 군인·군속의 범죄 심판의 건'이 공포되어 11월 1일부터 시행되었다. 이에 의해서 조선정부 군인·군속의 범죄심판은 주차군 특별군법회의가 담당하면서, 처형과 구금은 주차군위수감옥이 담당하게 되었다. 즉 일본군이 한국군인과 군속의 재판과 처형·구금을 맡고, 용산의 위수감옥은 일제가 한국인을 투옥·처형하는 등 형정이 그들 손아귀로 넘어가는 계기가 된 것이다.

일제는 조선침략을 노골화하면서 각급 행형관련 법규를 제정하여 한국인이 옴짝달싹하지 못하도록 만들었다. 1907년(융희 원년) 12월 13일 칙령 제52호로 '감옥관제'를 반포하여 감옥서의 관할을 내부에서 법부로 이전시키고, 이에 따라 감옥조직이 경무청에서 분리·독립되었으며 그 기구도 크게 확장되었다.

이어 정미 7조약에 의해 일본통감부가 설치되면서 차관정치가 실시되고, 감옥서의 고위직에 일본인이 직접 임명되기 시작했다. 일제는 감옥업무에 특히 민감하여 하위 감옥관리에 이르기까지 모두 일본인으로 채웠다.

통감부는 1908년 4월 11일 법부령 제2호로 전국에 8개의 감옥 본감을 설치하고 같은해 11월 20일 법부령 제19호로 8개의 감옥 분감을 증설한 외에도 1908년 4월 25일 법부령 제3호로 간수와 간수장의 중간에 간수부장 직급을 신설하고, 1908년 5월 12일 법부령 제4호로 간수 및 여감 취체직무규정을 제정한 데 이어 감옥직원급여령(1908.5.25), 감옥관복장규칙(1908.6.17), 간수채용규칙(1908.6.18), 죄수압송규칙(1908.7.23), 간수여감 취체급여품규칙(1908.6.23), 재감인 영치금품처리규정

(1908. 6. 15), 감옥고용인급여규정(1908. 6. 20), 간수이하 급여품지급규정(1908. 7. 23), 유치·구류 및 형집행시행(1908. 7. 31), 수감자식량규정(1909. 4. 16) 등을 제정하였다. 뒤에서 좀더 자세히 설명하고자 한다.

다음으로 '기결수·미결수·민사 유치인 식량규정'을 통해 일제가 수감자들을 어떻게 처우했는가를 살펴보자.

이 규정의 제1조는 "기결수·미결수 및 민사 유치인의 식량은 직업 및 신체의 정황을 참작하고 좌의 등급에 의하여 1일 3회에 분(分)하여 급여함. 단 불취역자의 식량은 8등 이하로 하되 1일 2회에 차(此)를 급여함"이라 명시했다(〈표 3〉 참조).

주요조항의 내용은 다음과 같다.

찬(반찬)은 1인에 1일 금(金) 2전 이하로 함.

제2조 : 식량의 종류 및 보합(步合)은 적의히 차를 정함이 가함. 단 미(米)는 반량(飯量)의 10분의 5를 초과함을 득치 못함.

제3조 : 병자·유자(幼者)나 노약자 등에는 필요에 의하여 전 각조의 규정에 불구하고 적의히 차를 득함. 단 찬은 1인에 1일 금 4전을 초과함을 득치 못함.

제4조 : 전옥 및 경찰서장은 본 규정에 관한 처리절차를 정함을 득함. 전항에 의하여 처리절차를 정하거나 또는 개폐할 시는 매도(每度) 차를 보고함.

이상에서 우리는 일제가 한국을 병탄하는 과정에 군사적인 위협과 더불어 거미줄처럼 치밀한 각종 법규와 조악한 급식, 가혹한 형정(刑政)으로 옭아맨 저들의 흉행을 살필 수 있다.

통감부시대부터 감옥관리로 한국에서 종사한 바 있는 일본인 나카하시 마사요시(中橋政吉)는 그의 책 《조선구시의 형정》(朝鮮舊時の刑政)에서 주목할 만한 여러가지 통계수치를 제시하고 있다.

그는 먼저 이 책에서 "1908년 각지의 감옥, 융희 2년(1908) 4월 신감옥관제에 의해 전국 8개소의 감옥을 설치했을 때 제대로 감옥으로서의 시설을 갖춘 곳은 경성감옥(이전의 전옥서)뿐이고 그외의 감옥은 불완전한 온돌 감방이 2~3개 있었을 뿐이다…. 그때의 8개 감옥의 감옥 면적을 집계하면 298평 3합이었다"고 기록했다. 얼마만큼 열악한 구조였는가를 살펴보자.

1908년 10월 31일 현재 감옥별 재감인원은 〈표 4〉, 〈표 5〉와 같다. 나카하시는 계속하여 당시의 수용실태를 다음과 같이 기술하고 있다.

> 융희 2년 말에 수감인원은 이미 2,000명을 넘고 있었기 때문에 수용밀도는 평당 7명을 넘었고 옥사는 가득 찼으나 계속 수용인원이 증가하여 평당 수십 명에 이르렀다. 재감자는 누워서 잘 수가 없어서 2분의 1씩 또는 3분의 1씩 교대로 누워서 자게 하였다. 대구감옥의 감방은 3개 방에 15평이었는데 수감자가 150명이나 되었고 공주감옥은 방내에 변기를 넣을 공간이 없어 감옥 앞에 항아리를 놓아두고 호스를 방으로 연결하여 용변을 보기까지 하였다.
> 함흥감옥에서는 감옥내에 상·하단의 선반을 설치하고 마치 2층처럼 만들었는데 천정이 낮은 온돌방을 2단으로 나누었기 때문에 가로로 누워있을 수는 있었으나 일어날 수가 없었다. 한일합방 3개월 후인 1910년 12월 31일 감옥의 총면적은 1,470평 4홉에 수감인원은 7,021명으로서 수용밀도는 평당 4.7명이었다.

이 책에서는 서소문감옥에 관해서도 기술하고 있다. 조선 말엽 서소문감옥이라고 칭하는 비교적 규모가 큰 감옥을 증설하였다. 이 감옥은 아마 대원군 집정시 천주교도를 검거, 처형할 때 많은 천주교도들이 투옥됨으로써 감옥이 부족하게 되어 포도청 소속의 감옥을 증설한 것으로 보인다. 서소문감옥이 언제 없어졌는지는 확실치 않지만 천주교 탄압이 종식되고 죄수가 줄어들게 되자 자연히 폐지된 것으로 보인다.

합병이 되기 전에 이미 일제감옥에 7천 명 이상의 한국인 수감자가 있었고, 그것도 내란, 폭등 등 항일관련자들이 상당부분을 차지한다. 또한 강도·절도·준절도·위조 등의 범죄도 의병활동과 애국지사들의

〈표 4〉 재감(在監) 인원표

감옥별＼구분	계	기 결	미 결
경 성 감 옥	835(명)	514(명)	321(명)
공 주 감 옥	246	172	74
함 흥 감 옥	80	41	39
평 양 감 옥	178	132	46
해 주 감 옥	133	97	36
대 구 감 옥	252	161	91
진 주 감 옥	132	97	35
광 주 감 옥	163	60	103
합　계	2,019	1,274	745

〈표 5〉 죄명별(罪名別) 재감인원표

죄명별＼감옥별	계	경성	공주	함흥	평양	해주	대구	진주	광주
내 란	192	100	12	5	16	26	13	8	12
폭 동	44	11	26	0	0	0	7	0	0
강 도	710	273	146	21	31	34	129	32	44
절 도	314	164	13	15	41	12	25	29	15
준절도	134	78	4	0	0	0	25	0	27
위 조	76	40	13	0	0	13	0	10	0
위생방해	42	35	5	0	0	2	0	0	0
고살(故殺)	41	9	2	0	4	23	2	0	1
두구살인(斗毆殺人)	37	15	3	2	3	3	8	2	1
공갈취재	31	0	0	20	3	2	0	6	0
투구상인〔復人〕	28	8	3	0	3	0	4	3	7
약인(略人)	28	7	4	1	3	1	4	4	4
분묘침해	25	5	3	1	3	4	3	4	2
모 살	25	6	0	0	2	3	7	5	2
도계관재산(盜係官財産)	24	13	1	0	1	0	0	0	9
사기취재	23	0	0	4	5	0	0	14	0
화폐위조	22	0	0	0	20	0	0	2	0
기 타	223	71	11	11	43	25	25	13	39
계	2,019	835	246	80	178	133	252	132	163

항일투쟁과 관련된 '죄상'으로 인식할 때 당시 얼마나 격렬한 항일운동이 전개되었는가를 짐작하게 된다. 특히 평당 4.7평꼴의 수감실태는 일제의 형정이 얼마만큼 가혹했던가를 알게 한다.

최초의 재판소구성법

우리나라가 최초로 근대적인 사법제도를 갖추게 된 것은 갑오개혁으로 인한 내정개혁이 계기가 되었다. 그것도 주체적인 개혁이 되지 못하고 일본인 고문 호시(星享)에 의해 이루어졌다.

고종 32년(1895) 3월 25일 법률 제1호로 재판소구성법이 제정·공포되었다. 종전의 정령(政令) 등을 의안(議案)이라 했던 것을 법률이라는 명칭으로 바꾸고 조문(條文)으로 표현하는 등 최초의 입법임과 동시에 장차 행정권으로부터 사법권의 독립을 목적으로 한 것이기도 했다(김병화, 《한국사법사 중세편》).

그러나 이와같은 신식제도의 채택에도 불구하고 실제로 개설된 것은 고등재판소와 한성재판소뿐이며, 순회재판소는 한 번도 개설하지 못하고, 지방재판소는 각 도의 감영 등에, 개항장재판소는 감리서에 각각 합설됐으며 관찰사, 목사(牧使), 감리 등이 판사를 겸임하고 전임(專任)을 두지 못했다.

재판소구성법은 다음과 같이 분류·요약된다.

(1) 재판소의 종류
재판소의 종류는 지방·개항장·순회·고등·특별의 5종인데, 지방재판소는 사정에 따라 지청을 둘 수 있다.
(2) 설치위치와 관할구역
각종 재판소의 설치위치와 관할구역 등은 법부대신이 별도로 정한다.
(3) 사물(事物) 관찰
지방재판소는 일체의 민·형사사건을, 개항장재판소는 내국인의 민·형사사건 이외에 외국인으로서 본국인에 대한 민·형사사건까지를,

순회재판소는 지방 및 개항장재판소(단 부산, 원산에 한하고 한성, 인천
은 제외)의 판결에 대한 상소를, 고등재판소는 한성 및 인천개항장재판
소 판결에 대한 상소를, 특별법원은 왕족의 범죄에 관한 형사사건을 각
각 재판하도록 규정하였다.

(4) 직 원

각 재판소의 직원으로는 판사, 검사, 서기, 정리(廷吏)를 두도록 하
였으며, 특히 고등재판소와 특별법원에는 재판장을 따로 규정했고, 그
원수는 고등재판소와 특별법원 외에는 별도로 정하기로 했다.

(5) 개정(開廷)

개정은 재판소 본청이나 지청에서 행함이 원칙이며, 법부대신이 필요
하다고 인정하는 경우는 그밖의 장소에서도 개정할 수 있다. 순회재판
소는 매년 3월부터 9월 사이에 법부대신의 지정장소에서, 고등재판소는
법부에서, 특별법원은 법부대신이 지시하는 사건에 관하여 그가 지시하
는 장소에서 그의 주청으로 임시 개정토록 각 규정하였다.

일체의 민·형사소송은 공개했으며, 재판장은 법정경찰권이 있어 심
리방해를 한 자 등의 퇴정 또는 처벌권을 행사할 수 있었다. 이때에는
소송기록에 기입하고 그 이유도 부기하도록 했다.

(6) 재판부 구성과 평의 및 선고

고등재판소와 특별법원은 합의체 재판소인바, 이 경우의 평의(評議)
는 관등이 아래인 자로부터 상위의 자의 순으로 의견을 개진하되 동등
자 중에서는 연소자로부터 하며, 과반수의 의견으로 결정하였다.

지방재판소, 개항장재판소, 순회재판소의 재판권은 단석 판사가 행하
게 하고 필요에 따라서 혹 2인 이상의 판사를 둘 경우에는 단석 또는 합
석으로 재판할 수 있되 합석재판일 경우 이견이 있으면 수석판사의 의견
에 좇고 판결은 수석판사가 선고하였다(김병화, 《한국사법사 중세편》).

신식 감옥제도

대한제국 정부는 1895년 4월 29일 칙령 제85호로 신경무청관제를, 1898년 1월 12일 칙령 제3호로 신감옥규칙을 각각 제정하여 감옥은 경무청에 속하며, 경무사(警務使)가 내부대신의 지휘감독을 받아 한성부 5부내의 감옥사무를 관리케 하고, 지방은 각 해당부 관찰사가 관내 감옥을 관리하도록 했다. 또 1895년 4월 24일 칙령 제82호로 각 지방에 감옥서를 설치하고 그 옥사는 종래 소유 옥사로 충당케 하였다. 그리고 1898년 2월 19일 내부령(內部令) 제11호로 감옥세칙을 규정하는 규칙을 제정하였다.

이렇게 마련된 감옥제도는 1906년 2월 12일 통감부 칙령 제8호로 경무청 관제가 전면 개정되었음에도 불구하고 감옥에 관한 부분은 종전과 같도록 하였다. 그후 1907년 8월 20일 내부령 제4호로 관찰부 소재지에 있는 종전의 부(府)·군(郡) 감옥을 폐지하고, 타군부의 종전 감옥은 각 지방경무서에 인계하여 경무분서 또는 경무분파소의 유치장으로 사용토록 하였다.

통감부는 또 1907년 12월 13일 칙령 제52호로 감옥관제를 개정하였는데, 요지는 다음과 같다.

감옥은 법부대신의 관리에 속하여 형의 집행에 관한 사무를 관장하며, 전옥 9인, 간수장 54인, 감옥의(의사) 12인, 통역 9인의 직원을 두도록 했다. 전옥은 법부대신 및 검사장의 지휘감독을 받아 옥무(獄務)를 관장하며 부하직원을 지휘감독하며, 간수장은 상사의 명을 받아 옥무에 종사하며 간수 이하를 지휘감독하고, 감옥의는 상관의 명을 받아 의무에 종사하며, 통역은 통역과 번역을 담당케 하였다.

그밖에 간수와 여감취체 약간 명을 둘 수 있고, 필요한 경우에는 분감도 설치할 수 있으며 분감장은 간수장으로 대신하며 전옥의 지휘를 받아 분감사무를 관장케 하고 부하직원을 감독하게 하였다.

조선통감부는 1908년 4월 11일 법부령 제2호로 다시 감옥관제를 공

〈표 6〉 1908년 설치된 감옥의 명칭과 위치

감옥명칭	감옥위치	감옥명칭	감옥위치
경성감옥	한성부	해주감옥	황해도 해주
평양감옥	평안남도 평양	광주감옥	전라남도 광주
대구감옥	경상북도 대구	진주감옥	경상남도 진주
공주감옥	충청남도 공주	함흥감옥	함경남도 함흥

포하고 새로운 감옥을 설치토록 했다. 이때 설치된 감옥의 명칭과 설치 위치를 정리하면 〈표 6〉과 같다.

앞에서 잠깐 언급한대로 경성감옥의 경우 1907년 12월 27일 법부령 제1호로 경성감옥서라는 명칭으로 설치를 규정, 1908년 2월 1일부터 시행하다가 법부령 제2호에 의해 폐지하면서 경성감옥으로 개칭하였으며, 같은해 10월 21일 법부고시 제8호로 독립문 밖 금계동에 신축한 감옥으로 이전하였다. 이것이 서대문감옥의 시초가 된다.

통감부는 1909년 3월 10일 일본 칙령 제243호로 통감부 감옥관제를 공포하여 11월 1일부터 시행토록 했다. 이 칙령에 따라 감옥은 통감의 관리에 속하고 공소원검사장이 통감의 명령을 받아 관할구역 안에 있는 감옥을 감독하며, 전옥(칙임 9인), 간수장(판임 75인), 통역생(판임 9인), 그밖에 감옥의(칙임관 또는 판임관 대우), 교사·약사·간수·여감취체(판임대우)를 두게 하였다.

전옥은 통감과 공소원검사장의 지휘감독을 받아 감옥사무를 관리하며 부하직원을 지휘감독하고, 간수장은 감옥사무에 종사하며 간수와 여감취체를 감독하고, 통역생은 번역과 통역에 종사했다.

통감은 또 통감부령 제31호로 통감부 감옥 및 분감을 설치토록 하고 그 명칭과 위치를 〈표 7〉과 같이 확정하였다.

일제가 통감부 시절에 전국 곳곳에 감옥을 짓고 분감을 설치한 것은 한국침략에 거세게 저항하고 나선 의병을 '토벌'하면서 체포된 의병들을 수감하기 위해서였다. 일제가 본격적으로 침략을 시작한 1895년의 을미사변(명성황후시해사건)과 단발령 등에 자극받은 유생들이 의병을 일으

〈표 7〉 통감부 감옥 및 분감의 명칭과 위치

명 칭	위 치
경성감옥	한국 경성
경성감옥 인천분감	한국 경기도 인천
경성감옥 춘천분감	한국 강원도 춘천
영등포감옥	한국 경기도 영등포
공주감옥	한국 충청남도 공주
공주감옥 청주분감	한국 충청북도 청주
함흥감옥	한국 함경남도 함흥
함흥감옥 원산분감	한국 함경남도 원산
함흥감옥 청진분감	한국 함경북도 청진
평양감옥	한국 평안남도 평양
평양감옥 신의주분감	한국 평안북도 신의주
해주감옥	한국 황해도 해주
대구감옥	한국 경상북도 대구
부산감옥	한국 경상남도 부산
부산감옥 진주분감	한국 경상남도 진주
광주감옥	한국 전라남도 광주
광주감옥 전주분감	한국 전라북도 전주
광주감옥 목포분감	한국 전라남도 목포

키면서 각지의 민중이 호응함으로써 의병전쟁이 전개되었다.

국권수호와 척왜를 기치로 내걸고 궐기한 반일저항운동의 의병투쟁에 대해 일제는 이른바 '남한대토벌작전' 등을 통해 철저한 초토전술로써 진입을 꾀하여 현지에서 학살하거나 체포한 의병은 전국에 산재한 감옥과 분감에 수감하여 통감부 재판을 거쳐 처형하였다.

의병 '토벌'에 관한 실상을 조선주차군사령부가 편찬한《조선폭도토벌지》는 다음과 같이 기술하고 있다.

주차군사령관은 메이지 40년(1907년) 9월 한국민 일반에 대한 고시를 발표하여 … 비도(匪徒)로서 귀순하는 자는 결코 그 죄를 묻지 않고 구나(拘拿)한다. 또는 그 소재를 밀고하는 자에게는 반드시 많은 상을 주겠다. 만약 어리석어 깨닫지 못하거나, 혹은 비도의 편을 들거나, 혹은 도피시키거나, 혹은 흉기를 은닉하는 자는 엄벌에 처할 뿐만 아니라 책임을 그 읍면으로 돌려 온 부락을 점거하여 엄중히 처벌할 것을 타이르는 바이다. 그런데 그들 폭도는 그 복장이 양민과 다르지 않은 자가 많을 뿐만 아니라 위태로워지면 즉시 무기를 버리고 양민으로 가장하여 우리의 예봉을 피하는 수단을 취하는데, 특히 사건발생 초기에 있어서는 양민 역시 그들 폭도에 동정해서 이를 비호하는 경향이 있다. 그러므로 토벌대는 이상의 고시에 의거하여 책임을 그 읍면에 돌려서 주살(誅殺)을 가하고 혹은 마을 전체를 불태우는 등의 처벌을 실행하여 충청북도 제천 지방과 같이 거의 다 초토화가 되었다.

일제는 의병을 탄압하기 위해 감옥을 지은 데 이어 1907년 칙령 제323호로 '한국주차헌병에 관한 건'을 공포했다. 이 조례는 치안유지를 명분으로 한 것이었지만 실제는 의병탄압이 목적이었다.

제1조 : 한국에 주차하는 헌병은 주로 치안유지에 관한 경찰을 관리하고, 그 직무집행에 있어서는 통감에게 예속된다. 또한 한국주차군사령관의 지휘를 받아 군사경찰을 지배한다.
제2조 : 헌병대 본부위치 및 분대배치와 그 관구는 통감이 결정한다.
제3조 : 통감은 필요에 따라 일시적으로 헌병의 일부를 그 관외로 파견할 수 있다.
제4조 : 헌병의 복무에 관한 규정은 통감이 이를 정한다.
제5조 : 앞의 규정 외에는 주차하는 헌병에 관해서는 조례에 의한다.

일제는 합병 이전에 이미 감옥에 관련한 각종 법제를 마련했다. 통감부에 의해 제정된 각종 감옥 관련의 규제를 정리하면 다음과 같다.

(1) 통감부감옥 사무취급에 관한 건(메이지 42 칙령 제239호)
(2) 감옥법(메이지 41 법률 제28호)
(3) 감옥법 시행규칙(메이지 41 사법성 훈령 제18호)
(4) 감옥칙(메이지 22 칙령 제93호)

　(5) 감옥칙 시행세칙(메이지 32 내무성령 제38호)

　(6) 통감부감옥 직원에 총을 휴대시키는 건(메이지 42 통감부령 제48호)

　(7) 수인 및 피고인 호송규칙(메이지 42 통감부령 제51호)

　(8) 감옥영치품 취급규칙(메이지 42 통감부훈령 제45호)

　(9) 특사 및 감형에 관한 건(메이지 41 칙령 제215호)

　(10) 한국·대만·관동주 및 제국이 치외법권을 행사하는 지역에서
　　　특사 및 감형에 관한 건(메이지 41 칙령 제230호)

　(11) 가출옥 취체세칙(메이지 41 사법성령 제25호)

　(12) 가출옥 취체세칙에 의해 교부할 여권 및 증명서추형(메이지 41
　　　내무성훈령 제9호)

　(13) 감옥작업규정(메이지 41 사법성훈령 제6호)

　(14) 가출옥 및 가출장에 관한 취급수속(메이지 41 사법성훈령 제7호)

　(15) 통감부감옥에 감옥법 시행규칙을 준용하는 건(메이지 43 통감부
　　　령 제18호) 추록

　(16) 가출옥자 취체에 관한 건(메이지 43 통감부령 제19호) 추록

　(17) 가출옥 및 가출장에 관한 취급방법의 건(메이지 43 통감부훈령
　　　제7호) 추록

* 메이지 40년은 서기 1907년.

　이상에서 살펴본 대로 일제는 통감부 시대에 사법권을 빼앗아 한국인
의 형벌권을 장악하고 수많은 감옥을 지어 신체를 구금하고, 각종 감옥
관련 법규를 만들어 탄압의 올가미로 사용하였다(이 글은 김병화, 《한국
사법사 중세편》, 鈴木敬夫, 《법을 통한 조선식민지 지배에 관한 연구》, 한
국법제연구원 편, 《통감부법령 체계분석》 등을 인용·참고하였음).

서대문감옥에서 순국한 의병장

19세기 말에서 20세기 초에 이르는 민족위난기에 의병(義兵)의 존재가 아니었다면 우리 역사는 매국노와 망국노만 들끓는 부끄러운 기록으로 남았을 것이다.

일찍이 박은식이 정의한 대로 "의병은 민군(民軍)으로서 국가가 위급할 때에 즉각 의(義)로써 분기하여 조정의 징발령을 기다리지 않고 종군하는 사람으로 우리 민족의 국수(國粹, 나라의 정수)"라는 정의에 따로 덧붙일 것이 없다.

일본 제국주의 세력의 한국침략이 본격화되면서 한민족은 이러한 의병의 전통에 따라 전국 각지에서 자발적으로 국권회복을 위한 무장항쟁을 전개하였다. 이때의 의병전쟁은 "부르주아 계층이 주도한 독립협회운동이나 애국계몽운동과는 달리 봉건유생층과 갑오농민전쟁의 농민군 중 일부 잔여세력이 일으킨 반외세 무장투쟁으로 출발했다"(강만길, 《고쳐 쓴 한국근대사》). 그러나 역사적인 조건의 변화에 따라 의병은 주체와 구성과 지향이 바뀌어갔다.

의병전쟁의 제1단계는 1880년대 초반의 척사위정운동을 계승한 유생들이 명성황후 살해사건과 단발령 등에 자극되어 일으킨 것이고, 제2단계는 1905년의 을사조약 체결에 분개한 구국항일전, 제3단계는 1907년의 군대해산을 계기로 궐기한 의병전쟁으로 분류된다.

여기서는 전 과정에서 전개되었던 의병전쟁의 지도자 중 서대문감옥
에서 처형되거나 옥고를 치른 대표적인 의병장을 중심으로 정리하고자
한다.

서대문감옥에서 교수당한 이강년

한말 의병전쟁에서는 수많은 의병대장과 수십만의 의병이 목숨을 초
개같이 여기면서 국권회복과 일제 타도를 위해 싸우다가 순국하거나 감
옥에 갇혀 형언하기 어려운 고초를 겪었다.

이강년(李康秊 : 1858~1908)은 의병장 출신으로 서대문감옥에 4개월
동안 수감되고 일제에 의해 이곳에서 처형당한 순국지사의 한 분이다.

한말 의병전쟁 시기에 일제 침략군에게 큰 타격을 준 의병대장으로는
북관의 홍범도, 평북의 채응언·조병준, 해서의 우동선·이진용, 영남
의 허위·이강년·신돌석, 경기의 민긍호, 호남의 김해산·문태산 등을
들 수 있는데, 그 중에서도 가장 많은 왜적을 도륙한 분이 이강년이다.
그는 강원, 충청, 경북 일대를 무대로 의병활동을 전개하면서 수시로 일
본군과 교전하여 일군이 가장 두려워한 막강한 의병부대의 대장이었다.

1895년 을미사변과 단발령이 내려지자 출생지 문경에서 통문(通文)
을 살포하고 분연히 일어나 의병투쟁에 나선 이강년은 먼저 왜적의 앞
잡이들부터 처형하여 민중의 의분을 불러일으켰다. 이강년은 1896년 1
월 왜적의 앞잡이이며 양민을 토색질하던 안동관찰사 김석중과 순검 이
호윤, 김인담 등 3명을 생포하여 용암시장에 운집한 군중 앞에서 이들
의 반역행위와 토색 죄상을 규탄하고 목을 베어 왜적 토벌전에 몸바칠
것을 맹세하였다.

이렇게 시작된 의병활동은 제천의 유인석 의병장을 찾아 사제의 의를
맺고, 그의 유격장이 되어 수안보전투에 참가한 것을 시발로 수많은 왜
적 토벌전에 앞장서서 싸우고, 전국의 의병들이 서울을 공격하기 위해
양주에 집결하여 13도 연합의병부대를 편성할 때는 호서창의대장에 추

의병투쟁을 하다 서대문형무
소에 수감되고 그곳에서 교
수형을 당한 도창의대장(都
昌義大將) 이강년.

대되었다. 1907년 7월 5일 제천전투에서는 왜적 수백 명을 섬멸하여 성
망이 조선 천지에 널리 알려졌다. 고종황제도 감읍하여 도체찰사로 제
수하는 밀칙을 내렸다. 이때 이강년은 전국도창의대장으로 추대되었다.
같은해 7월 20일에는 충북 청풍의 황강전투에서 다시 왜적 수백여 명을
사살하고, 8월 3일에는 경북 문경의 갈평전투에서 왜적 수백 명을 도륙
하였으며, 9월 16일에는 제천에서, 9월 27일에는 죽령에서, 10월 1일에
는 또 죽령에서 수백여 명을, 그리고 10월 23일에는 영춘에서 왜적 백여
명을 목베는 등 연전연승을 거듭하여 의병의 사기가 충천하고 왜병들에
게는 공포의 의병대장이 되었다.

이강년의 성망이 높아지면서 전국 각지에서 열혈청년들이 속속 모여
들어 그의 휘하에는 수천 명의 의병이 운집하였다. 가평 광악산에 의병
진 70여 부대의 병력을 결집하고 국권회복의 일전을 준비하면서 이토
히로부미에게 토멸의 격문을 보내기도 했다.

해가 바뀐 1908년 왜군은 수많은 병력과 신식무기를 동원하여 이강년
의 체포에 혈안이 되었다. 2월에는 적 천여 명의 기습을 받았으나 오히
려 뛰어난 지략으로 적병 수백 명을 도륙하고, 3월에는 인제 백담사와
간성에서 왜적 수백 명을 사살하는 전과를 올렸다. 4월과 5월에는 안동,

봉화, 재산전투에서 또 다시 왜적 수백 명씩을 도륙하여 의병전쟁사에
길이 남을 연전연승을 거듭하였다.

그러나 애석하게도 1908년 6월 4일 충북 청풍·작성에서 벌어진 왜군
과의 결전에서 발목에 총을 맞고 일본군에게 붙잡혔다. 수원의 일본수
비대에 구류되었다가 같은해 7월 8일에 서울의 일본군 헌병사령부로 압
송되어 이곳에서 서대문감옥으로 옮겨지고 평리원(平理院)에서 사형선
고를 받아 9월 22일 교수되었으니 지사의 마지막은 지극히 험난했다.

경성공소원형사부(재판장 판사 森島彌四郞)는 1908년 9월 22일 이강
년에 대해 내란죄를 걸어 교수형을 선고했다. 일제는 의병대장 이강년
의 의병투쟁을 '내란죄'의 죄목을 걸어 기소하고 사형을 선고하여 당일
에 집행하는 야만성을 보였다.

이강년은 1908년 6월 4일 충북 청풍의 금수산에서 왜군에 체포될 때
비통한 심경을 단시로 남겼다.

　　丸子太無情 踝傷止不行
　　若中心服裏 無辱到謠京

　　탄환이여 너무나 무정하구나
　　발목을 상하여 더 나갈 수 없구나
　　차라리 심장이나 맞았더라면
　　욕보지 않고 요경에 갈 것을

왜적에게 체포된 이강년은 제천수비대를 거쳐 충주수비대로 압송되
고 다시 서대문감옥에 갇혀 일제의 재판을 받는 동안 일체의 왜식(倭食)
을 거절하면서 끝까지 대한제국 의병장의 기개를 지켰다. 심문하는 일
본 판검사에게 일제의 죄악상을 통렬히 꾸짖으면서 "지사는 차라리 죽
일 것이지 욕을 뵈서는 안된다"(士可死 不可辱)고 빨리 죽일 것을 재촉
하였다.

이강년은 서대문감옥에 갇힌 지 4개월 만인 9월 22일 경성공소원형사

부 재판장 판사 모리시마 야시로(森島彌四郞)의 주문대로 교수형이 선
고되고, 당일에 서대문감옥에서 형이 집행되니 향년 52세였다.

재판판결문

판 결
경상북도 문경군 북면 죽문동
유생 이강년(李康秊) 52세
위 내린 피고사건을 심리 판결함이 다음과 같다.

주 문
피고 이강년을 교수형에 처한다.
압수물건은 이를 몰수한다.

이 유
피고는 현정부의 시정에 불만을 품고서 정부를 전복하고 정사를
변경하고자 기도하여 융희 원년 음력 7월 이후로 호좌(湖左) 창의
대장이라 자칭하고 도당 수백 명을 소집하여 내란을 일으켜 동 2년
7월까지 충청, 강원, 경기와 각 도내를 횡행하여 수십 회 토벌대와
교전하여 그 목적수행에 종사하였으나, 마침내 동월 2일 충청도
금수산(錦繡山, 丹陽) 부근에서 패전, 체포된 자다.
　위의 사실은 피고에게 대한 한국주차헌병대 경성헌병분대장의
신문조서, 피고의 당공판정에서의 공술에 징험하여 그 증빙이 충분
하다. 이를 법률에 비추건대, 그의 소위가 형법 대전 제195조에 해
당하므로 동조에 의하여 처단하고, 압수물건은 모두 피고의 소유로
서 본 범죄에 관계가 있는 것으로 인정되므로 동법 제118조에 의하
여 처분함이 가하다고 여긴다. 그러므로 주문과 같이 판결하다.

검사 杉村逸樓가 본건에 관여함.
융희 2년 9월 22일
경성공소원 형사부 재판장
판사 森島彌四郞

서대문감옥의 사형수 의병대장 허위

우리 의병전쟁사에서 왕산(旺山) 허위(許蔿 : 1855~1908)는 당연히
첫 자리에 꼽히는 의병대장 중의 한 분이다. 그는 또 의병대장 출신으
로서 서대문감옥에서 일제에 의해 처형된 민족지도자로 꼽힌다.

허위는 경북 선산 출신으로 1895년 을미사변과 단발령을 계기로 의병
투쟁에 나선 것이 계기가 되어 의병투쟁을 벌이다가 조정의 부름을 받
아 성균관박사, 중추원의관, 의정부참찬, 비서원승(秘書院承) 등을 지
냈다. 1905년 최익현, 김학진 등과 일본의 국정간섭에 대한 죄상을 열
거한 격문을 살포하다가 체포되어 감옥살이를 하기도 했다.

왕산은 을사매국조약이 체결되자 전국을 돌며 유인석 등 지사들과 만
나 봉기를 결의하고, 1907년 군대가 해산되자 민긍호, 이강년 등의 의
병부대와 연락하면서 경기도 연천에서 의병을 일으켰다. 이듬해 양주에
서 13도 의병연합부대가 편성되자 군사장으로 추대되어 서울 진격의 최
일선 부대를 지휘하여 동대문 밖 30리 지점까지 진격했다.

왕산은 1908년 2월 다시 가평에서 5천 명의 의병을 모아 군사훈련을
실시하고 무기를 제조하는 한편 전국의 의병부대에 통문을 보내 궐기를
촉구했다. 그해 9월에는 통감부에 다음과 같은 30개조의 강경한 요구조
건을 제시하였다.

- 고종을 복위시켜라.
- 한국의 외교권을 환귀시켜라.
- 통감부를 철거하라.
- 일인의 관리 임용을 중지하라.
- 한국의 사법권을 돌려주라.
- 통신권을 돌려주라.
- 경찰권 또한 돌려주라.
- 정부의 조직권을 되돌려주라.
- 한국의 군사권을 돌려주라.
- 한국 고유의 의관(衣冠)을 복고하라.
- 을미·을사·정미의 국적을 처단하라.
- 내지(內地)의 산림, 천택, 금·은·동광을 침하지 말라.
- 내지의 부동산 매매를 금지하라.

- 항해권을 환귀하라.　　・어업권을 침해하지 말라.
- 교육권의 자유를 보장하라.　・출판의 자유를 보장하라.
- 군용지를 환귀하라.　　　・일본인 거류지를 환귀하라.
- 철도를 거두어가라.
- 학회(學會) 이외의 단체는 해산하라.
- 해관세법(海關稅法)의 제정을 한국에 넘겨라.
- 일본인의 상업을 제한하라.
- 일본인의 상업품목을 제한하라.
- 일본인의 입국을 제한하라.
- 국권(國權)을 마음대로 시행하지 말라.
- 한국민의 손해를 배상하라.　・은행권을 폐기하라.
- 지방의 일본 병참을 철거하라.
- 현재 일본에 체류하고 있는 친일 망명객을 조속히 체포하라.

왕산의 이와같은 구국충정의 요구조건이 일제에 의해 거부되자, 새로운 항일전을 준비하던 중 1908년 6월 11일 새벽 7시 경기도 영평군 서면 유동(柳洞) 박정연의 집에서, 급습한 일본헌병에 체포되고 서울로 이송되어 서대문감옥에 갇히게 되었다.

서울로 이송되어 서대문감옥에 수감된 왕산은 헌병사령관 아카시(明石元二郞)와 그 부하들의 취조를 받았다. 이때 왕산은 아카시에게 동양평화를 위해서도 한국의 국권은 회복시켜야 한다고, 조금도 굽힘없이 당당히 주장하면서 일제침략을 다음과 같이 비난하였다.

"일본은 말로는 한국보호를 주장하지만 내실은 한국을 멸망시키려고 하는 화심(禍心)을 포장하고 있다. 이 때문에 우리들은 좌시할 수 없어 한 목숨을 버려 의병을 일으킨 것이다."

왕산은 또한 재판과정에서 당시의 한국인 출신 판검사들이 서로 바꾸어가면서 의병을 일으킨 연유를 묻자 다음과 같이 응답하였다.

"너희들은 비록 한국에서 났으나 한결같이 교활한 주구이니 이런 말을 할 것이다. 나는 대한국의 당당한 의병장이다. 너희들과 변론하고자 하지 않으니 다시는 묻지 말라."

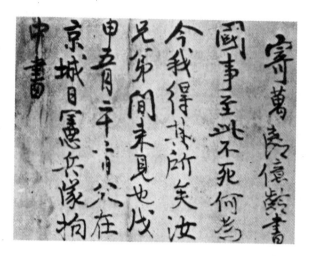

허위 선생이 구금중에 아들형제에게 보낸 친필 편지.

또한 일제 재판관이 "의병을 일으키게 한 것은 누구이며 대장은 누구냐"고 묻자, 왕산은 웃으면서 다음과 같이 문답하였다.

"의병이 일어나게 한 것은 이토 히로부미(伊藤博文)요, 대장은 바로 나다."

"어째서 이토라고 하느냐?"

"이토가 우리나라를 뒤집어 놓지 않았다면 의병은 반드시 일어나지 않았을 것이다. 그러니 의병을 일으킨 것은 이토가 아니고 누구이겠느냐."

왕산은 또한 형이 집행될 때 일본 승려가 불경을 외어주려 하자 다음과 같이 거절하였다.

충의의 귀신은 스스로 마땅히 하늘로 올라갈 것이요, 혹 지옥으로 떨어진대도 어찌 너희들이 도움을 받아 복을 얻으랴.

1908년 9월 19일자 《대한매일신보》는 '허위 씨의 심문'(審問)이라는 제목으로 다음과 같이 재판과정을 보도했다.

지난 15일 경성공소원(京城控訴院)에서 의병장 허위 씨의 제1회

심문이 행하여졌는데, 허위 씨는 사람됨이 웅위(雄偉)한 인물이라 하여 그날에 방청한 사람도 많았다. 처음 재판장이 허위 씨에게 묻기를,

"그대가 허위이냐?"

한즉 허위 씨가 앙연(昂然) 말하기를,

"나는 허위이지만 그대들의 신문(訊問)에 대답하지 않겠다. 그대들은 모두 일본인이요, 나는 한국인인즉 일본인의 재판을 받을 수 없다."

그때 재판관이 대답하여 말하기를,

"그렇지 않다. 우리는 비록 일본인이나 한국정부에 고빙(雇聘)되었은즉, 한국의 사법관일 뿐만 아니라 또 사법관은 한국황제 폐하의 어칙(御勅)에 따라 법률에 준거하여 재판하는 것이다."

한즉 허위 씨 가로되,

"그것은 결코 태황제 폐하의 참뜻이 아니시다. 한일협정도 일본이 강력(强力)으로서 압박하여 성립된 데 불과하며, 소위 법률이란 것도 그대들이 마음대로 제정한 것이니 우리들 한국인은 그 법률에 복종할 의무가 없다."

재판장이 다시 말하기를,

"그러나 그대가 포박되었을 때에는 (일본인) 헌병의 취조에 대답하지 않았는가?"하였다.

허위 씨가 이에 응수하기를,

"그때는 서로 담화하였지만, 그대들의 신문에는 대답하고 싶지 않다."

한즉 재판장이,

"대답하고 싶지 않다면 대답하지 않아도 상관없다. 헌병의 조서에 따라 판결할 것이니 어떠한가?"하였다.

허위 씨는 대답하기를,

"그것 또한 그대들의 마음대로다. 한 번 죽음[一死]은 본시 각오한 바 있다."

왕산은 서대문감옥에 수감되어 일제가 급조한 경성공소원의 재판에서 사형을 선고받고, 그해 10월 21일 오전 10시 서대문감옥에서 교수형

이 집행되었다. 51세의 아직 정정한 나이였다.

사형이 집행되기 직전에 다음의 유서를 남겼다.

> 國恥民辱 乃至於此 不死何爲
> 父葬未成 國權未後 不忠不孝 死何瞑且

> 국치민욕이 이에 이르렀으니 죽지 않고 어이 하겠느냐
> 아버지 장례도 치르지 못하고 나라의 주권도 회복하지 못했으니
> 충성도 못하고 효도도 못한 몸이 죽은들 어떻게 눈을 감으랴.

후일 국적 이토 히로부미를 처형한 안중근 의사는 제5회 공판에서 왕산을 평하여 다음과 같이 말한 바 있다.

"우리 2천만 동포에게 허위와 같은 진충갈력 용맹의 기상이 있었던들 오늘과 같은 국욕은 받지 않았을 것이다. 본시 고관이란 제몸만 알고 나라는 모르는 법이지만 그는 그렇지 않았다. 따라서 그는 관계 제일의 충신이라 할 것이다."

왕산이 처형된 뒤 《대한매일신보》(1908. 10. 24) 는 '천일무광'(天日無光) 이란 제목으로 다음과 같이 보도했다.

> 의병대장 허위 씨를 사형에 처함은 기위 보도하였거니와 검사 모씨가 사형을 집행할 시에 허위 씨를 대하여 왈, "絞刑死를 現行하거니와 후에 친족에게 或有遺言있거든 詳言하라"한데 허위 씨가 안색을 불변 왈, "余爲國事타가 不幸被捉하여 今當死刑하나 就死而己요, 친족에게 更無他言이로다"한즉 검사 모 씨가 왈, "시신을 수거할 자가 친족 중에 有誰乎아?"한데 허위 씨가 又답 왈, "死後斂屍를 何足詭念이리오. 此옥중에서 腐爛이 亦爲無妨하니 速行絞刑하라"하였다더라.

서대문감옥 형장에서 꿋꿋하게 최후를 마친 의병대장 왕산의 장렬한 모습을 살피게 된다. 일제 헌병사령관도 허위를 흠모하면서 '조선의 국사'(國士) 라고 추앙했다고 한다.

재판판결문
융희 2년 형공 제16호

판 결
경상북도 지례군 서면 두대리
허위(許蔿) 54세
위의 내란 피고사건을 심리 판결함이 다음과 같다.

주 문
피고 허위를 교수형에 처한다.
압수한 도장 1개는 피고에게 반환한다.

이 유
피고는 전 의정부 참찬(參贊)인데, 현정부의 시정에 불만을 품고
서 내란을 일으켜 정부를 전복하고 정사를 변경하려고 기도하던
때 마침 같은 목적으로 이미 내란을 일으키고 경기도 삭녕군에 집
결하여 진을 친 김진묵, 왕회종 등에게서 초빙하여 맞이하는 것을
기회로 융희 음년 음력 8월 그들의 진으로 갔으며, 그후 다시 각기
수백 명의 부하를 가진 적괴 김규식, 연기우, 황순일, 황재호, 이
인영, 박종환, 김준수, 이종협, 이홍응 등을 규합하여 군사(軍師)
의 지위에서 작전방략을 짜고 이를 각 부장(部將)에게 가르치며
부장을 지휘하여 융희 2년 5월까지 삭녕, 양주, 장단, 철원, 춘천,
토산 등의 군내에서 십수회 토벌군과 교전하다가 마침내 동년 5월
14일 영평(永平) 군에서 체포된 자다.
　　위의 사실은 한국주차헌병대 경성헌병분대장의 피고에게 대한
신문서, 평리원 검사의 제1회 신문조서와 피고의 당법정에서의 공
술에 징험하여 그 증빙이 충분하다.
　　이를 법률에 비추건대, 그의 소위는 형법 대전 제195조에 해당
하므로 동 법조를 적용하여 처단하고, 압수한 도장 1개는 범죄와
관계가 없기로 피고에게 반환함이 가하다고 여긴다.
그러므로 주문과 같이 판결한다.

　　　　　　　　　　　　　검사 杉村逸樓가 본건에 관여함.

융희 2년 9월 18일
경성공소원 형사부 재판장
판사 森島彌四郎

융희 2년 형상 제8호
판결 등본
경상북도 지례군 서면 두대리
피고인 허위(許蔿) 54세
위에 대한 내란 피고사건에 관하여 융희 2년 9월 18일 경성공소원
에서 선고한 판결을 부당하게 여겨 융희 2년 9월 22일 피고가 상고
를 신청 제기하였기로 본원은 검사 膳鉦次郎의 의견을 듣고 판결
함이 다음과 같다.

주 문
본건 상고는 이를 기각한다.

이 유
상고 논지는 2점이니, 제1점의 요령은 '이 나라의 정치가 문란한
날을 당하여 의병을 일으켜 공이 없었으매 한 번 죽는 것이 진실로
마음에 달갑게 여기는 바나, 원판결은 피고가 일찍이 범한 일이 없
는 금전과 양곡의 약탈, 인명을 살해한 소위가 있다 하여 그러한
추한 명목하에 사형선고를 하여 피고를 욕되게 한 것인즉, 이것은
곧 사실을 부당하게 인정한 위법이 있는 것이'라고 함에 있으나 이
에 의하여 원판결서를 사열하건대, 원판결문 중에는 하나도 피고
가 논난함과 같은 금전과 양곡의 약탈, 인명을 살해하였다는 사실
을 인정한 것이 없고 따라서 이에 의거하여 피고를 처형한 일이 아
닌 것이니 이 상고의 점은 전혀 피고가 오해한 데서 나왔던가 또는
가공적인 논지를 만들어 고의로 원판결을 비난하거나 2자 중 그 1
에 불과하다고 인정하는 수밖에 없으므로 결국 이 상고 논지는 어
느쪽이던 간에 적법의 이유가 아니라고 여긴다.
　상고 논지 제2점의 요령은 '원심에서 피고를 심판하였음은 본국
법관이 아니고 말이 통하지 않고 듣지도 못하는 일본인이었으니,

완전하게 재판소의 구성을 하지 않고서 심판한 법에 위배되는 점이 있다'고 하는 듯하나, 이에 의거하여 원판결서와 심문조서를 사열하건대, 원심에서 피고를 심판한 판사 중에는 현재 본국인인 판사 이면우(李冕宇)가 열석한 것이 명확하니 비단 본국인의 법관이 관여하지 않았다고 할 수 없을 뿐만 아니라, 가령 일본인의 판사만으로써 한다고 하여도 균등하게 법령에 의거하여 한국 판사라는 관직을 가진 자이면 당연히 피고를 심판함에 무방한 것이다. 그리고 원심은 융희 원년 12월 27일 발포한 법률 제8호 재판소구성법 제2조, 제17조 및 제26조에 의하여 정수인 3인의 판사로써 형사부를 조직하고 더욱이 융희 원년 칙령 제72호에 의거 설치된 '재판소 번역관'의 통역을 거쳐 심문한 후 합의판결한 것 역시 기록에 징험하여 일목요연하니, 재판소의 구성 또는 심리절차에 위배된 점이 없다. 그러므로 이 상고 논지도 역시 적법의 이유가 있다고 인정할 사유가 없는 것이다.

위와 같은 이유로써 본원은 민·형 소송규칙 제42조, 제33조 전단에 의하여 주문과 같이 판결함이 타당하다고 평결(評決)한다.

융희 2년 10월 3일
대심원 형사부 재판장
판사 渡邊暢

58

13도 창의대장 이인영

한국 의병사에서 최고위직인 원수부 13도 창의대장을 지낸 이인영(李
麟榮 : 1867~1909)은 의병대장으로 활약하다가 붙잡혀 일제가 세운 서
대문감옥에서 처형당한 민족지도자이다.

경기도 여주 출생인 이인영은 학문에 정진, 그 명성이 원근에 알려진
유학자로서 많은 문인들의 추앙을 받았다. 명성황후가 시해되고 단발령
이 강제되는 등 일제의 국권침탈은 하루가 다르게 강도를 더해갔다. 이
런 상황에서 유학자 이인영은 1895년 1차로 의병을 일으켰지만 열악한
무기 등으로 큰 성과를 올리지 못하였으며, 3년간의 초기 의병전쟁이
끝났을 때는 그 많은 가산은 소진되고 말았다. 그 여파로 노부모를 동
반하고 잠시 문경 산중에 은거하고 있었다.

이때 양주 등지에서 기의(起義)한 이은찬과 이구채가 500여 명의 의
병을 모으고 이인영을 찾아와 의병대장이 되어줄 것을 간청하였다. 당
시 그도 창의의 뜻을 가지고 있었으나 부친이 병환으로 기동을 못하고
있어 창의를 망설였지만, 수일 동안의 간절한 권고를 받아들여 마침내
이를 승낙, 항일구국전선에 나섰다.

다시 창의에 나선 이인영은 원주로 나아가 관동창의대장에 추대되어
사방에 격문을 내고 의병을 모았다. 모병의 책임자가 이인영이란 소식
을 전해들은 전국의 유생, 청장년들이 속속 모여들었다. 일제에 강제로
해산당한 군인 200여 명을 포함, 2천여 명의 의병이 집결되었다.

이인영은 의병의 수가 수천 명에 이르자 식량과 자금의 조달이 큰 문
제가 됐는데, 친일반역배들의 재산을 몰수하여 이를 충당하였다. 한편
이인영은 이에 앞서 1907년 9월(음력) 원주에서 관동창의대장 이름으로

동포여! 우리들은 단결하여 우리 조국을 위해 몸을 바쳐 우리의 독
립을 회복하지 않으면 안된다. 우리는 전세계를 향하여 야만적 일
본인들의 심한 부정과 난폭을 고발하지 않으면 안된다. 그들은 교
활하고 또 잔인하니 진보와 인류의 적이다. 우리들은 모든 일본인

과 그 첩자, 부일분자 및 야만의 군대를 격살하기 위해 최선을 다하지 않으면 안된다(《일본외교문서》 819p., 41권 1책 856기록).

고 선언하였다. 서울주재 각국 영사관으로 김세영을 보냈고 일본의 무도함을 성토, 열강은 의병군을 국제법상의 전쟁단체로 인정하여 적극 성원해 줄 것과 군사원조를 해줄 것을 요청하는 관동창의대장 명의의 격문을 전달하였다. 교통이 불편한 원주를 떠나 횡성, 지평, 춘천 등지로 의병 본거지를 옮기며 의병규합에 노력하면서 각 도에 다시 격문을 보내 우국지사들은 마땅히 봉기할 것을 호소하였다. 이에 따라 격문을 받은 각 도의 의병장들이 경기도 양주로 속속 집결하였다.

경기도의 허위, 황해도의 권중희, 충청도의 이강년, 강원도의 민긍호, 경상도의 신돌석, 전라도의 문태수, 평안도의 방인관, 함경도의 정봉준 등이 중심인물이었다. 이때 양주에 모인 의병은 약 1만 명에 이르렀다. 의병장들은 연합 전략회의를 열어 13도의병연합부대를 편성하여 원수부 13도창의대장에 이인영을 추대하였다. 이때 구성된 진용은 〈표 8〉과 같다(《독립유공자공훈론》 참조).

전 병력을 24진으로 나누는 연합부대와 지휘부를 편성한 의병부대는 서울 진격을 결정하고, 서울에 진입하여 총공격을 감행해서 통감부와 승패를 가르고자 하였다. 이인영은 직접 본진의 의병 2천여 명을 이끌고 1908년 1월 28일 동대문 밖 30리 지점에까지 도착하였다. 그러나 이때 부친이 별세했다는 비보를 들은 이인영은 후사를 허위에게 맡기면서 서울 진입 총공격을 일단 중지하고 다음 기회를 기다리도록 하라고 지시했다.

지금까지 13도의병연합부대의 제1차 서울탈환작전 중지의 원인에 대해서는 총대장 이인영이 효를 충보다 선행하여 부친의 상례를 치르기 위하여 군진을 떠나 귀향한 때문인 것으로 설명되어 왔다. 그러나 신용하 교수의 논문 "왕산 허위의 제2차 의병활동"에 따르면, 몇 가지 새로운 해석이 가능하다. 즉 13도 창의대진소(倡義大陣所) 의병연합부대가

〈표 8〉 13도 의병연합부대의 진용

원수부 13도 총대장	이인영	경기·황해·진동의병대장	권중회
군사장	허 위	관서의병대장	방인관
관동의병장	민긍호	관북의병대장	정봉준
호서의병대장	이강년	호남의병대장	문태수
교남의병대장	박정빈		
(처음에는 신돌석)			

동대문 밖 30리 지점에 도착할 때까지 일본군과 무려 38회의 전투를 치르는 과정에서 탄환이 거의 고갈되어 총공격을 감행할지라도 화력의 결핍으로 전투를 제대로 전개하기 어려운 조건에 있었다. 그 뒤에 늦게 도착한 본대(本隊)도 기동력 있게 대부대가 일시에 도착하여 전투태세에 들어갈 수 있었던 것이 아니라 20~30명씩 소규모 부대를 이루어 장사(長蛇)의 형세로 천천히 진군해 왔으며, 장거리 강행군으로 병사들이 지치고 보급도 제대로 안되어 바로 전투에 들어가기에는 어려운 조건에 있었다. 이것은 허위 선봉대 300명이 동대문 밖 30리 지점에서 치열한 전투를 하고서도 일본군의 저지선을 돌파하지 못하고 결국 후퇴한 경험에서도 인지된다는 주장이다.

여기에 전투개시 직전의 길흉을 매우 민감하게 따지던 당시의 관습과 의식 속에서 서울 진입작전 개시 직전 총대장 이인영의 상보(喪報)는 불길한 것으로 받아들여져 장병들의 사기를 떨어뜨리는 데 작용했을 것이란 것이 신용하 교수의 추정이다. 이것은 이인영이 귀향할 때 허위와 각 진의 의병장들이 아무도 이를 반대하지 않았던 사실에서도 입증된다는 것이다.

어쨌든 이인영은 귀향하여 부친의 장례를 치른 후 충북 황간군 금계동에 잠거중 1909년 6월 7일 일본 헌병에게 체포되어 그의 의병투쟁은 막을 내린다. 그는 조선주차 헌병대본부의 조사 최후진술에서 일본으로 가 일황과 직접 담판하고 싶다는 의중을 피력하는 등 사기강개(辭氣慷慨)하여 조금도 굽히지 않고 일인의 무신(無信)을 통매하였다. 일인(日

人)도 그를 의사(義士)라 일컫고 우대했지만 수감중인 서대문감옥에서 사형을 선고받아 1909년 9월 20일 43살의 젊은 나이로 교수형을 받고 순국하였다(재판 판결문 참조).

이인영은 일본 헌병 다나카(田中) 오장(伍長)과 모리카와(森川) 상등병 및 2명의 보조원, 통역과 첩자들에 의해 1909년 6월 7일 오후 1시 가택에서 체포되어 대전헌병대에 유치되었다.

1909년 6월 30일자 대전헌병대 무라이(村井) 헌병대위의 '헌기(憲機) 1345호, 이인영 취조의 건'은 일제가 이인영 대장을 체포하여 취조한 내용을 서울 헌병대 본부에 보낸 것이다. 이 자료는 "적과 이인영에 대해선 대전헌병대 헌병중위 쿠라토미(倉富和三郎)가 수회에 걸쳐 신문하였음. 소관(小官)은 종래 본부에 모여든 제정보를 참조하기 위해 명(命)을 받들어 이인영에 대해 문답 3회를 시도하고 이를 녹취하였음"이라고 조서를 꾸민 과정을 설명하고 있다.

다음은 1909년 6월 20일 오전 9시부터 오후 1시까지 계속된 제2회의 취조내용을 발췌한 것이다.

문 : 이범진을 아느냐?
답 : 이름만 알 뿐이다.
문 : 최익현의 교육을 받았느냐?
답 : 교육을 받은 일은 없지만 서울서 한 번 만난 적이 있다.
문 : 당신은 관상, 천문, 방위에 관해 특기를 가지고 있다고 들었다.
답 : 유생은 그런 짓을 안한다.
문 : 달리 특기가 없는가?
답 : 그런 특기가 있었다면 왜 내가 체포되었겠는가.
문 : 충청도 황간면으로 이사했을 때 그 부근에 약간의 토지를 샀다는데 자손을 생각해서 한 짓인가?
답 : 그렇다.
문 : 당신은 우국지사이면서도 이재도 생각하는구나.
답 : 작년 9월 금계라는 곳으로 문경에서 이사를 했을 때 현지에 문경의 부동산을 팔아 구매할 약속을 했을 뿐이지 아직 돈은 지

62

불하지 않았다. 그것은 내 장남이 한 약속이다.

문 : 얼마나 되는 땅인가?

답 : 논 2두락과 밭 3두락이다. 엽전 1,050냥, 일화로 105원이다.

문 : 대전에서 말한 것과 다르지 않은가?

답 : 문경에 논 2두락, 밭 14두락이 있다. 이것을 팔아 금계의 땅을 살 약속이었다. 대전에서 말한 건 문경의 땅이다.

문 : 달리 재산이 없는가?

답 : 없다.

다음은 6월 21일 오전 10시 30분부터 오후 2시까지 있었던 제3회 취조내용이다.

문 : 당신의 부하로서 전사한 사람 외에 당신이 군율에 의해 죽인 자가 있는가?

답 : 내가 군율로서 죽인 자는 하나도 없다. 태벌(笞罰)한 자는 30~40명이다.

문 : 의병이 내정을 일본 관헌에게 밀고했다는 죄로 죽인 자는 없는가?

답 : 없다. 의병의 내정을 일본에게 밀고하는 따위의 인간은 한국인 가운데선 없다.

문 : 전량 기타를 징수하는 데 반대한 자의 집에 불을 질렀다는 데….

답 : 그런 짓은 안한다. 매국노의 것을 빼앗았을 뿐이다.

문 : 오간칠적 중에 누구의 것을 빼앗았는가?

답 : 그런 것은 군량관이 한 일이므로 나는 모른다. 그러나 방법의 양부(良否)만은 철저하게 감독하고 비행에 대해선 처분했다.

문 : 최후진술을 하라.

답 : 나는 나라를 위해 창의하고 성심성의 충군애국하려고 애썼다. 그러나 세가 불리하여 그 보람을 보지 못했다. 게다가 아버지의 임종을 지키지 못했다. 충효 두 가지에 죄인이 되어 천지간에 용신(容身)할 여지가 없다. 죽을 수밖에 없다. 그런데 한 가지 소원이 있다. 그것은 당신들의 천황을 만나 내 의견을 직

접 말해보고 싶다.

문 : 일본에까지 갈 필요는 없을 것으로 안다.

이 취조문서에 적힌 이름은 조선주차 헌병대본부 육군헌병대위 村井因憲, 필기자 헌병군조 宮崎周太郎, 통역 相內辰吉이다.

이인영은 헌병대의 조사를 거쳐 서대문감옥에 수감되고 사형을 선고받아 9월 20일 43살의 젊은 나이로 교수형을 받고 순국하였다.

의병항쟁 재판기록

판 결

충청북도 황간군 서면 도동

경기도 여주군 북면 내룡동 출생

농업, 이인영, 42세

상기 자에게 대한 내란수범 피고사건에 대하여 검사 伊藤德順이 입회하고 심문하여 판결함이 다음과 같다.

주 문

피고 이인영을 교수형에 처한다.

압수한 증거 물건은 각각 제출인에게 반환한다.

이 유

피고는 문반 출신으로서 배외(특히 배일)사상이 심하여, 지금으로부터 13년전 당시의 정부에 반항하여 내란 준비를 한 일이 있던 자로 항상 통감정치에 대하여 불평을 품고 있던 자인데, 융희 원년 7월 군대가 해산되고, 이어서 전 황제폐하(고종)가 양위하자, 요로의 대신을 지목하기를 매국노라 하여 이들을 살륙하고서 새로이 자기가 믿는 자로 정부를 조직하여 일본인은 물론 기타 외국인을 국외로 구축하는 등 당시의 정서를 변경할 목적으로 난을 일으킬 것을 마음먹고, 이영채, 이은찬 등과 공모하여 그 당시의 거주지인 문경에서 그들이 이끌고 온 동지들 및 원주에서 해산된 병정 5

백여 명으로 조직된 3진의 대장이 되어서 전기한 취지로 격문을 전
국내에 배포하고, 한편 명분을 바로잡기 위하여 통감 및 각국 영사
에게 대하여 '대일본제국이 마관(馬關)조약에 반대하는 행위가 있
음'을 호소하고, 진군하여 지평(砥平)에 이르매 그의 도당이 8천이
되고, 이어서 양주로 가서 동지인 허위, 이강년의 무리와 합하여
그 수효가 1만에 달하여, 허위를 군사(軍師)로 삼고 이강년, 이태
영, 이은찬, 김준수, 연기우 등을 각 부장(部將)으로 삼아 스스로
그의 총지휘자가 되어 도당 각자에게서 병기·군량을 출연시키고,
해산병으로서 부하에 투입한 자로 하여금 탄약을 만들게 하여 일
거에 경성으로 들어가 그 목적을 달성하고자 수비대, 기타와 충돌
하여 거사 이래로 약 4개월 동안 강원도, 경기도의 각지에서 대·
소 약 38회의 전투를 거듭하였으나, 공교롭게도 그의 부친이 서거
하였다는 보도에 접하여 초상을 치르기 위하여 그는 사임하고 귀
향하여 3년이 경과한 후 다시 거사하려 계획하고 있던 중 체포된
자이다.

위의 사실은 피고의 당법정에서의 공술, 천안 헌병분대 대전분
견소 육군헌병중위 倉富和三郎이 작성한 피고에게 대한 제1 내지
제4의 신문조서, 당청 검사가 작성한 피고에게 대한 신문조서의
각 기재를 종합하여 이를 인정하였다.

법률에 비추건대, 그의 소위는 내란을 조의(造意) 및 지휘한 자
이므로 형법 대전 제195조에 해당하여 교수형에 처할 것이며 압수
한 증거 물건은 본 범죄에 관계가 없기로 모두 제출인에게 반환함
이 가하다고 여긴다. 그러므로 주문과 같이 판결한다.

융희 3년 8월 13일
경성지방재판소 형사부 재판장
판사 籠原友太郎

의병장 김시백, 김익수

초기 의병 중에 서대문감옥에서 옥고를 치른 이로 김시백(金時伯 : 1887~1950)이 있다. 강원도 영월 출신으로 1907년 김상태 의병장 휘하에서 거의하였으며, 곧 독립 의병장으로 영월 일대에서 활약하였다.

김시백은 1908년에는 강원, 충북, 경북 일대에서 의병전쟁에 참가하고 1909년 6월에는 충주에서 의병활동중 일본군 2명을 살해하는 등 전과를 올렸다. 영주에서 왜병에게 체포되어 서대문감옥에서 10년 옥고를 치렀다.

김익수(金益洙 : 1880~1920)는 전남 무안 출신으로 최익현 휘하에서 활동하고 그후 부여군청을 습격하여 무기를 탈취하고 휘하 의병들을 무장시켜 일군 섬멸작전을 벌였다. 1909년 9월부터 개시된 일제의 '남한대토벌' 작전 때 많은 부하를 잃고 김익수도 체포되어 3년간 공주감옥과 서대문감옥에서 옥고를 치렀다.

윤국범(尹國範 : 1883~1911)은 경북 예천 출신이다. 이강년의 휘하에서 의병투쟁에 나서 소백산 일대에서 유격전을 전개하고 풍기, 순흥, 영천, 영월, 제천, 봉화, 안동 지역을 누비며 일군과 격전을 거듭하였다. 1909년 무렵부터 최성천, 한명만, 김상태 등과 자금조달의 임무를 띠고 6차에 걸쳐 일본인 및 친일분자의 집을 색출하여 암살 및 금품을 빼앗는 등 항일투쟁을 계속하였다. 1911년 1월 12일 일경에 체포되어 사형선고를 받고 그해 3월 서대문감옥에서 형이 집행되어 순국하였다.

의병투쟁의 숨은 역군 이은찬

이은찬(李殷瓚 : 1878~1909)은 강원도 원주 출신으로 1907년 고종의 퇴위와 군대해산을 계기로 그해 9월 원주에서 의병을 일으켰다.

그의 가장 돋보이는 업적은 스스로 500명의 의병을 소모(召募)한 뒤 이인영을 찾아가 13도의병연합부대를 편성하여 이인영을 총대장으로 추대하고 자신은 그의 종군이 되는 등 실제로 의병연합의 핵심적인 역할을 했다는 점이다. 의병연합부대의 서울 침공작전이 실패로 돌아가자 소속 부대를 거느리고 임진강 유역에서 허위와 손을 잡고 재차 임진강 의병연합부대를 편성한 뒤, 허위를 총대장으로 추대하고 이 지역에서 일본군 소탕에 크게 위세를 떨쳤다.

일본군의 압력이 심해지면서 1909년 1월 남방의 연안 도서지방으로 이동하여 연평도 일본군파견대를 기습공격하고 2월에는 양주에서 일본군을 크게 무찌르는 등 많은 전과를 올렸다. 그러나 결국 간도로 들어가 정병을 양성한 뒤 적극적인 항일전을 계속할 계획을 세우던 중 밀고자들의 꾐에 빠져 서울 용산역에서 일경에 체포되었다.

서대문감옥에 구치되어 경성지방법원에서 "내가 너희와 싸우기를 대소 40여 차례 하였으니, 너희 병정 470여 명을 참살하였으니 빨리 죽여라… 나의 거의는 홀로 한국만을 위한 것이 아니라 동양평화를 위함이니, 오늘에 이르러 어찌 자신의 영욕을 생각하랴"라는 늠름한 태도로 재판에 임하였다.

그해 5월 10일 교수형을 선고받고 6월 27일 31살의 젊은 나이로 서대문감옥에서 교수형이 집행되었다. 그는 마지막 순간까지도 미소를 잃지 않아 간수들까지 감격해 마지 않았다.

이승만과 서대문감옥

　초대 대통령을 지낸 우남 이승만은 서대문감옥과 '각별한' 인연을 맺고 있다. 청년 시절에 경성감옥의 전신인 전옥서를 시작으로 서소문감옥을 거쳐 서대문감옥에서 6년여 동안 옥고를 치르고 《독립정신》을 비롯 《한영사전》 그리고 여러 편의 논설을 썼다. 해방후 초대 대통령에 취임한 우남은 두 번씩이나 서대문감옥을 시찰하는 등 각별한 관심을 보였다. 그리고 자신에게 도전하는 수많은 정치범을 이곳에 투옥하고 그 중에 몇 명을 처형하기도 했다.

　우남은 비교적 개화사상에 빨리 눈을 뜬 선각자였다. 21살 때인 1894년(고종 31년) 배재학당에 입학하여 이듬해 8월 이 학교의 영어교사가 될 만큼 능력이 출중했던 이승만은 같은해 10월 일제가 명성황후를 시해하자, 국모살해한 원수를 갚고 국왕을 구출하여 친일정권을 타도하기 위한 시위운동을 벌이다가 지명수배를 받았다. 우남은 1896년 서재필이 미국에서 돌아와 협성회와 독립협회 등을 조직하여 자주 개화운동을 전개하자 이에 가담하여 개화·독립운동에 투신하였다. 서재필이 미국으로 추방당한 뒤 《협성회보》와 《매일신문》의 주필로 활약하고 만민공동회를 개최하는 등 독립사상의 고취와 민중계몽에 앞장섰다. 그는 개화파 인사들과 만민공동회를 통해 부패·무능한 정부를 비판하고, 공화제의 실시와 민주적 자문기관으로 중추원의 설치를 주장하다가 1899년 광무 3년 그가 24살 되던 해 정월에 체포되었다. 우남의 구속 시기에 대해서는 자료에 따라 각기 차이가 있다.

여기서는 우남전기 편찬위원회가 발행한 《우남노선》(1958)을 기준으로 하여 1899년 설을 취하기로 한다. 이 기록에 따르면, 우남이 구속되자 각국 선교사와 공·영사들이 들고 일어나서 그의 무죄를 변호하는 동시에 경무청 고문관 설필립에게 미국 공사가 특별히 부탁하여 우남의 신변을 보호케 하였기 때문에 그는 점잖은 피의자만 수용하는 이른바 특별감방인 온돌방에서 아무런 박해도 받지 않고 지낼 수 있었다.

이 방에는 유신파인 전직군수 서상대(徐相大)가 이미 들어 있었는데, 동지 최정식(崔貞植)도 같이 있게 되자 세 사람은 탈옥을 기도하였다. 미리 준비한 육혈포를 한 자루씩 가지고 탈옥을 감행한 세 사람은 쫓아오는 파수병들을 위협하면서 감옥 담벽을 넘는 데 성공했다. 그러나 우남만은 갑자기 다리에 쥐가 일어 꼼짝없이 파수병에게 체포되고 말았다. 파수병에게 권총을 쏜 최정식은 체포되어 처형당했다.

다시 붙들린 우남은 이번에는 지독한 대우를 받았다. 그는 황국협회 회원인 악질 경무사 박돌북(朴乭北)이 온갖 고문을 가하여 여러 번 기절하였고, 그럴 때마다 우남이 죽었다는 소문까지 나돌았다. 그리고 살인범 등 흉악범만 가두는 맨땅바닥 감방에다 머리에 큰 칼, 다리에 차꼬를 채워서 제대로 앉을 수도 누울 수도 없는 고통을 겪어야 했다. 커다란 쌀창고를 개조하여 만든 이 감방은 굵은 기둥이 기와지붕을 받치고 있었다. 그 안은 사방 30자쯤 되는 세 개의 감방으로 나뉘어 있었으며 그 한가운데로 좁은 복도가 있었다. 감방은 난방장치가 전혀 되어 있지 않았고 이불도 죄수 자신이 준비해야 했다. 마룻바닥에는 쌀가마니가 깔려 있을 뿐이었다. 단 하나의 석유 등잔이 복도에 걸려 있었다. 인간으로서는 차마 견디기 어려운 곳이었다.

우남은 홍종우(후일 김옥균 암살) 판사로부터 사형선고를 받고 이 캄캄하고 습기찬 감방에서 살인강도들과 함께 옹크린 채 목이 졸리는 날만 기다리고 있었다. 이런 생활을 7개월 동안이나 견디고 있을 때 황제의 특사령이 내렸다. 사일등(死一等)이 감형되어 종신징역으로 되자 이 지옥굴에서 유기수의 감방으로 옮겨졌다.

우남이 언제 서대문감옥으로 이감되어 그곳에서 긴 옥고를 치렀는지에 대해서는 분명한 자료가 남아 있지 않다. 무기수로 감형된 우남은 언제부터인지 서대문감옥으로 옮겨져서 비교적 수월한 옥살이를 하게 되었다. 국내외 동지들이 힘써준 덕분이었다.

백범 김구는 후일 서대문감옥에서 수형생활을 하면서 우남이 남긴 '감옥문고'를 읽고 크게 감명받았다고 한다. 《백범일지》에는 우남과 관련된 다음과 같은 내용이 있다.

서대문감옥에는 역대적 진귀한 보물이 있으니 지난날 이승만 박사가 자기 동지들과 같이 투옥되었을 시에 서양인 친구들을 연락하여 옥중에 도서실을 설치하고 내외국의 진귀한 서적을 구입하여 5, 6년간 긴 세월 동안 옥수(獄囚)에게 구국 흥국의 도를 가르쳤나니, 휴역일(休役日, 일하지 않는 날)에는 서적고에 쌓인 각종 책자를 방마다 들여주는 그 중에 이 박사의 손때와 눈물자국이 반반한 '감옥서'라는 도장이 찍힌 《광학류편》(廣學類編), 《태서신사》(泰西新史) 등 서적을 보았다. 나는 그런 책자를 볼 때 내용보다는 배알치 못한 이 박사의 얼굴을 보는 듯 반갑고 무한의 느낌이 있었다.

우리 현대사의 두 거목 이승만과 김구는 이렇게 대한제국시대에 이미 서대문감옥에서 '인연'을 맺고 있었다.

백범이 후일 자서전에서 서대문감옥 생활을 비교적 상세히 기술한 데 비해 이승만은 거의 자료를 남기지 않은 것은 애석한 일이다. 우남과 함께 서대문감옥 생활을 한 사람 중에는 신흥우, 박용만 등 독립협회의 친구들이 있었다.

우남은 서대문감옥에서 《한영사전》을 만들고 《제국신문》의 논설을 쓰기도 했으며, 특히 《독립정신》이란 책을 저술하였다. 이 책은 1904년 러일전쟁이 발발함을 보고 "비록 세상에 나가서 한 가지 유조(有助)

한 일을 이룰 만한 경륜이 없으나 이 어찌 남아의 무심히 들어 앉았을 때리요"라는 동기에서 2월 19일부터 5개월 동안 집필한 것이다.

우남의 이 저술은 옥중에 함께 있던 이동녕·신흥우·정순만 등이 읽고 박용만을 통해 이상재의 교열을 거친 다음 우남의 재미(프린스턴대학 재학) 시절인 1910년 하와이에서 처음으로 출판되었다. 24살에 투옥되어 6년 동안 옥중에서 공부한 뒤의 저술이라고는 하지만 30살의 청년으로서는 놀라운 박식과 함께 뚜렷한 세계관에 입각한 저술이다. 박용만의 "우리 조선 사천년 역사에 처음으로 부르는 소리요 또한 처음으로 듣는 소리인저"라는 정치적인 소감을 곁들여 이 책이 출판되자 교포들간에 큰 화제가 되었고 일부는 국내로도 흘러들어와 그를 지지하는 측에서는 이 《독립정신》에 대해 '민족의 성경'이라는 말을 서슴지 않았다. 외교와 여론환기에 의해 독립을 성취해야 한다는 이후의 일관된 그의 주장은 이 저술에서도 이미 나타나고 있었지만, 이는 바로 6년간 옥중생활에서 체득한 것이었다. 《독립정신》에는 1903년 우남이 서울감옥에서 이상재의 아들 이국선과 함께 찍은 사진도 실려 있다.

우남이 감옥에 있을 때 7명의 독립협회 동지가 함께 들어 있었다. 그 중에는 어릴 때부터의 친구인 신흥우와 나중에 친교가 두터워진 박용만도 있었다.

노바스코샤에서 선교사로 조선에 온 해로이드 여사가 신약성서를 차입시켜 준 것이 우남에게는 곧 믿음이 성장하는 계기가 되었다. 우남은 1904년 장로교 목사 제임스 S. 게일의 조력에 의해 기독교에 관심을 갖게 되었다. 그러나 당시까지만 해도 기독교를 피상적으로 인식하는 정도에 불과했던 것을 감옥생활을 통해 개종하면서 신심이 두터운 크리스천으로 성장하였다. 우남은 감방에서 되도록 많은 사람이 들을 수 있도록 성서의 구절을 큰 소리로 읽었다. 감금된 사람들은 지루한 시간의 고통을 면하기 위해서는 어떠한 수단도 상관할 바 없다는 생각을 가지고 있었기 때문에 그의 낭독에 즐겨 귀를 기울였다.

《인간 이승만》을 쓴 이원순은 "기도가 영교(靈交)의 자연스러운 수단이 되고 하루의 시종이 된 이승만의 후년의 습관은 이때에 이룩된 것"이라고 지적했다. 이원순은 "괴로운 감옥생활은 그를 갑작스럽게 성장시켰다. 즉 정치와 인생에 대한 그의 철학을 이룩하는 계기를 마련해 주었다. 신에 대한 신앙과 동지에 대한 신뢰를 얻게 된 것은 감옥 속에서였다"라고 썼다.

이원순은 이 책에서 우남의 옥중 선교활동에 대해 "그의 감방생활 6년 동안, 그가 한 성서의 낭독과 기도의 결과로 40명 이상의 죄수가 기독교로 개종했다. 훗날 그는 가끔 당시의 일을 흐뭇하게 회상하며 그리스도의 신앙으로 불안이 어떻게 사라져 버렸는지를 생생하게 그려보았다. 죄수들이 예배하고 성서를 읽는 것을 금지할 책임이 있는 간수들까지도 이승만의 설교를 들으려고 감방 앞으로 모였다. 그리고 그들 가운데도 개종자가 나타나서 감방은 마치 교회로 변한 것 같았다"라고 한다.

우남이 옥살이를 할 때는 아직 일제의 마수가 뻗치기 전이었기 때문에 감옥생활이 비교적 자유스러웠음을 짐작할 수 있다.

우남과 그의 동지들은 감옥 속에서 수형자들에게 종교교육부터 시작해서 정규학교와 같은 교육을 하였다. 배재에서 교편을 잡는 한편 종교협회의 회장이었던 벙커 씨가 그들에게 150권의 종교서적을 보내준 것이 큰 도움이었다. 우남은 간수장의 허가를 얻어 이 책과 다른 책을 합쳐서 커다란 네 개의 감방 사이에 회람문고를 설치했다. 후일 백범이 읽었던 도서는 이 회람문고의 책들이다.

당시 감방에는 어른과 아이들이 같은 방에 수용되어 있었다. 그래서 우남은 우선 아이들을 가르치기 위해 반을 편성하였다. 과목은 산수·지리·일본어·역사 등으로, 여러 명의 죄수 교사들에 의해 교육되었다. 우남은 여러 과목을 강의했는데, 특히 미국 책에서 배운 민주주의에 대하여 상세히 강의하였다. 얼마 후에는 어른들의 반도 편성되었다. 우남과 그의 동지들은 어른 죄수들도 열심히 가르쳐 문맹을 깨우치고 애국심을 불러일으켰다. 우남의 감옥생활은 신앙을 위한 성서 공부와 죄수들의 교육으로 촌분의 여가도 없었다. 우리는 여기서 대한제국시대

형정의 일면과 감옥의 실상을 접할 수 있다.

우남이 옥고를 치를 당시 당국의 여러가지 배려로 죄수들을 교육시키거나 옥중문고를 만들어 책을 읽게 하는 등 비교적 유익한 옥중생활을 할 수 있었지만, 그러나 어디까지나 감옥은 감옥이었다. 그때도 일체의 옥중집필이 금지되고 특히 필기도구의 반입이 금지되어 있었다. 그러나 우남은 차입되는 염료(染料)로 잉크를 만들고 묵은 잡지 위에 글을 썼다. 이런 방법으로 여러 차례에 걸쳐 《제국신문》에 논설을 써 보냈다.

우남은 감옥생활중에도 비교적 행운이 따랐던 것 같다. 감방 안에는 당시 저명한 시인이며 학자인 이요인(李要仁)과 유길준의 동생이며 문재(文才)로 소문난 유성준(兪成濬)이 함께 있어 세 사람은 가끔 시를 짓는 경쟁을 하였다.

다음은 우남이 지어 신문에 발표되었던 〈사립봉인구면소〉(紗笠逢人舊面疏)라는 유명한 시이다.

> 鐵鏁結人新情密
> 紗笠逢人舊面疏

> 쇠사슬에 얽매인 사람들 사이에 새로운 정이 두터워지고
> 사립 쓴 사람을 만나서 생소치 않고 구면 같구나.

우남이 이때 옥중에서 쓴 시 가운데는 〈옥중의 세모〉라는 시도 있다.

> 밤마다 긴긴 회포 닭이 울도록
> 이 해도 다 가니 집이 그리워
> 사람은 벌레처럼 구멍에 살고
> 세월은 냇물 따라 급히 흐르네
> 어버이께 설 술 한잔 올려 보고파
> 솜옷 부쳐준 아내 보고 싶어
> 헤어보니 이 겨울도 열흘뿐인데
> 삼 년을 매어 둔 말 한가롭구나.

우남은 틈틈이 옥중생활의 감상을 적어 월간지 《신학월보》에 기고하기도 했다. 이를 통해 그 무렵 서대문감옥의 단면을 살필 수 있겠다.

허구한 옥중생활이 어느덧 6년이 되오니 자연히 인간고초도 많이 겪었거니와, 고초 중에서 경력이 생겨 항시 세상을 대하여 말하고 싶은 것이 무궁무진하나 그렇지 못한 사정이 여러가지이므로 귀 월보(月報)를 볼 때마다 침울할 뿐이더니, 다행히 오늘 기회가 있기에 옥중 경력의 두 가지 긴요한 것을 말하고자 하는데 이 두 가지인즉, 첫째 깨달음이요, 둘째 감사한 일이다. (중략) 그 중에 내가 홀로 특별한 기회를 얻어서 외국의 여러가지 서적을 얻어 진야 작심하여 같이 있는 친구를 권면하여 가르치매 몸 이르는 곳에 스스로 문풍(文風)이 생기더라.

다행히 본간수장 김영선 씨와 차장 이중진 씨가 도임한 이후로 감옥도 차차 변하여 진보한 것이 많거니와, 총명한 아이들을 교육할 일로 종종 의논하다가 작년 음력 9월에 비로소 각 간에 있는 아이 수십 명을 불러내서 한 간을 치우고 '가갸거겨'를 써서 읽히니 혹 웃기도 하고 혹 흉도 보고 책망하는 자도 있는지라….
배우기를 원하는 어른이 여럿인 고로 한 간을 또 치우고 좌우로 분하여 영어와 지리와 문법을 공부하여 성취함이 대단히 속하니 이는 다 전에 한문과 외국 언어에 연숙한 선비들이라 그 공효의 속함을 이상히 여길 배 아니라. 이 어른의 방은 신흥우 씨와 양이종 씨가 거하여 가르치는데, 공부 여가에는 성경 말씀과 옳은 도리로 진야근면하여, 나는 매일 한시를 분하여 두 군데를 가르치매 관계되는 일이 불소하여 자연히 분주하나 성취되어 가는 것이 재미로와 괴로운 줄을 깨닫지 못할 터라….

작년 예수 탄일에 우리도 다행히 구원하심을 얻는 사람이 되어 기쁜 정성도 측량 없거니와, 만국민의 영광스러운 명일 옥중에서도 처음 경축하는 것이 또한 용이치 않는 기회인 고로 관원과 죄수들이 우연히 수합한 돈이 뜻밖에 수백 량이 된지라 다과를 예비하고 관민 40여 명이 모여 저녁에 즐거히 경축할새 그 지낸 예식은 다 말할 수도 없으며, 이날 오전에 벙커 목사가 예물을 후히 가져오고

위로차로 오셨다가 모인 아이들을 보고 대단히 기뻐하며 매 주일
날 와서 가르치기를 작정하매 관원들이 다 감사히 치사하였으며,
서적실을 설치하여 죄수들로 하여금 임의로 책을 얻어 보게 하려
하매 성서공회에서 기꺼이 찬조하여 50원을 보조하기를 허락하여
400냥 돈을 들여 책장을 만들고 각 처에 청구하여 서책을 수합(收
合)하자 심지어 일본과 상해의 외국 교사들이 듣고 책을 원조한 자
무궁한지라 … .
이 험한 옥중에서 이 험한 고질을 겪으며 무사히 부지하여 있는 것
은 하나님의 특별히 보호하신 은혜가 아니면 인력으로 못하였을
바이요, 하나님의 사랑하시는 자녀들을 감화시키는 힘을 나에게
주시지 아니하였으면 이 일에 도움이 되지 못하였을 것이요, 하나
님의 거룩하신 뜻으로 세상 죄인들을 감화시키는 교사 아니면 불
소한 재정으로 서적실을 졸지에 설치하였을 수 없을지라.
　이것이 나의 이른바 하나님의 은혜를 감사함이니 이 깨달음과
감사함으로 나날이 힘쓰면 오늘 심는 겨자씨에서 가지가 생겨 공
중에 나는 새가 깃들게 될 줄 믿겠나이다.

　우남이 광무 3년 3월에 쓴 기고문이다. 감방에서도 신앙심과 애국심
으로 죄수들을 가르치면서 '겨자씨'의 우람한 성장을 바라는 마음을 읽
게 된다.
　우남이 수형생활을 하고 있을 때 내외정세는 엄청나게 변하고 있었
다. 1904년 2월 6일, 일본군함 60여 척은 조선 파견군과 러시아 정벌군
을 싣고 사세보 항을 출발하여 인천해상에서 러시아 함정 2척을 격파하
고 상륙하여 서울에 입경했다. 2월 9일, 일본은 러시아에 전쟁을 선포
하여 러일전쟁이 발발하고, 23일에는 일본군의 조선내 전략요충지의 수
용을 인정하는 한일의정서가 조인되었다.
　일본군은 경의선 공사를 강제로 착공하고 일본 추밀원의장 이토 히로
부미가 특파대사로 조선에 파견되어 친일세력이 기세를 얻게 되었으며,
4월에는 군사침략의 중추기관이 된 주차사령부가 설치되었다. 그리고
조선의 치안을 일본군이 담당하게 되는 군사경찰제가 시행되고, 8월에

는 한일외국인 고문 초빙에 관한 협정서 체결로 이른바 '고문정치'가 시작되었다. 대한제국은 일본의 군사외교력 앞에 풍전등화의 신세가 되고 있었다. 일진회가 조직된 것도 이 무렵이었다.

이런 급격한 정치적 변화 속에서 정치범들은 한 가닥 석방의 희망을 갖게 되었다. 실제로 1904년 봄과 여름, 옥문이 열려 많은 정치범과 우남의 동지들이 석방되었다. 우남은 8월 9일에야 석방명령을 받아 6년여의 길고 긴 옥고를 마치고 풀려났다. 1903년 3월에는 콜레라가 감옥에도 전염되기 시작하여 이틀 동안에 40명의 죄수가 발병하는 등의 역경속에서도 우남은 건강한 모습으로 석방된 것이다.

이원순은 《인간 이승만》에서 우남의 석방 모습을 이렇게 적었다. "간수가 감방 문을 열었을 때 그는 잠시 떨리는 다리로 선 채 벽과 천정 그리고 마룻바닥을 응시하고 있었다. 가지가지의 비참한 나날과 굴욕을 받았던 장소라고는 하나 많은 추억과 감회가 가득 차 갑자기 그곳을 뒤로 하고 떠날 수가 없었던 것이다."

105인 사건과 서대문감옥

1910년 8월 한국을 병탄시킨 일제는 포악한 총독정치를 시행하면서 먼저 반일세력의 제거에 혈안이 되어 날뛰었다.

조선총독부는 남한지역의 의병학살에 어느 정도 성공한 다음 서북지역의 민족주의자와 기독교인의 탄압으로 방향을 바꿨다. 강제합병을 전후하여 평안도와 황해도 등 서북지역에서는 신민회(新民會)와 기독교인들을 중심으로 신문화운동을 통한 항일구국운동이 널리 전파되고 있었다. 조선총독부가 서북지역의 배일적인 신문화운동을 뿌리뽑기 위하여 혈안이 되고 있을 때 걸려든 것이 안명근(安明根) 사건이다.

안명근은 황해도 신천 출생으로 안중근 의사의 사촌동생이다. 그는 북간도로 망명하여 독립운동을 계속하기 위하여 신천일대를 중심으로 군자금을 모으다가 1910년 12월 평양역에서 일본 경찰에 잡혀 서울 경무총감부로 압송되어 문초를 받았다. 조선총독부 경찰은 안명근과 함께 배경진, 박만준, 이승길, 한순직, 최익형, 김홍량, 김귀, 도인권, 최명식, 원변섭, 김익연, 장윤근, 양성진, 고봉수, 박향병, 한정교, 김용제 등 17명을 강도 및 강도미수·내란미수·모살미수죄 그리고 보안법 위반혐의로 구속했다.

이들은 주로 안악의 양산학교와 면학회를 중심으로 신식교육과 기독교신앙을 통하여 애국계몽과 구국운동에 헌신한 민족주의자들이었다.

조선총독부는 안명근에게 무기징역을 선고하고, 나머지 인사들에게도 각각 5년에서 15년까지의 중형을 선고하였다. 이들은 처음에 경무총감부로 압송되었다가 종로구 치감으로 넘겨져 조사를 받고 경성지방법원에서 재판을 받았다. 그리고 당시 '경성감옥'이란 문패가 걸린 서대문감옥으로 옮겨져 수감생활을 하였다.

안명근은 원래 신민회 회원이 아니었다. 그러나 황해도 일대의 반일 문화운동을 뿌리뽑으려던 조선총독부 경무총감부는 이를 기화로 안명근 사건을 신민회 황해도지부 주요간부들의 지시에 따라 일으킨 것으로 날조하여, 안악군(安岳郡)을 중심으로 황해도 일대의 지식층과 재산가 등 유력인사 18명을 검거한 것이다. 조선총독부는 안명근 사건을 필두로 이 기회에 반일인사들의 활동을 뿌리뽑으려는 책략에서 이른바 '데라우치 총독 암살음모사건'이란 것을 날조하여 많은 기독교 지도자와 민족주의자를 체포·구금했다.

이 부분은 뒤에서 다시 정리하기로 하고, 먼저 백범 김구가 안명근 사건에 연루되어 서대문감옥에서 안명근과 나눈 대화를 통해 당시의 정황을 살펴보자.

그때 마침 안명근 형이 나를 대하여 조용히 이런 말을 한다.
"내가 입감(入監) 이후에 아무리 생각하여 보아도 하루를 살면 하루가 욕되고, 이틀을 살면 이틀이 욕되니 굶어 죽기로 생각한다."
나는 쾌히 찬성하였다.
"가능하거든 단행하시오."
그날부터 명근 형은 단식한다. 자기 몫의 음식은 다른 수인들에게 나누어 주고 자기는 굶는다. 연 4, 5일을 굶은즉 기력이 탈진하여 운신을 못하게 되었다. 간수가 물으면 배가 아파서 밥을 안 먹는다고 하나, 눈치 밝은 왜놈들이 병원으로 이감하여 놓고 진찰하여 보아야 아무 병이 없으므로 명근 형을 뒷짐지우고 계란을 풀어서 억지로 입에 부어 넣는다. 이 봉변을 당한 명근 형은 나에게 기별한다.
"제(弟)는 부득이 금일부터 음식을 먹습니다" 하더라. 나는 전하여 이르기를, "죽고 사는 것이 자유자재라는 부처님이라도 이곳 문에 들어서서는 어쩔수 없을 것이니 자중하라"고 하였다(《백범일지》).

백범의 기억에 따르면 이때 서대문감옥의 "수인(囚人)의 총수는 2천 명 미만에 수인의 대부분이 의병이요, 그 나머지는 소위 잡범이다"라고 하여, 당시에 이미 많은 항일의병이 서대문감옥에 투옥되어 있었음을 알 수 있다.

조선총독부 경무총감부는 서북지역뿐만 아니라 전국에서 반일세력을 뿌리뽑고자 1911년 9월 신민회 간부들이 서간도에 독립군기지를 건설하여 독립운동을 도모하였다는 것과, 이른바 '데라우치 총독 암살음모사건'이란 것을 날조하여 일대 검거에 나섰다.

조선총독부는 이를 빌미삼아 신민회 중앙간부는 물론 평안남북도 지회의 회원을 비롯 전국에서 지도적인 애국계몽운동가들을 일제히 검거했다. 총독부는 이들이 1910년 12월 압록강 철교준공 축하식을 기회로 조선총독 데라우치가 신의주로 출발하는 날이나 준공식을 마치고 귀경하는 날을 이용하여 총독과 일본 요인들을 암살하려는 음모를 꾸몄다는 혐의를 씌워서 민족지사들을 일제히 구속한 것이다.

총독부 경무부는 이에 따라 1911년 9월 윤치호를 비롯 양기탁, 안태국, 이승훈, 이동휘, 유동열 등 전국적으로 700여 명의 애국지사를 검거·투옥하고, 야만적인 고문으로 허위자백과 사상전환을 강요했다. 이것이 이른바 105인사건이다. 이 사건에 관한 명칭은 다양하여 사건 당시 언론에서는 '조선음모사건', '선천음모사건', '신민회사건' 등으로 불리고, 정식 재판이 시작되면서 '데라우치(寺內) 총독모살미수사건'이라고 명명되었다(윤경로, 《105인사건과 신민회연구》 참조).

이 105인사건은 국권상실 후 최초로 조선총독부가 조작한 대규모적인 투옥사건이었다. 전국에서 구속된 700여 명의 애국지사들은 각기 연고지에서 일경에 체포되어 경성 종로구치감에 수감되었다. 이 사건으로 구속되어 모진 악형을 당하고 석방후《민족의 수난-105인사건의 진상》

을 쓴 선우훈의 기록은 당시 총독부 감옥의 실상을 알아볼 수 있는 귀중한 자료이다.

> 오동마차(馬車)에 앉어 경성 종로구치감이란 문으로 들어서서 모든 수속을 한 후 몸을 달어보니 전신 199근(77kg)이든 것이 지금은 73근(44kg)으로 기입함을 보았다.
>
> 이 구치소엔 외감(外監), 내감(內監)이 있으니 내감엔 기결수가 있고 외감엔 미결수가 있다. 내정(內庭)에 들어서서 큰 솟에 콩밥을 짓는데 3인이 올라서서 삽으로 콩밥을 처 재는 그 냄새가 코를 찔르니 주린 창자 뷔인 배에 먹으려는 본능적 세력을 막을 수 없었다. 꼬치처럼 마른 몸에 목은 견대미 갓고 머리는 뜯어먹든 꿩의 대가리 같은데 수갑찬 손으로 콩밥통을 붓잡고 주저앉았다. 열 그릇 백 그릇이라도 준다면 다 먹을 것 같았다. 그러나 왜 간수는 사정없이 끌고가서 철문을 열고 집어넣으니 때는 오후 3시반 경인 듯 하였다.

105인사건으로 구속된 애국지사들은 처음에는 종로구치감에서 극심한 고문을 당하고 경성감옥이나 서대문감옥으로 옮겨져 역시 날조된 재판을 받았다.

선우훈은 앞의 책에서, 종로구치감에서 일본 간수에 의해 동지 중의 한 사람이 서대문감옥으로 이감되는 과정을 다음과 같이 쓰고 있다.

> 간수가 문을 채우고 돌아서 가니 곁에 앉은 왜놈이 주동이 되어 나를 부뜰어 의복을 추어 입희고 끈-없는 저고리로 앞 가슴을 감싸주며 버선도 신겨주고 수건으로 머리를 싸 매 주며 조선말로 당신이 무슨 일로 이렇게까지 되었소? 당신이 악형받은 것 보니 경무총감부에서 오지 안었소? 그릿타면 서양인 윤산온(尹山溫) 사건이 아니요? 아참 가이없읍니다. 당신 선천사람 차균설(車均卨)이를 압니까? 그 양반도 다 죽게되여 이방에 들어와서 오랫동안 있다가 작일 서대문감옥으로 갓습니다. 이것이 차씨가 쓰든 수건입니다. 그런데 차씨는 10일만에 견디다 못해 寺內총독을 죽이려했다는 자백

을 했다는데 왜 당신은 이렇게까지 되었소. 모도 혜(혀)를 채며(차며) 얼굴을 찌푸리고 위로하여 편의를 주었다.

당시 105인사건과 관련된 애국지사들은 이처럼 혹독한 고문을 받고, 경성감옥이나 서대문감옥으로 옮겨져 수형생활을 계속하였다.

조선총독부가 105인사건을 날조하여 많은 애국지사를 검거·투옥하고 야만적인 고문으로 허위자백을 강요하여 법의 올가미를 씌우고자 한 것은 이들의 활동을 묶어두려는 데 목적이 있었다.

처음부터 날조한 사건이기 때문에 고문에 의한 허위자백 이외에 달리 증거가 있을 리 없었다. 그런데도 조선총독부는 1912년 5월, 이들 중 122명을 기소하여 6월 28일부터 경성지방법원에서 재판을 열었다.

총독부 당국은 의병과 항일지사들을 수감하기 위해 전국에 20여 개의 감옥을 지어 105인사건 관련자들까지도 수용할 수가 있었다. 그러나 당시 재판소의 규모로는 122명의 기소자와 참고인, 방청인을 전부 수용할 수 없어 재판 1주일 전에 7천 원(元)의 경비를 들여 가로 9미터, 세로 25미터 규모의 재판소를 급조하였다(선우훈, 《민족의 수난-105인 사건의 진상》).

급조된 건물에 '경성지방법원'이란 간판을 걸고 재판이 시작되었다. 사건 관련자를 구속한 지 9개월 만에 재판이 시작된 것이다. 재판은 그 죄목에서나 연루자의 숫자면에서 유례가 없는 최대규모의 공판이었고, 특히 이 사건에 미국선교사들도 다수 관련됨으로써 세계의 이목이 집중되었다. 따라서 재판 첫날부터 삼엄한 경계와 긴장감이 신축된 재판소 주변을 감돌았다. '수인'들은 서대문감옥에서 재판정까지 조기두름처럼 엮여 끌려다녔다.

이 사건의 조작을 진두지휘한 총독부 경무총감 아카이시(明石元二郎)는 일찍이 러시아 주재 무관으로 근무하면서 제정 러시아가 폴란드 등 식민지 민족에게 가했던 고문방법을 그대로 도용, 이 사건 조작에 사용한 것으로도 유명하다. 총독부 경찰이 사건 관련자들을 경성감옥과 서

일제는 투옥된 민족운동자들을 법정으로 호송할 때 머리에 용수를 씌워 공포심을 자아냈다.

대문감옥에 가둬놓고 얼마나 심한 고문을 자행했던지 김근영과 정희순이 사망하였으며, 목사 전덕기도 그 여독으로 출감 후 사망하였다.

당시 조선총독부가 우리 애국자들에게 가한 고문의 방법은 무려 72종에 달하였다고 한다. 자행된 고문이 잔인하였을 뿐만 아니라 그 방법이 몹시 교활하였다. 고문의 흔적은 남기지 않으면서 최대의 효과를 노릴 의도에서 단근질을 할 때 온 몸에 기름을 바른 다음 지졌는가 하면, 천장에 매달 경우 새끼줄에 붕대를 감아 팔이나 어깨를 묶는 방법을 사용하기도 했다. 또한 상처의 회복이 가장 빠른 입속에 막대기를 쑤셔넣어 고통을 가하는 등 교활한 고문법을 이용했다.

이런 잔악한 고문방법 중에서 가장 참기 어려운 고문이 여러 날을 굶긴 후 그 앞에서 고문경찰들이 음식을 들며 이를 바라보도록 한 방법이었다고 한다. 한번 고문이 시작되면 1~4시간 계속되었으며, 이러한 고문을 35일간 하루도 거르지 않고 겪어야 했다고 한다. 다시 선우훈의 회고를 들어보자.

접시 우에 판찍은 주먹만한 보리밥 세그릇이 들어왔다. 내 입술은 먹장같이 타고 조갈이 심하야 삿삿치 터졌고 피곤하고 쇠약한 몸은 앉을 기력이 없어 자조 쓸어졌다. 또한 눈뜰 기운이 없음을 보는 저들은 보리밥 한그릇을 내게 던져주니 돌이라도 삼킬듯한 기갈에 아모말없이 엎푸러저 개와 같이 할터 먹었다.

이들은 기갈과 허기짐이 얼마나 견디기 어려웠던지 자신의 의복 속의 솜을 뜯어먹거나 깔고 자던 썩은 짚을 씹어 삼키기도 하였다고 한다. 서대문감옥에서 자행된 일제의 고문방법의 사례는 다음과 같다(윤경로, 《105인사건과 신민회 연구》 참조).

· 주먹과 구둣발로 목부분과 전신을 비벼대거나 구타하는 방법
· 손가락 사이에 철봉을 끼우고 손끝을 졸라맨 후 천장에 매달고 잡아당기는 방법
· 대나무 못을 손톱과 발톱 사이에 박는 방법
· 수십일간 완전 밀폐된 독방에 가두고 일체의 음식물을 주지 않는 방법
· 가장 추운 날 옷을 벗긴 후 수도전에 묶고 찬물을 끼얹어 얼음기둥을 만드는 방법
· 가죽채찍과 대나무 묶음으로 맨몸을 휘감아 갈기는 방법
· 널판지에 못을 박아 그 위에 눕게 하는 방법
· 양쪽 엄지손가락을 결박한 후 한편 팔은 가슴앞으로 돌려 어깨너머로 올리고 다른 한편 팔은 갈기는 방법(이른바 학춤 고문법)
· 온 몸에 기름을 바른 후 인두와 담뱃불 등으로 단근질하는 방법
· 참대나무를 양쪽에서 마주잡고 위에서 아래로 훑어내리는 방법
· 입을 벌리게 한 후 혀를 빼게 하고 기도에 담배연기를 넣는 방법
· 기절했을 때 종이로 얼굴을 봉창한 후 물을 끼얹는 방법
· 1전짜리 동전 둘레만큼의 머리카락에 몸을 매달아 머리털이 빠지게 하는 방법
· 돌바닥에 메처논 후 머리채와 귀를 잡아끌고 다니며 구타하다가 돌바닥에 처박는 방법

일제가 사용한 고문대.

- 코에 뜨거운 물을 붓고 거꾸로 매달거나 딩굴리는 방법
- 입을 벌리게 하고 막대기로 석탄가루를 쑤셔넣어 기절시키는 방법
- 입에 재갈을 물리고 머리털을 선반에 잡아맨 후 앉을 수도 설 수도 없는 좁은 공간에 처박아 놓는 방법
- 여러 날 일체 굶긴 후 그 앞에서 만찬을 벌이는 방법
- 수염의 양끝을 서로 묶은 다음 빠질 때까지 잡아당기는 방법
- 사형집행을 가장하여 자유를 최후로 강요한 후 이에 응하지 않을 경우 공포를 쏘아 실신시키는 방법

서대문감옥은 초창기의 의병에 이어 병탄 이후에는 수많은 항일지사들이 고초를 겪는 민족수난의 장소가 되어 애국지사들의 원부(怨府)로 자리잡았다. 반면에 이 '민족수난의 장소'는 민족지사를 양성하는 '애국심의 용광로'와 같은 역할을 하였다. 105인사건과 관련되어 서대문감옥에서 혹독한 고문을 당하고 풀려난 인사들 가운데 상당수가 후일 독립

운동과 사회운동의 지도자가 되었다. 상해 임정에 참여한 양기탁, 김구, 유동열, 차이석, 선우훈, 선우혁, 안태국, 민족대표 33인이 된 양순백, 이명룡, 이승훈, 비서명 민족대표 안세환, 의열단 편강렬, 군자금 조달 안희원, 이용혁 등이 그 대표적인 인물이다.

조선총독부가 '데라우치 총독모살 미수사건 가담 혐의자'라 하여 구속, 서대문감옥에서 갖은 악형을 가한 민족지사와 출신지역은 〈표 9〉와 같다.

조선총독부가 민족지사들에게 얼마나 가혹한 고문을 가하고 날조된 혐의를 씌우려 했던가는 안태국의 법정진술에서도 잘 나타난다. 안태국은 기소장의 "자신이 총독암살사건을 실천에 옮기기로 한 바로 전날인 1910년 12월 26일 평양에서 하룻밤을 자고 27일 정주에서 동지 60여 명을 인솔하여 새벽 6시에 선천역으로 갔다"는 내용에 대해 다음과 같은 정연한 논지의 발언으로 이 사건의 허구성을 지적하였다.

그 날 나는 서울에 있었다. 마침 그때 이 자리에 같이 있는 피고 유동열이 '치안유지법위반'에 걸려 서대문감옥소에 복역중 바로 12월 2일 만기 출옥되어 그날 저녁에 명월관에서 양기탁, 이승훈 등 7인이 위안회를 열고 요리대로 27원을 지불하였고 나 안태국의 이름으로 영수증을 받은 일이 있다. 또 이튿날 27일에는 이승훈이 평양 마산동 자기(磁器) 회사로 내려감에 따라 평양의 윤성운에게 '남강(南岡) 下去出迎'이란 전보를 광화문우체국에서 내 손으로 친 바 있다. 그러니 이 사실을 조사해달라 ….

나는 이제 재판장에게 말한다. 이재명이 이완용을 죽이려던 사건에 나를 공범자로 몰아서 그 일로 지금 나는 이 붉은 옷(수의)을 입고 있으니 그때 재판장은 누구냐? 그때 그 재판에서 그대는 나를 서울에 있으면서 이재명을 지휘한 자요, 또 서간도에 가서 무관학교를 설립하려 한 자라고 하여 내게 2년의 판결을 내리지 않았는가. 그러면 그해 그달 그날에 어떻게 이 안태국의 몸은 서울에도 있었고 선천에도 있었단 말이냐. 나는 신이 아니다.

이 안태국은 서도 죄요 앉아도 죄냐?… 이제 재판장은 판단하라.

〈표 9〉'데라우치 총독모살미수사건' 가담 혐의자 명단 (389명)

구분	평양	납청정	정주	선천		곽산	철산	신천 안악	신의주 의주 용천	경성
주모자	안태국 장응진	이승훈 이용화	최성주 홍성린	양준명		김시점	오회원	(김구)	(김기창)	윤치호
기 소 자 (123명)	김두화 김응조 김운천 김응록 김동원 나일봉 변인서 서기풍 신상호 오대영 옥성빈 윤성운 윤원삼 이덕환 이춘섭 정익노 정주현 조영제 안경록 안세환 최준환 차이석 길진형 강봉우 백남준 (27명)	임경엽 나승규 안성제 김선행 김응엽 최제규 최성민 최주익 이재윤 이기원 박상훈 임병행 박찬형 이병제 김찬오 이태건 김봉수 김응오 나의섭 조덕찬 김옥현 이준영 (24명)	이명용 임도명 백몽규 탁창호 (6명)	김일준 김용선 김익겸 김용환 이창석 이순구 이용혁 이봉조 이재윤 이정순 곽태중 양전백 노정관 장사욱 차균설 차영준 선우훈 최덕윤 신효범 정덕연 나봉규 김태헌 이창식	김순도 김인도 김창환 김현식 이동화 서정욱 이정순 이규엽 이재회 강규찬 양준희 안 준 노효욱 주현칙 차희선 선우혁 백몽량 백일진 홍성익 홍규민 최서찬 김성봉 (46명)	이근택 오학수 지상주 (4명)	유학렴 정원범 장관선 (4명)	오택의 편강렬 (2명)	이기당 승자현 김창건 백용석 안광호 (5명)	양기탁 임○정 옥관빈 유동설 (5명)

(계속)

구 분	평 양	납청정	정 주	선 천		
불기소자 (266명)	김근영 김성식 김대전 김기호 김태선 김승훈 김진관 김형식 김정석 김승후 김진후 김운학 김도대 김의환 김찬제 김병서 김승범 김수철 김원식 김병찬 김선주 김진하 김윤화 김몽진 박승필 박승두 박상순 박영일 박예철 이영하 이상여 이상내 이중호 이진추 이재순 이승길 이승환 이성식 이시태 오임규 오경환 오종현 정인숙 정재윤 조창호 조성하 조명규 장진수 장영한 장성봉 최창선 최상훈 최의환 최창환 임인기 임병극 임병식 임영추 윤정엽 윤영필 윤영주 윤형필 길덕영 곽영준 곽용한 홍기황 홍학진 황갑봉 석두익 유득영 유진형 한인포 한삼현 정의도 정일선 고정화 노형찬 노준책 송종원 안병찬 채필근 장순봉 유용운 주기문 (84명)	임청엽 정낙영 이학필 (3명)	치용린 한원도 한진석 노진행 노덕일 노덕웅 안상준 안병호 백낙윤 이병여 이찬기 김윤환 김인하 김승노 김시산 최성덕 최상하 현춘성 현용유 박시창 임선명 (21명)	박윤근 박찬빈 빅세긴 박인택 박승우 박정건 박인근 박전채 박준택 김봉문 김성구 김영필 김치을 김창현 김득찬 김주봉 김영선 김석창 김정순 김병규 김창옥 성찬행 백낙준 유세환 전석원 김계진 김원길 김용정 김형도 김경현 김영선 김홍식 이승석 이정헌 이명연 이병빈 이성회 이영기 이영찬 이근진 이근신 이봉규 이용린 이석근 이승준 이동원 이원규 이덕신 이봉혁 최관실 최석찬 최화환 최찬제 최성호 조상옥 조상익 조상홍 최용화 원조언 노중승 노성태 노재호 김낙을 김성호 강원채 방필규 한응수 한승호 한경범 한세권 한승묵 변석호 고익수 변달성 계시환 안용린 홍석주 홍하순 홍국연 송국환 성경택 처균상 안국형 안주호 윤인형 윤형보 강현문 차명규 윤인수 변준호 차석범 유석승 배선일 양창용 최봉세 곽 노 안병균 안승엽 길계진 (99명)		
총계	111명	27명	27명	145명		

(계속)

구분	곽 산	철 산	신 천 안 악	신의주 의주 용천	경 성
불기소자 (266명)	김창옥 김중점 김성호 김창대 김상식 김창태 김덕극 김대현 김낙철 이영도 이윤찬 최윤순 최용석 최후빈 김상식 지용범 지용진 조윤벽 신경재 심병하 박사덕 강경현 유익신 송적응 (26명)	이유근 유희렴 (2명)	안명근 고재화 유문성 양성진 도인권 이승길 이용제 배경진 이상진 최중호 박도평 (11명)	문일평 이유필 고일청 최사준 김외준 김세한 황국보 김재순 정창학 김준건 유여대 박인서 최원빈 차주현 최수은 김재렴 김인환 최후빈 (18명)	전덕기 박강하 (2명)
총계	30명	6명	13명	23명	7명

여기 앉아있는 백수십 명의 피고가 나의 지휘로 선천에서 총독을 죽이려 했다고 총감부에서 그 사실을 자백했다. 그러나 이들을 지휘했다는 나 안태국이 그날 그때에 어떻게 선천에 있지 않고 서울에 있을 수 있었느냐. 직접 지휘를 했다는 나 안태국이 분명히 서울에 있었으니 총감부에서 말한 피고들의 진술은 모두 허위진술로 그것은 악형에 못 견뎌서 말한 허구사실이 분명치 않느냐 생각해보라. 이 안태국이 아무리 상식도 없는 초부목동이라 할지라도 寺內 같은 자 하나를 죽이기 위해 수백 명을 동원하지는 아니할 것이 아니냐. 또한 백여 명이 총독 하나를 죽이기 위해 권총을 갖고 이틀이나 요소요소를 지킬 뿐만 아니라 조직적으로 지휘까지 했다는데 어찌해서 딱총소리 한 방도 없었느냐(선우훈, 《민족의 수난-105인사건의 진상》).

조선총독부 형리들의 야만적인 고문으로 김근형과 정희순이 서대문감옥에서 순국하고 많은 사람을 불구자로 만든 이 감옥은 민족지사들에게는 생지옥의 대명사가 되었다.

날조된 사건이라 증거가 없게 되자 더욱 초조해진 조선총독부는 이들을 상대로 혹독한 고문과 사상전향을 강요했다. 그러는 한편 재판을 강행하여 날조문서인 판결문을 작성하고 1912년 9월 28일 기소자 가운데 105명에 대하여 징역 5년에서 10년까지의 유죄판결을 선고하였다. 유죄판결을 받은 105명은 모두 고등법원에 항소하고, 고등법원은 이듬해 5월 24일 이를 대구복심법원으로 되돌려 보냈다.

1913년 7월 5일 대구복심법원에서는 105명 중 99명을 무죄로 석방하고, 윤치호, 양기탁, 안태국, 이승훈, 임치정, 옥관빈 등 6명에게만 징역 5~6년형을 선고했다. 유죄 이유라는 것도 총독암살의 모의가 아니라, 일기장에다 안중근을 찬양하는 내용을 썼다든지 이완용을 죽이려 했던 이재명을 동정하는 이야기를 썼다는 등 기소이유와는 동떨어진 죄목이었다.

결국 이 사건이 조선총독부의 음흉한 날조에 의한 것이라는 사실을 입증하는 것이었지만, 이 사건을 계기로 신민회의 활동은 중단되었다.

梁起鐸(징역 10년) 梁甸伯(징역 7년) 柳東説(징역 10년) 尹致昊(징역 10년)

李明龍(징역 7년) 李昇薰(징역 10년) 車利錫(징역 7년) 片康烈(징역 6년)

체포·투옥된 신민회 인사

따라서 서대문감옥은 의병에 이어 항일지사들을 때려잡는 민족의 원부로 자리잡게 되었다.

날조된 105인사건으로 2명의 애국자가 고문으로 순국하고 옥고를 치르거나 석방된 지사들 대부분이 고문 후유증으로 일생을 병고에 시달려야 했다.

백범 김구와 서대문감옥

백범 김구 선생이 감옥살이를 한 것은 전후 세 차례에 걸쳐 약 6년 동안이었다. 첫번째 투옥은 21살 때인 1896년 2월 하순 일본군인을 살해한 사건 때문이었다. 백범은 치하포 객주집에서 변복하고 있는 일본 육군중위 스치타(土田讓亮)를 살해하고 "국모의 원수를 갚으려고 이 왜놈을 죽였노라. 해주 백운방 기동 김창수"라고 쓴 포고문을 길가에 붙이게 하였다.

단순히 암살을 한 것이 아니라 국모살해의 원수를 갚고 떳떳이 자신의 정체를 밝힌 뒤, 스치타의 행장 속에 들어있던 엽전 8백 냥을 그곳에 사는 가난한 동포들에게 나누어 준 다음 신천으로 돌아왔다.

백범은 그로부터 석달후인 5월 11일 새벽에 체포되어 두 달 동안 해주옥에 구금되어 다리뼈가 드러나는 악형을 당했다. 7월 초에는 인천 감리영(監理營)으로 이감되었다. 이때 감옥 안에서 장티푸스에 걸려 심하게 고생하고, 열병을 앓아 쇠약해진 몸으로 옥사장의 등에 업혀 다니며 감리사의 심문을 받았다. 백범은 그해 7월 27일 사형판결을 받은 상태에서 8월 26일 고종황제의 특사령이 내렸으나 일본 공사 하야시(林權助)의 압력으로 출옥하지 못했다. 2년 뒤인 1898년 3월 9일 파옥(破獄)에 성공하여 승려생활을 하며 피신하였다.

두번째 투옥은 1909년으로 안악에서 양산학교의 교원생활과 해서(海

西)교육총회를 조직, 학무총감을 맡고 있으면서 송화(松禾) 군수의 초청으로 수천 명의 청중 앞에서 배일(排日) 연설을 하다가 경찰서로 잡혀가 구금되었다.

세번째는 1911년 이른바 안명근 사건의 관련자로 1월 5일 체포되고 서울로 이송되어 7회의 가혹한 심문을 받고, 징역 17년을 선고받아 서대문감옥에서 복역하였다. 서대문감옥에서는 3년여를 지내다가 1914년 감형으로 형기 2년을 남기고 인천감옥으로 이감되어, 매일 허리에 쇠고랑을 차고 축항 공사장으로 끌려다니며 노역하다가 이 해 7월에 가출옥으로 석방되었다.

대부분의 감옥살이를 서대문감옥에서 보낸 백범은 후일 《백범일지》에 이때의 사정을 소상하게 쓰고 있다. 먼저 서대문감옥에 대한 설명을 들어보자.

> 당시 서대문감옥은 경성감옥이라고 문패를 붙인 때이고, 수인의 총수 2천 명 미만에 수인의 대부분이 의병이요, 그 나머지는 소위 잡범이다. 옥중의 대다수가 의병이란 말을 들은 나는 심히 다행으로 생각하였다. 그이들은 일찍이 국사를 위하여 분투한 의기남아들인즉 기절(氣節)로나 경험으로나 배울 것이 많으리라고 생각하여 감방에 들어가서 차차 인사를 하며 물어본즉 혹은 강원도 의병의 참모장이니 혹은 경기도 의병의 중대장이니 거의가 의병두령이고 졸병이라는 사람은 보지 못하였다.

백범의 수인번호는 56호였다. 구속되어 총감부에 구금되었다가 종로 구치감으로 넘겨져서 1911년 7월 22일 경성지방재판소에서 15년형을 선고받고 서대문감옥으로 이감되었다.

백범은 서대문감옥의 13방에 입소한 날 일부 의병 출신 수인들의 저질스런 언행을 지켜보면서 다음과 같이 다짐한다.

> 옥중에 전래한 이야기가 있으니 이강년 선생과 허위 선생은 왜적에게 체포되어 신문과 재판을 받지 않고 사형장에 나가기까지 왜

적을 타매하다가 순국한 후에 서대문감옥에서 사용하던 자래정(自來井)에 허위 선생 취형일(就刑日, 형 집행일)부터 우물물이 붉고 탁하여 폐정되었다 하더라. 그같은 상설(霜雪)의 절의를 듣고 생각한즉 스스로 부끄럽기 끝이 없다. 정신은 정신대로 보중(保重)하지마는, 왜놈의 우마와 야만의 대우를 받는 나로서 당시 의병들의 자격을 평론할 용기가 있을까. 지금 내가 의병수(義兵囚)를 무시하지마는 그 영수인 허위 선생의 혼령이 나의 눈앞에 출현하여 엄중한 질책을 하는 듯싶다.

백범은 의병 출신 수인들의 저급한 언행에 잠시라도 의병을 타매한 것을 뉘우치면서 허위 선생 등 의병장들의 기개에 더욱 마음을 굳히게 된다. 다시 백범의 설명이다.

내가 서대문 옥에 들어온 지 며칠 후에 또 중대사건이 발생하니, 왜놈의 소위 뭉어리돌 줍는 제2차 사건이다. 제1차는 황해도 안악을 중심으로 하여 40명의 인사를 타살, 징역, 유배의 3종으로 처벌하고, 이어서 평안도 선천을 중심삼아 일망타진으로 2년의 형을 집행하는 양기탁, 안태국, 옥관빈과 유형(流刑)에 처하였던 이승훈까지 다시 집어넣고 신문을 개시하였나니, 이는 기왕 보안법률에 따라 최고형 2년만 지운 것이 왜심(倭心)에 미흡하여 좀더 지우자는 만심(蠻心)에서 나온 것이다. 나와 김홍량도 15년에 2년을 가하여 17년의 징역을 졌다.

백범은 서대문감옥으로 면회온 모친과 나눈 이야기를 이렇게 썼다. "경기감사 하는 것보담 더 기쁘다"라고 옥중의 아들에게 말했다는 모친의 기개를 그리는 대목이다.

어느 날은 간수가 와서 나를 면회소로 데려간다. 누가 왔는가 하고 기다리다가 판자 벽에서 딸깍하고 주먹이 하나 나들 만한 구멍이 열리는 데로 내어다본즉 어머님이 와 서셨고 곁에는 왜놈 간수가 지키고 섰다. 근 7, 8삭 만에 뵙는 어머님은 태연하신 안색으로 말

쓸하시기를, "이야! 나는 네가 경기감사나 한 것보담 더 기쁘게 생
각한다. 네 처와 화경(딸)까지 데리고 와서 면회를 청한즉 1회 1인
밖에는 허락치 않는 데서 네 처와 화경이는 저 밖에 있다. 우리 세
식구는 평안히 잘 있다. 너는 옥중에서 몸이나 잘 있느냐? 우리를
위하여 근심말고 네 몸이나 잘 간수하기 바란다. 만일 식사가 부족
하거든 하루에 사식 두 번씩 들여주랴?"

　나는 오랜만에 모자 상봉하니 반가운 마음과, 저와 같이 씩씩한
기절을 가진 어머님께서 개같은 원수에게 자식을 뵈어 달라고 청
원을 하였을 것을 생각하니 황송하기 끝이 없다. 다른 동지들의 면
회했다는 정황을 들어보면 부모 처자가 와서 피차에 대면하면 울
기만 하다가 간수의 제지로 말 한마디도 못하였다는 것이 보통인
데, 우리 어머님은 참 놀랍다고 생각된다. 나는 17년 징역선고를
받고 돌아와서 잠은 전과 같이 잤어도 밥은 한 끼를 먹지 못한 적
이 있는데, 어머님은 어찌 저렇게 강인하신가? 탄복하였다.

《백범일지》는 당시 서대문감옥의 여러가지 실상을 알 수 있는 훌륭한
기록이다. 먼저 수인들의 의복 부분에 관한 내용을 살펴보자.

　각 수인들이 이른바 판결을 받기 전에는 자기의 의복을 입거나 자
기 의복이 없으면 청색 옷을 주위입다가 판결되어 복역하는 시간
부터는 적의(赤衣)를 입나니 조선복식(복장)으로 지어 입는다. 입
동시기부터 춘분까지는 면의를 입고 춘분으로 입동까지는 단의(홑
옷)을 입히되 병든 수인에게는 백의(白衣)를 입힌다.

다음으로 수인들의 식생활 문제에 대해 살펴보자.

　식사는 1일 3회로 분배하는데, 그 내용물은 조선 각 도의 감옥마다
각기 그 지방에서 가장 값싼 곡물을 선택하는고로 각도의 감식(감
옥음식)이 동일치 않으니, 당시 서대문감옥은 10으로 나눔에 콩이
5분(分), 소미(小米, 좁쌀) 3분, 현미 2분으로 밥을 지어 최하 8등
식에 250문(匁, 일본어 '몬메', 무게의 단위, 돈쭝)으로 위시하여 2

등까지 문수를 증가한 것이며, 사식(私食)은 감외식(監外食, 죄수에게 사식을 들일 목적으로 영업하는 감옥 밖 음식점) 주인이 수인 친족의 위탁을 맡아가지고 배식 시간마다 밥과 한두 가지 찬을 가져오면 간수가 검사하고 밥을 일자(一字) 모양으로 박은 통에 다식처럼 박아내어 분배하여 주는데, 사식 먹는 수인들은 한군데 모아서 먹게 한다. 감식도 등급은 다르나 밥은 같은 것이고, 감식은 각 공장이나 감방에서 먹게 한다.

당시 수인들의 식사방식은 어떠했는가. 일제의 강제합방 직후 한국인 '정치범'들의 옥중 식사방식을 살펴보자.

하루 세 차례로 밥과 반찬을 일제히 분배한 후에는 간수가 고두례(叩頭禮, 머리를 숙이는 의식)를 시키면 수인들은 호령에 쫓아 무릎을 꿇고 무릎에 두 손을 올려 놓고 머리를 숙였다가 (간수가) 왜놈말로 '모도이' ― 우리의 군호 '바로!'와 같다 ― 하면 머리를 일제히 들었다가 다시 '낑빵'(喫飯, 식사 시작)하여야 각 수인이 먹기를 시작한다.

수인들에게 그같은 경례를 시킨 간수의 훈화가, "식사는 천황이 너희 죄인을 불쌍히 여겨서 주는 것이니 머리를 숙여서 천황에게 예를 하고 감사의 뜻을 표하라" 한다. 그런데 매번 경례라고 할 때에 들어보면 각 죄수들이 입안엣소리로 무언가 중얼거리는 것이다. 나는 이상하게 생각된다. 밥을 천황이 준대서 천황을 향하여 축의(祝意)를 표함인가 하였더니 급기야 얼굴이 익은 수인들에게 물어본즉 구구동성으로, "당신 일본 법전을 보지 못하오? 천황이나 황후가 죽으면 대사면령이 내려 각 죄인을 풀어준다고 하지 않았소. 그러므로 우리 수인들은 머리를 숙이고 상제(上帝)님께 '명치(明治, 일본천황)란 놈을 즉사시켜 줍소서'하고 기도합니다" 한다. 나는 그 말을 듣고 심히 기뻐하여 나도 그렇게 한다고 하였다. 그후는 나도 노는 입에 염불격으로 매번 식사 때에는 '동양의 대악괴(大惡魁)인 왜왕을 나에게 전능을 베풀어 내 손에 죽게 합시사 ―' 하고 상제께 기도하였다.

백범이 서대문감옥에 있을 때 이곳의 시설이나 구조는 불량하기 그지 없었다. 좁은 방에 많은 수인들을 수감하다 보니 여름이나 겨울철에는 참으로 견디기 어려운 이중삼중의 고역이었다.

다시 백범의 기록을 살펴보자.

> 감옥의 고통은 하절과 동절 두 계절이 더욱 심하니, 하절에는 감방에서 수인들의 호흡과 땀에서 증기가 발하여 서로 얼굴을 분간 못하게 된다. 가스에 불이 나서 수인들이 질식이 되면 방안으로 무소대를 들이 쏘아 진화하고 질식된 자는 얼음으로 찜질하여 살리고 죽는 것도 여러 번 보았다. 수인들이 가장 많이 죽기는 하절이다.
> 동절에는 감방에 20명이 있다면 솜이불 4개를 들여주는데 턱 밑에서 겨우 무릎아래만 가리워지므로 버선없는 발과 무릎은 태반 동상이 나고 귀와 코가 얼어서 극히 참혹하다. 발가락, 손가락이 물러서 불구가 된 수인도 여럿 보았다. 간수놈들의 심술은, 감방에서 무슨 말소리가 났는데 누가 말을 하였느냐고 물어서 말한 자가 자백을 않고, 동수(同囚)들도 누가 말하였다고 고발하지 않을 때는 하절에는 방문을 닫고 동절에는 방문을 여는 것이니, 이는 감시의 묘방이기도 하다.

혹독한 일제의 감옥에서 어려운 옥고를 치른 백범은 후일 독립이 되면 간수들을 대학교수의 자격으로 채용하겠다는 결의를 밝힌다.

> 감옥은 물론 이민족의 겸제(箝制, 구속하고 억누름)를 받는다는 감정이 충만한 곳이므로 왜놈들의 지량(智量)으로는 일호라도 감화를 줄 수 없으나, 내 민족끼리 감옥을 다스린다 하여도 이런 식으로 모방이나 하여서는 감옥설치에 조금도 이익이 없겠다고 보아지더라. 그리하여 후일에 우리나라를 독립한 후에 감옥 간수부터 대학교수의 자격으로 채용하고 죄인을 죄인으로 보는 것보다는 국민의 일원으로 보아 선(善)으로 지도하기만 주력하여야 하겠고, 일반사회에서도 입감자라고 멸시하지 말고 대학생의 자격으로 대우하여야 그만한 가치가 생기겠다고 생각되었다.

백범은 서대문감옥에서 안명근 의사에 관한 이야기를 몇 차례 적고 있다. 안명근 사건으로 함께 구속된 관계이기도 하겠지만 백범의 안중근, 안명근 두 의사에 대한 각별한 애정, 나아가서 우국지성을 살피게 하는 대목이다.

출역(出役) 중에 어느 날은 졸지에 일을 중지하고 수인들을 한곳에 모아 명치(明治)의 사망을 선언한 뒤에 소위 대사면을 반포하는 바 맨 먼저 보안법 위반으로 2년형을 받는 사람은 형이 면죄됨에 보안율(保安律)로만 복역을 하던 동지들은 당일로 출옥되고, 강도율에는 명근 형에게는 감형도 없으나 15년역에 나 하나만 8년을 감하여 7년으로 하고, 김홍량 이외 몇 사람은 거의 다 7년을 감하여 8년으로 되고, 10년, 7년, 5년들도 차례로 감형되었다.

불과 수개월 만에 명치의 처가 또 사망하여 잔여기간의 3분의 1을 감한즉 5년여의 경형(輕刑)으로 되고 그때는 명근 형도 종신형을 감하여 20년이라 하였으나 명근 형은, "가형(加刑)을 하여 죽여줄지언정 감형은 받지 않는다" 하였다. 그러나 왜놈말은, "죄수에게 대하여 일체를 강제로 집행하는 것인즉 감형을 받고 아니받음도 수인 자유에 있지 않다" 하였다.

그 당시는 공덕리(현재의 마포구 아현동)에 경성감옥을 준공한 후이므로 명근 형은 그리로 이감되어 얼굴만이라도 다시 서로 보지를 못하였다.

서대문감옥은 백범에게 여러 면에서 잊지 못할 곳이었다. 수인생활을 하면서 더욱 뜨거운 민족사랑과 독립의지를 갖고 결기를 다지게 되었다. 결심의 표시로 이름을 구(九)라 하고 호를 백범(白凡)이라 고친 것도 이 때의 일이다. 직접 그의 말을 들어보자.

그럭저럭 내가 서대문감옥에서 지낸 것이 3년여이고 잔기는 불과 2년이라. 이때부터는 마음에 확실히 다시 세상에 나가서 활동할 신념이 보인다. 그리하여 주소(晝宵, 밤낮)로 생각하였다. 세상에 나가서는 무슨 사업을 할까. 나는 본시 왜놈이 이름지어 준 뭉어리돌이다. 뭉어리돌의 대우를 받는 지사들 중에는 왜놈의 화부(火釜, 가마솥) 즉 감옥에서 인류로서 당치못할 온갖 학욕(虐辱, 학대와 수모)을 받고도 세상에 가서는 도리어 왜놈에게 순종하여 잔천(殘喘, 남아있는 목숨)을 잇는 자 있나니, 그는 뭉어리돌 중에도 석회질이 함유하였으므로 다시 세상에 던져지면 평소 굳은 의지가 석회같이 풀리는 것 같다. 그러므로 나는 다시 세상에 나가는 데 대하여 우려가 적지 않다. 만일 나도 석회질 같은 뭉어리돌이면 만기 이전에 성결한 정신을 품은 채로 죽었으면 좋지 않을까 하였다.

결심의 표로 이름을 구(九)라 하고 호를 백범(白凡)이라 고쳐 가지고 동지들에게 선포하였다. 구(龜)를 구(九)로 고침은 왜민적(倭民籍, 왜놈이 관리하는 백성의 호적)에서 떨어져 나감이요, 연하(蓮河)를 백범(白凡)으로 고침은 감옥에서 다년간 연구한바 우리나라 하등사회 곧 백정(白丁) 범부(凡夫)들이라도 애국심이 지금 나의 정도는 되고야 완전한 독립국민이 되겠다는 원망(願望)을 가지자는 것이다. 복역시에 뜰을 쓸 때나 유리창을 닦을 제는 이런 생각을 하며 상제께 기도하였다. 우리도 어느때 독립정부를 건설하거든 나는 그 집의 뜰도 쓸고 창호(窓戶)도 잘 닦는 일을 하여 보고 죽게 하여 달라고.

백범은 39살 때인 1914년 잔기를 2년여 남기고 인천감옥으로 이감되었다. 이유는 제2과장과 크게 싸운 바 있는데, 그가 아주 고역이 심한 인천 축항공사를 시키는 곳으로 보낸 것이다. 인천 축항공사는 1911년 6월에 시작되어 1918년 10월에 준공된 것으로 인천항 갑문 축조공사였다. 백범은 서대문감옥에서 인천감옥으로 옮기게 된 과정을 다음과 같이 쓴다.

우리 동지들이 다수 있어 정리상 위로도 되고 노역중에서도 편의가 많은 터이므로 쾌활한 생활을 하였다 할 수 있는 서대문을 떠나 철사로 허리를 묶고 30~40명 적의군(赤衣軍, 붉은 옷을 입은 죄수)에 편입되어 인천 옥문 앞에 당도하였다.

무술(1898년) 3월 9일 야반에 파옥 도주한 이 몸으로 17년 후에 철사에 묶이어서 다시 이곳에를 올 줄 누가 알았으랴. 옥문 안을 들어서며 살펴본즉 새로이 감방을 증축하였으나 구일(舊日)에 내가 앉아 글을 읽던 방이 그대로 있고, 산보하던 뜰이 그대로 있고, 호랑이 같이 도변(度邊)이 놈을 통매하던 경무청은 매음녀의 검사소로, 감리사가 시무하던 내원당(來遠堂)은 감옥창고가 되었고, 그 옛날 순검주사들이 뒤끓던 곳은 왜놈의 세계로 변해 버렸다. 마치 사람이 죽었다 기십년후에 갱생하여 자기 놀던 고향에를 와서 보는 듯하다. 감옥 뒷담 너머 용동 마루터기에서 옥중에 갇힌 불효자를 보시느라 날마다 우두커니 서서 내려다보시던 선친의 얼굴이 보이는 것 같다. 그러나 세환시변(世煥時變, 세상이 바뀌고 시절이 변함)한 탓으로 김구가 석일(昔日)의 김창수로 알 자는 없을 것이라고 생각한다.

1896년 21살 때 치하포에서 일인을 죽이고 그해 5월 11일 체포되어 해주감옥을 거쳐 7월 인천 감리영에서 사형선고를 받고 고종황제의 특사로 무기로 감형되어 복역중 2년 후인 1898년 3월 파옥한 바 있던 인천감옥으로 백범은 17년 만에 다시 돌아온 것이다.

서대문감옥에서 재판받을 때까지도 일제는 백범의 일인 스치타 살해 사실을 모르고 있었던 것이다. 그러나 인천감옥으로 이감하여 감방에를 들어가자 숙면자(熟面者, 낯익은 사람)가 더러 있어서 자신을 알아보는 것을 크게 당황한 기록이 있다.

인천감옥에서 백범은 견디기 어려운 노역에 시달린다. 당시 한국 양심수들에 대한 일제의 혹사가 어느 정도였던가를 알 수 있다.

아침저녁 쇠사슬로 허리를 마주 매고 축항공사장에 출역을 한다. 흙지게를 등에 지고 10여길 높은 사다리를 밟고 오르내린다. 여기서 서대문감옥 생활을 회고하면 속담에 누워서 팥떡 먹기라. 불과 반일(半日)에 어깨가 붓고 등창이 나고 발이 부어서 운신을 못하게 된다. 그러나 면할 도리는 없다. 무거운 짐을 지고 사다리로 올라갈 제 여러 번 떨어져 죽을 결심을 한다. 그러나 같이 쇠사슬을 마주

맨 자는 태반이 인천항에서 남의 양화(洋靴) 켤레나 담배갑이나 도적한 죄로 두달 세달을 징역하는 경수(輕囚)라. 그 자까지 내가 죽이는 것은 도리가 아니므로 생각다 못하여 잔꾀를 부리지 않고 사력을 다하여 일을 하였다. 수월(數月) 후에 소위 상표(賞票)를 준다. 도인권과 같이 거절할 용기도 없고, 도리어 다행히 생각된다.

인천감옥에서 혹독한 노역에 시달리던 백범은 1914년 7월 가출옥의 형식으로 석방되었다. 3년반 만의 석방이었다. 석방과정을 살펴본다.

육칠월 더위가 심한 어느날 홀연 수인 전부를 교회당(敎誨堂)에 모으므로 나도 가서 앉았다. 소위 분감장(分監長)인 왜놈이 좌중을 향하여 55호를 부르다. 나는 대답한다. 곧 일어나라는 호령에 의하여 단상에 올라간즉 가출옥으로 방면한다고 선언한다. 나는 꿈인 듯 생시인 듯 좌중 수인들을 향하여 점두례(點頭禮, 머리를 끄덕이는 인사)를 하고 곧 간수의 인도로 사무실에 나간즉 벌써 준비한 백의 한 벌을 내어준다.

그때부터 적의군(赤衣軍)이 변하여 백의인이 되었다. 임치(任置)하였던 금품과 출역공전(出役工錢, 일한 품삯)을 계산하여 준다. 옥문을 나와 걸음걸음마다 생각한다.

백범의 서대문감옥 수인생활은 1911년부터 1914년까지 3년여 동안이다. 이 기간은 한일합병이 강제로 이루어지면서 수많은 의병과 항일지사들이 전국의 감방을 메우고, 서대문감옥에도 수천 명이 수감되었다. 일제는 이 기간에 전국 각지에 여러 개의 감옥과 분감을 설치했는데, 형편없는 급식과 감옥시설 때문에 수인들은 이중삼중의 옥고를 치러야 했다.

이 무렵 조선총독 데라우치 마사다케(寺內正毅)는 전국의 전옥(典獄)에게 한국의 수인들을 엄격하게 다룰 것을 특별훈시를 통해 지시했다. 1913년 6월 2일자 〈조선총독부관보〉를 인용한다.

(1) 지나치게 옥사를 완비하고 수인의 급양을 하층 민도에 비해 좋

게 하는 일이 있다면 감옥을 오히려 기아에 대한 피난처로서 우대를 받을 수 있는 낙경(樂境)으로 오상(誤想)하는 자 없다고 보장못할 것이니 이렇게 되면 한국현상에서는 오히려 범죄를 촉진하는 결과를 낳게 하는 것이며 가장 경계할 바이니 각 위(位)의 유의할 바다.

(2) 근래 한국인의 범죄 중 절도·소매치기·사기 등과 같은 지교(智巧)를 요하는 것이 점차 늘고 있으며 그 수단 역시 더욱 교묘하게 되는 경향이 있다. 이는 일반 인지발달에 수반되는 자연의 결과라 하겠으나 재감중 동류의 악감화도 또한 일원인일 것이다. 각 위는 현재 설비로서 실행할 수 있는 한 감방의 별이(別異)를 여행하기 바란다.

(3) 가출옥인가 구신(具申)은 근래 점증하고 있는데 가출옥자의 비율도 감옥에 따라 심한 차이가 있음은 주로 우수(遇囚, 모범수) 방법 또는 행상 사정의 표준에 있어 헌지(軒輊)되는 바 있음에 기인하므로 각 위는 우수의 적실(適實)을 기하고 행상 관찰을 면밀히 할 것이다.

조선총독의 이와 같은 '훈시'는 구속된 의병·독립운동가들에 대한 가혹한 수감생활과 한국인 일반 형사범에 대한 탄압을 명령하는 것이었다. 백범은 이런 혹독한 상태의 서대문과 인천감옥에서 옥고를 치렀던 것이다.

3·1 민족대표와 서대문감옥

1919년 3월 1일 손병희 등 민족대표들은 오후 2시에 약속대로 서울 인사동 명월관 지점 태화관의 예약된 방에 모였다. 태화관 별관에는 민족대표 33명 중 지방에서 상경중이던 길선우, 정춘수, 유여대 3명이 불참하고, 국내의 독립선언 경위를 해외 지사들에게 알리기 위해 미리 출국한 김병조가 참석하지 못하여 29명만 참석하였다.

오후 2시 정각이 되자 손병희의 제의로 독립선언서를 인쇄한 이종일에게 이를 낭독케 하여 그가 큰 소리로 낭독한 다음 한용운이 독립운동의 결의를 다짐하는 간략한 인사에 이어 그의 선창으로 만세삼창을 부르고 불과 15분 만에 독립선언식이 끝났다.

민족대표들은 이에 앞서 독립통고서를 세브란스 의학전문학교 학생 서영환(徐永煥)에게 조선총독부에 전달토록 하였다. 독립선언식을 마친 민족대표들은 명월관 주인을 불러 총독부에 전화를 걸어 조선 민족대표들이 이곳에서 독립선언식을 거행하고 축배를 들고 있다는 것을 알리게 하였다.

독립선언식의 소식을 전해들은 일본 경찰과 헌병 80여 명이 5대의 자동차에 분승하여 나타나 태화관을 포위하고 민족대표들을 체포하여 갔다. 민족대표들은 오후 4시까지 군중의 만세소리를 들으면서 자동차에 실려 남산 왜성대 경무총감부로 잡혀가게 되었다. 저녁 무렵에 서울에 올라와 이 소식을 전해들은 길선우, 김병조, 정춘수도 자진하여 경찰에 출두하여 이들과 합류하였다.

민족대표들이 독립선언의 장소로 태화관을 택한 데는 까닭이 있었다. 태화관은 중국음식점 명월관의 지점으로, 한때 이완용이 살던 집을 수리하여 음식점으로 변용한 것이다. 이곳은 이완용이 이토 히로부미와 을사조약을 밀의하던 장소이며, 1907년 7월 17일 고종황제를 퇴위시키고 순종을 즉위케 한 음모, 그리고 매국노들이 합병조약의 준비도 바로 이곳에서 모의되었던 얄궂은 장소이다. 독립지사들은 바로 이런 장소를 택해 독립을 선언했던 것이다.

경무총감부로 연행된 민족대표의 명단은 다음과 같다.

손병희, 이필주, 백용성, 김완규, 김창준, 권동진, 권병덕, 나용환, 나인협, 양전백, 양한묵, 유여대, 이갑성, 이용룡, 이승훈, 이종훈, 이종일, 임례환, 박준승, 박희도, 박동완, 신홍식, 신석구, 오세창, 오화영, 최성모, 최린, 한용운, 홍병기, 홍기조, 정춘수.

일경에 끌려간 민족대표들은 당일 남산 왜성대의 총감부에 구금되어 혹독한 조사를 받았다. 구속된 민족대표들에게는 이날 밤부터 개별적으로 가혹한 취조가 시작되었다. 32명 이외에 3·1항쟁의 준비과정에서 주도적인 역할을 하다 일경에 체포된 민족지사들도 함께 총감부에서 취조를 받았다. 이들의 명단은 다음과 같다.

- 천도교 : 박인호(66), 노헌용(53), 이경섭(45), 한병익(29), 김홍규(45)
- 기독교 : 함태영(48), 김지환(29), 안세환(33), 김세환(32)
- 교육계 : 송진우(31), 현상윤(28)
- 문인 : 최남선(31)
- 무직 : 임규(56), 김도해(29), 노정식(30)

· 학생 : 강기덕(31), 김원벽(27)

  독립지사들은 왜성대에서 취조를 받다가 곧 일본군 헌병사령부(필동의 전합참본부 자리) 구치감에서 조사를 받고 5월 6일 모두 서대문감옥으로 옮겨져 각각 독방에 수감되었다.

  3 · 1 항쟁 직후 서대문감옥의 간수를 지낸 바 있는 권영준의 《형정반세기》에 따르면 당시 서대문감옥의 맨 구석 동(棟) 북쪽 첫방에 이명룡이, 다음 방에 이갑성, 함태영, 최남선 등이 수감되었고, 맞은편에 손병희, 오세창, 권동진이 나란히 한 방씩 차지하여 수감되었다.

  왜성대와 헌병사령부에서 1차 취조를 받은 민족대표들은 서대문감옥으로 이송되어 다시 혹독한 취조를 받았다. 이들은 악명 높은 서대문감옥에서 문초 · 고문 · 대질심문의 어려운 고비를 겪으며 4월 4일 경성지방법원의 예심에 회부되었다. 독립지사들에게 일제는 내란죄의 죄목을 걸어 국사범으로 몰아갔다. 예심을 맡은 나가지마(永島雄歲) 판사는 4개월의 재판을 끌었으며 이때 조성된 조서만도 14만여 장에 달했다. 나가지마 판사는 민족지사들에게 내란죄를 적용하였다. 한국인 변호사 허헌 등이 동분서주하며 변론에 나섰으나 허사였다.

  일본 검사와 판사는 한통속이 되어서 독립선언서 중 공약 3장을 내란죄의 죄목으로 걸었다. "최후의 1인까지라 함은 조선사람이 폭동을 하든지 전쟁이 나든지 마지막 한 사람까지 궐기하라는 것이 아니냐"고 추궁하였다. 이에 대해 민족대표들은 "합병후에는 조선사람에게서 총기를 모두 빼앗은 까닭에 산에 맹수가 있어 피해가 많아도 이것을 구제하지 못하는 지경인데 폭동을 일으킨다 함은 상식있는 사람으로서는 도저히 생각할 수 없는 일이다. 무력이 없는 사람이 무엇으로 싸울 수가 있겠는가. 그래서 모든 국민이 스스로 독립의사를 발표하라는 뜻이었다"라고 진술하며 맞섰다. 8월 상순 재판은 경성고등법원으로 이송되었다. 이 무렵 일제의 조선식민지 정책이 다소 바뀌고 있었다. 무력통치에서 이른바 문화정책으로 기조가 바뀌게 된 것이다.

3·1운동 직후 일제의 재판정 광경.

따라서 일본제국의회에서는 조선인의 감정을 유화시키기 위한 수단으로 민족대표들에게 '가벼운' 형벌을 내리도록 하는 여론이 제기되었다. 이런 여론에 좇아 고등법원은 그동안 적용한 내란죄 대신 보안법 및 출판법 사건이라고 단정하여 이 사건을 다시 경성지방법원으로 되돌려 보냈다. 이듬해인 1920년 7월 12일 오전 정동 소재 경성지방법원 특별법정에서 민족대표들에 대한 공판이 열렸다. 구속된 지 16개월 만에 열린 첫 공판이었다. 손병희는 병으로 출두하지 못했고 나머지 피고인들은 경찰의 삼엄한 경비를 받으며 용수를 쓴 채 밧줄에 묶여 나왔다.

법정 주변에는 일본 경찰의 삼엄한 경비가 펴졌다. 조선총독부가 다시 만세운동이 일어날 것에 대비하여 물샐 틈 없는 경비망을 편 것이다. 《동아일보》는 7월 13일자 '조선독립운동의 일대사극(史劇), 만인이 주목할 제1막이 개(開)하다'라는 제목의 기사에서 이날의 광경을 다음과 같이 기술했다.

… 이 공판의 결과는 조선민중에게 어떤 느낌을 줄 것인가. 공판

당일의 이른 아침 어제 개던 일기는 무엇 때문에 다시 흐리고 가는 비조차 오락가락 하는데 지방법원 앞에서 전쟁을 하다시피하여 간신히 방청권 한 장을 얻어 어떤 사람은 7시경부터 공판정에 들어온다. 순사와 간수의 호위한 중에 방청권의 검사는 서너 번씩 받고 법정입구에서 엄중한 신체 수사를 당하여 조그만 바늘끝이라도 쇠붙이만 있으면 모두 다 쪽지를 달아 보관하는 등, 경찰의 경계는 엄중을 지나 우스울 만큼 세밀하였다.

붉은 테를 둘씩이나 두른 경부(警部)님들의 안경속으로 노려뜨는 눈동자는 금시에 사람을 잡아먹을 듯이 살기가 등등한 즉… 이에 따라 붉은 테를 하나만 두른 일본인 순사님도 코등어리가 우뚝하여 이리왔다 저리갔다 하는 양은 참 무서웠다.

독립지사들이 서대문감옥에 수감되었을 때는 계속되는 만세운동으로 하루에도 수십 명의 민간인, 학생들이 잡혀들어와 감방마다 아침저녁으로 만세소리가 끊이지 않았다. 민족대표들은 의연하게 수감생활을 하며 감옥 안에서도 시민, 학생들에 민족적 자존을 보여주었다.

다시 《형정반세기》를 인용해 보자.

아침저녁 점검 때는 무릎을 꿇고 인사를 하는 것이 감방규칙인데도 어느누구 한 사람 인사는커녕 무릎조차 꿇지 않았다. 불교대표로 승려학교장이었던 한용운은 평소 정좌를 하고 참선을 하다가도 점검 때면 평좌로 간수부장을 빤히 쳐올려다 보곤했다. 물론 이들에게는 일본인 간수들만 배치되었는데 함태영은 자기 담당 간수를 볼 때마다 "너희들 잘못이 아니다. 우리는 조선사람이기 때문에 잃어버린 나라를 찾으려는 것뿐이었다"라고 타이르곤 했다.

그 간수는 그 뒤에 어떻게 설득되었는지 비번 때 바깥에 다녀와서는 사회 움직임이라든지 여러가지 새소식을 적어주는 등 편의를 보아주었다. 또 사식을 차입할 때 밥속에 쪽지를 넣어도 걸리지 않는 방법도 가르쳐주었다고 한다.

당시 감옥에서 주는 콩밥은 어찌나 돌이 많이 섞였던지 이갑성 등 4, 5명은 밥을 먹다가 다쳐 한동안 고생을 해야 했다.

3·1 민족대표들은 서대문감옥에 감금되어 재판을 받고, 그 중 일부는 1920년 2월 마포의 경성감옥으로 이감되었다.

다시 권영준의 《형정반세기》를 들어보자.

> 그 이듬해 2월, 마포의 경성감옥으로 옮겨가게 되자 이들은 다시 만세계획을 준비했다. 1주년이 되는 3월 1일 정오로 계획을 짰다. 이들은 서대문과 경성감옥에 있으면서 사상범은 물론 일반 잡범들로부터도 절대적인 존경을 받아오고 있었기 때문에 가능했다.
>
> 이갑성, 오화영 두 사람이 '3월 1일 정오에 기념만세'라는 쪽지를 써서 온 감옥 안에 돌렸다. 그날 정오가 되자 공장에서 일하고 있던 기결수는 일손을 멈추고, 감방 안의 미결수들도 일제히 일어나 만세를 외쳤다. 1천 7백여 명이 부르는 만세소리가 이웃 공덕동 일대에 번져 동리에서도 따라 만세를 불렀다.
>
> 감방 속의 만세사건이 나자 헌병과 경찰이 일제수색을 한 결과 이, 오 두 사람 친필로 쓴 쪽지가 공장구석에서 발견됐다. 헌병들은 모든 죄수가 보는 앞에서 두 사람을 묶어놓고 총개머리판으로 마구 매질을 시작했다. 두 사람은 일주일 동안 벌감에 갇혔다가 다시 추가 기소돼 1년을 더 살아야 했다.

민족대표들에 대한 재판에서 일제는 앞에서 지적한 대로 비교적 가벼운 형량을 선고했다. 이것은 어디까지나 조선민중의 감정을 유화시키고 무단정치에서 이른바 '문화정치'로의 전환을 위한 정책변화에 따른 책략일 뿐이었다.

총독부 재판부의 판결언도 요지를 정리한다.

판결언도

대정 9년 10월 30일 오전 10시부터 경성복심법원 정동분실에서 수원재판장의 주심으로 개정하고 판결을 언도하였다.

피고 손병희, 최린, 권동진, 오세창, 이종일, 이인환, 최남선, 함태영, 김홍규 이외 각 피고는 범죄 후 법령에 의하여 형을 변경한다. 형법 제8조, 제6조에서 신구 두 법을 비교하여 가벼운 것을 적용한다.

피고 임예환, 나인협, 홍기조, 김완규, 나용환, 이종훈, 홍병기, 박준승, 권병덕, 이경섭, 한병익, 이인환, 양전백, 이명룡, 박희도, 최성모, 신홍식, 이필주, 박동완, 신석구, 유여대, 백상규, 강기덕, 김원벽은 신법에 의하면 대정 8년 제령 제7호 제1조 제1항에 해당하고, 구법에 의하면 조선형사령 제42조로서 보안법 제7조에 해당하고, 피고 손병희, 최린, 권동진, 오세창, 이종일, 이갑성, 김창준, 오화영, 한용운은 조선형사령 제42조와 출판법 제11조에 해당하고, 피고 정춘수는 형사령 제1조에 해당하고, 피고 함태영은 구법 제1조 1항에 해당하고, 피고 이승훈은 형법 제56조 제1항에 의하여 재범으로서 구법 제57조에 의하고, 피고 김홍규는 종범이므로 형법 제62조에 해당하여 아래와 같이 언도한다.

피고 손병희, 최린, 권동진, 오세창, 이종일, 이인한, 한용운은 각 징역 3년에 처함. 피고 임예환, 나인협, 홍기조, 김완규, 나용환, 이종훈, 홍병기, 박준승, 권병덕, 양전백, 이명룡, 박희도, 최성모, 신홍식, 이필주, 박동완, 신석구, 유여대는 각 징역 2년에 처함. 피고 정춘수, 백상규는 각 징역 1년 6개월에 처함. 피고 길선주는 무죄를 언도함. 피고 양한묵은 공소회부중 사망하였으므로 공소권을 상실하고, 피고 김병조는 체포치 못하였으므로 기소중지를 선언함. 피고 함태영은 징역 3년에 처함. 피고 최남선은 징역 2년 6개월에 처함. 피고 권병덕, 김원벽은 각 징역 2년에 처함. 피고 이경섭은 징역 1년 6개월에 처함. 전기 피고들에 대하여 각각 미결구류 360일을 본형에 통신하고 피고 박인호, 노헌용, 송진우, 현상윤, 정노식, 김도태, 임규, 안세환, 김지환, 김세환은 각각 무죄를 언도하고, 압수된 물품 중에서 영제 282호의 3인 선언서 7매는 압수하고, 그 나머지는 각각 소유자에게 반환한다.

민족대표에 대한 경성복심원(최종심)은 이해 9월 20일 개정되어 10월 30일 선고되었다. 재판과정에서 민족대표들은 서대문형무소와 마포형무소의 독방에 갇혀 심한 고문을 당하고 시멘트 바닥에서 추위와 더위에 시달려야 했다. 식사도 콩과 보리로 뭉친 5등식(五等式) 한 덩어리와 소금국물이 전부였다.

이와같은 옥고로 양한묵은 구속되던 해 여름에 옥사하고, 박준승은 1921년 옥중에서 고문으로 숨졌다. 그리고 손병희는 옥중에서 얻은 병으로 보석되었지만 1921년 5월 19일 사망하였다.

경성복심원이 내린 민족대표 48인의 형량은 다음과 같다.

· 손병희, 최린, 권동진, 오세창, 이종일, 이승훈, 함태영, 한용운 : 징역 3년
· 최남선, 이갑성, 김창준, 오화영 : 징역 2년 6월
· 임례환, 나인협, 홍기조, 김완규, 나용환, 이종훈, 홍병기, 박준승, 권병덕, 양전백, 이명룡, 박희도, 최성모, 신홍식, 이필주, 박동완, 신석구, 유여대, 강기덕, 김원벽 : 징역 2년
· 이경섭, 정춘수, 백용성, 김홍규 : 징역 1년 6월
· 박인호, 노헌용, 송진우, 현상윤, 정노식, 김도태, 길선주, 임규, 안세환, 김지환, 김세환 : 무죄

일제는 조선민족대표들에게 중죄를 선고할 경우 언제 다시 폭발할지 모르는 민심에 휘발유를 끼얹는 격이라는 내부의 민심동향 분석과 앞서 지적한 유화정책으로의 전환으로 비교적 가벼운 형량을 선고하였다. 또한 무죄를 선고받은 송진우, 현상윤 등은 모의에 가담했더라도 실제 행동에 가담하지 않은 자를 처벌하는 조항이 당시 보안법이나 출판법에는 없었기 때문이었다.

민족대표들의 수감생활과 공판에 임하는 자세는 의연하고 당당하였다. 옥중에서 가장 의연한 자세를 보인 사람은 한용운이었다. 한용운은 민족대표들이 한때 내란죄가 적용되어 사형을 받게 될 것이라는 소문으로 공포에 질려 있을 때 "독립운동을 하고도 살 줄 알았더냐!"라고 일갈하면서 민족대표답게 의연할 것을 당부하면서 스스로 모범을 보였다.

한용운은 옥중투쟁의 3대 원칙으로 (1) 변호사를 대지 말 것 (2) 사식

을 먹지 말 것 (3) 보석을 신청하지 말 것을 내걸고 몸소 실천하였다. 그리고 서대문형무소에서 자술서를 쓰라는 당국의 지시를 받고 〈조선독립의 서〉를 써서 일제의 간담을 서늘하게 하였다.

민족지사들은 체포되어 재판이 끝나기까지 일제의 온갖 악형에 시달렸다. 그 중에서도 고문으로 박준승은 옥사하고 양한묵은 옥고로 숨졌다. 손병희는 옥중에서 병에 걸려 사망하였다. 송진우는 특히 심한 고문을 받았다. 옷을 갈기갈기 찢긴 채 어두운 지하실에 던져졌는가 하면, 사나운 개들이 달려들어 온 몸을 물고 할퀴게 하였다. 그는 피투성이가 된 채 다시 취조실로 끌려가 일경의 야유와 비웃음 속에 심문을 받아야 했다.

수감된 민족지사들의 일과는 아침 6시 기상으로 시작되어 오후 9시 취침으로 이어졌다. 예심이 끝난 후에는 가족면회와 사식 차입이 허가되었지만 차가운 마루바닥에서 웅크리고 지내는 감방생활은 많은 지사들에게 병고를 가져왔다.

그러나 대부분의 지사들은 종교계의 지도자들이었기 때문에 신앙이 큰 힘이 되었다. 모두 독서와 명상에 열중했으며, 최남선은 불교에 관한 연구를 시작했으며 많은 원고를 집필했다. 당시 서대문감옥에서는 '통방'이란 것이 유행하였다. 격리된 수인들이 창살 밖으로 서로 대화하거나 방마다 있는 변기를 비우러 밖으로 나가면서 딴 방 수인과 슬쩍 연락하는 것이 이른바 '통방'이다. 한용운이 옆방의 최린과 이 통방을 하다 들켜 호된 벌을 받았다. 이때 그가 읊은 즉흥시 한 토막이 전해지고 있다.

一日 與隣房通話
爲看守 聽
雙手被輕
二分間卽

하루는 이웃방과 더불어 통화할 새
간수에게 몰래 들킨지라

손으로 두들겨 맞으니
잠시 동안 입을 벌릴 수 없더라.

3 · 1 항쟁기 민중과 서대문감옥

거족적인 기미년 3 · 1 구국항쟁은 일제의 간담을 서늘하게 만들었지
만 우리 민족에게는 엄청난 희생과 고통이 따랐다.

3 · 1 항쟁 발생 뒤 그해 10월까지 일제의 식민통치 법조문에 적용되
어 구속된 사람은 1만 8천여 명이었다. 그 중에서 기소된 사람은 보안법
위반 6,472명, 소요죄 2,289명, 내란죄 296명, 기타 232명으로 모두
9,289명에 이르렀다.

박은식의 《한국독립운동지혈사》에 의하면 3 · 1 구국항쟁 발생 뒤 3
월 1일부터 5월말까지의 피해상황은 사망자 7,509명, 부상자 1만 5,961
명, 구속자 4만 7,949명, 방화된 교회당 47동, 방화된 학교 2동, 방화
된 민가 715호 등이었다.

이 통계는 국내에 비밀리에 조직운영된 연통제의 보고서에 근거를 둔
것으로서, 3 · 1 항쟁 당시의 피해상황을 기록한 것일 뿐이다. 일본 군
경은 만세운동이 종식된 뒤에도 그 주동자의 색출에 혈안이 되어 살상
과 방화를 일삼았던 점으로 보아 피해인원은 훨씬 더 많았을 것이다.
또한 사망자수의 경우도 중상자 중에서 상당수가 사망하였고, 피검 · 처
형된 사람도 많았으므로 실제 숫자는 이보다 훨씬 증가될 것이다.

정한경의 《조선 사정》에 의하면 1919년 3월부터 1920년 3월까지의
피해상황은 사망자 7,645명, 부상자 4만 5,620명, 수감자 4만 9,811명,

<표 10> 3·1항쟁 참가자수와 피해상황

(단위 : 명)

구분	회집횟수	회집인수	사망자수	부상자수	피검자수
경기	297	665,900	1,472(72)	3,124(243)	4,680
황해	115	92,670	238(36)	414(82)	4,218
평안	315	514,670	2,042(231)	3,665(519)	11,610
함경	101	59,850	135(39)	667(139)	6,215
강원	57	99,510	144(23)	645(47)	1,360
충청	156	120,850	590(49)	1,116(175)	5,233
전라	222	294,800	384(10)	767(21)	2,900
경상	223	154,498	2,470(76)	5,295(211)	10,085
국외	51	48,700	34	157	5
계	1,542	2,023,098	7,509(536)	15,961(1,437)	46,948

* 박은식의 《한국독립운동지혈사》에는 도별 통계수와 총계가 일치하지 않으나 군별통계에 공란이 많으므로 총계를 그대로 둔다. ( )안은 일본측 통계.

교회 소실 59동, 학교 소실 3동, 민가 소실 724동이었다. 체포되어 헌병의 즉결처분에 의해 태형을 받은 사람이 9,078명, 약식재판에 의한 태형이 1,514명, 징역형 판결 5,156명, 기소 8,993명, 공소수리 1,838명, 집행유예 282명, 석방된 사람이 7,116명이었다. 이와같은 수치 역시 당시 정보와 교통이 일제의 은폐상황에서 밝혀진 것으로 실제는 훨씬 더 많은 희생이 있었을 거라고 추측된다.

일제의 폭력적인 탄압으로 조선민중이 입은 피해상황은 박은식의 《한국독립운동지혈사》에 의하면 <표 10>과 같다.

3·1항쟁과 관련하여 수많은 사람이 투옥되고 심한 고문과 학대를 받았다. 투옥자 현황을 정리하면 <표 11>과 같다.

3·1항쟁이 계속되면서 피검자가 급증함에 따라 어느 감옥에서나 그 처리에 고민하였을 것은 뻔한 일이다. 특히 서대문감옥은 3·1항쟁의 주도자 손병희를 비롯한 민족대표들이 수감되고 다수의 연루자들이 투옥되어 그전부터 수용하고 있던 기결수와 합하여 3천 명을 돌파하였다.

당시 서대문감옥의 전옥으로 후일 조선총독부 감옥과장을 지낸 가키하라 다쿠로(柿原琢郎)는 당시의 사정을 다음과 같이 회고했다(《법조협

〈표 11〉 투옥된 사람 현황 (1919년 6월 30일 현재)

종교별(명)		직업별(명)		연령별(명)		피해건물(호)	
천도교	1,416	교 사	276	18세미만	363	민가	715
사천교·대종교	10	학 생	972	20세미만	781	교회	47
유 교	56	면·구정	21	30세미만	3,763	학교	2
불 교	66	면서기	72	40세미만	2,301	면사무소	47
천주교	57	의 사	33	50세미만	1,307	헌병관서	3
장로교	1,461	사무원	76	60세미만	639	경찰관	28
감리교	465	승 려	56			주재소	
기타의 기독교	107	목 사	40	61세미만	274	기타	71
기 타	47	전도사	59	미확인	28	관헌의	166명
무종교	5,731	기독교직원	52			사상자	
미확인	40	천도교직원	72				

회잡지》 제19권, 10·11호, 소화 15년 11월 1일 발행).

　교회당이나 공장에도 철망을 둘러서 감방으로 대용하는 궁책을 취했으나 흥분한 재감자 중에는 방안에서 큰 소리로 독립운동의 연설을 하면 박수로 공명하고, 그 혼잡은 도저히 비유할 수 없는 상황이며 게다가 감옥의 앞과 뒤의 고봉에 독립운동자가 올라가서

낮에는 한국기를 흔들고 밤에는 봉화를 올려서 재감자를 선동하는 일이 날마다 밤마다 연속되어 한달 이상이나 계속되었다.
　당시는 개축공사중이어서 3면의 기와벽은 겨우 완성되어 있었으나 1면은 취약한 재래의 함석판의 담이었으므로 파옥의 실행은 매우 쉬워서 실로 누란의 위기인 실정이었다. 만약 3천여 죄수가 일시에 밀고 나오면 치안이 아직 완전히 회복되지 않은 경성시내외는 어떻게 될 것인가 밤낮으로 걱정했다. 또한 파옥이 오늘이나 내일로 박두한 것을 기다리는 것과 같았다.
　드디어 하루는 구치 훈(口分) 사법부 장관에게 실상을 상세히 보고하고 감옥외의 경비를 위해서 출병요구의 절차를 취할 것을 원했으나 장관은 그 궁한 형편은 만만 살피고 있으나 출병요구는 극

히 중대사이므로 사법부의 위신을 걸더라도 어떻게든 분투해달라고 위무격려하므로 할 수 없이 귀청하여 일책을 생각해내어 기지가 풍부한 한 간수장에게 교섭하게 했다.

즉 그 당시 시내의 곳곳에 경찰력을 보충하기 위해서 5명 내지 10명씩의 군대가 주둔하고 있어서 서대문감옥에 가장 가까운 주둔소인 서대문우체국 부근이므로 주둔병의 순찰의 편의를 보아 감옥 주위에 휴게소를 마련, 제공할 것을 교섭하게 한 것이다.

주둔소에서는 매우 감사하여 그 설비를 희망한다 하므로 즉일 감옥의 함석담 쪽의 구외 건물을 정돈해서 다다미를 깔고 다음날 수 명의 병사를 맞이하여 쉬도록 하는 편의를 주고 또 병사의 희망으로 두세 번 구내의 일부를 참관시켰더니, 금새 감옥 구외에 군대가 주둔하여 경계하고 있다고 재감자간에 퍼져서 감옥의 불상사없이 무사히 경과해서 정말로 하늘의 도움이었다고 기뻐했다.

독립운동의 간부는 과연 입감후의 태도가 침착하여 처우에 관해서도 이것저것 요구하는 일이 없으며 태도는 대체로 훌륭했다고 생각한다.

좀 긴 내용을 인용한 것은 3·1 항쟁당시 서대문감옥의 실상과 우리 독립운동 지도자들의 의연한 모습을 일인 전옥의 글을 통해 확인하고자 해서이다.

3·1 민족대표들이나 일반민중 할 것 없이 감옥에 구금된 한국인들은 혹독한 취조와 고문을 받았다. 일제의 악형에 대해서는 이미 잘 알려져 있기 때문에 여기서는 생략하거니와 서대문감옥에 있었던 '고문방'에 관해서는 설명이 필요할 것이다.

권영준의 《형정반세기》를 통해 실상을 알아보자.

당시 서대문형무소 본관 깊숙이 계호과 옆에는 취조실이라는 나무 팻말이 붙은 고문방이 있었다. 어느 형무소이건 크기와 위치는 다르지만 이런 목적의 방 한 칸씩은 다 있었다.

서대문의 것은 좁은 출입문과 조그만 창문이 하나 있는 것으로 중앙간수소를 통해 들어가게 되어 있었다.

　전등이 없이는 한낮에도 캄캄한 이 방은 네 벽이 방음화되었고 바닥은 시멘트였다.

　내가 형무소에 들어간 지 얼마 안되어 이 방을 구경하고 놀라는 표정을 짓자 한 일본인 간수가 몇 년전 기미소요 때 조선학생들이 이곳에서 많은 욕을 보았다고 일러주었다. 한쪽 벽에 걸려있는 갖가지 취조기구, 아니 고문틀은 보기에도 섬뜩했다. 천장 쇠고리에 걸려있는 올가미진 밧줄은 흡사 사형장의 그것과 다름없다고 느껴졌다.

　3 · 1만세사건의 유관순은 1920년 7년형을 받고 살다가 옥사했다고 전해졌으나 간수들은 고문에 못이겨, 아니 고문으로 죽은 것으로 믿고 있었다.

　유관순은 천안 아오내 만세시위의 주모자로 잡혀 일제의 무자비한 고문을 받았으나 끝내 굴하지 않고 싸웠다. 공주지방법원에서 폭도죄가 적용되어 징역 3년형을 선고받았으나, 이에 불복해 경성복심법원에 항소하였다. 경성복심법원에서 재판을 받을 때 독립만세를 부르며 일제의 한국침략을 규탄, 항의하고 일제 법률에 의하여 일제 법관에게 재판받음이 부당함을 주장하다가 법정모욕죄까지 가산되어 징역 7년형을 선고받았다. 당시 16살의 유관순은 일본 검사의 심문중 검사를 걸상으로 쳐 폭도죄 3년에 법정모독죄 4년이 가산되어 7년이라는 중형을 선고받았던 것이다. 당시 48인 민족대표들이 받은 형량에 비하면 유관순의 형량이 얼마나 가혹했던 것인지를 알 수 있다.

　유관순은 서대문감옥으로 옮겨져 복역중에도 틈만나면 독립만세를 고창하였고, 그때마다 형무관에게 끌려가 모진 악형을 받았다. 3 · 1만세시위 일주년인 1920년 3월 1일에는 옥중에서 가장 열렬히 만세를 불러 서대문감옥에 수감된 많은 독립지사들에게 용기와 위로를 주었다. 이 사건으로 다시 간수에게 끌려가 심한 고문으로 복막이 터지고, 마침내 병고 끝에 그해 10월 12일 17살의 어린 나이로 옥사하였다.

　유관순이 참살된 지 이틀 후에 이 소식을 전해들은 이화학당의 교장

118

푸라이와 월터 선생은 서대문감옥 당국에 유관순의 시신인도를 요구하였으나, 일제는 이를 거부하였다. 이들이 유관순의 학살을 국제여론에 호소하겠다고 위협하고 강력히 항의하자 일제는 마지못해 시신을 인도하였다. 이들이 석유상자 속에 든 유관순의 시신을 열어보니 토막으로 참살된 비참한 모습이었다고 한다. 일제는 서대문감옥에서 유관순 열사를 토막내는 만행을 저질렀던 것이다.

3·1 항쟁관련 투옥 여성들

3·1 항쟁과 관련하여 서대문감옥에는 수많은 여성도 수감되었다. 유관순 열사가 보여주듯이 무명의 여성들이 만세운동에 앞장서다가 경찰과 헌병대에서 가혹한 고문과 취조를 받고, 재판을 거쳐 서대문감옥에 수감되었다. 이들은 감옥에서도 남성 못지않게 뜨거운 열정으로 독립만세를 부르고 꿋꿋하게 일제에 저항하였다.

이들 중 대표적인 몇 사람의 행적을 살펴서 당시 서대문감옥에서 고초를 겪은 여성들의 민족적인 의기를 살펴보고자 한다.

● 권애라(權愛羅 : 1896~?) 강화도 출신으로 개성에서 성장하였다. 개성 호수돈 여학교를 졸업하고, 서울 이화학당에 진학하여 웅변대회에 나가 일본을 욕했다는 이유로 종로서에 연행되어 29일간 구류처분을 받은 일도 있다. 3·1 항쟁 당시 이화학당 졸업반이었던 권애라는 동지들과 독립선언서를 살포하다가 왜경에 체포되어 서대문감옥에서 6개월간 징역생활을 하였다. 출감후 일본으로 건너갔다가 경찰의 추적을 받고 상해로 이동했으며 김규식의 지시를 받고 모스크바에서 열린 세계 약소민족대표회의에 여성대표로 참가했으며 귀국후 독립투사 김시현과 결혼하여 독립전선에서 생애를 마쳤다.

● 어윤희(魚允姬 : 1877~1961) 는 충북 충주에서 태어나 16살에 결혼,

3일 만에 남편이 동학혁명군으로 나가 왜병과 싸우다 전사하여 청상과부가 되었다. 고향을 떠나 개성에 거주하면서 34살의 나이에 미리흠 여학교에 입학하여 신학문을 공부하는 한편, 기독교의 전도사 역할을 하면서 3 · 1 만세운동에 적극 나서 독립선언서를 뿌리다가 왜경에 체포되어 심한 고문을 받았다. 왜경은 발가벗긴 채 동물처럼 기어다니게 하는 등 온갖 만행을 가했지만 끝내 굴하지 않았다.

어윤희는 마침내 2년의 징역형을 선고받고 서대문감옥 8호 감방에 수감되었다. 이 감방에는 유관순, 권애라, 신관빈, 수원 기생인 김향화, 맹아학교의 심명철 등이 있었다. 출감후 상해임시정부에서 파견된 밀사들에게 자금과 육혈포 등을 구해 전달하는 등 독립운동에 헌신하고 해방후에는 고아들을 돌보는 백의의 천사가 되었다.

● 이순화(李順化 : 1870~?)는 경남 거창에서 태어나 3 · 1 항쟁 전후 경기도 고양군에서 살면서 항일세력을 규합하였다. 3 · 1 만세운동으로 왜경에 체포되어 1920년 9월 11일 경성지방법원에서 보안법과 불경죄로 징역 2년 6개월을 선고받고 서대문감옥에서 옥고를 치렀다. 출감후에는 정도교(正道敎)를 창도하여 교주가 되었으며, 그 아들 태영수도 어머니의 뜻에 따라 따라 항일운동을 계속하다가 체표 · 구금되었다.

● 이아주(李娥珠 : 1899~1968)는 평북 강계에서 태어나 18살 때에 서울로 올라와 정신학교에 입학하였다. 3 · 1 항쟁이 일어나자 졸업반이었던 그는 3월 5일 남대문 근처에서 30여 명의 여학생을 이끌고 만세운동에 참가했다가 왜경에 체포되어 기소되었다. 체포된 후 취조를 받는데 왜경이 "너희들이 만세를 부른다고 독립이 될 줄 아느냐?"고 다그칠 때 그는 "언젠가는 꼭 될 줄 안다"고 자신있게 답변하였다. 결국 그는 경찰서 유치장을 거쳐 서대문감옥으로 넘겨지고 여기서 나혜석, 어윤희, 권애라, 신관빈, 심명철, 신진심, 강기정 등과 만났으며, 이들과 함께 예심판결을 받고 복역하다가 8월 6일에 보석으로 출감하였고 10월에 다시

소환되어 재판정에 섰다.

1919년 10월 하순에 경성지방법원에서 6개월형이 선고되고 이듬해 3월 22일 특사로 가출옥하였다. 출옥후 옥중에서 얻은 병으로 세브란스 병원에 입원중 인촌 김성수의 문병을 받고, 이를 인연으로 인촌과 결혼하였다.

● 황에스터(1892~1971)는 평양에서 태어나 정진여학교를 거쳐 서울의 이화학당을 졸업하였다. 졸업후 평양 숭의여학교 교사로 부임하여 어린 학생들에게 민족의식을 주입시키는 한편, 비밀결사 송죽회를 조직하여 지하 항일운동을 벌였다. 3·1 항쟁 당시 파리강화회의에 참가할 여성대표의 비용 마련에 앞장서다가 3월 9일 왜경에 체포되어 종로경찰서를 경유, 다음날 서대문감옥으로 넘겨져 8월까지 온갖 고초를 겪었다.

출옥후 김마리아, 이혜경 등과 애국부인회를 결성, 총무를 맡아 상해 임정에 독립군 군자금을 모집하여 보냈다. 서대문감옥에서 형기 1년을 남겨놓은 채 가출옥을 한 상태에서도 계속 독립운동에 헌신해 온 황에스터는 미국으로 건너가 콜럼비아대학에서 교육학 석사를 받고 귀국, 농촌계몽운동에 앞장섰다.

● 왕종순(王宗順 : 1905~?)은 강원도 배양 출신으로 배화여중 2학년 때 3·1 항쟁이 일어나 서울 무교동 부근에서 만세를 부르며 이 항쟁에 참가하였다. 이듬해 독립만세운동 1주기 때에는 배화여중 뒷동산으로 올라가 만세를 부르다가 학생 24명과 함께 왜경에 체포되었다.

왜경이 "만세를 몇 번이나 불렀느냐"고 묻자 "만세를 자꾸자꾸 불러서 몇 번이나 불렀는지 모르겠다"고 답변하는 등 기개를 잃지 않았다. 서대문감옥으로 끌려갈 때는 네 사람씩 오동마차에 실려갔는데 그는 1감 1호실에 수감되어 한달반 동안 미결수로 있다가 징역 1년에 집행유예 2년을 선고받고 석방되었다. 출감후 일본으로 건너가 오사카(大阪) 신학교에서 공부하고 귀국하여 선교활동을 벌였다.

● 이신애(李信愛 : 1891~?)는 평북 구성군에서 태어나 원산 루씨 여학교 남두리 분교에서 교편을 잡다가 3·1 항쟁에 참가하고 혈성부인회에 가담하여 지방조직과 군자금 모집에 힘썼다. 다시 대동단(大同團)에 입단하여 박영효와 이완용의 집에 침입하여 50만 원의 군자금을 빼내오기도 했으며, 강의규 의사에게 YM 폭탄 1개를 전달하는 역할도 맡았다. 또 1919년 11월 9일에는 의친왕 이강공(李堈公)의 국외 탈출을 기도하다가 대동단원 대부분이 채포되었음에도 그는 피신하다가 11월 28일 안국동 일인 파출소를 점거, 파출소 앞 공장에서 독립선언식을 거행하고 체포되었다.

검사국을 거쳐 서대문감옥으로 끌려가 2,350호 수인번호를 달고 오호 감방에 수감되었다. 그해 12월 크리스마스 전날에 유관순, 어윤희, 박정선 등과 함께 옥중만세를 주도하고, 이 사건으로 유관순은 방광이 터지고 이신애는 유방이 파열되는 심한 고문 끝에 죽음을 기다리는 몸이 되었다. 결국 유관순은 순국하였고 이신애는 법률투쟁관계로 만 1년 13일간을 미결수로 있다가 1924년 6월, 형기 6개월을 남기고 가출옥했다.

● 임충실(林忠實 : 1902~?)은 평남 진남포 출신으로 서울 정신여학교 졸업반인 16세 처녀의 몸으로 만세운동에 가담하였다. 남대문 부근에서 만세를 부르다가 체포되어 종로경찰서에서 3일 동안 심문을 받을 때 심한 고문으로 졸도하여 서대문감옥에 갇히게 되었다. 감옥 안에서 계속 앓다가 보석으로 풀려난 후 일본으로 건너가 음악공부를 하고 귀국, 복음봉사단 활동을 전개하였다.

● 최은희(崔恩喜)는 황해도 백천 출신으로 우리나라 초대 여성 신문기자로 여성운동의 선구자적인 역할을 해온 분이기도 하지만, 3·1 항쟁 당시 경성여고보 3학년 재학생으로서 300여 명의 학생들과 대한문까지 진출하면서 독립만세를 부르다 체포되어 옥고를 치른 독립투사이기도 하다. 3·1 항쟁 당시 경성여고보생 32명이 남산 밑 경무총감부로 연

행되었다. 이때 교무주임이 찾아와서 30명만 데려가고, 남은 최은희와 다른 한 사람은 경찰 취조와 출장검사의 심문을 받고 일주일 만에 서대 문감옥으로 넘겨졌다. 그는 6개월 징역에 2년 집행유예가 선고되었고 형부도 2년 징역판결을 받았다.

● 한수자(韓壽子 : 1902~?) 는 강원도 화천에서 태어나 배화여중에 입 학하였다. 여중 1학년생으로 3 · 1 만세운동에 가담하고 이듬해 3월 1일 에도 몇몇 동지들과 뒷동산으로 올라가 독립만세를 불렀다. 이때 체포 되어 종로경찰서로 끌려가 1주일 동안 밤마다 손을 비트는 등 모진 고 문을 당하다가 서대문감옥의 4호실 독방에 갇혔다. 출옥후에는 보통학 교 교사가 되어 후진교육에 심혈을 기울였다.

대동단 사건과 서대문감옥

세상에는 잘 알려지지 않았지만 3·1 항쟁 직후에 국내외에서 조직된 수많은 항일비밀결사 가운데 '대동단'(大同團)이란 단체가 있었다. 대동단의 이름이 생소한 사람들은 의친왕 이강(李堈)의 상해임시정부 망명 사건을 주도한 단체라고 설명하면 이해가 빠를 것이다.

대동단의 핵심인 김가진과 전협, 최익환 등은 1919년 의친왕을 임시정부로 망명시켜 독립운동을 더욱 고조시키고자 그해 11월 실행에 들어갔다. 이들은 만주 안동(安東)까지 탈출했다가 일본경찰에 발각돼 전협, 최익환 등은 강제로 본국으로 송환되었다.

대동단의 요인들은 임시정부 국무총리 안창호와 연락하여 대동단 총재 김가진을 먼저 상해로 탈출시킨 뒤 의친왕을 가장시켜 국내에서 탈출하는 데는 성공하였으나, 압록강을 넘어 안동에서 발각됨으로써 거사는 실패로 돌아갔다. 이 사건으로 대동단 조직이 발각되어 많은 사람이 붙잡혀 심한 고문을 당하고, 일부는 서대문감옥에 수감되어 옥사를 당하기도 했다.

대동단의 정체에 대해 일제의 '대동단사건/심판결문'(총무처 정부문서보관소 소장 판결문)의 요지를 통해 살펴보자.

大正 8년 3월 1일 손병희 등 33명이 조선독립선언서를 발표하여 조선민족은 일본제국의 패반을 탈(脫)하기 위하여 최후의 1인, 최후의 일각까지 노력하기 가한 지(旨)를 선동한 이래 차에 성원하는 시위운동이 수소에 발발함을 기하여 피고 최익환, 전협은 차기(此機)를 승하여 조선의 독립을 목적으로 한 일단체를 조직하고 다수의 군중을 규합하여 일대 활동을 위할 사(事)를 기도하고 동월 말일경 경성부 봉익동 62번지 피고 전협 방에 재하여,

(1) 조선을 제국의 통치하로부터 탈이하여 독립국을 형성케 할 사.

(2) 세계영원의 평화를 확보할 사.

(3) 사회주의를 철저적 실행할 사.

의 3대강령을 제창하고 대동단이라 명칭하여 광히 단원 및 자금을 모집하고 비밀출판물 등을 반포하여 해(該)사상을 고취하고저 조선에 재한 현정(現政)이 변혁을 래(來)케 한 전시의 목적을 달성코자 의의(疑議)하고, 동년 4월중 남작 김가진에게 해 기획을 고하여 그 활동을 득하고 그 취지목적을 설치하여 자금의 제공을 청구하고, 피고 권태석은 차에 찬동하여 인쇄기계 용지 등 구입비 기타 잡비 전후 수회의 금 600원을 지출하고 차에 인하여 대정 8년 … 활자, 인쇄기, 인쇄용 재료 등을 매구하고 당해관청의 허가를 수(受)치 아니하고,

(1) 동년 4월중 피고 최익환, 전협 공모상 인쇄분포의 목적으로써

가) '선언서'라 제하고 전시 대동단의 취지목적을 게하고 손병희 등 33인이 조선독립선언서에 지(至)하여 어디까지든지 조선독립을 기하고 총독정치의 철폐를 구함. 약(若) 일본정부로서 독립을 승인치 아니하고 병력 등에 의하여 오등을 압박하는 시에 재하여 오등은 일본에 대하여 혈전하는 사를 선언한 지(旨)를 기술한 자.

나) '기관', '방략'이라 제(題)하고 우 대동단의 활동기관의 구성 및 그 활동방법을 정하고 조선독립의 목적을 동행(同行)하라는 문자를 기술한 자.

다) '진정서'라 제하고 일한병합의 불법된 사를 누누 통론하고 조선의 독립을 공인하여 달라는 지를 기술하고 미국 및 파리강화회의에 향하여 발송하기 가한 지를 부기한 자(이하 생략).

대동단원들을 체포하여 재판에 회부한 일제경찰은 1920년 12월 7일 경성지방법원 형사부 재판장 이토(伊東淳吉)를 통해 유죄판결을 내렸다. 이 판결문은 대동단의 항일투쟁사를 살필 수 있는 귀중한 기록이다.

대동단을 조직하고 항일구국투쟁을 지도한 핵심인사들은 한때 친일행각을 보였던 인사들이라는 점에서 이 단체의 특징을 찾게 된다.

먼저 대동단 창단의 주역인 전협(1878~1927)은 서울출생으로 농상공부주사, 제주군수 등 관직에 있으면서 친일매국 단체인 일진회에 가담하여 총무와 평의원(評議員)을 지냈다.

전협은 이 무렵 매국노 이용구나 손병준과 같은 반열의 인물로서 일왕에게 보내는 한일합병청원서에는 세번째로 그의 이름이 서명되었고, 나이 30살 때에 그 대가로 부평군수가 주어졌다. 최익환(1888~?)은 충남 홍성 출신으로 동학에 입도하고 일진회의 도움을 받아 경성사립 광무일어학원에서 일어를 공부, 통역관으로 취직하였다. 일어가 능통해지면서 이용구와 송병준의 눈에 띄게 되고, 이런 연유로 탁지부 세무주사에 임명되었다.

전협과 최익환은 한때 같은 동학도이면서 일진회 회원으로서 절친한 사이였다. 을사조약과 함께 국권이 일본으로 넘어가면서 두 사람은 민족적 양심에 눈뜨게 되었다.

최익환은 1909년 봄 부평으로 전협을 찾아가서 항일운동으로 속죄의 길을 찾고자 하였다. 전협은 우선 망명자금을 마련하는데, 친일파 거두 윤치호의 땅을 인장과 매도증서를 위조하여 파는 데 성공하였다. 자금을 챙긴 전협은 1911년 서간도로 망명을 떠나고, 이 소식을 전해들은 최익환은 세무서 공금을 빼돌려 망명의 기회를 노리다가 서산헌병대에 체포되고 말았다. 헌병대의 조사를 받고 예심을 거쳐 재판에 회부된 최익환은 경성공소원에서 7년형을 선고받고 1909년 12월 서대문감옥으로 이감되어 길고 고달픈 감옥생활을 시작하였다.

한편 만주에서 독립운동의 길을 찾던 전협은 1912년 6월 고국으로 돌아와 활동하다가 경찰에 체포되었다. 윤치호의 토지를 사취한 혐의가 여전히 유효하여 사문서 위조 및 행사, 그리고 사기취재죄로 재판에 회부되어 경성지방법원에서 3년형을 선고받고 공소를 스스로 포기하였다. 단순히 사기죄로 기소된 것이 그나마 다행이었기 때문이다. 형이 확정되면서 전협은 서대문형무소에 수감되어 역시 길고 고달픈 감옥생활을 시작하였다.

서대문감옥은 두 사람에게 운명적인 장소였다. 서대문감옥에서 기구한 해우를 하게 되고, 이곳에서 2년 3개월을 함께 옥고를 치렀다.

전협은 1914년 11월 잔여 형기 8개월을 남겨두고 출옥을 하였지만, 1909년 7년형을 선고받은 최익환은 아직도 3년여의 형기가 남아 있었다. 이들은 최익환이 출옥하면 간도 해룡현에서 만나기로 한 약속대로 1915년 8월 최익환이 잔기 1년을 남기고 출옥하여 만주에서 다시 만나게 되었다.

이렇게 다시 만난 두 사람은 만주와 상해, 그리고 국내를 내왕하면서 기회를 엿보고 있을 때 3·1 항쟁이 전개되고, 서울에서 그동안 규합한 동지 40여 명과 조선민족대동단, 약칭 '대동단'을 창단하였다. 초창기의 동지규합은 강원도 고성 건봉사의 승려인 정남용(鄭南用)에 의해 이루어졌고 이때 단장에는 전협이 선출되었다.

대동단은 결성과 함께 정신적 지주요 상징으로 김가진을 총재로 추대하였다. 한일합병 당시 일제로부터 남작의 작위를 받았던 김가진은 이를 두고 항상 수치스럽게 여기던 중 새로운 독립운동의 길에 참여하고자 70 노구를 이끌고 대동단의 지휘봉을 맡게 되었다. 대동단은 창단과 함께 '조선건국 4252년 5월 20일'에 최익환이 집필한 '선언서'와 '결의' 등을 통해 자신들의 의지를 내외에 천명했다. '선언서'의 전문은 다음과 같다.

아 조선민족은 2천만 성충과 묵계의 발동에 따라 반만년 역사의 권위에 기하여 인류대동의 신요구에 응하려 하며 세계평화의 대원칙을 준수하고 정의·인도의 영원한 기초를 확립하기 위해 과반 조선독립을 선포했다. 그 관계는 이미 국제적이며 또 인류적이다.

오족은 촌호도 배타의 잔려(淺慮)가 없으며 공도와 공리를 존중하고 광명정대한 행동과 평화, 선량한 방법으로서의 해결을 열국의 정의·공론의 결정에 기대하는 바이다. 일본은 재래의 착오를 개혁하지 않고 인류 양심의 희망을 유린하고 세계평화의 위신을 무시하여 비인도적인 참혹한 무력으로써 아(我) 문명적 생명력의 발작을 학살하는 것은 세계의 전인류가 용인할 수 없는 공분된 일이다.

황차 아 2천만 민족은 세사적인 최후의 결심을 하였다. 아족은 민족적 정신의 자각을 지중(持重)하고 생존상 기능의 자신을 발휘하여 엄격한 주장을 관철할 것이다. 뿐만 아니라 금일에야 시국 진전의 형세에 비추어 사태 난이의 기미를 관찰하고 전 아족일치의 동작으로써 10대 사회 각 단체와 지방구역이 선출한 인원을 통일, 종합시키기 위해서 본단을 조성하고 아족 영세의 귀추인 3대강령을 거하여 차를 세계에 선언하는 바이다.

3대 강령
 一. 조선 영원의 독립을 완성할 것.
 一. 세계 영원의 평화를 확보할 것.
 一. 사회의 자유 발전을 광박할 것.

대동단은 인쇄기와 용지를 구입하여 각종 항일 지하문서를 제작하여 배포하였다. 단원 중에 의병 출신인 윤용주(尹龍周)는 무장투쟁을 기도하기도 했다. 그는 무장투쟁의 방법으로 일본헌병대의 무기고를 탈취하고, 서대문감옥을 폭파하려는 계획을 세웠다. 그러나 지도층에서는 이승만의 외교주도론에 경도되어 '파리강화회의에 보내는 진정서', '윌슨 대통령에게 보내는 진정서', '일본 국민에게 고한다'는 등의 문건을 제작하여 발송했다.

대동단원들은 각종 유인물을 비밀단원들을 통하여 민가에 투입하거나 특정인에게 전달하였다. 낮이면 부랑자로 가장한 단원들이 유인물을 배포하고, 밤이면 배추장수나 상주(喪主)로 가장하여 활동하였다.

특히 최남용이 중심이 되어 발행한 기관지 《대동신보》(大同新報)는 고종의 탄생일인 7월 15일(음력)을 기하여 창간호 1만 부를 발간하였다. 이 신문은 보부상과 기생들을 통하여 전국적으로 배포되었다.

이같은 대동단의 비밀활동에 일본헌병대와 경찰은 혈안이 되어 수사에 나섰다. 1차 검거선풍으로 최익환, 권태석(權泰錫), 이능우(李能雨) 등 단원이 사기죄로 체포되었다. 출판법과 보안법 위반혐의로 찾던 사상범들이 사기죄로 구속되자 경찰은 극심한 고문으로 이들의 배후를 캐고자 했지만 그러나 끝내 동지들을 불지 않았다.

1차 검거선풍으로 막대한 손실을 입은 대동단은 총재 김가진을 중심으로 의친왕 이강의 임시정부 탈출계획을 세웠다. 이 계획은 의친왕이 만주 안동에서 일경에 체포되면서 의친왕을 수행한 정남용도 체포되고, 이을규(李乙奎)만 겨우 도피하였다.

서울에서 소식을 기다리던 전협, 한기동(韓基東), 송세호(宋世浩) 등도 체포되고, 라창헌(羅昌憲)은 경찰의 수사망을 피해 상해로 망명하는데 성공하였다. 이을규도 이듬해 서울에 잠입하였다가 체포되었다. 대동단의 핵심인물이 대부분 체포되거나 해외로 망명하게 된 것이다. 대동단의 활동상과 전협 등의 체포소식을 전해들은 박은식 선생은 다음과 같이 통탄해마지 않았다.

아! 전협, 최익현 등은 일진회의 회원이 아니었던가? 일진회는 또한 매국노 이용구의 무리들이 아니었던가? 그러나 이와같은 사람들이 은인자중하면서 뜻을 세워 기회를 엿보고 있었다. 변을 관찰하여 오늘에 와서 이와같은 비상한 활동을 보였으니, 그 용기와 담력은 저들로 하여금 다만 경탄을 금치 못하게 하였다.

이 거사는 다만 개인이 당장에 성불(成佛)하려 함이 아니라 우리민족 전체의 심리가 일치하여 근본에 돌아갔으므로 더욱 뚜렷해진 것이다. 저들이 길러낸 일진회가 오늘날 독립당이 될 줄이야 어찌 알았으랴. 동화(同化)를 몽상하는 자들은 더욱 망명된 꿈에서 깨어나야 한다.

대동단원들의 애국심은 비록 간부들이 체포되었지만 이에 굴하지 않고 끝까지 투쟁하려는 철저함을 보였다. 이들은 다시 국내로 잠입한 라창헌, 이신애(李信愛) 등이 중심이 되어 일제 국경일인 천장절(天長節)을 기해 대대적인 독립시위를 벌이는 준비를 서둘렀다.

의친왕과 김가진, 전협, 라창헌 등 23명의 연명으로 '선언서'를 발표한 것을 비롯, 국내와 간도에서 여러 차례에 걸쳐 3가지 항일투쟁을 벌였다. 그러나 일제의 무자비한 탄압으로 더이상의 국내활동은 막을 내리게 되고, 임시정부에서 활동한 김가진과 라창헌이 대동단의 명맥을 유지해 나갔다.

한편 일경에 체포된 단원들은 종로경찰서에 수감되어 고등계 형사 김원보(金源甫)의 극심한 취조를 받았다. 고문과 악형이 계속되는 가운데 예심절차가 진행되고 재판은 경성지방법원의 판사 나가시마 유조(永島雄藏)에 의해 이루어졌다.

대동단원에 대한 재판은 1920년 6월 28일 예심이 종결되었으나 1심공판은 쉽게 열리지 않았다. 총독부가 이들의 극렬한 항일투쟁에 골탕을 먹이려고 지연작전을 쓴 때문이었다. 그러나 언제까지나 재판을 지연시킬 수는 없어서 그해 11월 20일부터 26일까지 이토(伊東淳吉) 재판장의 심리로 1심공판이 개정되었다. 그리고 다음날부터 논고와 함께 구형이 내려졌다. 1심판결이 내려진 것은 12월 7일, 이들에게 선고된 형량(괄호안은 구형량)은 다음과 같다.

전협(45세) : 징역 8년(10년)　　최인환(30세) : 징역 6년(8년)

정남용(25세) : 징역 5년(6년)　　이재호(43세) : 징역 4년(4년)

이건호 : 징역 3년(4년)　　　　　윤용주 : 징역 3년(2년)

동창율(53세) : 징역 3년(4년)　　송세호(21세) : 징역 3년(4년)

한기동(23세) : 징역 3년(4년)　　이신애(30세) : 징역 3년(4년)

윤종석(25세) : 징역 3년(4년)　　유경근(44세) : 징역 3년(4년)

양정(56세) : 징역 2년(2년)　　　권헌복(32세) : 징역 2년(2년)

박형남(34세) : 징역 2년(2년)   이을규: 징역 2년(2년)

장규식(29세) : 징역 2년(1년)

권태석(26세) : 징역 1년 6개월(2년)

민강(37세) : 징역 1년 6개월(2년)

안교일(33세) : 징역 1년 6개월(1년 6개월)

정희중(49세) : 징역 1년 6개월(1년 6개월)

박원식(30세) : 징역 1년 6개월(1년 6개월)

장현식(25세) : 징역 1년(1년)   이정(46세) : 징역 1년(1년)

박정선(47세) : 징역 1년(1년)   김상설(49세) : 징역 1년(1년)

전필순(27세) : 징역 1년(1년)   조종환(44세) : 징역 1년(1년)

김익하(72세) : 징역 8개월(1년) 집행유예 2년

이종춘(64세) : 징역 8개월(1년) 집행유예 8년

전대진(26세) : 징역 8개월(8개월)

이능우(36세) : 징역8개월(8개월)

박용주(31세) : 징역 6개월(6개월)

김영철 : 징역 6개월(8개월) 집행유예 2년

김종진(18세) : 징역 6개월(6개월) 집행유예 2년

노준(27세) : 무죄(6개월)

전협과 최익환 등 대동단의 핵심들은 스스로 공소를 포기하였지만, 이을규를 비롯한 8명은 경성복심법원에 상고하였다. 1921년 3월 23일에 이을규, 이건호, 유경근은 공소가 기각되고, 장현식은 징역 1년(집행유예 2년), 김상열은 징역 1년(집행유예 1년), 윤종석은 징역 1년, 민강은 징역 6개월로 각각 감형판결을 받고 송세호는 면소되었다. 이들 중 민강, 유경근, 윤종석은 고등법원에 상고하였으나 기각판결을 받았다.

1년반 동안의 지루한 재판 끝에 유죄판결을 받은 대동단원들은 주로 서대문감옥에서 심한 수형생활을 하였다. 전협과 최익환 등 식자층은 형무소내 인쇄소에서 문선과 교정의 일을 맡고, 박정선과 이신애 등 여

성기독교 신자들은 완구제조에 종사하면서 형기(刑期)를 보냈다. 이들의 서대문감옥 생활은 고통의 나날이었다. 20평 남짓한 감방에 90명씩이 수용되어 견디기 어려웠다. 특히 여름이나 겨울철에는 더위와 혹한으로 이중삼중의 고통이 따랐다. 콩밥 한 덩어리로 허기를 채우며 중노동을 견디기는 참으로 어려웠다.

대동단원 중 최초로 순국한 이는 정남용이었다. 건봉사 승려 출신으로 대동단의 각종 문건과 격문을 집필했던 그는 1921년 4월 18일 서대문감옥에서 폐결핵으로 세상을 떠났다. 본시부터 건강이 좋지 않은 편이었던 그는 심한 고문과 감당하기 어려운 노역으로 마침내 27세를 일기로 세상을 하직했다. 유해는 경기도 고양군(현 서울 연희동) 봉원사에서 화장되었다.

대동단을 이끌며 항일투쟁의 선봉에 섰던 전협은 오랜 옥고와 고문의 후유증인 소화불량과 관절염으로 더이상 수형생활이 어렵게 되었다. 1927년 7월 9일 당국은 만기 8개월을 앞두고 가출옥을 결정하였다. 서대문감옥에서 가출옥한 전협은 서소문에 있는 김택원병원으로 옮겨 응급치료를 받았지만 이미 때를 놓쳐 7월 11일 새벽 사저에서 운명하였다. 52살의 아직 한창 일할 나이였다.

장례는 후실이자 동지관계였던 변화(卞和)와 조카, 그리고 동지 몇 사람에 의해 폭우 속에서 만장 하나도 없이 쓸쓸하게 치러져 이태원 공동묘지에 묻혔다. 장례를 마치고 돌아오던 변화와 조객들은 종로경찰서 앞을 지나다 분노와 슬픔을 억누를 길이 없어 경찰서 정문을 뛰어들면서 대한독립만세를 외쳤다. 즉시 경찰이 덮쳤고 변화는 그 자리에서 실신하고 말았다.

이에 앞서 김가진은 상해 법조계(法租界)의 셋방에서 1922년 7월 4일 파란많은 삶을 마감했다. 당대의 재사로서 상공부 대신이었으며 한때는 일본으로부터 작위를 받아 친일파의 오명을 썼으나, 지난날을 뉘우치고 대동단을 이끈 데 이어 임시정부에 가담한 지 2년반 만에 극심한 기한과 병고 속에서 타개한 것이다. 그의 나이 당시 77살이었다.

당시 항일지사들이 운명하면 총독부는 조선의 전례에 따른 장례식도 치르지 못하도록 했다. 조문객은 물론 만가나 만장도 못하도록 하고 묘비를 세우는 것도 막았다. 그러다보니 유족 몇 사람이 시신을 거적에 말아서 공동묘지에 묻는 것이 독립운동가들의 마지막 가는 모습이었다.

저항시인 심훈의 작품에 1927년 9월에 쓴 시 〈만가〉(晩歌)가 있다. 아마 전협의 장례에 합석하거나 이를 지켜보고 쓴 것으로 추정된다. 이에 여기 소개한다.

> 궂은 비 줄줄이 내리는 황혼의 거리를
> 우리들은 동지의 관을 메고 나간다.
> 만장(輓章)도 명정(銘旌)도
> 세우지 못하고
> 수의조차 못입힌 시체를 어깨에 얹고
> 엊그제 떼메어 나오던 옥문을 지나
> 철벅철벅 말없이 무학재를 넘는다.
>
> 비는 퍼붓듯 쏟아지고
> 날은 더욱 저물어
> 가등(街燈)은 귀화(鬼火)같이
> 껌벅이는데
> 동지들은 옷을 벗어 관위에 덮는다
> 평생을 헐벗던 알몸이 추운상 싶어
> 얄다란 널조각에
> 비가 새들지나 않을까하여
> 단거리 옷을 벗어 겹겹이 덮어준다.
>
> (이하 6행 생략)
>
> 동지들은 여전히 입술을 깨물고
> 고개를 숙인채 저벅저벅 걸어간다.
> 친척도 애인도 따르는 이 없어도

저승길까지 지긋지긋 미행이 붙어서
조가(弔歌)도 부르지 못하는
산 송장들은
관을 메고 철벅철벅 무학재를 넘는다.

— 김동수, 《일제침략기 민족시가연구》

1920년대 서대문형무소

1919년 3·1구국항쟁을 계기로 한민족의 항일투쟁은 전국적으로 노도와 같이 전개되었다. 일제의 폭압이 심하면 심할수록 항쟁의 열기는 더욱 고조되었다. 일제는 항일지사들을 닥치는대로 체포하고 투옥하였다. 3·1항쟁후 대내외적으로 선포한 이른바 문화정치의 약속은 대외선전용이었을 뿐, 실제로는 더욱 잔인하고 가혹한 수법으로 항일지사들을 탄압했다.

조선총독부는 1923년 5월 5일 부령 제72호로 감옥의 명칭을 형무소로, 분감을 지소로 개칭하는 한편, 개성분감을 개성소년형무소로 개편하는 등 감옥제도를 개편하였다. 조선총독부가 감옥을 형무소라 개칭하게 된 정확한 의도는 알려진 바 없으나 다만 다음과 같은 일화가 전한다.

일본 사법성에서는 형무소라고 부르는 것이 감옥이라고 부르는 것보다는 퍽 부드럽다는 이유에서 개칭코자 하였으나, 그때 어느 조선사람이, 전옥이라든가 감옥이라는 문자는 고전에 정확한 출처가 있으나, '형'(刑)이라는 문자는 '살'(殺)이라던가 '초'(劋)라는 의미가 있으므로, 형무소란 문자는 사형집행소의 의미로도 해석되어, 그리 부드럽지 못하다고 했다는 것이다(《법조협회잡지》제19권 10·11호. 김병화, 《한국사법사》(근세편)에서 재인용).

일제가 감옥을 형무소로 개칭할 당시 전국에는 19개의 형무소와 10개의 지소가 있었다. 감방내 평수는 5,076평으로 평당 수용인원은 2.6인이었다. 재감(在監)인원은 1909년 5,300여 명에 불과했으나, 1915년 초에는 9,508명(한국인 8,392명, 일본인 891명, 외국인 225명)이 되고, 1918년에는 1일 평균 재감인원이 12,200여 명이었다. 1919년 3·1 항쟁으로 입감자가 격증되었으나 1920년 4월 칙령 제120호에 의해 감형을 입은 수형자가 2,600여 명에 달해 한때 재감자수가 감소되는 경향을 보였으나 항일의 열기가 그치지 않고, 또 태형령 폐지에 따라 재감자는 날이 갈수록 증가하여 1922년에는 그 수가 1만 9천여 명에 달하였다.

일제가 내세운 문화정치의 구호가 얼마나 허구적이었는가를 잘 나타내는 대목이다.

3·1 항쟁 이후 서대문형무소를 비롯한 전국의 감옥에는 조선독립운동가를 고문하는 '먹방'이라 부르는 별도의 고문실이 있었다. 구치소 보안과 사무실 지하에 있던 중징벌방은 전기도 들어오지 않는 데다(그런 까닭에 먹방이라 불렀다) 이불, 돗자리도 없는 차디찬 시멘트 바닥이었다. 심지어 변기도 없어서 징벌방 한구석에 쇠죽통 모양 홈을 파놓은 곳에 대소변을 보아야 했다.

그 고약한 내음만으로도 고통이 가중되었으며, 몸은 수갑이 찬 채이거나 가죽혁대로 온 몸을 묶인 채로 지내야 했다. 징벌의 경우 평소의 밥덩이가 3분의 1 크기로 줄어드는데, 몸이 묶인 상태이니 그래도 죽지 않으려고 먹으려면 그야말로 개처럼 엎드려야 가능했다.

고문실에서는 갖가지 형태의 고문이 애국지사들을 괴롭혔다. 특히 '쇠좆몽둥이'로 불리는 가죽채찍은 한 대만 맞아도 살이 찢어지고 피가 튀는 도구였다. '쇠좆'을 말려서 고문도구로 사용했는데, 악질적인 간수들은 조선 여성애국자들을 고문할 때면 물에 불려서 여성의 음부를 쑤시는 만행도 서슴지 않았다고 한다. 또 한 가지의 잔혹한 고문도구는 '가죽조끼'였다. 간수들은 죄수의 옷을 홀랑 벗기고 가죽조끼를 입히고는 양동이로 물을 끼얹는다. 시간이 지나면서 가죽조끼가 마르면 몸을 꽉꽉 죄어오는 고통에 몸부림치다 못해 그만 정신을 잃게 되는 살인적인 흉기였다.

서대문형무소에 수감된 우리 애국지사들은 대부분이 고문실에서 이러한 흉기로 고문을 당하거나 '먹방'의 신세를 지면서 참혹한 수감생활을 견디었고 옥사 또는 처형의 수난을 당하기도 하였다. 1920년대 서대문형무소(감옥)에서 옥고를 치르거나 순국한 애국지사를 차례로 살펴보자.

처형당한 강우규 의사

1920년대 서대문감옥에서 국사범으로 처형된 많은 애국자 중에 강우규(姜宇奎) 의사는 대표적인 경우에 속한다.

평남 덕천 출신인 강 의사는 1919년 9월 2일 오후 5시, 일제 예비역 해군대장 출신인 사이토 마코토(齊藤實)가 제3대 조선총독으로 부임하기 위해 서울 남대문역(현 서울역)에 도착하여 마차에 오르는 순간 폭탄을 던졌다. 침략자 일제의 수괴를 처단하기 위한 의거였다.

요란한 폭음과 함께 서울역 주위는 아비규환의 수라장이 되었다. 폭탄은 엄청난 위력을 발휘하여 신임총독 사이토를 환영 나온 일제 관헌 및 그 추종자 37명에게 중경상을 입혔다. 그러나 강 의사가 목표로 한 총독 사이토는 폭탄의 파편에 의해 혁대와 군복을 조금 태웠을 뿐 큰 피해는 입지 않았다. 하지만 조선총독으로 부임하는 첫 길목의 사이토에게 이같은 폭탄세례는 한국에 대한 식민통치가 결코 만만치 않음을 보여준 일종의 경고가 되었다. 반면에 3·1운동으로 드러난 한국인의 저항이 일제의 야수적인 탄압으로 많은 희생을 치르고 지하에 잠복하는 시점에 터진 강 의사의 의지는 한국인에게 새로운 희망과 기대를 모으는 계기가 되었다.

일제는 3·1항쟁후 한국에 대한 통치방식을 변경하여 문화정치를 표명하고 나섰다. 그러나 이것은 일제의 기만술책으로 그들의 의도는 겉으로는 유화정책을 꾀하면서 그것을 통해 우리 민족의 독립운동을 분열

강우규 의사는 1919년 블라디
보스토크의 노인단에 가담하
여 조선총독을 암살하려는
계획을 세웠으나 뜻을 이루
지 못하고 서대문형무소에서
순국했다.

·약화시키려는 것이었다. 이러한 방침에서 조선총독을 하세가와(長谷
川好道)에서 사이토로 교체하였다. 강 의사는 이같은 일제의 흉계를 꿰
뚫고서 사이토를 응징하여 그들의 술책을 봉쇄하는 한편, 한국 독립의
의지를 만방에 공포하고자 남대문역에서 폭탄을 던졌던 것이다.

강 의사는 1859년 6월 5일 평남 덕천에서 태어났지만 소년시절에 부
친을 따라 함경남도 홍원군 용원면 영덕리로 이주하였다. 그곳에서 한
학에 전념하다가 국운이 기울어짐을 보고 1910년 경술국치를 맞게 되자
북간도로 떠났다. 이곳에서 잠시 머물다가 다시 길림, 시베리아, 연해
주 등지를 편답(偏踏)하고 길림성 요하현에 동광학교를 설립하여 교육
에 종사하였다.

1919년 국내에서 3·1 항쟁이 일어나자 이에 호응하여 만주와 노령
등지에서 만세시위를 전개하고 그해 5월 노인동맹단에 참가하여 노인단
을 대표, 조선총독을 암살할 계획으로 동지 허형(許炯)과 함께 폭탄을
구입하여 원산을 거쳐 8월 서울에 도착하였다.

종로 안국동에서 숙식하면서 허영을 통해 사이토의 사진과 부임정보

를 입수하여 서울역에서 마침내 의거를 결행하였다. 강 의사의 의거로 비록 사이토는 혁대를 스쳤을 뿐이지만 미즈노(水野鍊太郎) 정무총감과 滿鐵 理事 등 37명에게 부상을 입혔다. 일본경찰 한 명은 왼쪽 엉덩이를 관통하여 9월 11일 절명하였고, 오사카《아사히신문》(朝日新聞) 특파원은 파편이 복부로 들어가 1월 1일 사망하였다.

이렇게 타격을 입히고 일경의 눈을 피해 현장을 빠져나온 강 의사는 허영을 만나 재거사를 계획하면서 가회동 장익규의 집과, 간호부 오명숙의 주선으로 사직동 임승화 집 등을 전전하다가 9월 17일 사직동에서 일제의 주구 김태석에게 체포되었다. 체포된 강 의사는 서대문감옥에 유치되어 심한 고문을 당하면서도 재판정에서 당당함을 잃지 않았다. 60이 넘은 노구의 몸에도 불구하고 재판정에서 한국 독립의 당위성을 일제의 판사들에게 당당히 설명하고 그들을 향해 호통쳤다.

체포된 지 1년 두 달여 만인 1920년 11월 29일 사형을 선고받은 강 의사는 감상을 묻는 일제 검사에게 시 한 수를 써주었다.

斷頭臺上 猶在春風
有身無國 豈無感想

단두대 위에는
봄바람이 불 뿐
이 몸은 나라없는 자이니
어찌 무슨 생각이 있겠나

강 의사는 마지막 순간까지도 기개를 굽히지 않고 서대문감옥에서 처형을 당하니 향년 65세였다.

1986년 2월 서대문구치소(당시 명칭)를 경기도 시흥으로 이전하기 위해 내부시설을 조사하던 중 구치소 건물 10동 지하 19호실에서 강 의사가 처형당하기 직전 마루바닥에 손톱으로 새긴 '姜宇奎 四二五三(一九二〇) 十一 二九'라는 글씨가 발견되었다. 그러나 이 글씨는 민주화운동에 앞장섰다가 투옥된 어느 학생이 강 의사가 수감되었던 독방에 수감되어 쓴 것으로 밝혀졌다.

강 의사는 서대문감옥에서 1년여 옥고를 치르고 그곳에서 처형되었지만 구체적인 옥중기록이나 자료가 나타나지 않아 안타까운 노릇이다. 정부에서는 강 의사의 공훈을 기리어 1962년 건국훈장 대한민국장을 추서하였다.

공명단의 항일투쟁

항일운동단체 중 공명단(共鳴團)의 존재는 크게 알려지지 않고 있다. 1926년 중국 산서성(山西省) 타이위안부(太原府)에서 발족된 공명단은 국내에서 항일운동을 전개하다가 체포되어 복역한 최양옥(崔養玉)이 만주로 망명하여 조직하였다. 최양옥은 김정련(金正連), 이용화(李容華), 안창남(安昌男) 등과 비밀항일 무장단체인 공명단을 조직하여 단장이 되고, 1927년 북만주에 독립군 비행사를 양성할 목적으로 비행학교 설립을 계획하였다.

이들은 그 소요자금을 국내에서 모금하는 한편 공명단의 국내지단을 설치하기 위하여 국내 공작활동을 전개하였다. 최양옥은 1929년 김정련, 이선구 등과 국내에 잠입하여 서울 근교에 은신하면서 마침내 4월 29일 이들은 서울에서 춘천으로 향하는 일본 우편수송차를 마석고개에서 공격하였다. 이들은 차에 실었던 우편낭에서 현금을 탈취한 뒤 한국인의 우편물만 남기고 모두 소각한 다음 강원도 방면으로 은신하였다. 거사가 진행되는 동안 자신들의 행적이 발각되지 않게 하기 위하여 그 지점을 통과하는 모든 차량을 정차시키고, 승객들을 모두 하차시켜 산속에 감금한 뒤에 도주하였다.

뒤늦게 이 사실을 안 일본 경찰은 경기도, 황해도, 강원도, 충청도의 경찰병력과 일본군의 응원병력을 얻어 공명단원을 추격하였다. 경기도 양주의 천마산에 은신하고 있던 공명단원은 마침내 일본 경찰에 발각되어 1주일 동안 격전을 벌인 끝에 탄환이 떨어져 끝내 잡히고 말았다. 최양옥은 징역 10년, 김정련은 징역 9년, 이선구는 징역 6년을 선고받고 서대문형무소에서 복역하던 중 이선구는 옥사하였다.

최양옥(1893. 12. 5~?)은 강원도 횡성 출신으로 원주보통학교를 졸업하고 서울 중동중학교에 입학하였다. 3·1항쟁이 발발하자 그는 중학교를 중퇴하고 횡성으로 내려가서 동지들을 규합한 다음 천도교인들과 합세하여 3월 11일 횡성읍 장날에 만세시위를 주도하였다. 이 일로 일경의 추격을 받게 된 그는 이동녕, 박은식 등을 만나 그들로부터 독립투쟁에 필요한 군자금을 모금하라는 지령을 받고, 서울로 돌아와 1920년 7월 서울 소격동의 신덕영 집에서 신덕영, 노형규 등과 부한청년단(扶韓靑年團)을 조직하였다. 그리고 농림주식회사의 주식모집원으로 가장하여 전남 각지에서 많은 군자금을 모집하여 상해임시정부로 보냈다.

계속해서 신덕영, 노기준과 같이 전남 담양군과 곡성군 등지에서 군자금 모금에 나서며 1920년 11월 5일 노기준과 함께 광주로 가던 중 일경에 체포되어 1921년 5월 7일 광지지방법원에서 징역 7년을 선고받고 대구형무소에서 옥고를 치렀다.

최양옥은 1926년 출옥한 후 만주로 망명하여 안창남, 신덕영, 김정련 등과 함께 공명단을 조직하고 1927년에는 북만주 비행학교 설립과 공명단 지부를 서울에 설치하기 위해 김정련, 이선구 등과 함께 1929년 4월 서울에 잠입하였다.

이들은 1929년 4월 20일 경기도 망우리에서 춘천으로 가는 일본 우편자동차를 권총으로 정지시키고 미리 전보로 청해왔던 평북지사의 자동차운전수 이선구로 하여금 우편차를 뒤지게 하여 비밀장치한 우편물을 찾아내어 일인 우편물을 모두 소각하고 한국인 우편물만 남겨두었다.

그와 함께 통과하려는 자동차 12대를 전부 정지시킨 다음, 운전수와 승객의 눈을 싸매고 산골짜기에 감금시켰다. 그리고 이들은 종적을 감추었는데 이 보도에 접한 일경은 5개도의 경찰을 총동원하여 양주의 천마산을 포위하였다. 공명단 세 사람과 일경 수천 명의 전투는 천마산과 망우리고개를 넘나들면서 이틀 동안 밤낮으로 계속되다가 탄환이 떨어

142

지고 며칠씩 식사를 하지 못한 공명단 3인은 체포되었다. 최양옥은 이 거사로 1929년 9월 경성지방법원에서 징역 10년을 선고받고 서대문감옥에서 옥고를 치렀다. 출옥후 그의 행적은 알려지지 않았다. 정부는 그의 공훈을 기리어 1962년 건국훈장 독립장을 수여하였다.

서대문형무소에서 옥사한 이선구

이선구(1902. 4. 24~?)는 평북 선천 출신으로 공명단에 가입하여 한만 국경을 통해 망명하는 우국지사들을 안내하였다. 독립군 비행사를 양성할 목적으로 북만주에 비행학교를 설립하는 계획에 참여하고 최양옥 등과 국내에 잠입하여 1929년 4월 평북 용천군에 거주하는 김인옥(金仁玉)으로부터 군자금 150원을 모금하였다.

망우리의 우편물 수송차 기습작전에 참여하였다가 교전 끝에 일경에 체포되어 징역 5년형을 선고받고 서대문형무소에서 옥고를 치르던 중 고문의 후유증으로 옥중에서 순국하였다. 1963년 대통령표창을 받았다.

'무랍인' 김정연

김정연(생몰미상)은 평북 용천 출신으로 고향에서 한학을 공부하고 숭실중학과 숭실전문학교를 졸업했다. 숭실전문 재학 중 평남 대동군에서 항일독립사상을 고취하는 연설을 하다 체포되어 여러 차례 구금을 당하였다. 졸업후 평양의 숭덕소학교와 숭실중학교에 교사로 재직하던 중 3·1 항쟁이 일어나자 만세시위에 참가하였다가 체포되어 일경의 비인도적인 태형을 받았다.

1919년 전남 광주의 숭일중학교 교사로 있으면서 항일연설을 통해 민족의식을 고취하다 일경에 체포되어 징역 8월, 집행유예 2년 6월형을 선고받고 석방되었다. 그는 이후에는 더욱 적극적으로 항일운동에 나서 부한청년단원 최양옥 등과 함께 대동단(大同團) 단원 전협과 연락을 취

하여 전남 각지에서 군자금 모금활동을 펴다가 일경에 체포되었으나 증
거불충분으로 석방되었다.

출옥후 해외로 망명하여 해삼위에서 남석동(南石洞)이란 한인마을을
건설하여 동포들의 생활안정과 독립운동 기반확충에 전념하였다. 그후
공명단 조직에 참가하고 그 부단장으로 활동하던 중 일제 밀정에 체포
되어 텐진감옥에서 2년 6개월간 옥고를 치렀다.

1927년 출옥한 그는 비행학교 설립에 참가하고 1929년 국내에 잠입하
여 양주군 백봉산 전투에서 일경과 교전중에 체포되어 치안유지법 위반
등으로 징역 8년형을 선고받고 서대문형무소에서 옥고를 치렀다. 출옥
후 일경의 감시를 피해 평북 의주군 백마산성에서 화전민 생활을 했는
데, 이른바 요시찰 대상으로 지목되어 매년 12월이면 예비 검속되어 이
듬해 1월에야 석방되었으므로 '무랍인'(無臘人)이란 별명을 얻었다. 정
부에서는 그의 공훈을 기리어 1962년 건국훈장 독립장을 수여하였다.

철혈광복단 순국자들

철혈광복단(鐵血光復團)은 1919년 3·1 항쟁후 간도에서 조직된 항일
비밀결사로 윤준희, 한상호, 임국정, 최봉설 등이 핵심멤버였다.

윤준희(1892. 12. 16~1921. 8. 25)는 함경북도 회령 출신으로 1920년 7
월 북로군정서 특파대장이 되어, 한상호, 임국정, 최봉설 등과 함께 조
선은행 회령지점에서 간도 용정으로 이송중인 현금 15만 원을 호룡현
동양리에서 호송하는 일본경찰을 사살하고 탈취하였다.

윤준희 등은 이 돈으로 블라디보스토크의 신한촌을 근거지로 많은 무
기를 구입하여 일제 타도에 앞장섰지만, 그해 12월 일제주구 엄인섭의
밀고로 해삼위에서 한상호, 임국정 등과 함께 체포되었다.

국내로 이송된 윤준희와 철혈광복단 간부들은 1921년 4월 4일 고등법
원에서 사형이 확정되어 서대문형무소에서 처형되었고 임국정, 한상호
도 함께 순국하였다. 1962년 건국훈장 국민장이 추서되었다.

144

임국정(1894. 3. 25~1921. 8. 25)은 함경남도 함흥 출신이다. 윤준희 등과 철혈광복단을 조직하여 활동하다가 다시 남만주에 본부를 둔 북로군정서에 가담하였다. 조선은행 회령지점의 15만 원 탈취사건에 가담하여 그 돈으로 블라디보스토크의 신한촌으로 들어가서 체코슬로바키아제 무기를 다량 구입하여 북로군정서에 제공하였다.

한편 간도청년단의 운동본부장으로 서성권, 강백규, 이광 등과 함께 조국광복운동을 벌였다. 윤준희 등이 밀정 엄인섭의 밀고로 체포될 때 함께 체포되어 경성복심법원에서 사형이 확정되었으며, 1921년 8월 25일 서대문형무소에서 형이 집행되어 순국하였다. 1963년 건국훈장 국민장이 추서되었다.

한상호(1899~1921. 8. 25)는 함경북도 경성 출신으로 간도 명동중학교를 졸업하고 와룡소학교 교사로 재직하면서 재만한인에게 민족의식을 고취시키는 교육항일운동을 벌였다.

철혈광복단과 북로군정서에 가담하여 항일투쟁의 일선에 서고 15만 원 탈취사건에도 참여하였다. 이 자금으로 구입한 체코슬로바키아제 다량의 무기가 북로군정서에 제공되어 독립군을 신무기로 무장시킬 수 있었으며, 후일 청산리 독립전쟁을 승리로 이끌 수 있었다.

엄인섭의 밀고로 동지들과 함께 체포된 한상호는 일본헌병대에서 모진 악형을 당하다가 청진으로 압송되었으며, 청진지방법원과 경성복심법원을 거쳐 1921년 4월 4일 고등법원에서 사형이 확정되었다. 1921년 8월 25일 동지들과 서대문형무소에서 교수형으로 순국, 건국훈장 국민장이 추서되었다.

조선총독 강압 훈시와 형무소 기구

일제는 수많은 우리 애국지사들을 감옥(형무소)에 수감하고도 마음을 놓을 수가 없었다. 애국지사들은 옥중에서도 굽히지 않고 저항하였으며 옥외의 지사들과 연통하여 조직과 저항을 계속하였기 때문이다.

일제의 애국지사들에 대한 옥중탄압 관련 공문서 등의 자료는 남아있지 않다. 그런 문서를 작성할 리도 없었겠지만 설혹 작성했더라도 그때그때 폐기했거나 일제 패망시에 소각 또는 일본으로 가져갔을 것이기 때문이다. 그러나 몇 차례 형무소장회의에서 총독이 행한 훈시 중 일부가 전해지고 있다. 이 자료를 통해 일제의 억압실태와 애국지사들의 꿋꿋한 투쟁의 편린을 살펴볼 수 있다.

먼저 1926년 10월 5일자 전국 형무소장회의에서 행한 사이토 마코토(齊藤實) 총독의 훈시 중 관련내용을 살펴보자.

… 최근 위험사상을 지닌 범죄자가 입감하는 수가 현저히 증가하는 추세에 있다. 이들 범죄자를 수용하기 위하여는 더욱 많은 시설을 필요로 하지만 현재의 재정상 이의 실현은 불가능하다. 그러므로 여러분은 부하를 잘 지도하고 임기(臨機)의 조치를 취하여 구금의 적정을 도모하기 바란다.

또 위험사상을 지닌 범죄자에 대하여 행형의 목적을 달성하고자 할 때에는 극히 곤란한 문제들이 따르겠지만 예의 부하직원을 독

146

려하고 성의를 가지고 교화선도에 노력한다면 효과가 없지 않을
것이다 … .

사이토의 훈시내용에는 여러가지 '독기'가 서려있다. 공개회의이기 때
문에 지극히 용어사용에 신중하였을 터인데도 '위험사상'(독립사상)을
지닌 수감자들을 '임기의 조치'를 취하여 '구금의 적정'을 도모하라고 지
시하고 있다. 이 말이 무엇을 뜻하는지, 총독의 의도를 짐작할 수 있다.
다음은 1930년 10월 29일자 역시 사이토 총독의 훈시 중 관련내용이다.

　… 요즈음 사회사상의 악화에 따라 형무소의 수형자도 영향을 입어
　자칫하면 그 언동이 불순하며 심할 때에는 폭거소요(暴擧騷擾)가
　나오기 때문에 조심하지 않으면 안된다. 이들 중에는 처음부터 생각
　하는 면이 천박하여 부화뇌동한 것에 지나지 않은 자도 적지 않다.
　　따라서 수형자에 대한 준수사항을 주지시키는 데 태만하지 않도
　록 해야 한다 … .

사이토가 말하는 '부화뇌동'이란 표현에서도 당시 독립운동에 나선 지
사들의 숫자가 얼마나 많았는가를 알 수 있다. 또 '준수사항'을 엄수시
키라는 훈시내용은 그만큼 강압적으로 다루라는 표현으로, 일제의 잔학
상을 읽게 한다.
　총독이 우가키 가즈시게(宇垣一成)로 바뀐 1932년 10월 18일자의 전
국 형무소장회의 훈시도 별로 달라지지 않았다. 우가키의 발언을 들어
보자.

　… 최근 대소의 형무사고가 빈발하고 특히 위격사상(危激思想)에
　관한 수형자가 타수형자를 교사선동하여 소요 등 사태를 야기한
　것은 참으로 유감으로 생각하는 바이다.
　　생각건대 사고발생은 직원업무의 과중에도 원인이 크다고 하겠
　지만 세밀히 조사, 고찰하는 주의력이 결여된 데 원인이 적지 않으
　므로 여러분은 직원배치에 대해 깊이 연구하고, 직원의 심신단련

에 유의하여 크게 기백을 증진시키며, 나아가서는 복무의 중요성
을 이해시켜야 한다.

　한편 위격사상범에 대해서는 특히 구금의 위력을 과시하여 엄중
하게 함은 물론 사상범죄의 원인, 사상감염의 정도 및 사상전향의
난이 등을 고찰하여 이에 적절한 처우를 실시하고 보도유예에 힘
쓰며 만약 수형자가 규율을 문란케 하고 법규에 저촉한 행위를 할
때에는 엄중 징벌하고, 때에 따라서는 형사소추의 방법을 강구하
여 단호하게 법령에 복종하게끔 함으로써 장래 사고근절을 기하도
록 하기 바란다 ….

우가키의 이 훈시에서 당시 형무소에 갇힌 애국지사들의 우국열정을
거듭 살피게 된다. 애국지사들은 옥중에서도 일반 수형자들을 '교사선
동'하여 '소요'를 일으킨 사례가 빈번하였다. 이에 총독부는 '구금의 위
력'을 과시하여 '엄중하게' 다스리도록 명령하는 한편 '사상전향'을 지시
한다. '엄중 징벌'하도록 하는 조처였다.

마지막으로 1939년 6월 22일 제7대 총독 미나미 지로(南次郎)의 훈
시내용이다.

　… 사상범 수형자 중 아직 상당수의 미전향자가 있다는 것은 심히
유감스럽게 생각하는 바이다.

　만약 재소중 끝내 사상전향을 하지 않은 채 만기석방하는 자가
있다면 일반인들에게 행형의 효과를 의심스럽게 하기 때문에 여러
분은 수형자의 개성을 살펴서 교화의 구체적 방안을 치밀히 연구
하여 부단한 노력을 함으로써 이들 미전향 수형자가 전혀 없도록
목표를 둔다 ….

야수와 같은 고문과 회유에도 '전향'하지 않은 애국지사들이 많았으
며, 일제가 이들을 전향시키기 위해 얼마나 광분하였는가를, 이 짧은
총독의 훈시가 말해준다[朝鮮總督官房 문서과 편, 《諭告·訓示·연설총
람》(京城 : 주식회사 조선행정학회 전재), 1942, 419~442쪽 "형무소장회

의 조선총독훈시문" 참조].

서대문형무소 기구

악명높은 서대문형무소에는 전동(典洞) 출장소(종로출장소)와 대평동
(大平洞)출장소 및 영등포·인천·춘천분감을 두었다. 1920년에 영등
포분감은 본감으로 승격 개편되고, 1923년 인천분감 및 종로출장소와
대평동출장소를 폐지하였으며, 1934년 구치감을 증설하고 1941년 조선
사상범 예방구금령의 제정으로 구금된 사상범을 수용하기 위해 서대문
형무소 내에 예방구금소를 부설하여 이를 보호교도소라 불렀다. 1943년
10월 보호교도소를 대전형무소 청주지소로 이전하였다.

이밖에도 춘천지소가 있었다. 춘천지소는 구한국의 경성감옥 춘천분
감을 인수하여 운영하다가 1912년 9월 3일 경성감옥이 서대문감옥으로
개편됨에 따라 서대문감옥 춘천분감으로 명칭이 바뀌어 1918년 춘천시
약사동에 신축공사를 시작하여 1923년 완공 이전하였다.

이와함께 모진 탄압에도 줄지 않고 수감중에도 전향하지 않는 '불령
선인'(독립지사)들을 '발본색원'하고자 각종 제도와 법규를 강화하였다.
또 전국 각지에 형무소나 분감을 설치하여 '전국의 감옥화'를 만들었다.

1923년 5월 5일 총독부령 제72호로 감옥을 형무소로, 분감을 지소로
각각 그 명칭을 바꾸고 개성분감을 개성소년형무소로 승격시킨 데 이어
1924년 4월에는 김천지소를 김천소년형무소로 승격시켰다(일제의 형무
소 변천과정은 〈표 12〉 참조).

형무소의 조직을 살펴보면, 형무소는 조선총독의 관리 하에 두고 그
설치나 폐지도 총독의 권한에 속하였다. 형무소장이 총독의 명을 받아
시행했다.

형무소에는 전옥, 전옥보, 간수장, 간수 및 여감취체와 기수(技手),
통역생 등을 두었다. 형무소의 기구로는 서무계, 계리계, 용도계, 계호
계, 작업계, 교무계 및 의무계를 두었다. 1937년에는 형무소의 계(系)

〈표 12〉 형무소 변천과정

연도	공포법령	내용
1909. 10. 21	조선총독부령 제31호	·본감 9개소 : 경성 영등포 공주 함흥 평양 해주 대구 부산 광주 ·분감 9개소 : 인천 춘천 청주 원산 청진 신의주 진주 전주 목포
1910. 10. 1	조선총독부령 제11호	·본감 8개소 : 경성 공주 함흥 평양 해주 대구 부산 광주 ·분감 13개소(영등포감옥을 분감으로 변경. 진남포 마산 군산분감 신설) : 영등포 인천 춘천 청주 원산 청진 진남포 신의주 마산 진주 목포 전주 군산
1912. 9. 3	조선총독부령 제11호	경성감옥을 서대문감옥으로 개칭 (인천 춘천분감도 함께 서대문소속으로 변경) 경성감옥 신설(마포 공덕동)
1913. 6. 2		신의주분감 의주출장소, 청진분감 경성출장소 폐지
1918		평양감옥 금산포출장소 신설
1919. 5. 8	조선총독부령 제86호	대전감옥 신설 (1919년말 현재 본감 10, 분감 13, 출장소 5)
1920. 10. 27	조선총독부령 제158호	영등포 청진 신의주 목포 전주분감을 본감으로 승격
1921. 3. 25	조선총독부령 제41호	개성 강릉 금산포 서흥 김천 안동 제주분감 신설
1923. 3. 31	조선총독부령 제62호	서대문감옥 인천분감, 종로 대평동출장소, 평양감옥 대흥부출장소 폐지
1923. 5. 5	조선총독부령 제72호	감옥을 형무소로, 분감을 지소로 개칭하고 개성분감을 승격, 개성소년형무소로 개편
1924. 4. 15	조선총독부령 제14호	금천지소를 김천소년형무소로 개편
1924. 12. 5	조선총독부령 제78호	영등포형무소 강릉 제주지소 폐지 (1924년말 현재 본소 16개소, 지소 10개소)

(계속)

연도	공포법령	내용
1935. 7. 23	조선총독부령 제92호	소록도 지소 신설
1936. 7. 10	조선총독부령 제52호	인천소년형무소 신설
1939. 3. 8	조선총독부령 제26호	공주형무소 청주지소를 대전형무소 청주지소로 소속 변경
1941. 7. 4	조선총독부령 제53호	서대문형무소 내에 예방구금소를 부설하고 보호교도소 로 명칭을 정함
1943. 3. 2		대구형무소 안동지소를 김천소년형무소 안동지소로, 해 주형무소 서흥지소를 개성소년형무소 서흥지소로 소속 변경
1943. 10		대전형무소 청주지소에 보호교도소를 설치(서대문형무 소 부설 보호교도소 이전)

를 과(課)로 개편하였다. 이때 서무·계리·용도계를 합쳐 서무과로 하
고, 특별히 서대문형무소에는 별도로 구치과를 두었다.

각 과에는 과장, 계에는 주임을 두고 서무과·계호과·작업과·구치
과의 과장 및 주임을 전옥보 또는 간수장으로 보하며, 교무과장은 교회
사(敎誨師)로, 의무과장은 보건기사 또는 보건기수로 보하고 각 과장과
주임은 겸직할 수 있었다.

이름없는 지사들의 옥고와 순국

일제시대 수많은 유·무명 애국지사들이 항일전선에서 온갖 고초를
겪었다. 그런데 불행하게도 이들에 대한 자료가 남아있지 않은 경우가
대부분이다. 그나마 남아있는 자료는 재판기록 정도에 불과하다. 그것
도 무슨 사건으로 법원에서 징역 몇 년을 선고받았다는 정도이다. 때문
에 서울에서 재판을 받은 많은 애국지사들이 서대문형무소나 마포형무
소에서 옥고를 치렀을 것이지만, 구체적 자료가 없어서 여기에 누락되
는 경우가 많다. 대단히 안타까운 노릇이지만 주제(서대문형무소 근현대

〈표 13〉 형무소와 지소의 기구표

(서대문 형무소에는 구치과를 둠)

사)에 충실하려면 어쩔 수 없는 노릇이다. 그러다보니 많은 분들이 빠지게 된 것이 유감스럽다.

여기서는 《한국독립운동사》(국사편찬위원회) 등 각종 자료에서 서대문형무소에서 옥고(또는 처형)를 겪은 독립지사들에 국한해서 정리함을 다시 밝혀둔다. 앞장에 이어, 1920년대에 서대문형무소에서 고초를 겪거나 순국한 지사들을 살펴본다.

● 유택수(柳澤秀 : 1902~1929. 2. 29)는 경기도 이천 출신으로 이천읍내에서 훈장을 하던 유창륙의 차남이다. 동생 남수(湳秀)와 함께 참의부 국내 특파원 이수흥을 도와 무장항일운동을 벌였다.

1926년 5월 이수흥이 일본 요인암살 및 군자금모집 등을 목적으로 해외에서 국내에 들어오자 그를 도와 경기도 안성에서 부호 박승륙으로부터 군자금을 모집하려고 하다가 불응하자 그의 아들 박태평 등을 사살하였다. 그해 10월 20일에는 이수흥이 이천의 현방리 주재소 등을 습격하자 동생과 함께 그를 도피시켜 주었다. 며칠 후 25일에는 서울 수은동 전당포를 습격하고 군자금을 모집하려고 하다가 주인을 사살하기도 하였다.

일련의 사건으로 서울, 경기 일원의 일경 수천 명이 동원되어 체포에 혈안이 되었으나 용의주도하게 피신할 수 있었다. 그러나 1926년 11월

152

일경에 체포, 서대문형무소에 수감되어 1928년 12월 20일 경성복심원에서 사형선고를 받았다. 그리고 1929년 2월 29일 수감된 서대문형무소 사형장에서 순국하였다. 정부는 1968년 건국훈장국민장을 추서하였다.

● 엄순봉(嚴舜奉 : 1906~1938. 4. 9)은 경북 영양 출신이다. 만주로 망명하여 1933년 북만주 석하(石河)에서 한족총연합회를 조직하고 청년부장에 임명되어 활동하였다. 또한 재만주 조선인 아나키스트연맹에 가입하여 이준근, 이봉해, 이강훈 등과 함께 활동하다가 상해로 갔다. 1933년 8월 그곳에서 흑색공포단에 참여하고 옥관빈(玉觀彬)의 변절행위를 적발하여 그를 처치하였다. 그는 또 상해남화(上海南華) 한인동맹에 가입하여 당원이 된 후 일본대사인 유길명(有吉明)을 암살하려다 미수에 그쳤다. 1935년 3월 25일 상해 조선인거류민 회장 이용로(李容魯)의 악질적 밀정행위에 격분하여 그를 살해하고 일경에 체포되었다.

국내로 송환되어 서대문형무소에 수감중 1936년 4월 24일 경성복심원법원에서 사형이 확정되어, 1938년 4월 9일 서대문형무소 형장에서 순국하였다.

● 송학선(宋學先 : 1893~1927. 5. 19)은 서울 출신이다. 17살 때 서울 남대문 농구상사(農具商事)의 일본인 밑에서 고용살이를 하던 중 이토 히로부미를 암살한 안중근 의사를 숭배하여 자신도 조선총독 사이토를 처단하기로 결심하였다.

1926년 3월 15일 융희황제가 붕어하여 사이토도 반드시 조문할 것이라 판단하고 창덕궁 앞에서 기회를 노렸다. 며칠을 기다려도 나타나지 않자 18일에는 다시 금호문(金虎門) 앞에서 대기하던 중 이날 오후 1시경 일본인 3명이 탄 자동차가 창덕궁으로 들어가자 사이토가 탄 것으로 생각하고 얼마후 자동차가 금호문으로 나올 때 자동차에 뛰어올라 2명을 척살(刺殺)하였다. 이어서 그를 뒤쫓는 기마순사 도하라 고이치(藤原經一)와 서대문경찰서 순사 오필환을 찔러 척살하고 칼을 떨어뜨려 일경에 체포되는 순간 그도 일경이 휘두른 칼에 부상을 입었다.

그러나 송 의사가 척살한 2명은 사이토가 아니고 국수회(國粹會) 지부장 다카야마 다카유키(高山孝行)와 경성부협의원(京城府協議員) 사토 도라타로(佐膳虎太朗)이었음을 알고는 통분을 금치 못하였다.

서대문형무소에 수감되어 경성지방법원에서 재판을 받을 때 일본인 재판관이 "피고는 어떤 주의자인가? 사상가인가?"라고 묻자 "나는 주의자도 사상가도 아니다. 아무것도 모른다. 다만 우리나라를 강탈하고 우리 민족을 압박하는 놈들을 백 번 죽여도 마땅하다는 것만은 잘 알고 있다. 그러나 총독을 못 죽인 것이 저승에 가서도 한이 되겠다"고 답변하였다.

경성지방법원에서 사형선고를 받고 고등법원에 상고하였으나 기각당하여 1927년 5월 19일 서대문형무소 형장에서 순국하였다. 정부는 1962년에 건국훈장 독립장을 추서하였다.

• 이규창(李圭昌 : 1913~생존)은 독립운동가 이회영(李會榮)의 아들로서 부친이 만주로 망명함에 따라 통화현(通化縣)에서 출생하였다.

가족과 함께 북경에서 살다가 1929년 부친을 떠나 상해로 갔다. 그의 부친은 1932년 11월 만주에 독립운동 근거지를 마련하고 주만일군사령관 등을 암살할 목적으로 대련으로 가던 중 일경에 체포되어 옥중에서 순국하였다. 그는 상해에서 화랑청년단과 남화한인청년동맹에 가입하여 백정기, 정화암, 오면직, 엄순봉, 원심창, 이강훈 등과 같이 활약하였다.

1933년 3월에는 흑색공포단을 조직하고 상해의 6·3정에서 당시 주중공사 유길명을 폭살하려던 계획에 참여하였으며, 군자금 모집활동에 앞장섰다. 1935년 3월에는 정화암과 협의하여 엄형봉과 함께 상해 조선인거류민회 부회장과 고문을 지낸 바 있는 친일파 이용로를 사살하고 도피하다가 일경에 체포되었다.

본국으로 압송되어 서대문형무소에 수감중 1936년 4월 24일 경성복

154

심법원에서 13년 징역을 선고받고 마포감옥에서 옥고를 치렀다. 1939년 8월 마포감옥에서 옥중투쟁을 벌여 다시 추가징벌을 받아 광주형무소로 이감되어 옥고를 치르다가 1945년 8·15 해방으로 출옥하였다. 정부는 1968년 건국훈장 국민장을 수여하였다.

● 장진홍(張鎭弘 : 1895~1930. 6. 5)은 경북 칠곡 출신으로 한말 유학자 장지필(張志必)의 가르침을 받고 1914년 3월 조선보병대에 입대하여 2년후 제대하면서 조국광복 투쟁에 나설 것을 결심, 비밀 독립운동단체인 광복단에 가입하여 활동하였다.

1918년 7월 광복단 동지 이내성(李乃成)의 소개로 만주 봉천성에서 김정묵(金正默)과 이국필(李國弼)을 만나 독립운동방략을 논의하고 러시아 땅 하바로프스크로 가서 교포 청년 80여 명을 모집하여 군사교육을 실시하였다.

1919년 귀국한 지 얼마후 3·1 독립운동이 일어나자 부친의 논 5두락을 매각하여 자금을 마련하고 서적행상을 가장하여 전국 각지를 순회하면서 일제에 의해 자행된 학살, 방화, 고문 등을 자세히 조사하여 그 결과를 세밀하게 작성하였다. 그리고 그해 7월 미국군함이 인천항에 들어오는 것을 기회로, 작성된 조사서를 군함의 한국인 승무원 김상철(金相哲)에게 부탁하여 미국으로 돌아가서 영문으로 번역, 세계 각국에 배부할 것을 의뢰하였다.

그후 부산에서 신문지국을 운영하기도 하였으며 약장사로 생계를 유지하다가 1926년 1월 이내성과 다시 만나 독립운동의 방법을 강구하고 일본인 국제공산당원으로부터 폭탄제조법을 배웠다. 1929년 8월 폭탄 2개를 시험용으로 제작하여 칠곡·선산 경계에 위치한 봉화산에서 성능시험을 한 데 이어 같은 해 10월 거사용 폭탄 4개와 자살용 폭탄 1개를 제조하여 경북도청, 경북 경찰부, 조선은행 대구지점, 식산은행 대구지점을 폭파하려는 계획을 세웠다.

마침내 10월 18일 대구 덕흥여관에서 폭탄에 점화포장을 하여 여관종

업원에게 거사 목표지점 4개처에 송달을 부탁하였다. 배달된 폭탄은 폭발하여 은행원과 일경 5명이 파편에 맞아 중상을 입었으며 건물의 파손을 가져왔다.

1928년 2월 일본으로 건너가 오사카(大阪)에서 안경점을 경영하고 있던 동생 의환(義煥)과 만나던 중 1929년 2월 13일 본국에서 온 경북경찰부 형사들에게 체포되었다. 본국으로 송환되어 대구형무서와 서대문형무소에서 혹독한 고문과 취조를 받고 구속 반년 만에 1심에서 사형이 선고되었다. 자신에게 사형을 선고한 법정에서 그는 "조선독립만세!"를 고창하여 일인 법관들의 간담을 서늘하게 하였다.

2심에서도 사형이 선고되고 상고가 기각되어 사형이 확정되자 장 의사는 일제에 의해 치욕스러운 죽음을 당하는 것보다 자신의 손으로 목숨을 끊는 것이 일제에 대한 마지막 항거라고 생각하면서 1930년 6월 5일 밤 11시경 옥중에서 자결, 순국하였다. 정부는 1962년 건국훈장독립장을 추서하였다.

서대문감옥에서 쓴 항일지사들의 시·서한

의병장의 옥중 시가

서대문감옥(형무소)에서 고초를 겪거나 순국하신 의병장과 항일지사 중에는 더러 옥중시나 서한을 남긴 이들이 있다. 또 직접 옥살이를 하지 않더라도 옥고를 겪은 애국지사의 참담한 모습을 지켜보면서 시를 쓴 경우도 있다.

의병과 항일지사들의 우국시나 옥중시에 대해 평론가 임영택은《한국문학사의 시각》에서 다음과 같이 쓰고 있다.

이들의 시에서 우리는 의기에서 오는 분감(憤感)과 비장의 아름다움을 느낀다. 이런 종류의 시적 미(美)는 현실에서 멀어져 갈수록 돋보이는 것이 아니라 현실에 대한 의식이 심화될수록 보다 진실해지는 것이다. 그리하여 이들의 작품이 우리의 폐부를 찌르고 깊은 비장한 감명을 준다.

의병지도자와 항일지사들이 옥중에서 남긴 우국혈성의 일단(一端)들은 국난 앞에서 일신을 바친 우리 민족의 위대한 정신사라 할 것이다. 먼저 의병지도자로 활약하다가 서대문감옥에서 순국한 이인영의 시부터 살펴보자.

158

分明日月顯中川
西海風潮濫○流
蚌鷸祿何相持久
西洲應無漁人收

밝은 해와 달이 중천에 떠 있는데
온 누리에 새 풍조가 넘쳐흐른다
조개와 황새는 무슨 이유로 서로 붙들고 싸우는가
서양 어부가 다 잡아 갈 줄도 모르고.

이인영은 또 서대문감옥에서 처형당할 때 순국시 한 편도 남겼다.

五十年來辨死心
臨難己有區區心
盟師再出終難後
地下有餘昌劍心

오십년을 걸려서 죽을 마음 정했지만
어려운 일을 당하니 구구한 생각도 많도다
맹세코 다시 나왔지만 끝내 회복키 어려워
저승에 가서라도 칼을 버리지 않으리.

을사조약 때 관동지방에서 기병하여 외적과 싸우다 서대문감옥에서
순국한 이은찬 의병대장도 시 한 수를 남기고 순국하였다.

一枝李樹作爲船
欲濟蒼生泊海邊
寸功未就身先溺
誰算東洋藥萬年

한가지 오얏나무로 배를 만들어
창생을 건지고자 바닷가에 닿았더니
寸功도 못 세우고 이 몸이 먼저 빠졌구나

동양의 영구평화를 누가 먼저 계책하리.

한용운의 옥중시

1919년 3월 1일 민족대표 중의 일원으로 항일구국 전선에 나섰던 한용운은 그해 3월 1일 구속되어 1922년 3월 초까지 만 3년 동안 서대문감옥과 마포감옥에서 옥고를 치렀다.

한용운은 옥중에서 14편의 한시를 썼다. 그외에도 조선독립의 당위성을 기록한 '조선독립의 서'와 〈무궁화 심고자〉라는 시조 그리고 '일본 위정자에게 경책(警策)한다'는 글이 있다.

한용운의 옥중생활과 관련하여 시인 고은은 《한용운 평전》에서 이렇게 썼다.

> 한용운의 서대문·마포 생활은 그의 개인사에 있어서도 민족사의 전기와 똑같은 변환기를 맞이한 것이다. 한용운은 그곳의 3년을 통해서 그가 불교의 교우와 禪理에서 만든 비유와 직관을, 하나의 돌멩이로서 뭉치는 응축의 작업을 그의 心田에서 실현했다. 본디 그의 성정이 위축되거나 시들지 않는 바가 있었으나 그것이 더욱 그의 의지를 개발하는 힘이 된 것은 그의 옥중생활 때문이었다.

이와같이 한용운의 '의지'는 감옥에서 더욱 강건한 모습으로 응축되었다. 한용운은 어느날 밤 서대문감옥에서 이웃방의 동지와 통화하다가 간수에게 들켜 2분 동안 두 손이 묶여 서 있으면서 한 편의 즉흥시를 읊었다. 이것이 〈옥중금〉(獄中唫)이란 제목의 시다.

一日與隣房通話爲看守○聽雙手被輕縛二分間郎唫

어느날 이웃방과 통화하다가 간수에게 들켜 두 손을 2분 동안 가볍게 묶이었다. 그래서 즉석에서 읊었다.

160

이 내용으로 보건대, 당시 수인이 옆방과 통방(통화)하다가 들키면 포승줄로 두 손을 묶이었음을 알게 된다. 한용운은 이같은 정황설명과 함께 옥중시를 남겼다. 몇 편을 차례로 살펴보자.

膿産鸚鵡能言語
愧我不及彼鳥多
雄辯銀○沈默金
比金買盡自由花

농산의 앵무새는 곧잘 말도 하는데
그 새만도 훨씬 못한 이 몸은 부끄럽구나
웅변은 은이요 침묵이 금이라 하니
이 금으로 자유의 꽃을 몽땅 사고 싶구나

한용운의 옥중시 중에 〈추회〉(秋懷)란 작품이 있다. 나라를 구하기 위해 싸웠으나 뜻을 이루지 못하고 옥중에서 세월만 보내고 있다는 안타까운 심경을 읊고 있다.

十年秋國劍全空
只許一身在獄中
捷使不來蟲語急
數莖日髮又秋風

나라 위한 십년이 허사가 되고
겨우 한 몸 옥중에 눕게 되었네
기쁜 소식 안 오고 벌레울음 요란한데
몇 오리 흰 머리칼 또 추풍이 일어

한용운이 서대문감옥에서 함께 3·1 항쟁에 나섰다가 똑같이 3년형을 선고받고 복역중인 최린에게 준 시가 있다. 눈바람 섞어치는 이 땅에서 '매화'는 어찌하겠는가라는 안타까움을 노래한다. 그러나 최린은 얼마후 친일로 변절하여 한용운을 다시 한 번 안타깝게 만들었다.

看盡百花正可愛
縱橫芳草踏咽霞
一樹寒梅將不得
其如晚地風雪何

어여쁜 온갖 꽃을 다 보았고
안개속 꽃다운 풀 두루 누볐네
그러나 매화만은 못 만났는데
눈바람 이러하니 어쩌면 좋으랴

한용운의 옥중시 중에 가장 우수한 것으로 〈설야〉(雪夜)를 친다.

四山圍獄雪如海
衾寒如鐵夢如灰
鐵窓猶有鎖不得
夜間鍾聲何處來

온 산에 내린 눈이 감옥을 둘러싸 바다 같고
이불은 차갑기 쇠붙이요 꿈도 다 타 사위는데
철창도 오히려 붙잡지 못하는가
먼데서 들리는 밤 종소리

옥중시 가운데 〈무궁화 심고자〉란 한글시도 있다. 대부분이 한시인
데 비해 이것은 순한글체이다.

달아 달아 밝은 달아
네 나라에 비춘 달아
쇠창을 넘어와서
나의 마음 비춘 달아
계수나무 베어 내고
무궁화를 심고자

달아 달아 밝은 달아

넘의 거울 비춘 달아
쇠창을 넘어와서
나의 품에 안긴 달아
이지러짐 있을 때에
사랑으로 도우고자

달아 달아 밝은 달아
가이 없이 비친 달아
쇠창을 넘어와서
나의 넋을 쏘는 달아
구름 재(嶺)를 넘어가서
너의 빛을 따르고자

시인 이성교는 한용운의 시를 두고 이렇게 분석한 바 있다.

옥중시에서 조국을 생각한 그 마음이 참으로 귀하다. 깊은 마음속
에(무궁화를 심고 싶다)는 애국심이 가슴을 울린다. 이러한 불교관
과 애국사상이 뒤에는 그로 하여금 승려들의 지하조직인 卍黨을
조직케 하여 궁핍한 시대를 극복해 나갔던 것이다.

심훈의 옥중서한

《상록수》의 작가 심훈은 경성제일고보 재학중 3·1 항쟁에 참가하여
서대문감옥에 4개월간 복역하였다. 18세 소년의 의기는 비록 짧은 기간
의 감옥생활이었지만 그의 일생을 두고 항일의 민족전선에 서게 만들었
다. 심훈은 1936년 손기정 선수가 베를린 올림픽에서 우승했다는 신문
호외에 감격하여 〈오오, 조선의 남아여!〉라는 즉흥시를 쓰고 얼마후 급
서하였다.

다음은 심훈이 1919년 8월 29일 서대문감옥에서 쓴 '감옥에서 어머님
께 올린 글월'의 일부이다.

어머님!

제가 들어 있는 방은 28호실인데 성명 3자도 떼어버리고 2007호로만 행세합니다. 두 간도 못되는 방 속에 열아홉 명이나 비웃두룸 엮이듯 했는데 그 중에는 목사님도 있고 시골서 온 상투장이도 있구요. 우리 할아버지처럼 수염잘난 천도교 도사도 계십니다. 그날 함께 날뛰던 저의 동우들인데 제 나이가 제일 어려서 귀염을 받는답니다 ….

어머님!

어머님께서는 조금도 저를 위하여 근심치 마십시오. 지금 조선에는 우리 어머님 같으신 분이 몇천 분, 몇만 분이나 계시지 않습니까? 그리고 어머님께서도 이 땅에 이슬을 밟고 자라신 소중한 따님의 한 분이시며, 저는 어머님보다도 더 크신 분을 위하여 한 몸을 바치라는 영광스러운 이 땅의 사나이입니다.

콩밥을 먹는다고 끼니 때마다 눈물겨워하지도 마십시오. 어머님이 마당에서 절구에 메주를 찧으실 때면 그 곁에서 한 주먹씩 주워 먹고 배탈이 나던, 그렇게도 삶은 콩을 좋아하던 제가 아닙니까? 한 알만 마루위에 떨어져도 홀끔홀끔 곁눈질을 해가며 다른 사람이 주워먹을세라 주워먹는 것이 제 버릇이 아니었습니까?

어머님!

오늘 아침에는 목사님한테 사식이 들어왔는데, 이 첫술을 뜨다가 목이 메어 넘기지를 못하는 것을 보았습니다. 그도 그럴 것이, 아내는 태중에 놀라서 병들어 눕고, 열두 살 먹은 어린 딸이 아침마다 옥문밖으로 쌀을 날라다가 밥을 지어 주었기 때문입니다. 저도 돌아앉아 남몰래 소매를 적셨습니다.

어머님!

며칠전에는 생후 처음으로 감방 속에서 죽는 사람의 임종을 지켜보았습니다. 돌아간 사람은 먼 시골에서 무슨 교를 믿던 노인이었는데, 경찰서에서 다리 하나를 못 쓰게 된 채 이곳에 온 뒤 밤마다 몹시 앓았답니다. 병감은 만원이라고 옮겨주지도 않았고, 쇠약한 몸에 독이 날이 갈수록 뱃속으로 퍼져, 어제는 아침부터 신음하는 소리가 더 높았습니다. … 야릇한 미소를 띤 그의 영혼은 우리가 부르는 노래에 고이고이 싸여서 쇠창살을 빠져나가 새벽하늘로 올라갔을 것입니다. 저는 감지 못한 그의 두 눈을 쓰다듬어 내리고는 날이 밝도록 그의 머리를 제 무릎에서 내려놓지 않았습니다 ….

어머님!
며칠 동안이나 비밀히 적은 이 글월을 들키지 않고 내어 보낼 궁리를 하는 동안에 비는 어느듯 멈추고 날은 오늘도 저물어 갑니다. 구름 걷힌 하늘을 우러러 어머님의 건강을 보일 때 비 뒤의 신록은 담밖에 더욱 아름답사온 듯 먼 촌의 개구리 소리만 천장에 들리나이다.

심훈은 1927년 12월 2일 〈朴君의 얼굴〉이란 다소 긴 시를 썼다. '모진 매에 창자가 꿰어져 까마귀 밥이 되었다'는 구절이나 '눈을 뜬 채 등골을 뽑히고 나서 / 산 송장이 되어 옥문을 나섰다'는 내용으로 보아 항일운동에 나섰다가 감옥에서 처참하게 망가진 모습을 그리고 있다

이게 자네의 얼굴인가?
여보게 박군 이게 정말 자네의 얼굴인가?

알콜병에 담가논 죽은 사람의 얼굴처럼
말르다못해 海綿같이 부풀어 오른 두뺨
두개골이 드러나도록 바싹 말라버린 머리털
아아 이것이 과연 자네의 얼굴이던가?

쇠사슬에 네 몸이 얽히기 전까지도
사나이다운 검붉은 內色에
양미간에는 가까이 못할 위엄이 떠돌았고
침묵에 잠긴 입은 한번 벌이면
사람을 끌어다리는 매력이 있었더니라.

4년 동안이나 같은 책상에서

벤또 반찬을 다투던 한 사람의 朴은
교수대 곁에서 목숨을 生으로 말리고 있고
C社에 마주앉아 붓을 잡을 때
황소처럼 튼튼하던 한 사람의 朴은
모진 매에 창자가 꿰어져 까마귀 밥이 되었거니

이제 또 한 사람의 朴은
음습한 비바람이 스며드는 상해의 깊은 밤
어느 지하실에서 함께 주먹을 부르쥐던 이 朴君은
눈을 뜬 채 등골을 뽑히고 나서
산송장이 되어 옥문을 나섰구나
朴아 朴君아 xx아!
사랑하는 네 아내가 너의 잔해를 안았다
아직도 목숨이 붙어있는 동지들이 네 손을 잡는다
잇빨을 앙물고 하늘을 저주하듯
모로 흘긴 저 눈동자
오! 나는 너의 표정을 읽을 수 있다.

오냐 朴君아
눈을 눈을 빼어서 갚고
이는 이를 뽑아서 갚아주마!
너와 같이 모든 x을 잃을 때까지
우리들의 심장의 고동이 끊칠 때까지

김광섭의 옥중시

함경북도 경성 출신인 김광섭은 1925년 일본 와세다대학 영어영문학
과에 입학하여 정인섭 등과 해외문학연구회에 가담하였다. 1932년 대학
졸업후 귀국하여 모교인 중동학교의 영어교사가 되었다.

학교에서 학생들에게 민족의식을 고취한 혐의로 1941년 일본경찰에
붙잡혀 서대문형무소에서 3년 8개월 동안 옥고를 치렀다. 1941년 5월

31일 종로경찰서 유치장에서 서대문형무소로 이감되던 날 유치장 벽에
쓴 〈이별의 노래-서대문형무소행〉의 전문이다.

나는야 간다
나의 사랑하는
나라를 잃어버리고
깊은 산 묏골속에
숨어서 우는
작은 새와도 같이
나는야 간다
푸른 하늘을
눈물로 적시며
아지못하는
어둠 속으로
나는야 간다

다음은 서대문형무소에 갇혀 쓴 〈벌〉(罰)이란 시의 전문이다.

나는 2223번
죄인의 옷을 걸치고
가슴에 피를 차고
이름 높은 서대문형무소
제3동 62호실
북편 독방에 홀로 앉아
네가 광섭이냐고
혼잣말로 물어보았다

3년하고도 8개월
1300여일
그 어느 하루도 빠짐없이
나는 시간을 헤이고 손꼽으면서
똥통과 세수대야와 걸레
젓가락과 양재기로 더불어

추기나는 어두운 방
널판 위에서 살아왔다

여름 길고 날이 무더우면
나는 바다를 부르고 산을 그리며
파김치같이 추근한 마음
지치고 울분한 한숨에
불을 지르고 나도 타고 싶었다

겨울 긴 긴 밤 추위에 몰려
등이 시리고 허리가 꼬부라지면
나는 슬픔보다도 주림보다도
뒷머리칼이 하나씩 하나씩
서리같이 세어짐을 느꼈다

나는 지금 광섭이로 살고 있었으나
나는 지금 잃은 것도 모르고
나는 지금 얻은 것도 모르고 살 뿐이다

그러나 푸른 하늘 아래로 거닐다가도
알지 못할 어둠이 문득 달려들어
내게는 이보다도 더 암담한 일은 없다

그래서 어느덧 눈시울이 추근해지면
어데서 오는 눈물인지는 몰라도
나의 눈물은 이제 드디어
사랑보다도 운명에 속하게 되었다.

인권이 유린되고 자유가 처벌된
이 어둠의 보상으로
일본아 너는 물러갔느냐
나는 너의 나라를 주어도 싫다

168

함석헌의 옥중시

함석헌은 김교신 등《성서조선》사건 연루자 12명과 함께 1942년 3월 30일을 전후하여 검거되어 만 1년 동안 미결수로 서대문형무소에서 옥고를 치른 다음 1943년 3월 29일 석방되었다.

다음은 함석헌이 계우회 사건에 이어《성서조선》사건으로 서대문형무소에 갇혔을 때 쓴〈다시 감옥에 들어가서〉의 전문이다.

꿈 속에 다녀간 길 꿈같이 다시 왔네
깼던 꿈 잇는건가 깼다던 것 꿈인가
모두 다 꿈속엣 일을 맘 상할 것 없고나

강낭밥 한 웅큼이 삭아서 피어나니
스물네 마리 끝에 가지가지 생명의 꽃
거룩한 창조의 힘을 몸에 진고 있노라

쉬인 해 가르치자 다시금 채치시니
내 둔도 둔이언만 아빠 맘 지극도 해
날 아껴 하시는 마음 못내 눈물 겨워서
짓밟는 형틀 밑에 흘린 피 술로 빚고
풀무에 타고난 밤 금잔으로 쳐 내오니
아버지 눈물 섞어서 이 잔들어 주소서

바람아 네가 불면 언제나 불 것이냐
울부는 가지 끝에 네 만가(輓歌) 높았더라
겨울이 왔다면이야 봄을 멀다 할 거냐
삭풍아 불어 불어 마음껏 들부숴라
떨어진 내 잎새로 네 무덤 쌓아놓고
봄 오면 우는 꽃으로 그 무덤을 꾸미마.

함석헌은 서대문형무소에서 "한방에 잠간 들어 왔다 나간 어떤 늙은 이에게서 들은 일본 사이고 다카모리(西鄕隆盛)의 시"를 소개한 바 있다. "그는 내게 그것을 일러주기 위해 하나님이 보내기나 했던 것처럼 생각된다"는 다카모리의 시는 다음과 같다.

獄中辛酸志始堅
丈夫玉碎愧甑全
我家遺法人知否
不用子孫買美田

옥 속에 쓰고 신 맛 겪으니 뜻은 비로소 굳어진다
사내가 옥같이 부서질지언정 기왓장처럼 옹글기 바라겠나
우리 집 지켜오는 법 너희는 아느냐
자손 위해 좋은 밭 사줄 줄 모른다 해라(함석헌 역).

일제가 한국의 의병과 우국지사, 독립운동가들을 탄압하고자 지은 서대문형무소에 수감된 수인(囚人) 지사들의 시와 서한을 소개하면서 일본인의 감옥과 관련한 시를 인용하는 것이 찜찜하지만, 문제는 일본인 개인이 아니라 일본 제국주의 체제에 있는 까닭에 개인의 좋은 시나 글을 인용하는 데 특별한 문제는 없을 것이다.

사이고 다카모리는 일본 지식인 중에서도 비교적 양식을 지켜온 인물로 알려진다. 그의 시구(詩句)처럼 우리 항일지사들은 옥중에서 '쓰고 신 맛' 겪으면서 우국충정의 뜻은 더욱 굳어졌던 것이다.

류달영의 옥중시

류달영은 《성서조선》 사건으로 서대문형무소에 갇혀 두 편의 옥중시를 남겼다.

회 상

감방 찬 마루에 가을이 짙어간다

귀뚜리
돌 돌 돌
은실을 푸는구나
돌 돌 돌
푸는 실을 따라서 가노라니
서른 세해 구비구비
내가 걸은 길이구나
구비구비 길목마다 사랑이 넘쳤구나.

자 유

아득히
태초부터 영원 끝까지
가이 없는
우주의
마지막 언덕까지
날의되
자유롭구나
철창 안에 누워서도

—《인생 노오트》, 수도문화사, 1958

간도공산당 사건과 서대문형무소

일반 국민은 세칭 '간도공산당사건'에 대해 잘 알지 못한다. 1930년 간도에서 반제투쟁에 나선 한국인들을 일제는 가혹하게 탄압하여 수천 명을 검거하고, '간도공산당사건'의 이름 아래 모두 403명을 서울지방법원에 기소하였으며, 22명을 서대문형무소에서 처형하는 만행을 저질렀다. 먼저 '간도 5·30 사건'에 관해 살펴보자. 다음은 《조선사회운동사사전》의 일부를 인용한 것이다.

우리 동포의 조국해방투쟁사상 장렬무비(壯烈無比)한 '간도' 5·30 기념폭동을 말할 때, 먼저 5·30 사건의 유래를 말하지 않을 수 없다. 5·30 사건은 상해에서 중국인 노동자 및 학생이 연합해서 데모를 일으킴으로써 시작되었다.

이 5·30 사건 직전에 일본인이 경영하는 상해에 있는 내외면방적회사에 스트라이크가 발단이 되어 1925년 5월 30일에 중국공산당의 계획, 지시하에 상해 남경로에서 군중데모가 일어나고 있었던 바, 영국 조계의 경찰대가 기관총을 난사하여 학생 수십 명을 살해하였다. 이에 분노한 시민이 총궐기하여 시 전체의 파업을 단행하였다.

즉 상해 전시에서 노동자 스트라이크, 학생 스트라이크, 시민 스트라이크라는 소위 삼파(三罷) 투쟁이 전개되었던 것이다. 그후 중국 좌익진영에서는 이것을 5·30 운동으로 삼고 매년 성대하게 기념하고 있었는데, 5년째인 즉 1930년의 5·30운동의 기념을 기회로 중국공산당 중앙에서는 5월 1일의 메이데이부터 5월 30일까지를 '적색 5월'로 규정하고, 삼파 스트라이크와 폭동형식으로 계속해서 투쟁을 일으킴과 동시에 유격해방구역을 창설하라는 지시를 내렸다.

당시 만주에 있어서의 조선인의 각 공산주의 단체는 코민테른의 '일국일당 원칙'에 따라서 즉시 해체하고, 조선의 공산당원은 중국공산당에 가입하도록 되어 있었기 때문에 그들이 중국공산당의 지시 아래, 간도 5·30폭동을 일으켰던 것이다.

이때 중국공산당의 만주성위원회 총책임자는 유소기(劉少奇)이고, 연안지구 중국 공산당특별지부 책임비서는 문갑송(文甲松, 조선인)이었다. 이 연안지부는 동만주 5·30 기념행동위원회를 구성하고, 조중(朝中) 양국 인민이 공동행동을 하도록 하였다.

그리고 도시를 습격할 때에는 파괴대, 방화대, 응원대, 삼삼대 등을 편성하고, 해란강을 좌우로 수북대(水北隊), 수남대(水南隊)를 편성하였다. 전국 철도교량, 정거장, 기관차를 파괴하고, 전신 전화선을 절단하고, 백계러시아인 소학교와 반동민회 회관을 거의 방화 소각하고, 금융기관에 폭탄을 던지고, 용정전기공사를 습격하고, 이르는 곳마다 시가전을 전개하면서 가두구를 3일간 점령하였던 것이다.

만주군의 일개 대대는 교외로 도망하고 일본영사관은 군경의 엄중한 호위아래 봉쇄되어 출입금지 상태였다. 폭동군중이 압수하였던 곡물과 의류는 어떤 이유건 사용이 금지되었고, 전부 빈민에게 분배하였다. 이 사태에 대해서 일·만의 군경이 모조리 소집되어, 회령 95연대까지도 긴급 출동하여 총반격이 개시됨으로써, 폭동군중은 도시에서 퇴각하여 농촌으로 들어가 유격대를 조직하고, 중국인 지주 및 일·만군벌에 대한 투쟁을 개시하였다.

당시 이 폭동에는 간도 일대에서 수만 명이 동원되었고 수천 명이 검거되어 살해되었지만 전원이 조선인이었다. 이 사건에 의해서 7월까지 대량검거가 실시되었고 김근(金槿), 김철(金喆) 이하 85명의 투사가 서울로 압송되었고 최고 무기, 최저 1년의 중형을 선고받았다.

간도에서는 5·30 사건을 전후하여 네 차례에 걸쳐 조선공산당 검거 사건이 발생하였다. 제1차 사건은 1927년 10월에 일어났다. 조선공산당 만주총국은 당시 서울에서 진행중인 조선공산당 공판에 대해 공개를 주장하는 격문을 배포하고 시위운동을 계획하다가 일제 간도영사관 경찰에 탐지되어 만주일대에서 대대적인 검거선풍이 일어났다. 이때 조선공산당 만주총국 책임비서 대리 조직부장 최원택(崔元澤)과 동만구역국 책임비서 안기성(安基成)과 간부 등 29명이 체포되어 공판을 받게 되었다.

제2차 사건은 1928년 9월 고려공산청년회 만주총국 동만도(東滿道) 간부에 대한 검거선풍이었다. 70여 명이 동만주에서 검거되었다. 일제 ―《고려공산청년회 만주총국 동만도 간부회원 검거 전말》― 는 검거 사실을 다음과 같이 쓰고 있다.

1927년 10월에 용정촌에서 조선공산당 만주총국 동만도 간부당원 28명을 검거하여 당의 근간을 제거할 수 있었는데, 당시 고려공산청년회에 속하는 동만도 간부의 조직은 회원 110여 명을 헤아리고 있었다. 그러나 이 간부는 재빨리 도주했기 때문에 정확한 증거를 포착할 수 없어 결국 공청계통의 검거는 좌절되고 말았다.

그뒤 계속하여 수사에 진력하고 있던 중 1928년 5월 용정촌에서 북풍계 공산당파 8명이 검거됨에 따라 그들 공청 동만도 간부는 한때 잠적해버린 것 같았는데, 반면 이른바 사상단체의 표면운동은 점차로 치열해졌고 또는 불온과격하여져 더욱 발호하는 정세를 보여주었다.

따라서 각종의 수단을 강구하여 그 이면을 조사한 결과 과연 사상단체의 간부 가운데 대다수는 공청계통으로서 배후에서 교묘히 조종하고 있음을 탐지할 수 있게 되었다. 그리하여 그들의 소굴과 조직내용 및 증빙소재 등을 파악해 본즉, 때마침 9월 2일이 국제청년일이므로 이 날을 기하여 그들이 집회를 기도하고 있는 사실을 확인하게 되었다.

이를 좋은 기회로 삼아 발본적 검거에 나설 것을 결정, 행동을 개시하여 거두를 체포하고 그로부터 압수한 증거물건에 의거, 검거를 속행했는데, 때마침 용정촌을 중심으로 간도, 훈춘지방 일대에는 보기드문 홍수로 인하여 교통이 두절되고 전신전화도 불통이었으므로 지방에 대한 수배는 적지 않게 지장이 있었는데 오늘까지 검거한 인원 및 압수증거 물건은 다음과 같다.

(가) 검거인원 및 계통
　　a. 고려 공산청년회 동만도간부 소속
　　b. 조선공산당 동만구역국간부 소속
　　c. 동만조선청년총동맹 소속 및 기타 21명
(나) 검거기관별(생략)
(다) 압수증거 물건
본건 검거에 관하여 사법경찰관의 차압처분에 의한 증거물건은 문서 및 물품을 합하여 210점이며 대별하여 계통별 내역은 다음과 같다.
　　a. 공청회원 개인관계의 것 13점
　　b. 조선공산당 및 동만도 관계의 것 13점
　　c. 고려공산청년회 동만도간부 관계의 것 9점
　　d. 동만조선청년총동맹 및 기타 관계의 것 175점

제2차 사건으로 고려공산청년회 동만도간부 책임비서 이정만(李正萬) 등 72명이 검거, 서울에 압송되어 경성지방법원 검사국에서 취조를 받고, 그 가운데 49명이 예심에 회부되었다.

제3차 사건은 1930년 3월에 발생했다. 3·1운동 11주년을 혁명적으로 맞이하려고 동만주 및 북만주에 준비위원회를 조직하여 3월 1일을 기해 대대적인 시위를 전개하려다가 일경에 검거된 사건이다.

이 거사는 이동선(李東鮮), 장주연(張周璉) 등에 의해 주도되었는데, 다음과 같은 격문 30만 장을 인쇄하였다.

지금 조선에서 우리들의 형제, 자매 학생들은 개와 같은 일제놈에게 몇만 명이 체포되었고 구타·살해되었다. 개와 같은 일제 강도의 참을 수 없는 학대와 학살에 반대하여 일어나라! 일본제국주의를 타도하라! 조선독립만세!

3·1운동 11주년 기념일은 다가오고 있다. 이날 전간도는 광범히 일어나서 적과 싸우라! 적기를 높이들고 만세시위장으로 나가자! 무장폭동으로 일본제국주의를 타도하라! 조선과 간도에서 일제에 체포된 혁명자를 탈환하라! 타도 일본제국주의 조선독립만세!

지금 전조선은 강도 일본제국주의의 철제 아래에 짓밟히고 있다. 보라! 광주사건을 발단하여 전국적으로 움직이고 있는 학생운동자의 대혈투를 압살하기 위하여 강도 일본제국주의는 우리의 학생혁명자를 학살·검거·희생적 혈투를 바라고 있다. 동지들이여! 일제히 일어나서 투옥된 우리의 혁명적 학생을 탈환하라! 우리에게 고통과 압박을 가하는 일본제국주의를 반대하고 우리의 무장폭동을 연합하여 그놈들을 끝까지 박멸하자! 모든 방법을 이용하여 투쟁을 확장하고 폭동을 일으키자! 그리하여 즉시 노동자·농민·병사·도시빈민들의 민주공화국을 건설하자! 전도에는 우리들 혁명자의 승리가 있을 뿐이다. 전조선학생혁명자의 혁명적 투쟁을 최후까지 무장적으로 후원하라! 조선독립만세!

이 사건과 관련 검거된 49명은 서울로 압송되어 경성지방법원의 공판에서 대부분 유죄판결을 받았다.

제4차 사건은 1930년 5월 30일에 동만주 일대에서 일어났는데, 앞에서 쓴 대로 이 사건을 세칭 간도 5·30 폭동 또는 제4차 간도공산당사건이라 한다. 4차에 걸쳐 일제에 항쟁하다 검거된 항일투사들은 서울에 압송되어 대부분 서대문형무소에 수감되어 재판을 받고 유죄선고된 후에는 이곳에서 혹독한 옥고를 치렀다. 20여 명이 사형이 집행되어 순국했다.

간도공산당 사건 관련자들이 서대문형무소에서 혹독한 옥고를 치를 무렵 일본인 이소가야 스에지(磯谷季次)는 함흥, 홍남 지방에서 태평양

노동조합에 가입하여 조선인 장희건, 송선관 등과 함께 활동하다가 1932년에 체포되었다. 그는 함흥재판소에서 6년형을 선고받고 항소하여, 항소심 재판을 받기 위해 서울에 와서 서대문형무소에 수감되었다. 이소가야는 처음 10일동안 서대문형무소의 낡은 건물의 혼거방에 기거하다가 높은 벽돌담으로 둘러친 신구치감에 갇히게 되었다.

이 감방은 6~7명이 함께 기거하는 제법 넓은 방이었는데 그는 이곳에서 간도공산당사건으로 사형선고를 받은 박익섭과 만났다. 그는 10여 년 동안 서대문형무소에서 수형생활을 한 체험 등을 석방후《우리 청춘의 조선-일제하 노동운동의 기록》으로 남겼다.

이소가야의 기록은 당시 간도공산당사건 관련자들에 관한 자세한 내용과 함께 당시 서대문형무소의 실상을 부분적으로나마 살피게 하는 좋은 자료가 된다. 이소가야의 체험담을 직접 들어보자.

나는 신구치감에서 6, 7명이 함께 혼거하는 제법 넓은 방에 들어가게 되었다. 그리고 그곳에서 만났던 사람이 간도공산당사건 피고인 중의 한 사람인 박익섭(朴翼燮)이었다. 그는 같은 방에 있는 사람들 중에서 유독 혼자서만 허리에 쇠사슬을 감고 거기다 수갑까지 찼는데 양손목이 움직이지 않도록 쇠사슬로 또한번 고정되어 있었다. 나는 처음 그의 모습을 보았을 때, 도대체 이 사람은 무슨 일로 들어왔을까, 상당히 어마어마한 사건의 관계자, 어쩌면 강도 살인범일지도 모른다고 생각했다. 그는 몸이 크고 억센 노동자와 같은 풍채를 하고 있었지만 표정은 부드럽고 온화했다.

그다지 크지도 않은 눈은 붙임성이 있어 보였고 입아래는 항상 미소를 머금고 있어 쇠사슬로 묶여 있지 않은 우리들보다 오히려 명랑하고 평온한 표정을 하고 있었다.

이틀 정도 지나서 한 젊은이에게 그가 누구이며, 무슨 죄명으로 들어왔는지를 살그머니 물어보았다. 그러자 젊은이는 조그만한 목소리로 "이분은 간도공산당사건의 박익섭입니다"라고 말해줬다. 그리고 다시 소리를 죽이며 "사형수예요"라고 말했다. 나는 깜짝 놀라 새삼스럽게 쇠사슬로 묶여 있는 그 남자에게 시선을 돌렸다. 그 얼굴은 지극히 평범한, 아무런 걱정도 없는 평온한 상태에 있는 사람의 얼굴과 같았다.

당시 서대문형무소에는 간도공산당사건의 관계자가 다수 수용되어 있었는데, 사형을 선고받아 형집행이 확정된 사람이 22명이나 되었다. 그들은 전부 구치감에 수용되어 있었는데 박익섭도 그 가운데 한 사람이었다. 형무소에서 사형수는 독방에 두지 않고 3명 이상의 감방에 수용했다. 혼자 두면 자살하지 않을까 하는 염려에서였다.

사실 보통 살인범들이 사형언도를 받고 독방에서 자살했던 전례가 적지 않았다. 일반적으로 사형수라고 하면 의기소침하여 식사도 잘하지 않고 침울해 있을 것으로 상상하는데, 박익섭의 생활에서는 전혀 그러한 어두운 인상이 느껴지지 않았다. 오히려 우리들보다 명랑할 정도였다. 그것은 "내 자신은 민족적 양심이 명령하는 대로 해야 할 것을 했다. 그래서 만족스러우며 뒷일은 천명에 따른다"는 느낌을 주었다.

우리는 여기서 한 일본인의 기록을 통해 당시 항일운동가들의 투지와 의연한 옥중생활의 단면을 보게 된다. 사형선고를 받아 언제 처형될지 모르는 극한상황에서도 자신의 행동에 만족을 느끼며 밝고 명랑한 옥중생활을 할 수 있었던 투혼은 어디서 나왔을까. 다시 이소가야의 이야기를 들어보자.

박익섭은 항상 싱글벙글 웃고 있었으며 때때로 우리들을 웃기기까지 했다. 그것은 정말이지 노동자 같은 소박한 몸짓이었다. 일주일에 한 번씩 하는 목욕을 마치고 감방에 되돌아오면 옷을 갈아입기 전에, 완전히 벗은 채 우리들 앞에 서서 음모를 여덟 팔자(八)로 비틀면서 직립부동의 자세로 "자 여러분 나는 대장입니다"라고 말하고는 거수경례를 하여 모두 웃겼다 ….

지금 여기 이 사람은 인간으로서 막다른 골목에 와 있는 셈이다. 감옥에 감금된 상태에서 다시 쇠사슬에 몸이 묶여, 권력에 의한 적의와 증오로 뒤범벅이 된 강한 죽음이 눈앞에 다가오고 있었다. 그러나 사형수 박익섭의 경우 인간으로서 누리는 자유는 단두대 위에서도 꺼지지 않는, 자신의 혼 속에서 타오르는 불꽃과 같은 것이었다. 나는 은근히 그렇게 믿고 그리고 얼마 지나지 않아 사실 그렇게 되었다.

그후 잠깐동안 나는 다른 감방으로 옮겨졌다. 감방을 나올 때 박익섭 앞에 가서 손을 내밀자, 그는 쇠사슬로 묶여 있던 부자유스런 손으로 내 손을 힘주어 잡으면서 얼굴을 가만히 주시하더니 "이소가야, 건강해야 돼"라고 말했다. 그 말속에는 힘이 가득했으며 그 표정은 음모를 여덟 팔자로 꼬고 경례하여 모두를 웃기거나, 서투른 노래를 작게 오므린 입으로 웅얼거리곤 했던 박익섭의 표정이 아니었다. 악수를 하고 있던 그의 손은 따스함이 가득 차 있었지만, 그 얼굴은 풍설에 단호하게 맞서는 엄숙함을 띠고 있었다. 그런 그 앞에서 무슨 말을 해야 좋을지 말이 궁색했다. 그러나 묵묵히 그의 눈을 바라보며 "안녕히!"라는 한마디를 겨우 전했을 뿐이다.

이소가야는 항일지사 박익섭의 옥중모습을 비교적 생생하게 그리고 있다. 수십만 명의 항일지사가 서대문형무소에서 온갖 고초를 겪고 더러는 사형이 집행되기도 하고 출소한 사람도 많지만 이와 관련한 기록이 없다. 이런 의미에서 이소가야의 서대문형무소 기록은 여간 값진 게 아니다.

간수에게 이끌리어 나는 다른 감방으로 옮겨졌는데, 그 근처 방에도 박익섭의 동지인 사형수가 있었다. 이름은 이동선(李東鮮), 간도공산당사건의 지도인물 중 한 사람이었다. 어느날 점심 때 배식부가 조그맣게 말은 쪽지를 내 감방에 음식과 함께 넣어주었다. 나는 재빨리 그것을 주워들고 창문 밑에 웅크리고 앉아 읽었다. 그것은 이동선으로부터 온 것이었다.

"친애하는 동지여, 건강하십니까. 이번 운동에 나오면 내 셔츠와 동지의 것을 교환하고자 생각합니다. 운동할 때 내 셔츠를 동지의 운동장 담에 걸어두겠습니다. 동지의 것도 같은 곳에 걸어둬 두십시오. 그러면 나는 동지의 것을 입겠습니다. 동지도 알고 있듯이 우리들은 그다지 멀지 않은 장래에 이 세상을 떠납니다. 그럼 동지여, 부디 안녕히. 이동선."

나는 읽고 있는 동안에 눈시울이 뜨거워졌다. 때는 6월 말인가 7월 초쯤이었다. 함흥에 있었던 때 겨울하의는 차입되어 가져왔지만 여름하의가 없어 그대로 겨울 것을 입고 있었다. 그것도 입은 지 오래된 것이었다. 운동장에 출입할 때 이동선은 내 모습을 보고, 이윽고 교수대에 오르게 되어 있는 그 자신의 새 여름셔츠를 나에게 주려고 작정하였던 것이다. 나는 되접어서 회답을 썼다. 필기구 등은 물론 없었기 때문에 피부병에 사용하는 옴 연고를 넣었던 조그만 깡통 뚜껑을 잘라 구부려, 팔에 찔러서 피를 내고, 싸리빗자루 줄기를 펜대용으로 사용하여 휴지에 글을 써 배식부에 부탁하여 이동선에게 건네주었다.

"친애하는 동지여, 후의는 충심으로 감사합니다. 그러나 제발 내 일은 걱정하지 말아 주십시요. 동지의 친절만으로도 내 가슴은 벅찹니다. 본래 나야말로 동지에게 뭔가 도움을 주어야만 합니다만, 유감스럽게도 현재 나에게는 무엇하나 가진 게 없습니다. 이소가야."

그로부터 며칠 뒤 운동하러 나갔을 때다. 운동장은 부채꼴로 되어 있고 높이 2m 정도의 담으로 구분된 좁은 장소가 10개 정도 있었는데 그 속에서 감방별로 운동을 하게 되어 있었다. 추울 때 이외에는 옷을 운동장 담에 걸어두는 경우가 허다했는데, 이동선으로부터 셔츠의 교환신청이 있고부터는 담에 걸지 않고 그 아래에 벗어두고 운동을 하고 있었다. 그런데 그날은 무심코 담에 걸었던 것이다. 이윽고 운동을 마치고 셔츠를 집으려고 했을 때 옆 운동장에서 누가 내 셔츠를 가져가 버렸다. 동시에 정말 새 셔츠가 내 머리 위로 날라왔다.

"이소가야 동지, 당신 것을 가져가오!"라는 이동선의 목소리가 옆 운동장에서 들려왔다. 나는 앗, 하고 일순간 높은 간수대 위의 간수를 쳐다보았다. 그때 간수는 고의인지 아닌지 마침 다른 쪽을 바라보고 있었다.

나는 일순간 멍청히 서 있다가 던져받은 새 셔츠를 재빨리 갈아입고 옆 운동장을 향해서 "이동선 동지, 고맙소!"라고 소리쳤다.

옆에서 헛기침하는 소리가 들렸다. 운동을 마치고 간수 앞을 지나 신구치감 건물입구에서 뒤를 무심코 돌아보자 뒤이어서 운동장을 나온 이동선이 갓을 약간 비키며 움직여 보였다. 나도 이동선에게 갓을 움직여 그의 친절에 감사의 뜻을 표했다.

마치 한편의 휴먼드라마를 보는 느낌이다. 깡통 뚜껑을 잘라 팔에 찔러서 피를 내고, 싸리빗자루 줄기를 펜대로 사용하여 휴지에 글을 써서 교신하는 방법도 절묘하지만, 곧 세상을 하직하게 될 사형수가 이념적 동지에게 자신의 덜 낡은 셔츠를 전하려는 집념은 이 세상의 그 어떤 희생과 나눔보다 더 감동적이다.

이소가야의 증언 마지막 부분은 일제의 잔학한 탄압정책으로 간도사건의 주역들이 처형당한 전말을 그리고 있다. 그에 따르면 1936년 7월 20, 21일 이틀에 걸쳐 이동선 등 22명의 사형수 전원이 처형된 것으로 나타난다.

각종 연구서는 아직까지 간도공산당사건으로 처형된 사람은 없었다는 것이 공식적인 기록이었다. 그러나 이소가야가 직접 목격한 《우리 청춘의 조선》은 22명이 일제에 의해 형이 집행되었음을 증언한다.

그로부터 얼마간 나는 몸이 불편하여 병감으로 옮겨졌다. 7월 중순경이었다. 그해 나는 줄곧 말라리아에 걸려 있었다. 5월경부터 7월경까지 다섯번이나 발작하였고 그 때문에 몇 번인가에 걸쳐 40도에 가까운 열에 시달려야만 했다. 말라리아 모기에 그렇게 자주 물렸던 것은 아니지만, 영양실조로 몸이 쇠약해져 있었기 때문에, 한번 걸린 말라리아 증상이 사라지면 다시 재발이 되곤 했다. 그때는 대개 하루 걸러 일정한 시간에 발열하고 한여름임에도 전신이 떨리고 마비되는 듯이 아팠다.

병감에 들어가서 얼마 안있어 간병부가 키니네를 몰래 차입해 주었다. 그리고 나서 그 키니네를 단 2회 복용했을 뿐인데 그렇게 고통스러웠던 말라리아로부터 완전히 벗어날 수 있었다.

그러나 내가 병감에서 그런 생활을 하고 있을 즈음, 1936년 7월

20, 21일 이틀에 걸쳐 이동선, 박익섭, 조동율(曺東律), 김응수(金應洙), 김봉걸(金鳳乞) 등 사형수 22명 전원이 암흑 속에서 무참히 처형되고 말았던 것이다.

그것은 피로 얼룩진 조선민족해방투쟁사의 한 대목이었다. 당시 신문보도에는 사형을 집행받은 사람이 11명이라고 했지만 나는 22명으로 기억하고 있다.

처형이 결정되었던 그날 아침, 사형수들에게는 특식이 주어졌기 때문에, 신구치감 수용자들은 재빨리 처형 실시를 감지하였다고 한다. 이윽고 한 명씩 감방에서 끌려나갔지만 주위에서 만세소리가 터져 나오고 형장에서 그들은 "○○○ 만세!"를 외치며 죽어갔다고 한다.

김응수는 감방에서 현장으로 가는 도중, ○○가를 소리높여 불렀다고 하는데 처음에는 조선어로 나중에는 일본어로 불렀다는 것이다. 그가 일본어로 불렀던 것은 감옥에 있었던 일본인 동지에게 마지막으로 고별의 마음을 담아 보내고 싶은 심정에서였을 것이다.

당시 서대문형무소에는 경성제국대학의 교수였던 미야케시 카노스케(三宅鹿之助) 씨 등도 구속되어 있었기 때문이다.

이동선 등이 처형되었던 그날, 조선인들은 사상범뿐만 아니라, 일반 수감자들도 당연히 창자가 끊어지는 듯한 아픈 마음으로 그들을 보내었다.

지금까지 우리 독립운동사 연구는 간도공산당사건을 비롯하여 사회주의 계열의 독립운동에는 소홀하거나 외면해왔다. 그러다보니 거대한 민족해방운동사가 '한쪽 날개'의 현상을 면치 못한 것도 사실이다.

이소가야의 기록에 의해 간도공산당사건의 주도자들이 서대문형무소에 수감되어 고초를 겪고 그 중 22명이 처형된 사실을 뒤늦게나마 확인하게 된 것은 그나마 다행한 일이다.

6·10 만세운동과 서대문형무소

1926년 6월 10일, 3·1 항쟁 이래 최대규모의 학생시위가 서울을 중심으로 일어났다. 흔히 6·10 만세운동으로 불리는 이 시위사건은 학생 중심의 항일운동이라는 특징을 갖고 있다.

이 해 4월 26일 대한제국의 마지막 황제 순종이 별세하였다. 순종은 합병 4년 전에 제위에 올랐지만 국권은 이미 일제에 빼앗긴 상태에서 허수아비 국왕노릇을 할 수밖에 없었다. 일제는 강압으로 고종을 퇴위시키고 순종을 즉위시켜 국권을 장악한 것이다. 허수아비 국왕일망정 즉위 4년 만에 합병조약을 맺게 되고 명실상부하게 국권을 잃어 망국지왕(亡國之王)이 된 순종은 자조와 실의 속에 살다가 이날 숨지고, 조선총독부는 6월 10일을 인산일(因山日)로 발표하였다.

당시 조선의 사정은 3·1 항쟁이 일제의 무자비한 살육으로 좌절되면서 상해임시정부의 활동은 이승만 대통령에 대한 탄핵문제로 내분이 지속되고, 만주지방의 무장독립 투쟁은 청산리싸움을 절정으로 일제의 학살과 만행이 극심해지면서 차츰 지하로 잠복하게 되었다. 총체적으로 독립운동의 침체기에 접어든 것이다.

이런 상황에서 학생들이 항일운동의 선두에 나서게 되고 6·10 만세운동은 순종의 장례식을 기해 대규모적으로 전개되었다.

6·10 만세운동은 자연발생적으로 몇 갈래에서 치밀하게 준비되었다.

사회주의 계열의 권오설, 김단야, 이지탁, 인쇄직공 민창식, 이용재 등
과 연희전문의 이병립, 박하균, 중앙고보의 이광호, 경성대학의 이천
진, 천도교의 박내원, 권동진 등이 중심인물이 되어 추진하다가 연합운
동으로 전개되었다.

　이렇게 준비를 마친 학생들은 10만 장에 달하는 격문을 준비하고 당
일 오전 8시 30분경 순종의 상여가 종로를 지날 때 일제히 독립만세를
부르고 격문을 살포하자 장례행사에 참여했던 수많은 사람들이 이에 호
응하여 조선독립만세를 불렀다.

　당시 살포된 격문 중의 하나를 소개한다.

　　이조 최후의 군주였던 창덕궁 주인 이척은 53세의 춘추를 생의 일
　기로 하여 지난 4월 25일 서거하였다. 이것을 계기하여, 전조선 민
　중은 총동원하여 비(悲)에 곡(哭)하고 상(喪)에 복(服)하는 삼천리
　근역은 돌연 낙루장(諾漏場)으로 화하였다. 극단 배우의 울음이
　아닌 이상 그 누가 그 비애를 허위라고 말하겠소.

　　민중의 통곡은 참으로 거짓없는 진심의 표현이었다. … 우리 민
　중의 통곡과 복상은 이척의 죽음이 아니고, 민중 각자의 마음속에
　그것을 말하고 있다. 우리들의 비통은 경술년 8월 29일 이래 사무
　친 그 슬픔이었다. 우리들은 그때부터 전민족의 자유를 잃어버렸
　던 자의 슬픔을 가지고 생존권을 빼앗긴 자의 상에 복하여 왔다.
　그러나 슬픔을 슬퍼하려는 자유조차 가지지 못한 우리들은 그 슬
　픔을 슬퍼하지 못하고 또 그 상에 복하였다.

　　그뒤 3·1운동 이래 그 슬픔은 일층 고조에 달하였으나, 울음을
　참고 결국 한편 울지 않으면 안될 기회에 부닥치고 말았다. 그것이
　곧 이척의 죽음에 폭발되고 말았다. 우리의 통곡은 망국의 슬픔을
　토하는 것이며, 그 복상은 각자의 죽음을 표하는 것이다. 우리는
　마음껏 통곡하고 복상해보자 ….

　　이때에 울음을 가진 자는 모두 망곡단(望哭團), 봉도단(奉悼團)
　에 모여 각지에 있는 여러 망곡단, 봉도단이 일단이 되어 전국적으
　로 총단결하자. 이리하여 울 때에는 같이 울고 울음을 그칠 때에는
　같이 그치자. 고함을 부르면 같이 부르자. 싸울 때가 있으면 같이

싸우자. 사지(死地)에 임할 때에는 같이 들어가자. 우리들은 이와 같이 우는 사람, 슬퍼하는 사람 모두 총단결, 곧 울고 싶어도 울지 못한 전조선 민중의 단결에 의하여 일본제국주의에 대항하여 싸움을 시작하자! 슬퍼하는 민중들이여! 일단이 되어 혁명단체 깃발 밑으로 모이자! 금일의 통곡복상의 충성과 의분을 돌려 우리들의 해방투쟁에 바치자! 일본제국주의를 박멸하자!

당일 서울에서는 30만 명의 민중이 순종의 장례행렬에 몰려나왔다. 3·1항쟁 때에 간담이 서늘해진 일제는 이날도 5천 명의 군대와 2천 명이 넘는 정사복 경찰을 풀어 삼엄한 경계를 폈다. 일제의 경계망은 전국적으로 이루어졌지만, 전북 고창고보생 50여 명이 독립만세를 부르는 등 지방 곳곳에서도 시위운동이 벌어졌다.

일제 헌병과 경찰은 이날 대대적인 검거작전에 나섰다. 6·10 투쟁현장에서 연희전문학생 42명, 세브란스 의전학생 8명, 보성전문학생 7명, 중앙고보생 58명, 양정고보생 2명, 배재고보생 1명, 송도고보생 1명, 기타 청년 수십 명을 검거하여 종로경찰서에 수감하고, 동대문서에 50여 명, 본정서(本町署)에 10여 명으로 모두 210여 명을 구속하였다. 밝혀지지 않은 구속자도 많았다.

이렇게 구속된 학생·청년 중 106명이 취조를 받았으며 이 해 6월 14일까지 47명이 수감되었다. 학교별 수감자 명단은 다음과 같다.

- 연희전문대생 : 이관희, 이은택, 윤지간(문과 3년), 김규봉, 이광준, 이병립, 박안근, 채우병(문과 2년), 김세진, 김영하, 김윤근, 박봉래, 박영준, 안태희, 원종전, 건홍식, 홍명식(문과 2년), 김근배, 김낙기, 김명진, 김근, 김지삼(상과 3년), 김영조, 장희창(상과 2년), 임병철, 송운순(상과 1년), 박낙규, 조대벽, 최창일, 김낙식, 김낙기, 김석영(학년 미상)
- 중등학교 : 황정희, 김재문, 곽재형, 장희주, 김인오, 박항복
- 경성제대예과 : 이천진

- 신문배달부 : 김낙환 외 1명
- 중앙기독청년학관 : 박두종 외 4명

구속된 청년학생들은 후쿠다(福田) 검사가 경찰서까지 출장하면서 엄중히 취조하고 전원을 서대문형무소에 수감시켰다. 일제는 이들의 구속에 이어 6월 19일에는 중앙고보생 19명과 일본 육사출신으로 소년운동의 선구자 역할을 한 이 학교 조철호 교사도 서대문형무소에 수감하였다. 2차 구속자 명단은 다음과 같다.

박용규, 이동환, 조홍제, 김홍신, 강연선, 이규석, 정수영, 박용완, 이홍영, 김영환, 정달영, 김규순, 계익정, 이은종, 송종운, 박덕규, 김장춘, 정민환 등

이들 역시 후쿠다 검사가 서대문형무소에 출장하여 엄중한 취조를 한데 이어, 6월 24일 경성지방법원 검사국은 대부분의 구속학생을 석방하고 주모자라 하여 11명을 구속기소하였다. 구속기소된 학생의 명단과 인적 사항은 다음과 같다.

이선호(24), 경북 안동, 중앙고등보통학교 4학년
이병립(24), 강원 통천, 연희전문 문과 2학년
박두종(24), 함남 홍원, 청년회관 영어과
박하균(25), 함남 홍원, 연희전문 문과 2학년
이천진(23), 함남 북청, 경성제국대 예과 1학년
유면희(23), 경북 안동, 중앙고등보통 4학년
박용규(22), 경북 달성, 중앙고등보통 5학년
곽재형(20), 전북 김제, 중앙학교특과 2학년
김재문(22), 전북 임실, 중동학교특과 3학년
황정환(22), 전북 익산, 중등학교특과 3학년

이동환(27), 전북 정읍, 중앙고등보통 5학년

일제는 구속기소된 학생들을 가혹하게 처리하였다. 경찰서와 서대문형무소에서 고문·구타는 말할 것도 없거니와 총독부 학무국은 기소학생에 대해 경성제국대학의 입학불허 방침을 밝힌 데 이어 각급 학교에 6·10만세운동 관련 학생의 처벌을 지시하였다. 이에 따라 중앙고보생 21명, 배제고보생 8명, 중등과 협성고보생 8명 등 많은 학생이 무기정학 등 처벌을 받게 되었다. 일제의 극심한 보복이었다.

당시 《동아일보》는 총독부당국의 심한 규제에도 불구하고 6·10운동으로 구속된 청년학생들의 공판 모습을 상세히 보도하였다.

구속기소된 학생들은 법정진술을 통해 일본제국주의의 한국침략의 부당성과 독립의 필요성을 명백히 밝히면서 당당하게 법정투쟁을 전개하였다. 6·10만세사건 공판내용이 신문에 자세히 보도되면서 재판은 전국민적 관심의 대상이 되었다.

다음은 1926년 6월 26일자 《동아일보》의 이 사건 관련내용이다. 이 신문은 '6월 1일 조선○○만세사건/제령(制令) 출판법 위반으로 수모(首謀), 11명만 기소' 등의 제목으로 다음과 같이 보도했다.

> 6월 10일에 학생들이 중심으로 태극기를 들고 조선○○만세를 고창하며 격문서 다수를 산포한 사건에 대하여 그 피의자로 서대문형무소에 수용되어 있던 72명 중 수십 명만 기소되리라 함은 작보한 바 있거니와, 과연 재작 24일 오후에 경성지방법원 검사국에서는 연희전문학교 학생 중심의 만세사건과 중앙고등보통학교 생도 중심의 만세사건을 동시에 기소하기로 하고 그 두 사건의 가장 주모로 임명된,
> · 연희전문학교 문과 2년생 이병립(조선학생회 회장)
> · 동 2년생 박하균(도피하였다가 일전 체포된 학생)
> · 중앙고등보통학교 5년생 이선호, 동 이동환, 동 박용규, 동 4년생 유면희
> · 경성제대예과생 이천진

· 중앙기독교청년회고등과생 박두종
· 중동학교학생 곽재형 · 황정환, 김재문

등 11명만 대정(大正) 8년 제령 제7호 위반과 및 출판법 위반으로 기소하여 동법원 형사 단독부 공판에 부쳤는데, 그 기록은 실로 방대한 것으로 두께가 한 자가 넘는 모양이며 이에 대한 공판은 전기 두 사건을 합병하여 되도록 금월내로 개정할 터이라더라(현대문으로 정리).

《동아일보》는 같은 지면에서 '61명 석방/예순한 명은 재작일에 석방/반삭간(半朔間)의 옥중생활'이란 제목으로 다음과 같이 썼다.

재작 24일 오후에 전기 11명을 기소하는 동시에 그 관계 피의자로 그동안 서대문형무소 영창 밑에서 신음하고 있던 연희전문학교 학생 32명, 중앙고등보통학교 선생 조렬호 씨외 학생 19명, 중등학교 학생 한 명외 기타 8명, 합계 61명은 기소유예 혹은 불기소로 그날 오후 5시부터 시작하여 다수한 경관들이 동 형무소 부근을 엄중히 경계하는 가운데 2명 혹은 3명씩 순차로 출감시켜 그날 해가 저물 때까지 전부 출감되었는데, 6월 10일 만세사건이 일어난 그날부터 비롯하여 경찰서 유치장을 거쳐 동 형무소에서 이래 반삭(半朔)이라는 360여 시간을 철창 밑에서 신음하다가 오래간만으로 형무소 문밖을 나서며 자유?의 세상을 다시금 대하는 그들은 오히려 감개가 무량한 듯이 옥문밖에 와서 눈이 감도록 기다리고 있던 친척들과 함께 암루(暗淚)에 잠겨 돌아들갔는데 그 광경은 형무소에 들어가던 때와 같이 매우 비장하였더라.

이 짧은 기사에서도 당시 청년학생들의 기백과 나라사랑의 의지를 읽을 수 있다. 《동아일보》는 또 석방학생의 말을 '옥중의 남은 친구/생각하니 가슴아파'란 제목으로 다음과 같이 보도했다.

근 보름동안 서대문형무소에서 '6·10 만세사건'으로 영창생활을 하다가 재작일 오후에 다행히 출옥을 한 연전문과(延專文科) 2년생 이광준 군을 방문한즉 "감옥생활이라야 얼마동안 되지 않았으므로 별로 감상은 없습니다마는 옥중 대우가 다른 죄수와 좀 다른 것과 그 중 주모자라고 해서 독방에 있게 된 몇 사람 외에 우리 몇몇은 일곱씩 한 방에 있게 되어서 때때로 서적과 이야기로 적지 않은 위안으로 있었습니다. 우리는 나왔습니다마는 한가지로 철창속에 있다가 십여 명 동수를 그대로 남겨두고 나온 것이 그래도 가슴이 아픕니다" 하고 말하더라.

항일투쟁을 벌이다 구속된 청년학생들은 일반 죄수들과 차별하고, 그런 가운데서도 책을 읽을 수 있도록 허용했던 것은 특이하다 하겠다. 이 신문은 같은 날짜에 또 '제2차 6 · 10 만세사건/작일 검사국으로 송치'란 1단짜리 기사를 실었다. '제2차 6 · 10 만세사건'의 전말에 대해 살펴보자.

경기도 경찰부에 검거되어 취조를 받던 서대문내 피어슨 성경학원 내에서 계획한 제2차 6 · 10 만세사건의 배제고보생 문창모(21) · 동 김동석 · 동 최영식 · 전 개성경학원 생도 유재현 · 노응벽 외 8명은 작 25일 아침에 제령 제7호 위반으로 등사판과 및 기타 모든 압수된 증거품과 함께 경성지방법원 검사국으로 넘어갔는데 그중 주모자인 이봉진은 도망하여 종적을 감추었으므로 우선 그들만 넘기고 다시 그를 수색중이라 하더라.

《동아일보》는 또 6 · 10 만세사건 관련자 중 홍종현의 공판사실을 자세히 보도했다. 다음은 '기미년에도 철창/초지를 불변/기미년 당시에도 대구에서 복역, 처음 뜻을 그대로 인산날에 만세'란 제목을 달아 보도한 내용이다.

6 · 10 만세사건의 최초 공판인 홍종현(37)의 공판은 오는 28일에 개정되기로 지정되었으나 24일 오후에 갑자기 변경되어 작 25일 오후 2시부터 경성지방법원 제7호 법정에서 小野 판사의 심리와 里見 검사의 입회하에 제1회 공판이 열렸는데 심리가 시작되기 전에

피고는 자기가 경찰에 잡힌 이래 고초를 많이 받아서 귀도 성치를 못하니 분명히 말을 해달라고. 심리가 시작되어 판사로부터 주소 성명과 공훈 유무와 전과 유무를 물으매 공훈은 없었다 하며 대정 8년에도 역시 이번과 같이 대구지방법원에 보안법 위반으로 1년 징역을 살다가 집행중에 가출옥이 되었다고 진술한 후, 직업은 농업이요 학교는 다닌 일이 없고 글도 배운 일이 없다고 하였으며, 다음에 사실심리에 들어가서 약 20분의 심리가 있었는데 판사의 심문에 대한 피고의 답변을 종합하여 들건대 피고는 반만년 역사를 가진 조선민족으로 오늘날 같은 경우에 있는 것을 늘 비관하다가 대정 8년경부터 우리도 남과 같이 자유롭게 살겠다는 생각으로 그 당시에도 감옥에 들어가 징역을 하였는데 징역을 하는 이나 또는 가출옥이 되어 나와 늘 먹은 생각은 그칠 때가 없었던 중 이번에 국상으로 말미암아 경성에 다수한 민중이 모여든 것을 기회로 자기 주소인 경북 의성군 소문면 도리로부터 6월 8일 서울에 올라와서 총독부 뒤 이모라는 사람의 집에 묵으면서 국장일이 오기를 기다리며 일변으로 조선종이 한 장을 사다가 오른편 모지 손가락과 무명지를 찍어서 피를 내어 그 피로 ○○○○ 만세라 쓰고, 한가운데는 태극기를 그리고 다른 쪽에는 '우리는 자유를 수호하자'는 글을 써서 기(旗)를 만들었다가 국장 당일에 기를 접어서 감춘 후 동대문 부근에 순종의 인산행렬이 통과하기를 기다렸다가 행렬이 통과하는 순간에 군중 속으로 뛰어나와 ○○○○ 만세를 부르며 전후로 휘두르다가 경관에게 ….

학교를 다닌 일도 없고 글을 배운 일도 없는 37살의 무명 시골중년이 3·1만세운동에 적극 참여한 데 이어 다시 6·10만세를 위해 상경하여 일제와 싸운 전말이 상세히 기록돼 있다. 이처럼 6·10만세운동은 서울을 중심으로 전국 여러 곳에서 민족해방 투쟁이 전개되고, 주도자들은 서대문형무소에서 옥고를 치렀다.

6·10만세사건은 앞에서 기록한 관련 학생들 외에도 일제의 고등경찰 문서에 따르면 수많은 청년학생이 구속되어 서대문형무소에서 옥고를 치르거나 경찰의 조서를 받은 것으로 나타났다.

다음은 일제 고등경찰 문서에 남은, 이 사건으로 고초를 당한 청년학생의 자료이다(정세현, 《항일학생민족운동사연구》).

박하구, 이병립, 이석훈, 김규봉, 홍명식, 권오상, 유경상, 김세진, 함창래, 박병철, 김영식, 송운순, 김윤근, 장홍식, 이광준, 김윤근, 최창일, 안태희, 장희창, 김락기, 이은택, 김영조, 박안근, 이관희, 김영기, 김근배, 박복래, 조대관, 윤치련, 김명진, 이석영, 박영준, 채우병, 김특삼, 김영조, 한일청, 최현준, 박영규, 이천진, 박두종, 이선호, 김락환, 장규창, 유원식, 김인오, 박한복, 유면희, 이현상, 임종업, 최제민, 원종배, 김정자, 이금산, 권태성.

여운형과 서대문형무소

몽양 여운형(呂運亨 : 1886~1947)이 61살로 암살당하자 당시 주한 미
군사령관 하지 중장은 특별담화를 발표했다.

본관은 여운형 씨의 암살사건에 대하여 대단히 유감의 뜻을 표하는
바입니다. 본관은 전 미국시민을 대표하여 한국에 있는 여운형 씨
의 가족과 그의 친구들에 대하여 깊은 애도의 뜻을 표하는 바입니
다. 이와같은 비상시를 당하여 한국 민족지도자의 암살사건은 정
치적 난관을 타개할 수 없는 것입니다. 그들은 평화를 사랑하고 통
일과 번영을 축원하는 선량한 한국에 대하여 불신임과 증오를 조
장시킬 뿐입니다.

시인 김광균은 장례일에 〈상여를 좇으며-여 선생 장례일〉의 시를 통
해 몽양 선생을 추모했다.

1947년 8월 3일 오전 10시 15분
하늘에 조기를
올리고 종을 울려라
기적은
공중을 향하여
스스로의 비애를 뿜어라.

이날! 한 사람의 위대한 시민이
우리 곁을 떠난다.
서울 한 복판을
피로 물들인
7월 19일부터
우리는 얼마나 울어 왔더냐
계동을 지나
종로를 지나
남대문을 지나
끊어진 국토와
황폐한 제방에서 들려오는
통곡 속으로
지금은
한낱 침묵의 수레위에 실려가는
그를 위하여
우리들은 다시 무슨 노래를 불러야 하랴
차라리
진달래와 봉선화와 민족의 탄식으로
하나의 화환을 엮어
이 영원한 선구자의 이마를 에워싸라
민족의 수난과 더불어 걸어 온
예순두 해의 발자국
원수의 모습 아울러 우리 가슴에
오래 간직하리니
세 발의 탄환은 차라리
억센 신호이리니
눈물을 걷우고 씩씩한 노래로 그를 보내라
깃발을 모아
그의 가는 길을
심심치 않게 하여라.

다만
때묻은 인민의 손으로
그의 관을 덮으라.
일월과 파도가 고요한
그곳에
그를 쉬게 하라.

　여운형은 한국현대사의 중요한 인물이다. 1918년 8월 상해에서 신한청년당 결성을 주도하여 대표겸 총무가 되고, 12월에는 미국 윌슨 대통령에게 보내는 '조선독립에 관한 진정서'를 미 대통령 특사 크레인에게 전달했다.

　1919년 초 신한청년당의 러시아령 간도 파견대표로 선정되어 이 지역을 순회하며 현지 민족운동 지도자들과 함께 독립운동 방법을 협의했다. 이 해 4월 대한민국 임시정부가 수립되면서 외무부의원에 선임되고, 상해한인거류민단 단장으로 선출되었다. 12월에는 일본 도쿄 제국호텔에서 조선독립을 주장하는 연설을 했다.

　1920년 8월 미국의원단 일행이 베이징에 도착하자 일본의 학정을 폭로하는 문서를 전달했다. 같은 달 상해에서 고려공산당 결성에 참여하고 중앙위원이 되었다. 1921년《공산당선언》을 번역했으며《상해교류동포에게》라는 책자를 발간했다. 5월 국민대표대회 준비위원회 결성에 참여했으며, 광동정부 총통 손문을 방문하여 조선독립과 피압박 민족의 해방문제에 대해 토론했다.

　1922년 1월 모스크바에서 개최된 극동민족대회에 참석하여 의정단의 한 사람으로 선출되었고 레닌, 트로츠키와 만나 조선독립운동에 대한 지원을 요청했다. 11월 상해에서 한국노병회(韓國勞兵會) 결성에 참여하고 이사가 되었다. 1923년 1월부터 5월까지 상해에서 열린 국민대표대회에 참석했고, 7월 조선독립촉성회 결성에 참여했다. 1924년 중국국민당에 입당했다. 1926년 1월 중국국민당 제12차 전국대표자대회에 참석하여 한국을 대표해서 연설했고 7월 임정 경제후원회를 조직했다.

196

1928년 상해 복단대학(復旦大學) 명예교수가 되었고, 1929년 복단대학 축구단을 이끌고 동남아를 순방하며 미·영의 식민지정책을 성토했다. 7월 상해에서 일본경찰에 체포되어 1930년 경성지법에서 징역 3년을 선고받고 1932년 7월 대전형무소에서 출옥했다. 조선총독 우가키(宇壇)의 농촌자력갱생 협력요청을 거절했다.

1933년 3월 《조선중앙일보》 사장, 1934년 조선체육회 이사가 되었다. 1936년 8월 '일장기 말소사건'으로 《조선중앙일보》가 폐간되자 사장직에서 물러났고 1940년 2월 창씨개명을 거부했다. 12월 시모노세키에서 일본경찰에 검거되어 징역 1년, 집행유예 3년을 선고받았고 1943년 6월 출옥했다. 1944년 8월 건국동맹을 조직했고 10월 양평에서 농민동맹을 조직했다. 1945년 8월 건국준비위원회를 조직하고 위원장이 되었으며, 9월 조선인민공화국 부주석으로 추대되었다. 11월 조선인민당 총재가 되고 1946년 2월 민주주의민족전선 결성대회에서 의장단의 한 사람으로 선출되었다. 4월 평양을 방문하여 김두봉, 김일성과 회담했다. 5월 근로인민당을 창당했고, 10월 김규식과 함께 좌우합작위원회를 발족시켰다. 11월 사회노동당 임시위원장으로 선임되었고 1947년 1월 19일 서울 혜화동 로터리에서 피격당해 사망했다(《한국사회주의운동 인명사전》 참조).

여운형은 1929년 7월 8일 상해에서 체포되었다. 앞에서 소개한 대로 이 해 상해 복단대학 축구단을 인솔하고 동남 각지를 순회하면서 싱가포르, 마닐라 등지에서 영국과 미국의 식민정책을 통렬히 성토하는 강연을 하여 물의을 일으키다가 상해 요동운동장에서 일본 경찰에 체포되어 본국으로 압송되었다.

몽양이 재판정에 입정하는 모습을 《조선일보》(1930. 4. 10)는 '지척천리 함루목례'(咫尺千里含淚目禮)란 제목으로 다음과 같이 보도하였다.

이 날(9일) 아침 아홉시에 시내 서대문형무소에서 치질, 신경통 등으로 병감에서 신음하는 여운형을 수인(囚人) 자동차로 이송하여

다가 아홉시 삼십오분에 형무소 간수장 이하 간수의 호위로 제4호 형사 대법정에 입정시키자 오랫동안 병감에서 만성의 치질과 신경통으로 신음하는 몸이 되어 소강상태이라 할지라도 피골이 상접하여 다못 수척하였다. 용수 벗고 수갑 벗기자 방청석에 앉은 그의 부인 진(陣) 씨와 사랑하는 아들 봉구(16), 홍구(13)를 비롯하여 그의 계씨 여운홍, 숙부 여승현, 고모 여숙현 제씨 등 가족을 부자유한 법정에서 무심히 멈추지 않는 고개를 돌려 바라보며 지척천리 같은 법단(法檀) 안에서 서로 마주치는 눈동자로 목례를 교환하며 고개를 끄덕거리며 인사를 교환하였다. 그러나 이것도 찰나이요 전후좌우로 앉은 날카로운 경관의 눈살은 그도 대하지 못하게 제지하여 서로 눈물 머금은 그 순간은 실로 엄한 법정에도 이상한 기분이 떠돌게 되었더라(현대문으로 고침).

서울지방법원은 몽양에게 치안유지법을 적용하지 않고 제령(制令) 위반의 죄명만으로 3년형을 선고하였는데 이토(伊藤) 검사는 독립운동은 곧 국체변경이니 치안유지법까지 적용해야 한다고 공소하여, 복심법원에서는 사법회의까지 열어 양쪽을 함께 적용해 형기를 3년 그대로 선고하였다.

3년 언도를 받은 여운형은 서대문형무소에서 감옥생활을 시작했다. 첫 한주일 동안은 밥 한술을 먹을 수가 없었다. 기가 막히고 안타깝고 심화만 치밀었다. 잠은 세 시간 이상 잘 수가 없었다. 붙잡혀서 고국으로 호송되어 오던 날은 몹시 더웠다. 그래서 냉수만 들이켜서 소화불량이 되었었는데 본격적인 감옥생활이 시작되면서 더 악화되었다 …….
  몽양은 옥중생활에서 다섯가지 병을 얻었다고 실토하고 있다. 맨 처음 상해 야구장에서 잡힐 때 형사와 격투중 형사한테 귀를 맞아 한쪽 고막이 파열되어 일생동안 한쪽 귀로만 들어야 하는 불운을 치러야 했다. 둘째는 옥에서 주는 조밥을 먹다가 돌을 깨물어서 이 한 개가 부러지고 잇몸 전체가 상하고 염증을 일으켰다. 출옥 초기에는 말을 하면 턱이 아파서 무척 괴로워했다 한다.

198

세번째로서 소화불량은 대단했다. 얼굴이 수척해지고 늙어지고 체중이 번쩍번쩍 줄어들었다. 네번째로는 옥에 갇힌 지 며칠 못가서 신경통이 격렬하게 일어났다. 그 통에 머리와 수염이 감옥에 들어간 지 6개월 만에 하얗게 세어버린 것이다. 신경통 관계로 불면증은 대단해서 3시간 이상은 잠을 잔 적이 없었다. 다섯째로는 감옥생활에서 거의가 걸리기 쉬운 치질에 걸려 네 번이나 수술을 받을 정도로 고생이 막심했다(이형기, 《몽양 여운형》).

여운형은 서대문형무소 독방에서 여러가지 불편을 극복하면서 항상 명랑하고 쾌활하게 지냈다. 옥중의 일과는 '그물 뜨기'였다. 그물을 뜨되 그저 기계적으로 막연히 뜬 것은 아니었다. '임연선어(臨淵羨魚)가 불여퇴이결망(不如退而結網)'이라는 한시를 생각하며 떴다. 을사조약 직후 향리에서 청년들에게 신학문을 가르칠 때도 이 한시를 생각하며 그대로 실천했던 몽양이었다. 몽양은 "연못가에서 고기를 탐내 바라보는 것이 물러가서 그물을 뜨는 것만 같지 못하다"는 내용의 이 한시를 생각하며 2년을 서대문형무소에서 옥고를 치렀다. 고와고시(川越)라는 일본인 간수는 "내가 7년간을 간수로 있는 동안 수많은 정치범을 대해왔지만 여운형같이 고상한 인격자는 처음 보았다"고 흠모해 마지않았다. 이에 대해 몽양은 "나의 한 일이 양심적이요, 자각적으로 남을 원망하지 않고 나는 후회하지 않는다. 스스로 기쁠 뿐이니 불평이 있을 까닭이 없다"고 답변한 바 있다.

몽양의 투옥과 관련 《동광》(東光) 5월호(1931년)에 당시 《동아일보》 기자 김두백은 '철창리(鐵窓裡)의 거물'이란 글을 썼다. 몽양의 옥중생활의 편린을 살필 수 있는 내용이다.

여운형!
상해 대마로 야구장에서 재작년(1929년) 7월에 잡히어 경성복심법원에서 3년 징역을 받고 목하 대전형무소에서(몽양은 1931년 9월에 대전형무소로 이감됐다 — 필자) 그물(網)을 뜨고 있는 그는 臨淵羨魚 不如退而結網이란 맹자의 일구(一句)를 써서 그의 최초 심경을 그 계씨에게 알리었다.

기독교도로 최초의 출세를 한 그는 최근에 와서 공산주의자로서 여러가지 활동을 시작하였거니와 그가 기미년 전이던 무오년 8월 하순경에 상해에서 장덕수, 조동우 등과 같이 신한청년당을 조직하여 가지고 파리강화회의에 청원서를 제출하고 대표를 파견한 것을 비롯하여 혹은 의정원의원으로 혹은 임시정부 외무부위원장으로 여러가지 활동을 하였다. 그러나 그가 세인(世人)을 가장 놀라게 한 것은 1919년 일본 척식국장관 古賀의 초청을 받아 동경 정계에 나타났던 때의 그의 유창한 영어와 현하의 웅변이 우선 일본 신문기자들을 탄복케 하고 그의 개결한 행동과 견고한 의지가 정계 요인에게 깊은 인상을 주었으니 동대교수 吉野作造씨로 하여금 "일본서도 드물게 볼 인물이다"라고 격찬을 아끼지 않게 했다는 품평도 그때의 일이었다.

"돈은 필요하지마는 지조와 교환한 돈은 쓸 수가 없다"고 제출된 30만 원 조건을 일언지하에 거절했다는 말도 있도 "靑島 총영사의 종신직보다는 종신토록 하여야 할 딴 직분이 있다"고 단연히 동경을 떠났다는 말도 있다. 그후에 여운형은 1922년 1월 중순경 러시아에서 개최된 원동 민족대회에 참석하여 기염을 토한 일도 있었고 필리핀, 남양 등지를 돌아다니면서 세계의 현황과 약소민족의 장래에 대하여 열변을 토한 일도 있었다 한다.

그의 해외 활동이 전후 15년에 달하였으니 그의 관계한 일이 어찌 이에 그치랴마는 그가 잡혀오는 기차 중에서 기자단에게 말한 바와 같이 소성(所成)은 없었으나 해외의 여러가지 운동에 그가 참가치 아니한 일이 거의 없었으니 촉진회, 노병회, 대표회 등등에도 그의 족적이 없는 곳이 없다. 당년 46세인 그는 지금 형무소에서 주는 콩밥 세 덩어리로 장신위구(長身偉軀)의 건강을 지탱하고 있으니 반도산하에 양춘의 엄이 틈을 철창속에서 내다보는 그의 감회는 그가 아니고는 모를 일이다.

여운형 옥중기

몽양의 옥중생활과 관련하여 《신동아》(1932. 9)는 그가 1932년 7월 27일 대전형무소에서 가출옥으로 나와 이야기한 내용을 기자가 옮겨 적은 '여운형 옥중기'를 실었다. 당시 옥중관련 기록이 흔치 않은 상태에서 몽양의 이 기록은 좋은 참고자료이다.

* * *

감옥에 처음 들어갈 때는 어떨떨하였다. 경찰서나 형무소에 관해서는 고생하고 나온 동지들로부터 그 생활이 얼마나 괴롭더라는 이야기는 많이 들었었으나, 그안 생활절차와 풍속이 어떻다는 것은 전연 들어 알아두지 않았었기 때문에 모든 것이 퍽 서툴러서 곤란하였다. 그런 것도 미리 좀 알아두었다면 퍽 요긴히 쓰였으리라고 자탄하였다.

영어의 몸이 된다는 것은 나같이 성미급한 사람에게는 참으로 괴로운 일이다. 첫 한주일 동안은 밥 한술 떠넣을 수가 없었다. 기가 막히고 안타까워서 심화만 나서 혼났다.

조선으로 호송되어 오자 날까지 몹시 뜨거워서 냉수만 자꾸 들이켰더니 그만 소화불량이 되었다. 그때 얻은 소화불량증을 이때까지 고치지 못하고 계속하여 앓았다. 감옥소 덕에 얻은 병이 다섯 가지이다. 맨 처음 상해에서 잡힐 적에 운동장에서 경관과 격투하다가 귀를 몹시 얻어맞았는데 그때 고막이 상하여 한편 귀는 아주 병신이 되고 말았다. 그 다음에는 옥에서 주는 조밥을 먹다가 돌을 깨물어서 이 한 개가 그만 부스러지고 말았다. 그리고 웬일인지 잇몸 전체가 상하고 염증을 일으켜 퍽 괴로웠다. 출옥한 후에 첫날 한 20분을 계속하여 말을 했더니 턱이 아파서 혼이 났다. 차차 나아가기는 한다.

위에도 말했거니와 소화불량은 대단하다. 얼굴이 이처럼 수척해지고 늙어졌으며 나왔던 배가 쏙 기어들어간 것이 모두 그 때문이 아닌가 한다. 체중도 잡히기 전날까지 175파운드(약 79kg)이던 것이 지금에는 135

파운드(약 61㎏) 밖에 아니된다. 그러니 40파운드를 잃어버린 셈이다.

옥에 갇힌 지 며칠 못가서 신경통이 격렬하게 일어났다. 그통에 머리와 수염이 이렇게 하얗게 세어 버렸다. 들어간 지 6개월 이내에 이처럼 세어버린 것이다. 코아래 수염은 흰 털이 많기는 많지마는 이런 모양으로 다시 길러 버리려고 생각한다. 신경 관계인지 불면증도 대단하였다. 하루 3시간 이상을 자 본 적이 없이 퍽이나 애를 썼다. 출옥 이후에도 별로 차도가 있는 것 같지 않다. 여전히 잠을 이루기가 참으로 힘이 든다. 그리고 마지막으로 감옥 안에서는 누구나 다 앓게 되는 치질에 걸리어 퍽 고생하였다. 네 번이나 수술을 했는데 그것은 완치된 모양이다.

그러고 보니 옥살이 3년에 나는 병쟁이가 되어버린 셈이다. 청년은 몰라도 성장기를 지난 중로급 사람은 옥에 갇히면 참으로 속히 늙어버리는 모양이다.

독방! 그것이야말로 옥 속의 옥이다. 독방이 사람을 늙게 하는 곳이다. 독방생활 1095일! 우스운 일이 있었다. 한번은 교회사(敎誨士)가 불러다 놓고 '훈계'를 하는데 "당신같은 사람은 학식도 많고 하니까 앞으로는 'タカイトクボウ'를 갖지 않으면 안되겠다"고 하였다. 일본어 지식이 옅은 나는 그 말을 '높은 독방'이란 줄로만 알고 학식이 많은 사람은 어째서 독방으로 가야 하느냐고 항의를 하였었다. 사실인즉 '高イ德望'이란 말이었던 것이다.

교회사 말이 났으니 말이지 형무소 안에서 가장 불유쾌한 감을 주는 사람이 이 교회사이다. 더욱이 한 달에 한 번씩 하는 그 '훈계'에는 딱 질색이다.

더욱이 수인이 요구하는 서적의 차입 허가권이 이 교회사에게 있는데 너무도 몰상식하기 때문에 어떤 때는 고소를 금할 수가 없었다. 내가 들여다 본 영문서적으로 보더라도 란싱이가 쓴 《평화회의》, H. G. 웰즈의 역사서 같은 것은 차입을 허락하면서 셰익스피어 전집은 도리어 불허가 된다. 심하여는 《구운몽》이란 소설의 영역본을 불허가하는 데는 기가 막혔다. 형무소에서 주는 책은 그 대부분이 불교서류였고 기독교서류도 예수 재강론(再降論)에 관한 책이 두어 종 있었다.

읽고 싶은 책을 마음대로 못 읽는 것도 안타깝지마는 읽기 싫은 책을 억지로 읽는 것처럼 기가 막히는 일은 또 없다.

감옥 안에서는 간수가 왕이다. 전옥이니 간수장이니 하는 사람들은 수인들에게는 별무관계이다. 수인생활의 편·불편은 전수히 담당간수와 간수부장의 손에 달렸다. 좋은 간수를 만나면 생활이 좀 낫고 몹쓸 간수를 만나면 그야말로 지옥이다.

대전형무소는 서대문형무소에 비하여 훨씬 상등이었다. 운동도 하루 40분 가량 허락되는데 마음씨 좋은 간수를 만나면 1시간여씩 허락되는 때도 종종 있었다. 특히 사상범 감방에는 간수도 좀더 교양이 있는 이로만 임명한 모양인데 조선인 간수는 1인도 없고 전부 일본인뿐이었다.

일은 그믈 뜨는 일과 종이 꼬아서 치룽 만드는 일 두 가지를 배웠다. 그물도 남에게 빠지지 않게 빨리 만들고 곱게 만들었다. 종이를 꼬아 가지고는 그것으로 활촉을 담아두는 광주리며 아이들 책꾸럭 같은 것을 만들었다. 일을 잘한다고 그 상으로 목욕도 남보다 좀 자주 얻어 할 수 있게 되었었다.

저술해 볼 생각이 나서 붓과 종이를 두어 번 청구해 보았으나 거절되어서 여의치 못하였다. 하도 심심할 때에는 한시(漢詩)도 몇 수(首) 지어보았으나 어디 써둘 데는 없고 그냥 기억해 두고 몇 번씩 읊어보았다.

　　가을 바람은 소슬하고
　　구슬픈 비는 주룩주룩 뿌린다.
　　그 빗물 감옥 마당에 흘러가고
　　그 빗소리 이내 가슴에 스며를 드네.

대강 이 비슷한 시를 생각해 놓고 종이가 없으면 석판(石板)이라도 한번 옮겨 써보고 싶어서 교회사에게 석판이라도 하나 차입해 달라고 부탁했더니 그것 역시 거절되고 말았다. 그래서 무엇 생각한 것은 퍽 많았으나 하나도 글로 옮겨 놓지는 못했고 독서도 순전히 차입 허가되는 것만 읽을 수밖에 없었는 고로 역사서류만 많이 읽었다. 철학사, 문학사 따위, 경제와 정치에 관한 서류는 절대금물인 고로 청하기는 많이 하고도 전부 퇴각되어 버렸다.

1930년대 형무소 실태

몽양의 옥중기를 통해 1930년대 서대문형무소를 비롯 전국 감옥의 실태를 어느정도 가늠하게 된다. 몽양과 같은 거물 사상범까지 셰익스피어 원문전집은 물론 소설 《구운몽》도 차입이 안되었다는 점이나, 그때 이미 수인들에게 콩밥 대신 조밥을 먹였으며, 음식이 얼마나 비위생적이었으면 돌을 깨물어서 이가 부스러졌을까 등 많은 사실을 알게 된다.

또 사상범 감방에는 전부 일본인 간수들만 배치했다는 사실이나, 수인들에게 그물 뜨는 노역에 종사케 한 것, 그리고 집필을 위한 붓이나 종이가 철저히 금지된 사실 등을 알 수 있다.

몽양은 서대문형무소에 이어 대전형무소로 이감되어 그곳에서 1년여 지내다가 1932년 7월 26일 출옥하였다. 출감소식을 듣고 달려온 부인과 함께 특급열차로 서울역에 내린 몽양은 촬영나온 인사들에게 다음과 같은 소감을 밝혔다(《동아일보》, 1932. 7. 28).

> 감옥에서는 그물 뜨기와 종이기구 만드는 것을 했는데 아주 익숙하게 잘 합니다. 건강은 얼마전 빈혈증으로 말미암아 졸도한 일이 있었으나 지금은 소화도 되고 해서 관계치 않습니다. 감상이란 글쎄 … 앞으로 무엇을 해야 할지가 근심됩니다. 처음 조선으로 올 때에는 잡혀오는 몸이므로 징역갈 생각을 하여 아무러한 근심도 없더니 지금 와서는 퍽이나 앞일이 근심됩니다. 조선에는 19년 동안이나 있지 않아 모든 것이 서툽니다.

신간회사건과 서대문형무소

조선민족의 정치적 의식이 발전됨에 따라 민족적 중심단결을 요구하는 시기를 타서 순민족주의를 표방한 신간회 발기인 28명이 연명으로 1월 19일 하기와 같은 3개조의 강령을 발표하였는데, 책임자의 말을 듣건대 신간회의 목표는 우경적 사상을 배척하고 민족주의 중 좌익진영을 형성하려는 것이라 하며, 실지 정책과 사업은 2월 5일에 개최될 창립총회에서 결정할 터이더라.

《동아일보》는 1927년 1월 20일 신간회의 발기 사실을 이렇게 보도했다. 신간회는 1927년 2월 15일 민족주의 세력과 사회주의 세력이 '민족단일당 민족협동전선'의 표어 아래 통일전선을 형성한 일제 강점기 동안 국내에서 생긴 최대 규모의 '합법적'인 조선민족운동단체이다.

6·10 만세운동에 자극되어 국내에 있는 민족주의 진영과 사회·공산주의 세력간의 타협에 의해 민족유일당 운동으로 출발한 신간회에는 좌우의 많은 민족주의 세력이 참여한 데 반해 이른바 자치운동을 주장하던 민족개량주의 운동가들은 한 사람도 참여하지 않았다.

창립총회에서 회장 이상재, 부회장 권동진, 그리고 안재홍, 신석우, 문일평을 비롯한 간사 35명을 선출하고, 조직확대에 주력하여 1928년 말경에는 지회 143개, 회원 2만 명에 달하는 전국조직으로 성장했다. 회원 중 농민의 숫자가 가장 많아 1931년 5월에는 3만 9천여 명 회원 중

농민이 54%를 차지했다.

신간회는 좌우의 극심한 갈등 속에서도 투쟁목표는 뚜렷하여 민족적
·정치적·경제적 예속의 굴레를 과감하게 벗어나며 타협주의를 배격할
것을 천명했다. 아울러 언론·집회·결사··출판 등의 자유를 쟁취할
것과 청소년·부인·형평운동 등을 지원할 것을 투쟁목표로 삼았다. 뿐
만 아니라 파벌·족벌주의의 타파, 배격과 동양척식주식회사, 이민을
강력히 반대하면서 재만동포의 구제사업도 벌였다.

코민테른은 1929년 제6차 대회에서 민족주의자와의 단절 및 적색노
동조합운동 노선으로 전환을 결의하고 '12월 테제'를 발표했다. 신간회
는 새 집행부의 개량화와 12월 테제에 영향을 받은 사회주의 계열이 신
간회해소운동을 전개하여 1931년 5월 전국대회에서 해소안이 가결됨으
로써 창립 4년 만에 해체되었다.

신간회는 비록 일제강점기에 조선총독부로부터 '합법'의 공간에서 태
어난 사회단체이지만 처음부터 항일운동의 일환으로 출발했다. 신간회
를 발족한 간부들은 회의 명칭을 처음에는 '신한회'(新韓會)라 하려다가
일제로부터 탄압과 방해가 우려된다면서 비슷한 의미의 가지 또는 뿌리
간(幹) 자를 써서 신간회로 작명하였다. 신간회에서는 1929년 광주학생
운동이 일어나자 이에 호응하여 민중대회를 개최할 것을 계획하고 이를
준비하던 중 조병옥, 홍명희, 허헌 등 주요 간부들이 일경에 체포되어
재판을 거쳐 서대문형무소에서 수감생활을 했다.

일제는 신간회의 민중대회를 봉쇄하고자 학생간부들을 일제히 검거
했다. 다음은 이를 보도한 당시 신문기사다(《조선일보》 1930. 9. 7).

민중대회사건 관계자 허헌, 홍명희, 이관용, 조병옥, 이원혁, 김무
삼 등 여섯 사람에 대한 대정 8년 제령 제7호 및 보안법위반 등 예
심은 6일 정오경 경성지방법원 제1예심(사상전문계) 脇 판사 손에
종결되어 보안법위반으로 전부 유죄로 동법원형사합의부 공판에
회부되어 검거이후 만 9개월이라는 시일을 지난 이날에야 드디어
결정되었다.

이 사건의 적용법률은 작년 12월 24일 경기도 경찰부 고등과에
서 검사국으로 넘길 때에 기소의견서에 부친 것은 보안법, 출판법
위반죄명을 부쳤던 것이다. 그리하여 그후 고등법원 검사국 사상
전문계 伊騰 검사가 최조를 마치고 귀소하여 예심으로 회부할 때
에는 전기 경찰에서 부친 죄명이 번복하여 전부 대정 8면 제령 제7
호로만 범죄구성이 된다는 견해로 예심을 청구한 것인데 이 사건
을 담임한 脇 예심판사는 근 9개월을 두고 정면 활동 혹은 신간회
수색 등으로 신중히 예심을 진행한 바 전기 제령위반은 하등 범죄
행위가 해당치 않고, 즉 정치의 변혁을 목적한 행위가 아니라 정치
에 대한 불온한 언론을 하였다는 것으로 보안법에 그 행위가 해당
하여 이제 공판에 전부 넘기었으니 과연 이 법 적용과 장래 공판은
어찌될 것인지가 더욱 주목을 요하는 터이라 한다.

일제는 민중대회사건 관련자들을 제령 위반이 아닌 보안법만을 적용
하여 구속한 지 9개월만에 예심을 종결했다.

사건 당시 신간회 경성지부 총무간사를 지내고 제헌의원을 역임한 이
병헌은 경기도 경찰부에 구치되어 재판을 기다리는 과정을 《신동아》
1969년 8월호에 '신간회운동'이란 제목으로 자세히 기술한 바 있다. 다
음은 '감방까지 침투한 밀정들'이란 제하의 내용이다. 당시 경찰서 구치
소의 실상을 살필 수 있다.

나는 이날 마침 천도교회관에서 열린 동창생의 결혼식 들러리를
서고 신랑집에서 열린 피로연 석상에서 체포됐다. 그리고 곧바로
들러리 복장인 연미복을 입은 채로 종로서로 연행됐다가 다시 경
기도 경찰부에 입감됐다. 도경에는 이미 김병로, 조병옥, 권동진,
홍명희, 한용운, 허헌, 이관용, 주요한, 김항규, 김무삼, 이원혁
등 중견간부들이 잡혀 있었다. 일경은 우리를 두 줄로 나란히 앉
히고 두 사람씩 짝을 지어 서로 등을 대고 앉게 하였는데 나는 허
헌과 한짝이 되었다.
　그날 밤 나는 조병옥, 허헌, 민중식 등 넷과 제1호 감방에 수감
됐다. 우리 넷은 감방 안에서 머리를 맞대고 앞으로 겪을 재판에

대하여 숙의하였는데, 조병옥은 우리가 징역살이를 하고 있는 동안 신간회는 완전 해산을 당할 것이니 안된 일이지만 죄를 일단 김무림에게 미루고 빨리 석방되는 방도를 취하자고 제의하였다. 그리고 그때 조병옥에게 선언문과 비라 초안은 안재홍이 썼다는 말을 들었다.

다음날 우리 감방에 김환이라는 공산주의자가 들어왔다. 이 자는 감방에서도 공산주의를 고집하며 우리를 설득하려 하므로 유석(維石)과 이론투쟁을 벌이기도 하였다.

유석은 그 당시에도 반공정신의 선봉적인 이론가였고 특히 신간회에 열성이 대단하여 연희전문학교 교수직을 버리고 신간회에 참여하여 경성지부장으로 맹활약을 하고 있었다. 허헌과 김환이 같은 공산주의자라고 하여 서로 귓속말을 주고 받으며 우리를 경원하니 나와 유석도 자연 이들과 거리를 두고 우리끼리만 신상문제를 의논하게 되었다.

처음 2, 3일은 감방대우가 비교적 괜찮은 편이어서 감방 안에서도 자유스럽게 이야기할 수도 있었고 문앞에도 담배도 놔주어 피고 싶은 사람은 감방 밖에서 적당히 담배도 피울 수가 있었다. 그런데 하루는 도경에 있던 山本이라는 일인 경부보가 우리 감방앞에다가 의자를 갖다놓고 앉아서 우리에게 호의를 보이며 얘기를 걸어오는 품이 우리를 회유하려는 모양이었다. 자기도 한때 일본 사회주의운동에 가담하여 만주 등 北支로 돌아다니며 징역도 여러번 살았다느니, 이 운동에서 손을 끊고 집에 가 있는데 신문광고에서 조선경찰관 모집공고를 보고 지원해서 나왔다느니, 지내놓고 보니 모두 헛것이며 아무도 알아주는 사람이 없더라느니, 노는 꼴이 부처님 귀에 경읽는 격이었다. 유석이 듣다 못해 이 자를 꾸짖어 쫓아보내었다.

이후부터 감방대우가 일변하여 탄압이 가해졌다. 이제까지 담배도 피우고 이야기도 서로 나누며 사식도 자유로이 사다 먹던 것을 일체 금지당하게 되니 감방생활의 고통은 배가 되었다. 게다가 우리들의 감방생활을 정탐하기 위하여 일경은 죄수를 가장시켜 밀정을 우리 방에 넣기도 하였다.

조병옥의 옥중생활

조병옥(1894~1960)은 충남 천안 출신으로 연희전문학교를 졸업하고 1914년 미국으로 건너가 안창호가 주도한 흥사단의 조직결성에 참여했다. 이와 함께 뉴욕 거주 동포들을 중심으로 한인회를 조직하고 총무를 맡아 독립운동의 진상을 미국에 알리는 등 외교활동에 힘썼다. 1925년 콜럼비아 대학에서 철학박사 학위를 취득한 후 귀국하여 이광수 등과 수양동우회를 조직하는 한편 잠시 연희전문학교 교수를 지냈다. 또한 1925년 9월 백남운, 백관수, 김준연, 안재홍 등과 조선사정연구회(朝鮮事情研究會)를 조직하고 같은해 11월에는 신흥우, 윤치호, 이상재 등과 태평양문제연구회를 결성하여 민족운동을 전개했다.

1927년 신간회의 결성에 참여하여 35명의 간사 중 일원으로 선임되어 활동하였으며 1929년에는 신간회 복대표위원회에서 교육부장과 경성지회 집행위원장으로 선임되었다.

그는 1929년 광주학생운동이 일어나자 이를 지지하는 민중대회의 개최를 주도하다가 경찰에 체포되었다. 피검된 신간회 간부 중에는 경찰과 검찰 조사과정에서 석방되었지만, 이원혁, 허헌, 홍명희, 이관용 등과 함께 공판에 회부되어 3년 징역선고를 받고 서대문형무소에서 수감생활을 했다.

그는 1937년에는 또 다시 수양동우회 사건으로 체포되어 2년간의 예심 끝에 고등법원에서 무죄판결을 받고 풀려났다. 이때도 2년을 구속된 상태에서 재판을 받았다. 조병옥이 서대문형무소에 들어간 것은 1929년 12월 말경이었다. 그는 자서전 《나의 회고록》에서 당시의 정황을 담담하게 기록하고 있다.

신간회가 점차 팽창해 갈 무렵에 나는 광주학생사건과 직접적으로 연락이 되는 민중대회사건으로 말미암아 3년 동안 감옥살이를 하게 되었던 것이었다. 당시 우리 민족에 있어서도 수난의 시대였다고 할 수 있지만, 나 자신도 수난시대였던 것이다. 즉 나의 모친이 내가 귀국한 지 1년반 후에 세상을 떠났으니 내가 영어생활하기 2년 전이었으므로 겨우 3년상을 치른 해에 내가 감옥에 가게 되었던 것이다. 그렇게 나를 귀여워하고 사랑해 주던 내 모친을 한 번도 공경해 드릴 기회가 없었던 것이 나의 평생의 한이다고 생각한다.

나는 감옥생활을 하면서도 모친을 더욱 생각하지 않을 수가 없었던 것이다. 즉 자식된 도리를 다하지 못한 내가 이제와서 내 모친을 생각한들 무엇하랴 하고 나는 감옥에서 곰곰이 생각한 적이 한두 번이 아니었다.

그러면서 주마등과 같이 나의 머리를 스쳐가는 것이 나의 가족들의 모습이었던 것이다. 사실 내가 3년이나 감옥살이를 하는 동안 나의 가정은 말이 아니었고, 또한 동전 한푼어치의 저축도 없었던 것이다. 설상가상으로 내가 감옥에 간 후 나의 차녀되는 자형(子衡)이가 6, 7층계나 되는 높은 곳에서 떨어져 낙상을 입어 그것이 골수염이 되어 다리를 수술하지 않을 수 없게 되었던 것이다….

이러한 연달은 불행 가운데서 나의 내자(內子)는 그 두 애들의 병간호는 물론이거니와 남편인 나의 감옥생활의 뒤치닥거리 또는 마루바닥에서 잘망정 조반석죽을 굶길세라 하고 집에 있는 아이들의 끼니를 끓여주는 등 하면서 한몸으로서 세 사람 몫의 일을 해가며 갖은 고초를 다 겪어가면서 나의 출옥의 날만을 기다리고 있는 나의 내자의 눈물겨운 심정과 그 고통은 얼마나 심하였겠는가를 생각해 볼 때 나는 감방 한구석에서 홀로이 눈시울이 뜨거워 올라옴을 느끼지 않을 수가 없었던 것이다….

내가 3년 동안 마음의 괴로움을 이겨가면서 감옥생활을 하는 동안 가장 안타깝게 피우고 싶던 담배도 자연적으로 끊게 되었고, 밤에 눈을 감고 성경구절을 암송하면서 하나님께 기도드리는 것을 잊지 않았던 것이다.

당시 나와 같이 복역을 하고 있었던 홍명희, 허헌, 이관용, 이원혁, 김동준 등 제씨는 낮에 일할 때만 만날 수 있었지만 그 이외에는 만날 도리가 없었던 것이다. 즉 우리들은 정치범이었던 까닭에 각각 격리된 감방에서 홀로 갇혀 있지 않으면 안되었던 것이다.

또 책을 차입하는 데 있어서도 정치범인 까닭에 민족주의적 사상성이 농후하다거나 사회주의적 색채가 있는 것이라면 덮어놓고 차입금지를 하였던 것이다. 성서나 불전 같으면 무관하다고 하였으며, 더욱 일본정신을 앙양하는 서적을 그들은 우리에게 강권하였던 것이다. 나는 원래가 일본어에 능통하지 못하였으므로 그러한 책을 넣어주어도 읽지를 못하였던 것이다…….

나는 3년 동안 감옥살이를 마치고 출옥하고 보니, 내 손에는 당시의 화폐로 1원 35전의 저금통장이 있었을 뿐 집은 차압을 당하여 없어지고 우리 가족들은 내 처남집에서 붙임살이를 하고 있었던 것이다.

조병옥의 회고록은 자신의 신변 이야기가 많아서 당시 서대문형무소와 관련된 사정을 소상히 아는 데는 모자란다. 그렇지만 신간회의 핵심 역할을 했던 사람이기에 당시 상황을 이해하는 데 가치가 있다고 하겠다.

홍명희의 감옥생활

소설《임꺽정》으로 우리에게 너무 잘 알려진 홍명희는 금산군수로 재직중이던 부친 홍범식이 경술극치를 당하여 자결한 애국지사의 아들로 충북 괴산에서 태어났다.

어린 시절에 한학을 수학하다가 일본에 유학하여 다이세이중학(大成中學)을 졸업하고 귀국하여 오산학교, 휘문학교 등에서 교편을 잡았다. 26살 때 정인보와 함께 상해로 가서 박은식, 신규식, 신채호, 김규식 등과 독립운동 단체인 동제사(同濟社) 활동을 하고 귀국하여 3·1 항쟁 때는 괴산에서 손수 작성한 독립선언서를 발표하다가 체포되어 1년 6개월 징역을 살았다.

이후《동아일보》주필로서 신채호의 '조선역사상 일천년래 제일대사건' 등을 싣는 언론활동과 정주 오산학교 교장으로 부임하여 민족교육사업에 종사한 일, 그리고《시대일보》편집국장, 사장직에 취임하여 칼럼 〈학등〉(學燈)을 연재했으며, 비타협적 민족주의자들을 중심으로 한 학술단체 '조선사정조사연구회' 결성에 참여했다. 1927년 40세 때에 신간회 창립의 주도적 역할을 하고, 1929년 이 단체의 복대표(複代表) 대회에서 중앙집행위원으로 선임되었다. 이 해 12월 13일 신간회 주최로 광주학생운동에 대한 일제 관헌의 조치를 규탄하기 위한 민중대회를 개최하려던 중 조병옥 등과 함께 검거되었다.

그는 경기도 경찰부 유치장에서 《임꺽정》 집필을 계속했으나, 12월 24일 구속송치되자, 26일자를 마지막으로 연재를 중단했다. 1930년 1월 기소되어 9월에 예심이 종결되었다.

이듬해 4월 경성고등법원으로부터 보안법 위반으로 징역 1년 6월을 선고받고 상고를 포기하여 형이 확정되었다. 1932년 1월 22일 가출옥으로 출감할 때까지 서대문형무소에서 수형생활을 계속하였다. 홍명회의 옥중생활에 관한 상세한 기록은 찾기 어렵다. 다만 《혜성》(彗星) 1931년 9월호에 실린 '옥중의 인물들'에서 그의 수형생활의 편린을 살필 수 있다.

> 고향은 충북 괴산이요 양반의 가정에 나서 아직도 양반의 태(態)를 벗지 못했다. 학자요, 세상의 신임이 두터운 사람이니, 이마는 벗어졌고 성격은 유약하여 과단성이 부족하다. 연전(延專)의 교수로도 있었고, 동아일보의 편집국장, 시대일보의 사장으로 또는 신간회 중진으로 각 방면의 노력이 많았다. 원래는 화요계(火曜系)의 인물이었으나 중간에 그와 이반(離反)하여 자기의 그룹을 만들고 그의 영수격이었다. 사회주의 연구가 깊은 사람으로 자타가 일시는 그를 사회주의자로 인정하였었으나 화요계에서 이반하여 자기의 그룹이 이루어진 후의 그의 태도는 민족주의적이었다. 그는 학자이고, 연구가 문학가이며 현대 조선에서 재사로의 이름이 높다. 그의 명철한 뇌홍은 사색적이요, 그 위에 다독이어서 학자로의 기대가 많다. 광주학생사건 당시에 허헌 등과 같이 방금 서대문형무소에서 복역중이요 가정의 일화로서는 부자간에 담배도 마주 피우고 술도 같이 먹는다는 것이 한 이야기거리였다.

허헌의 옥중생활

허헌(1884~1951)은 함북 명천 출신으로 보성전문학교에 이어 일본 메이지 대학(明治大學) 법과를 수료했다. 변호사시험에 합격하고 서북학교 부총무로 일하고 3·1 항쟁 때 민족대표 48인의 변호인단의 한 사람으로 활동했다. 동아일보사 사장직무대행, 조선변호사회 회장을 역임한 데 이어 제1차 조선공산당 검거사건, 제1차 간도공산당 검거사건 등의 변론을 맡았다.

신간회 복대표 대회에서 중앙집행위원장으로 선출되어 신간회를 이끌었다. 허헌은 홍명희, 조병옥 등과 민중대회사건으로 구속되었다. 구속된 지 1년 5개월 만인 1931년 4월 6일에 재판이 시작되어 4월 24일 유죄판결을 받고 서대문형무소에서 수감생활을 했다. 허헌은 1932년 1월 22일 구속된 지 2년여 만에 가출옥으로 석방되었다. 허헌은 1943년 3월 '단파방송' 사건으로 다시 구속되어 2년형을 선고받았다. 이 관련부문은 별도로 정리할 것이다. 허헌 등 민중대회사건과 관련한 자료에는 경성지방법원의 '허헌 등 사건 예심결정서'가 있다. 이 사건을 이해하는 데 필요한 자료다.

허헌 등 사건 예심결정서

이 유

피고인 등은 일찍부터 경성부 내에 본부를 두고 日鮮 1백여의 지회와 수만의 회원을 有한 조선인단체 신간회에 속하고 특히 피고인 허헌은 그의 중앙집행위원장 피고인 이관용, 홍명희, 조병옥 및 이원혁은 그의 중앙집행위원으로서 동회 내에 치중하고 있든 이들로 신간회는 극히 애매한 강령을 게(揭)한 표현단체임에 불구하고 본시 피고인 이관용, 홍명희 기타 등으로서 조선으로 하여금 자주독립의 목적을 달성케 한다는 취지를 발기 조직한 것으로서 이래 민족적 특수의 입장으로부터 정치에 관하여 누누이 반항적 태도를 시하여 오든 바 소화 4년 10월 이후 전남 광주에서 고등보통학교 생도와 중학교 생도와의 사이에 갈등을 생하여 11월 3일 광주역전에서 양교 생도 쟁투후 고등보통학교 생도 등 다수가 마침내 시내에서 시위운동을 감행하기 때문에 비로서 관헌이 발동하여 주로 시위운동의 주모자를 검거 구속하얏는데 그 취지를 양해하지 못하는 조선민간에는 어느듯 당국이 민족적 감정으로서 투쟁의 상대자인 일본인생도를 앗기고(惜) 조선인생도만을 탄압하는 것이라고 오해 전파되고 기타 극단의 유언비어가 떠돌게 되었다.

이에 신간본회에서도 동회의 입장상 당국의 조처를 묵시할 수 없다고 하야 빨리 피고인 허헌 기타 최고간부를 광주에 파견하여 정황을 조사케 한 후 비판 연설회를 개최하야 관헌의 태도를 공격케 하라고 하얏스나 당국의 금지를 당하고 그후 경성 기타 조선 각지의 조선인 중학교 생도 등이 右 광주사건에 관련하여 시위운동을 단행하고 상경하여 검거됨에 급하여 피고 허헌, 이관용, 홍명희, 조병옥은 더욱 관헌의 태도에 분개하고 또 신간회의 명목상 단연히 좌시할 수 없다고 하여 단지 신간회의 이름으로써만 할 것을 피하고 전혀 간부 다수가 당국의 조치에 대하야 반항적 태도를 보일 것으로 하고 당시 조선인 일반의 민족적 감정이 현저히 고조되어 치안을 위협하여 사태 불변얏슴에 불구하고 동년 12월 10일 오후 경성부 광화문통 125번지 당시 피고인 허헌의 거택에 신간회 검사위원장 권동진, 동아일보 사장 송진우, 조선일보 사장 안재홍, 중외일보 조사부장 이시득 등과 회견하고 그 석상 광주학생사건에 관련하여 관헌의 취한 조치를 힐난하고 이를 규탄하기 위하야 광주사건의 정체를 폭로케 할 것, 구금한 학생을 무조건으로 석방케 할 것, 경찰의 학생유린을 배격할 것, ○한 경찰정치를 항쟁할 것 등의 취지를 병기한 연설광고문을 인쇄살포하여 청중을 모아 대도에서 공개연설회를 개최하야 右의 표어에 기본한 연설을 한 후 다시 청중을 거느리고 시위운동을 감행하고 이등의 경과를 사내 언문신문으로써 보도케 하는 동시에 연사로서는 우 피고인 등 외에 피고인 조병옥으로써 널리 각 방면의 유력자를 권유할 것과 우 광고문의 인쇄는 피고인 허헌이가 담임할 것 등으로 의논하여 그 결과 피고 조병옥은 동일 부내 경성역에서 천도교 청년당간부 조기영과 동야 8시경 안국동 대성원에서 元 신간회 경성지회장 한용운과 익일 11일 오후 2시경 광화문통 동아일보사에서 동사 편집국장 주요한과 동일 오후 6시 당주동 94번지 오화영댁에서 조선중앙기독교청년회 간사인 동인과 동야 9시경 남대문통 세종란사(世宗蘭思) 병원 구내에서 동 병원 의사 이용설과 익 12일 오전 10시경 명동 협성신학교 내에서 동인과 각각 회견하고 동인 등에 대하여 광주학생투쟁사건에 관련하야 속발하는 제반의 불상사는 모두다 경찰의 조선에 대한 압박과 사법당국의 불공평한 태도에 원인한 것임으로 이의 소식을 민중에 알리는 동시에 당국의 민의를 喝하야 반성을 촉구할 필요가 있다고 말하여 우 연설회의 연사되기를 구하여 한용운, 주요한의 승락을 얻고 또 피고인 허헌은 동년 11일 오후 1시경 전기 자택에서 피고인 김동준에 대하여 광주사건의 진상을 발표하여 검거된 학생의 무조건 석방을 구하는 등의 뜻으로 된 표어를 게재한 격문 2만 매의 인쇄를 의뢰하여 이를 수락케 하였음에도 불구하고 의연히 고치는 색이 보이지 아니하는 까닭에 동월 13일 朝에 제일 먼저 피고인 허헌이 검거되었다.

… 피고인 등은 누구나 정치에 관한 각각 서상(敍上)과 여(如)한 불온의 행동에 출하여 치안을 방해한 자이다. 이상 피고인 등의 행위는 각 보안법 제7조에 해당하고 조선형사령 제42조에 즉하여 처단할 자임으로 공판에 부하기에 족한 범죄의 혐의가 잇슴으로써 형사소송법 제312조에 의하여 주문과 여히 결정한다.

소화 5년 9월 6일
경성지방법원 豫審掛朝鮮총독부 판사
脇鐵一

수양동우회 사건과 서대문형무소

수양동우회 사건

1930년대 후반기에 발생한 수양동우회 사건은 우리 독립운동사에서 독특한 면모를 갖는다. 그것은 사건 관련자들 중에 일부는 서대문감옥 등에서 옥사를 하는 저항의 순국자가 있었는가 하면, 대부분이 사상전향서를 제출하고 친일 변절하는 계기가 되었기 때문이다.

1926년 1월 서울에서 조직된 계몽적 독립운동단체인 수양동우회는 도산 안창호의 흥사단 정신을 이어 표면상으로는 인격수양 및 민족의 실력배양을 표방하며 합법단체로 설립되었다.

회원 중 상당수가 변호사·의사·교육자·목사·작가·광산업·상공인 등 일정 수준의 자산을 가진 부르주아 민족주의자들이었다. 이들은 국외에 있던 흥사단과 통합하면서 상당한 기반을 갖게 되었다. 수양동우회는 1922년 2월 안창호로부터 흥사단의 한국 지부조직의 사명을 받고 상해에서 귀국한 이광수가 서울에서 박현환, 주요한, 김윤경, 강창기 등 11명과 같은해 7월 평양에서 김동원, 김성업, 조명식, 김영윤, 김광신, 이제학, 김형식 등 흥사단계 인물들이 동우구락부라는 친목단체로 합법위장한 민족운동단체로부터 출발했다.

이것이 1926년 1월 수양동우회로 발전적 통합을 이루어 서울본부와 평양·선천 등의 지부를 두고 회세확장을 벌여 1932년에는 기관지《동광》(東光)을 발행하기도 하였다. 대개 기독교인들인 이들은 암암리에 독립정신을 고취하고 민족운동을 전개하는 한편 금주운동을 적극적으로 전개하였다.

일제는 수양동우회의 활동을 주시해오던 중 1937년 경성기독교청년 면려회에서 금주운동을 펴는 수양동우회가 "멸망에 함(陷)한 민족을 구출하는 기독교인의 역할"이란 요지의 유인물을 35개 지부에 발송한 것을 탐지하여 탄압의 계기로 삼았다.

일제는 이 문건을 불온문서로 취급하면서 그 배후에 이용설, 정인과, 이대위, 주요한, 유형기 등이 관계한 사실을 밝혀내고 본격적인 검거에 나섰다. 이렇게 검거에 착수한 일제는 8월 10일에는 서울지회 관계자 55명, 11월 1일에는 평양과 선천지회 관계자 93명, 1938년 3월 22일에는 안악지회 33명을 치안유지법 위반혐의로 각각 구속하였다.

구속된 사람은 안창호를 비롯하여 유기준, 김동원, 김병연, 조명식, 백영화, 석봉연, 주현칙, 최능진, 문명환, 이영학, 오정은, 김찬종, 김하현, 오봉빈, 오정수, 오익은, 김항복, 한승곤, 김배혁, 송창근, 조종환, 백응현, 김붕성 등 181명이었다. 이들 중 49명은 기소되고, 57명은 기소유예, 75명이 기소중지처분을 받았으며, 기소된 49명 가운데 42명이 재판에 회부되었다.

안창호는 구속 즉시 서울로 압송되어 경기도 경찰부에 수감되고, 다른 회원들은 약 1개월 뒤에 서울로 압송되어 서대문형무소에서 혹심한 고문을 받고 수양동우회가 독립운동단체라는 것을 강요하는 자백서에 서명토록 하였다.

이들의 선고공판은 1939년 12월 8일에 열려 경성지방법원 판사 가마야(釜屋)가 전원에 무죄를 선고하였으나 검사의 공소로 경성복심원은 1940년 8월 21일 최고 징역 5년에 집행유예 3년을 각각 선고하였다.

경성복심원의 형량은 다음과 같다.

징역 5년 : 이광수

징역 4년 : 김종덕, 박현환, 김윤경, 주요한

징역 3년 : 김동원, 김병연, 조명식, 김성업

징역 2년 : 오봉빈, 송창근, 최능진, 백영화, 조종완, 김봉성, 김찬종

징역 2년, 집행유예 3년 : 정인과, 장이욱, 이윤재, 이용설, 유기준,
　　　이영학, 김선량, 신현모, 김창복, 석봉련, 문명환, 주련칙, 오
　　　정은, 김하현, 오익은, 한승곤, 김배혁, 백응현, 한승연, 허용
　　　성, 오정수, 이원규, 김용장, 오경숙

　안창호와 몇 사람의 명단이 빠진 것은 1938년 3월 10일 도산이 순국
하고, 이기윤과 최윤호 두 분도 극심한 고문으로 병을 얻어 사망한 때
문이다. 유죄선고를 받은 이들은 상고하여 1941년 11월 17일 경성고등
법원 상고심에서 재판장 高橋廓二에 의해 증거불충분으로 전원이 무죄
를 선고받았다.

　그러나 4년 5개월 동안 극심한 취조와 고문, 가혹한 수감생활을 거친
피고인 중에는 일제의 회유와 협박에 못이겨 전향서에 서명하고 출감
후에는 악질적 친일파로 변절하는 사람이 많았다. 그렇지만 안창호를
비롯 이윤재, 이기윤, 최윤호 선생은 고문 후유증 등으로 병사 또는 옥
사하였으며, 김성업 선생은 심한 고문으로 불구가 되면서도 끝내 전향
하지 않았다.

도산 안창호의 옥고와 순국

　도산에 관해서는 새삼 긴 설명이 필요하지 않을 것이다. 여기서는 서
대문감옥 관계에 대해서만 살펴보기로 한다.

　도산은 두 차례에 걸쳐 서대문형무소에서 수형생활을 하였다. 수양동
우회 사건 이전인 1932년 4월 윤봉길의 상해 홍커우공원 폭탄사건으로
일본경찰에 붙잡혀서 서울로 송환되어 4년의 실형을 선고받고 서대문감

옥과 대전감옥에서 2년 6개월 동안 옥고를 치렀다. 도산의 서대문형무소 수감과정을 춘원 이광수의 《도산 안창호》에서 살펴보자.

도산은 윤봉길 의사 의거와 관련 일경에 체포되어 상해에 있는 일본영사관 경찰서에 약 3주일간 유치되었다가 5월 하순에 배로 인천에 상륙하였다. 당일 인천부두에는 친지를 비롯한 신문기자가 마중하였으나 수명의 사법경찰의 옹위(擁衛)를 받은 도산은 거무스름한 스프링을 입고 자갈색 중절모를 쓰고 포승만은 없이 경계 엄숙한 속으로 묵묵히 걸어 자동차에 올라 곧 경성으로 향하였다. 신문사 사진반의 건판은 전부 압수를 당하였다.

도산은 경기도 경찰부 유치장에 유치되어 취조를 받았다. 치안유지법 위반이 그 죄명이었다. 도산이 일본경찰에 체포된 기사가 상해의 신문에 나매 '정치범을 잡혀 보내느냐'고 중국 인사들이 항의하였으나 쓸데없었다.

경기도 경찰부 유치장에 든 도산은 1개월여의 취조를 받고 송국되어서 서대문감옥으로 넘어갔다. 도산이 감옥으로 가는 날 새벽에 재판소 뜰에는 남녀 동지와 친지 등 백 명 가까운 사람이 모였다. 이때에는 이러한 자리에 오는 것도 위험한 일이었다. 이 일 하나만으로도 경찰의 요시찰인 명부에 오를 만하기 때문이었다.

도산은 1심에서 4년의 형을 선고받았으나 상소권을 포기하고 복역하였다. 도산 재판중의 모든 비용은 김성수 등 친우가 몰래 대었고, 서대문감옥 재감중인 그의 옛 친구요, 동지인 이강(李剛) 부처가 일부러 감옥 옆에 집을 잡고 살면서 조석을 들였다. 도산은 약 1년 후에 대전감옥으로 이수되었다.

도산이 형기 4개월을 남기고 가출옥이 된 것은 1935년 봄이었다. 대전 복역중에 도산은 소화불량증이 심하여졌다. 그는 그물을 뜨고 대그릇을 걸었다. 날마다 자기의 감방을 깨끗이 소제하기로 유명하였다.

무인년 출생의 도산이 상해에서 잡힌 것이 54세, 대전감옥에서 나온 것이 58세, 서대문감옥에 들어갔다가 병으로 경성대학병원에 나온 것이 60세, 다음해 4월에 그 병원에서 별세한 것이 무인년 환갑인 61세, 향년이 만 59세 5개월이었다.

이상이 제1차 감옥생활이라면 2차 감옥생활은 수양동우회 사건으로 인한 투옥이다. 다시 춘원의 기록을 살펴보자. 춘원 자신도 이 사건에 연루되었지만 전향서를 쓰고 변절하여 직접 옥고를 겪지는 않았다.

> 도산 등 44명은 1937년 7월과 9월에 수차에 나누어 송국 수감하였고, 그 나머지 80여 명의 회우(會友)는 기소유예로 석방하였으나, "동우회는 흥사단과 동일한 것으로서 조선의 독립을 목표로 한 단체였다"하는 답변을 강요하여서 기소된 피고들의 방증을 삼았고, 조선총독부에서는 상해에까지 손을 뻗혀서 상해에 있는 흥사단 원동지부로 하여금 흥사단이 독립운동 단체임을 자인하고 자진 해산한다는 성명서를 발하게 하였다.
>
> 이 사건은 검거·공판·판결에 이르기까지 일체 신문보도를 금지하였다. 민족운동의 최후사건으로 도산과 많은 지명의 인사를 포함하리만큼 인심에 줄 영향을 꺼렸던 것이다.
>
> 이 사건 관계자 중에는 악형을 받은 사람도 많아서, 최윤호가 보석중 사망하였고, 김성업은 종신지질(終身之疾)을 얻었다. 그러나 도산은 악형을 가하기에는 너무나 쇠약하였다.
>
> 도산은 서대문형무소에서 병이 중하여져서 그해 12월 말에 경성대학병원으로 보석이 되어 익년 3월에 별세하였다. 도산은 대전감옥 이래의 숙환인 소화불량으로 몸이 쇠약한 데다가 폐환이 급성으로 진행된 것이었다.
>
> 도산이 경성대학병원에 입원하여 있는 중에 방문하는 이도 많을 수 없었다. 도산의 병실을 방문하는 것은 감옥에 들어갈 각오를 요하는 것이었다. 그뿐 아니라 도산의 동지와 친지의 다수는 감옥에 있었다.

서대문형무소에 수감된 이윤재

이윤재(1888~1943)는 경남 진해 출신의 항일 독립투사, 국어학자, 사학자다. 평북 영변의 숭덕학교 교사로 재직중 3·1 항쟁에 관련되어 평양감옥에서 3년간 옥고를 치른 것을 시발로, 수양동우회 사건으로 서대문형무소에서 약 1년반 옥고를 치르고, 1942년 조선어학회 사건으로 홍원경찰서에 붙잡혀 함흥형무소에서 복역중 옥사하였다.

첫번째 옥고를 치르고 출감한 후 1921년 중국에 건너가 북경대학 사학과에서 수업한 뒤 귀국하여 정주의 오산학교를 거쳐 협성, 경신, 동덕, 배재, 중앙 등의 학교에서 교편을 잡았다. 계명구락부의 조선어사전 편찬위원, 민족정신의 보전계승을 위한 잡지 《한빛》 편집발행, 한글맞춤법통일안의 제정위원, 연희전문학교 교수, 한글강습회 지방강연순회, 조선어학회의 기관지 《한글》 편집 및 발행책임, 진단학회 창립 참여, 조선어사전 편찬위원회의 편찬전임 집필위원 등으로 활약하였다.

수양동우회 사건으로 옥고를 치른 후에는 기독신문사 주필로 재임하면서 한글보급과 우리말사전 편찬에 주력하다가 세번째 투옥되어 함경남도 홍원경찰서에서 일제의 잔혹한 고문과 악형을 받았다. 1943년 12월 8일 일경의 모진 고문의 여독으로 형무소에서 옥사하여 순국하였다.

수양동우회 사건으로 구금되어 경성복심원에서 징역 2년에 집행유예 3년형을 선고받고 상고하여 1941년 11월 17일 고등법원에서 무죄석방된 이윤재는 건강하지 못한 몸으로 "한글 맞춤법 통일안 제정의 경과 기략", "훈민정음의 창정(創定)", "세종대왕과 문화사업", "조선어사전 편찬은 어떻게 진행되는가", "병자수호조규 성립의 전말", "성경절차를 개정하라" 등의 논문을 집필하는 열정과 애국심을 보였다. 그밖에 《성웅 이순신》, 《도강록》, 《문예독본》 등의 저서를 남겼다.

고문으로 불구가 된 김성업

김성업(1886~1965)은 평안남도 대동 출신으로 1920년부터 시작된 조선물산장려운동에 적극 참여하여 평양시민 궐기대회를 소집, 이를 전국적으로 확산시키는 데 기여하였다.

1922년 7월 평양에서 조명식, 김병연 등과 동우구락부를 조직하여 독립운동을 전개하였으며 이 단체는 수양동우회가 조직될 때까지 활동을 계속하였다. 1926년 4월 수양동우회 간부회의에서 조병옥, 이윤재, 정인과 등과 기관지《동광》을 발행하면서 민족정신을 고취시켰다. 1928년에는 수양동우회 평양과 안악지부를 설치하였으며 1930년 민족운동의 구심체로서 신간회가 결성되자 조만식과 함께 평양지회를 조직하여 서기장에 선출되었다.

1937년 6월 수양동우회 사건으로 피검되어 1940년 8월 21일 경성복심원에서 치안유지법 위반으로 징역 3년형을 선고받고 고등법원에 상고하여 1941년 11월 17일 무죄판결을 받아 석방되었으나 4년 5개월의 옥고 끝에 심한 고문의 여독으로 평생 불구가 되었다.

1년 옥고치른 국어학자 김윤경

김윤경(1894~1969)은 경기도 광주 출신의 국어학자, 교육자로서 수양동우회 사건으로 서대문형무소에, 조선어학회 사건으로 홍원경찰서에 검거되어 옥고를 치렀다. 1913년 청년학원에서 주시경으로부터 한글교육을 받고 크게 감화를 받은 이래 1917년 연희전문학교 문과에 입학하여 조선학생대회 회장을 맡는 등 항일학생운동을 주도하였다.

1921년 조선어연구회와 1922년 수양동맹회 창립회원이 되고, 1922년부터는 배화여학교 교사로 재직하면서 국어와 역사를 가르쳤다. 이때 학교에서 일본유학비를 받아 릿쿄대학 문학부 사학과를 1929년 졸업했다. 귀국하여 다시 배화여학교에 근무하여 1931년 1월부터《동광》지에 논문을 연재하던 중 18회로 휴간, 중단되었으나 연구를 더하여《조선문자급어학사》(朝鮮文字及語學史)의 원고를 완성하였다.

1937년 6월에 수양동우회 사건으로 일제 감옥에서 잔혹한 고문을 당하고, 1941년 10월 고등법원에서 무죄선고를 받을 때까지 서대문형무소에서 가혹한 옥고를 치렀다. 치안유지법 위반이라는 죄명으로 구속되면서 교사직을 빼앗긴 것은 물론, 졸업생 대표와 연희전문 이사직에서도 해임되었다. 수양동우회 사건으로 5년간 실직하였다가 1942년 성신가

정여학교 교사가 되었으나 그해 10월에 조선어학회 사건으로 또다시 홍원경찰서에 검거되었다. 해방후에는 조선어학회 상무간사와 국어 부활 강사로 활약하는 한편, 연희전문학교 교수, 이사 등을 지냈다.

1948년 《나라말본》, 《중등말본》을 펴냈고, 1949년에는 《조선문자급 어학사》를 펴내 4대 명저의 하나로 표창받았다.

백영엽, 김선량의 옥고

백영엽(1892~1973)은 평북 의주 출신으로 1918년 일본 수상 桂太郎 주살모의에 연루되어 1년간 거주제한 처분을 받고 중국으로 망명하여 남경 금릉대학 신학부에 입학하였다.

1919년 3·1 독립운동이 일어나자 상해에서 대한민국 임시정부 수립을 적극 지원하고, 이 해 군자금모집 사명을 대고 입국하여 의주에서 파리강화회의에 파견할 임시정부 대표의 여비를 마련하였다.'

1920년 6월 임시정부 법무차장 안병찬이 만주 관전현에서 중국 관헌에 체포되자 당시 외무총장이던 안창호와 재무국장 고일청으로부터 외교교섭의 지시를 받고 안병찬의 석방을 협의하기도 하였다.

1921년 3월에는 상해에서 손정도 목사를 중심으로 조직한 '대한야소교 진정회'(陳情會)에 가입하여 국내외 각 교회에 한국독립을 호소하는 진정서를 보냈다. 1922년 하얼빈에 이어 평남 안주 교회의 목사직을 맡기 위해 입국 도중 신의주 급행열차 안에서 일본경찰에 체포되었다.

신의주지방법원에서 징역 1년 6월형을 선고받고 옥고를 치른 후 만주 봉천으로 건너가 독립운동을 계속하다가 평양으로 돌아왔다. 1931년 평양 대동강에서 개최된 수양동우회 하계대회에 참석하고, 여기에 가입하여 1937년 5월까지 선천지회 간사로서 민중계몽과 사회운동을 하다가 다시 일경에 체포되었다.

1940년 8월 21일 경성복심원에서 징역 2년형을 선고받았으나 고등법원에 상고하여 무죄를 받을 때까지 서대문형무소에서 수년간 옥고를 치렀다.

김선량(1899~1984)은 황해도 안악 출신이다. 3·1 항쟁 당시 신성학교 재학생으로 민족대표 이승훈의 지시를 받은 이 학교 성경교사 홍성익, 양준명 등의 지도하에 기숙사 지붕 밑에서 2·8 독립선언서(당시 3·1 독립선언서는 입수하지 못한 상태)를 등사하고 태극기와 '대호!조선청년'이라 쓴 큰 깃발을 제작하는 데 참여했다. 기미년 3월 1일에는 학생들을 이끌고 군청과 경찰서 앞에서 독립만세시위를 벌였다.

1932년 3월 장회욱, 정인종, 김동원, 김성업 등 기독교계 지도급 인사들과 함께 수양동우회에 참여하여 기관지《동광》을 발간하고 민족운동을 전개하다가 1937년 6월 일제 경찰에 체포되었다. 1939년 12월 경성지방법원에서 징역 2년, 집행유예 3년을 선고받고 항소했으나 1940년 8월 21일 경성복심법원에서 원심대로 확정판결을 받았다. 서대문형무소에서 2년 동안 복역하였다.

유기준, 김병연의 옥고

유기준(1899~1964)은 평남 강서 출신이다. 3·1 항쟁 당시 연희전문학생으로 각 전문학교 대표들과 3·1 독립운동을 주도하였으며, 같은 해 5월 상해로 망명하였다.

1919년 상해에 대한민국임시정부가 수립되자 국내의 비밀행정조직인 연통제의 평안남도 특파원 임무를 띠고 8월에 입국하였다. 임시정부 계몽·선전과 국내지도자들과의 협의, 독립운동단체 조직, 정세파악 등의 임무를 수행하다가 평양에서 체포되었으나 취조 도중에 탈주하여 다시 상해로 건너가 임시정부 군무총장 이동휘의 권유로 국무원 서기에 임명되었다. 흥사단 원동지부에도 가입하여 활동하였다.

1921년 대한적십자회 상의원(常議員)에 선출되었으며, 1921년에는 상해 한인구락부를 조직하였다. 1922년 귀국하여 연희전문학교 사무원 생활을 하다가 1923년 수양동우회에 참여하여 활동하였다. 이와 관련 일경에 체포되어 1939년 12월 경성지방법원에서 무죄가 되었다가 1940년 8월 징역 2년 집행유예 3년 선고를 받고, 1941년 2월 고등법원에서 무죄로 출감할 때까지 미결수로 서대문형무소에서 옥고를 치렀다.

김병연(1896~1965)은 평양 출신으로 1919년 비밀결사 철혈청년단을 조직, 임시정부 선포문, 각료 명단 등을 비롯《청년단보》와 각종 비밀문서를 발간, 배포하다가 일경의 추적을 받아 간도로 망명하던 중 체포되었다. 이 사건으로 1920년 3월 평양지방법원에서 제령 제7호 위반혐의로 징역 6월을 선고받고 옥고를 치렀다. 1923년에는 홍범도 장군의 간도군관학교에 군자금 모금 및 추천활동을 하다가 다시 체포되어 6개월의 옥고를 치렀다. 1928년 평양에서 홍사단 운동과 관련한 동우구락부 조직에 참가하고, 1937년 6월 수양동우회 사건으로 체포되었다. 1939년 12월 무죄판결을 받을 때까지 서대문형무소에서 옥고를 치렀다.

한승곤, 신현모의 옥고

한승곤(1881~1947)은 평양 출신으로 1913년 미국에 망명하였다. 시카고 등지에서 목회활동을 하면서 1919년 미국 홍사단 본부 의사장(議事長)에 선임되어 홍사단 활동에 적극 참여하게 되었다. 1936년 5월 개최된 북미 대한인국민회의에 대표로 참석하여 대한민국임시정부 재정후원과 항일독립운동 세력규합 등의 문제를 논의하였다. 1937년 6월 귀국하여 수양동우회에 참여했다가 일경에 체포되었다.

1940년 8월 경성복심원에서 치안유지법 위반으로 징역 2년, 집행유예 3년을 받고 서대문형무소에서 수형생활을 하였다.

신현모(1894~1975)는 황해도 연백 출신으로 1917년 미국으로 건너가 대한인국민회와 홍사단 및 청년혈성단에 가입하여 활동하였다. 1932년 귀국하여 물산장려회에 참가하고 조선어학회에 가입,《조선어사전》편찬의 재정위원으로 활동하였다. 1937년 6월 수양동우회 사건으로 체포되어 잔혹한 고문을 받고 1941년 11월 고등법원에서 무죄로 석방될 때까지 3년여 동안 서대문형무소에서 옥고를 치렀다.

1942년 10월 조선어학회사건으로 다시 구속되어 홍원경찰서와 함흥경찰서에서 잔혹한 고문과 악형을 받고 1943년 9월 출옥하는 등 옥고를 겪었다.

조공재건위 사건과 서대문형무소

조선공산당재건위 사건

'조선공산당의 재건운동'이란 코민테른의 지부승인이 취소된 조선공산당을 코민테른의 12월 테제에 의거하여 재건하려고 한 운동으로서, 1929년부터 1930년대 중반까지 주로 조선 국내에서 지하활동으로 전개되었다. 이 운동은 또 1920년대 초부터 일어난 공산주의운동의 연장선상에 있는 것이고, 1930년대의 조선민족해방운동의 중요한 일부분을 차지하는 것이었다.

조선의 공산주의운동은 3·1 독립운동 후 사회주의, 공산주의 사상을 민족해방사상으로 처음 인텔리층이 다투어 도입한 데서 비롯되었다. 처음에는 주로 계몽활동이었고, 뒤이어 그 활동을 배경으로 청년단체, 노동단체가 조선 각지에서 조직되고 나아가 비합법조직인 공산당이 결성되었다. 그러나 일본 관헌의 심한 탄압으로 공산당 조직은 여러 번 변하였다. 몇 번이나 조직이 발각되어 많은 활동가들이 검거되고 투옥되었다. 그때마다 남은 구성원들이 조직을 이어받은 형태로, 1925년부터 1928년까지 불과 3년 사이에 4차례나 공산당이 조직되었다.

그런데 1928년 말 코민테른은 파벌싸움을 이유로 조선공산당에 대한 승인을 취소하였다. 그리고 당의 재건지령이라고도 할 수 있는 12월 테

230

제를 발표하였다. 이후 조선의 공산주의운동은 종래와는 다른 형태로 전개된다. 12월 테제는 한마디로 말하면 노동자·농민에 기초하여 당을 재건하라는 것이었다. 따라서 적색 노동운동과 적색 농민운동이 1920년 대 말부터 급격히 증가한다. 단 대부분의 공산당 재건운동도 노동자와 농민의 조직화에 적극적으로 몰두하게 된다.

그 때문에 종래의 운동이 중앙중심적이었는 데 반하여 재건운동은 지 방분산적인 경향을 강하게 띠었다. 단 조직방식에서도 종래와는 달리 하부조직에서 시작하여 상부조직으로 나아가는 방식이 시도되었다(堀 稔, "조선공산당 재건운동,"《1930년대 민족해방운동》, 거름).

이상이 조선공산당의 재건운동에 관한 설명으로 더이상의 설명은 생 략하고, 여기서는 이 사건의 핵심적 인물들의 활동상을 서대문형무소와 관련하여 정리키로 한다.

이재유의 2차에 걸친 옥고

조선공산당 재건운동을 말할 때 이재유를 빼놓을 수 없다. 그는 이 운동의 중심인물이다.

> 이재유 동무는 우리들과 함께 8월 15일 해방의 날을 맞이하지 못하 고 원통하게 작년(1944년) 청주보호교도소(拘禁所)에서 옥사하였 다. 그가 옥사하기까지의 짧은 반생은 오로지 일본제국주의 치욕 밑에서 조선의 독립과 근로대중의 해방을 위한 투쟁에 바쳤었다. 피검·고문·재감·탈주·지하활동 등 그의 걸어온 길은 형극의 길이었다. 그러나 그가 한시라도 잊지 않은 일념은 오직 조선혁명 이었다. 조선의 혁명을 위하여 살고 혁명을 위하여 죽는다는 것이 그의 소원이었다.
> 세상에는 혁명운동에 종사한 사람이 많지만 참으로 명예와 지위 를 떠나 신명을 아끼지 않고 일신을 바쳐 한길을 걸은 사람은 드물 다 하지 않을 수 없다. 불리할 때는 혁명운동도 헌신짝같이 버리고

돌아서서 보신하기에 바쁜 사람, 자신의 영달을 꾀하는 사람이 어찌 적다 할 수 있으랴. 혁명에의 길은 평탄한 대로가 아니다. 그것은 형극의 길이다. 그러므로 자기를 가장 잘 죽이고 버리고 연단하여서 혁명의 길 이외에 다른 아무런 삶의 길을 갖지 못하는 사람만이 참된 혁명운동가일 것이다. 그렇기 때문에 이 길은 노력의 길이고 정진의 길이고 뉘우침과 함께 스스로 자기를 채찍질하고 일어서는 단련도(鍛鍊道)이다.

이제 우리는 이재유 동무의 일생에서 이 길을 볼 수가 있다. 이재유 동무는 이런 길을 걸어온 사람 중에 한 사람이다. 우리는 그를 생각할 때 그의 거룩함을 우러러보는 동시에 무한한 존경을 가지고 그의 걸어온 길을 돌아보며 그의 길을 이을 것을 맹세하는 것이다.

이상은 《신천지》 1946년 4월호 및 5월호에 금강산인(金剛山人)의 명의로 쓴 "조선민족해방 영웅적 투사 이재유 탈출기"의 서두이다. 금강산인은 이하윤이라고 하나 확실하지는 않다.

이재유(1905~1944)는 누군가.

함남 삼수군 별동면 선소리의 빈농 집안 출신으로, 1924년 무렵까지 집안의 농사일을 거들다가 고학을 목적으로 상경했다. 보성고등보통학교에 편입했으나 학자금 사정으로 중퇴했다. 1925년 3월 개성 송도고보에 입학하여 재학중 사회과학연구회를 조직하고 동맹휴학을 주동했다. 이 사건으로 학교에서 퇴학당했다. 이후 일본 도쿄(東京)로 건너가서 니혼대학(日本大學) 전문부 사회과에 입학했으나 학자금 부족으로 학업을 중단했다. 도쿄제국대학 신인회(新人會)가 후회하는 노동학교에 다니면서 사회주의사상을 습득했다. 1927년 11월 고려공산청년회 일본부 후보위원으로 선임되었다. 1928년 3월 조선공산당 일본총국에 입당하여 도쿄 조선노동조합에 조직된 당 프랙션의 책임자가 되었다. 5월 고려공청 일본총국 선전부 책임자가 되었다.

그 무렵 도쿄 조선노동조합 각 지부에 공청원을 책임자로 하는 프랙션을 조직하고 지도했다. 일본경찰에 체포되어 국내로 압송되었고 경성지법에서 3년 6월을 선고받았으며 1932년 12월 만기출옥했다. 1933년 5월 조공재건을 위해 경성뜨로이까를 결성하고 책임자가 되어 이순금, 변홍대 등을 강제대에 배치했다. 소화제사, 경성고무, 조선면직, 종연방직에서 파업이 일어나자 경성뜨로이까의 성원을 동원하여 파업을 배후에서 지도했으며 동덕여자고등보통학교 등 7개 중등학교의 동맹휴학과 교사배척운동을 지도했다. 12월 정태식을 통해 경성제국대학 교수 미야케(三宅鹿之助)와 만나 운동정세를 토론하면서 새로운 운동방침을 모색했다. 1934년 1월 체포되었으나 경찰서 유치장에서 탈출했다. 탈출 이후 미야케 교수 집에 은거하면서 조직을 복구하고, 권영태 그룹과의 연계를 모색했다.

5월 미야케가 체포되자 그는 도로공사장으로 신분을 위장한 뒤 조직의 복구에 힘썼다. 11월 이관술, 박영출과 함께 경성 재건그룹을 건립했다. 1935년 1월 일본 경찰의 수배를 피하기 위해 이관술과 함께 양주군 공덕리에 은거했다. 경성 재건그룹이 화해된 뒤 반파쇼운동, 좌익전선 통일운동 등을 모색했다. 1936년 10월 조공재건경성준비그룹을 결성하고 기관지 《적기》(赤旗, 3회 발행)를 발간했다. 그해 12월 일본 경찰에 체포되어 경성지법에서 징역 6년을 선고받았고 감옥에서도 전향을 거부한 채 옥중투쟁을 전개했다.

1937년 초 감옥에서 자술서 형식으로 '조선공산주의운동의 특수성과 그 발전의 능부(能否)'라는 글을 남겼다. 이 문건에서 당시의 운동정세를 전반적 위기가 성숙한 혁명적 정세로 파악했으며, 이러한 인식을 기초로 조선혁명의 성격을 자본성 민주주의혁명으로 간주했다. 자본성 민주주의혁명은 조선독립과 노동자·농민정부(소비에트 형태의) 수립의 과정을 거치지 않고는 불가능한 것으로 보았다. 이 문건에서 계급전술을 여전히 강조하면서도 동시에 전민중적인 반제반파쇼전선의 결성을 강력하게 주창했다.

형무소 수감중에도 옥내(獄內) 공산주의자동맹의 교양책을 맡는 등의 활약을 펼쳤으나 1944년 10월 청주예방구금소에서 사망했다(《한국 사회주의운동 인명사전》, 창작과 비평사).

1937년 5월 1일자 《조선일보》호외는 이재유의 체포 사실을 2면에 걸쳐 대대적으로 보도했다.

> 탈주 탈주 탈주 4년간/적색거두 이재유 피고/신출귀몰! '칠종칠금' 피신술/일당 50명 금일 송국, 유치장과 사가(私家) 합쳐/전후 7차를 탈주/경찰을 현혹케 한 그의 변장술/지하서 부단히 운동을 지도, 창동령(倉洞領)상 괴농부/동지연락중 피습/상공학원 생도 최호극 체포가 단서/경찰부 변장대 대동원, 용산철도공장에 잠입/동지를 획득코자 활동/국제당 '테제'를 기본원칙으로/일당은 종로서서 검거

한 편의 소설과도 같이 흥미진진한 이재유의 탈출기와 그룹활동 내용, 검거경위 등을 소상히 다루고 있는 이 호외는 그러나 사건발생 5개월 만에 기사가 해제됨으로써 뒤늦게 알려진 내용이었다.

이재유는 1936년 12월 25일 경기도 양주군 노해면 창동에서 일본 경찰에 의해 체포되었다. 그의 체포사실이 6개월 후에 발표되었는데도 신문호외를 발행하는 것은 물론《동아일보》, 《조선일보》등이 대대적으로 보도한 사실에서 그의 존재와 비중을 충분히 알 수 있다.

이재유가 체포되어 7년형을 선고받은 당시의 상황을 《조선사회운동사사전》은 다음과 같이 기록하였다.

> 일본 제국주의자들은 그의 체포에 고액의 현상금을 걸어 수년 동안 그의 체포에 노력하였지만 성공하지 못하고 기상천외한 그의 영웅적 활동이 계속되었다. 그리하여 그의 이름은 널리 알려지게 되어 일본 제국주의자들을 극도로 당황시켰다. 그는 1936년 12월에 일본 제국주의 경찰의 대량동원에 의해 검거되었는데, 그때 조선 총독부 경찰국을 비롯하여 각 경찰서는 이재유 검거 축하회를 열 정도였다. 이것만 보아도 일본 제국주의자들이 그를 얼마나 두려워하였는지를 알 수 있을 것이다. 일본 제국주의자들은 그의 검거

로 조선공산주의운동은 종말을 고했다고 과대선전하였다.

구속된 이재유는 1937년 4월 23일 검찰에 송치되고 5월 1일 예심에 회부되었다. 서대문형무소에 수감되어 재판을 받는 동안 혹독한 고문과 취조가 계속되었다.

"도주를 도모하였다고 해서 무수한 매질과 욕을 당한 것은 물론이다. 놈들은 자기들의 경찰망 아래 도주를 꾀하는 것이 무모한 것이라고 비웃으며 모멸과 치욕을 가하였다. 그러면서도 혹시 어떨까 하는 의심에서 빈사지경에 이르도록 고통을 주어 재차 도주할 생각을 내지 못하도록 하였다."

"손에 자동식 수갑을 채우고 발에는 커다란 쇳덩어리를 붙들어 매어 수족을 묶인 몸이 되었다. 그리고 허리에는 방울을 차서 몸을 움직이면 달랑달랑 소리가 나서 간수의 졸음도 깨도록 하여두고 문이란 문은 다 열쇠를 굳게 채운 뒤 그 열쇠는 요시노 고등계 주임이 자기집으로 가지고 간다"(금강산인, "조선민족해방 영웅적 투사 이재유 탈출기,"《신천지》).

이재유의 공판은 지루하게 계속되었다. 1938년 6월 24일 제1회공판, 7월 5일 제2회 공판, 12일 제3회공판에서 6년형을 선고받았다. 서대문형무소에서 복역하던 그가 언제 공주형무소로 이감되었는지, 정확한 기록은 찾기 어렵다. 그는 1944년 10월 26일 6년형을 모두 채우고도 끝까지 전향을 거부한 미전향자라는 이유로 수감중인 공주형무소에서 옥사하였다. 41세의 짧은 생애를 조국해방투쟁에 떨치고 순국한 것이다.

이재유는 서대문형무소와는 '각별한' 인연이 있었다. 1928년 3월 고려공청 일본총국에 가입하여 선전부 책임자로 활동하던 중 그해 7월 고국으로 돌아오다 제4차 조선공산당 검거사건 관련자로 경기도 경찰부에 검거돼 1930년 11월 5일 경성지법에서 치안유지법 위반혐의로 징역 3년 6월을 선고받고 서대문형무소에서 수감생활을 하였다. 그가 만기출소한 것은 1932년 12월이었으니, 2년 7개월 만에 다시 서대문형무소에 수감된 것이다. 여기에서 가혹한 고문과 옥중투쟁으로 건강을 해치게 되었고 마침내 공주형무소에서 숨을 거두었다.

이현상, 박세영의 옥고

지리산 빨치산 총책으로 잘 알려진 이현상(1906~1953)은 '이재유 그룹 검거사건'에 연루되어 서대문형무소에서 7년 동안 복역했다.

그는 전북 금산 출신으로 고창고등보통학교를 중퇴하고 서울중앙고보 재학중 6·10 만세운동에 참가, 체포되어 경성지법 검사국에서 기소유예 처분을 받았다. 1927년 4월 보성전문학교 법과에 입학했다가 상해로 가서 한인청년회에 가입했다. 이듬해 4월 귀국, 서울에 있던 조선학생과학연구회 서무부장이 되고 조선공산당에 입당했으며 이어 고려공산당에 가입하고 경성청년동맹 준비위원으로 창립대회에 참가했다. 경신학교 등에서 맹휴가 발생하자 각종 격문을 배포하고 근우회 전국대회가 금지되자 이를 비난하는 격문을 배포했다. 1928년 9월 제4차 조공검거사건으로 일경에 검거되어 징역 4년을 선고받고 서대문형무소에서 복역했다.

1932년 출옥하여 1933년 이재유의 지도하에 서울 동대문·용산지역을 중심으로 적색노동조합을 조직하기 위한 준비활동을 전개하고, 그해 말 이재유 그룹 검거사건에 연루되어 서대문형무소 등에서 7년간 복역했다. 1940년 경성콤그룹에 참가하여 인민전선부를 맡아 활동중에 다시 체포되어 2년간 미결에 있다가 병보석된 후 지하활동을 계속했다.

해방후 9월 조공결성에 참여한 이후 1948년 지리산으로 들어가 빨치산투쟁을 지도하나가 1953년 9월 지리산 빗점골에서 토벌대에게 사살되었다.

박세영(1909~?)은 서울에서 태어나 수하동 공립보통학교를 다녔다. 인쇄노동에 종사하면서 서울인쇄직공청년동맹 등에 가입했다. 1926년 협우청년회(協友靑年會), 한양청년연맹, 1927년 신간회 경성지회 등에 가입하고 1928년 2월 서울 관훈동 희문관 인쇄소의 노동자들을 중심으로 공산주의 비밀결사를 조직했다.

고려공산청년회 재건경성위원회 결성에 참여한 것을 비롯 공산주의 운동을 전개하다가 1930년 일본 경찰에 수배되었다. 1932년 3월 혁명적 노동조합운동 대표자회를 열고 흥남좌익을 조직해 지도자가 되었다. 기관지 《노동자신문》 창간호를 발간하고 《붉은 주먹》, 《10월서신》 등을 출간했다. 1933년 4월 메이데이 격문 약 2천 장을 원산역 부근에서 군중에게 살포했으며, 메이데이 공동투쟁을 계기로 흥남의 ML계 적색노동조합운동 참가자들과 합동하려고 시도하다가 5월 검거되어 1934년 10월 함흥지법에서 징역 10년을 선고받았다.

서대문형무소로 이감되어 복역하면서 비밀리에 팸플릿을 만들어 옥중에서 회람시켰다. 1938년 10월 다시 옥중에서 팸플릿 〈소련의 경제건설의 성과-혁명 21주년 기념일을 맞으며〉를 만들어 배포하던 중 발각되어 1939년 8월 경성지법에서 추가로 징역 1년 6월을 선고받았다. 해방 후 1948년 8월 해주에서 열린 남조선인민대표자대회에서 제1기 최고인민회의 대의원으로 선출되었다.

공원회, 김삼룡의 옥고

공원회(1907~?)는 경남 통영 출신이다. 1923년 통영공립보통학교를 졸업하고 가족과 함께 서울로 이사왔다. 중앙고등보통학교 재학중에 사회주의사상에 접근했다.

1926년 4월 서울청년회에 가입하여 1927년 4월 집행위원이 되었다. 1928년 4월 연희전문학교 문과에 입학했으나 7월에 중퇴했고 1929년 4월 전북공산당사건에 연루되어 체포되었으나 12월 예심에서 면소조치로 출옥했다. 1931년 6월 적색노동조합 결성을 촉구하는 유인물을 전국사회단체에 우송한 혐의로 일경에 체포되어 경성지법에서 징역 6월을 선고받고 만기출옥했다. 8월 조선공산당 재건을 위해 적위대를 결성하고 서기국 겸 정치부 책임자가 되었다. 이후 부산 공장지대 노동자의 획득, 조선인·일본인 노동자의 공동투쟁, 기관지 발행을 모색했다. 9월 일경에 체포되어 1934년 11월 징역 3년 6월을 선고받고 서대문형무소에서 수감생활을 하다가 1936년 12월 출옥했다.

그는 1933년 3월 통영에서 양복점을 경영하는 한편 서울을 왕래하며 사회주의운동을 재개했다. 6월 서울에서 이재유 그룹, 권영태 그룹, 경성제국대학 반제동맹, 권우성 그룹 관련자들과 함께 당 재건운동과 적색노조운동에 관해 협의했다. 7월 중일전쟁이 일어나자 결정적 시기의 도래를 예견하고 이에 대비하여 동지규합, 자금조성 등 준비활동에 노력했다. 11월 일경에 검거되어 1938년 12월 징역 1년 6월을 선고받고 서대문형무소에서 복역했으며 이후의 행적은 불명이다.

김삼룡(金三龍 : 1910~1950)은 충북 충주 출신으로 소작인의 아들로 태어났다. 1928년 서울로 올라와 고학당(苦學堂)에 입학했다. 1930년 11월 사회주의 독서회를 조직한 혐의로 서대문경찰서에 검거되어 1931년 3월 경성복심원에서 징역 1년을 선고받고 서대문형무소에 수감되었다. 그해 여름 서대문형무소에서 이재유를 만났다. 1932년 2월 출옥한 후 고향으로 내려가 농사일을 하다가 그해 겨울 인천부두 하역인부로 취업하고 노동운동에 종사했다. 1934년 1월 인천에서 적색노동조합조직준비회를 결성하여 활동하다가 일경에 검거되었다.

1939년 4월경 이관술과 무명의 공산주의자그룹을 결성했고 1940년 3월 경성콤그룹에서 조직부와 노조부를 담당했다. 이 무렵 이순금과 비밀리에 결혼했다. 12월 또 다시 일경에 체포되었다.

서대문형무소를 거쳐 전주형무소에서 복역중에 해방으로 출옥하여 조선공산당 조직국원으로 선출되었다. 11월 전국인민위원회 대표자대회에 참석하는 등 사회주의 활동을 하고, 1948년 7월 남로당 최고책임자가 되었다. 1949년 5월 조국통일민주주의전선 결성 준비위원으로 선정되었으나 1950년 3월 대한민국 경찰에 검거되어 6월 사형당했다.

박진홍, 이관술의 옥고

박진홍(朴鎭洪 : 1914~?)은 이재유와 내연의 관계를 가진 여성이다. 함북 영천에서 태어나 1928년 화태(花台) 공립보통학교를 졸업하고 부모와 함께 상경했다. 서울 동덕여자고등보통학교에 입학하여 재학중 동맹휴학을 주도하다가 퇴학당했다.

그후 서울에서 용산제면회사, 대창직물, 대창고무공장 등에 직공으로 취직하여 노동운동을 전개했으며 1931년 12월 경성학생RS 협의회 검거사건에 연루되어 일경에 체포되었다. 2년간 서대문형무소에서 수감생활을 마치고 1933년 11월 예심 면소로 석방되었다.

1934년 초 이재유 그룹의 당 재건운동과 관련되어 다시 검거되었다가 풀려났고 그후 이재유와 함께 살면서 적색노동조합운동에 참가했다. 1935년 1월 용산적색노조 사건에 연루되어 1936년 7월 징역 1년 6월을 선고받았다. 1937년 서대문형무소에서 아들을 출산하고 5월에 출옥한 그녀는 7월 이관술과 연락을 취하며 활동을 재개하다가 다시 검거되었다. 1938년 12월 경성지법에서 징역 1년을 선고받고 서대문형무소에서 수감생활을 하다가 1939년 중반경에 출감했으며 경성콤그룹에 관계하다가 다시 검거되어 1944년 10월 석방되었다.

출옥후 경성콤그룹사건의 동지인 김태준과 비밀리에 결혼하고, 1945년 연안(延安)에서 공산주의 활동을 하다가 해방을 맞아 민주주의민족전선 등에 참여하던 중 월북했다.

이관술(1902~1950)은 경남 울산 출신으로 이순금의 오빠다. 1929년 도쿄(東京)고등사범학교 지리역사학과를 졸업했다. 재학중 법제경제연구회에서 활동하면서 사회주의사상을 수용했다. 그해 4월 동덕여자고등보통학교 교사가 되어 1932년 10월 이 학교 학생들을 상대로 독서회를 지도했다. 11월 반제동맹 경성지방결성준비위원회를 조직하고 1933년 1월 반제동맹사건으로 검거되었다가 1934년 3월 병보석으로 가출옥하여 12월에 징역 2년, 집행유예 4년을 선고받았다.

보석으로 출옥중이던 1934년 9월부터 조선공산당 재건운동을 지도하던 이재유와 연결되어 활동을 재개했고 12월 이재유, 박영출과 함께 조공경성재건그룹을 결성하고 학생운동 분야를 담당했다. 1935년 1월 일경에 경성재건그룹의 조직원 일부가 검거되자, 2월 검거를 피하기 위해 이재유와 함께 수재민 형제로 가장하고 경기도 양주에 비밀 활동근거지를 마련했다.

1936년 10월 경성뜨로이까, 경성재건그룹의 통일체인 조공재건 경성준비그룹 결성에 참여하여 출판부 책임자로서 기관지 《적기》를 발간했다. 12월 이재유가 체포되자 검거망을 돌파하여 행상을 가장하여 피신했다. 1937년 7월 경성뜨로이까 및 경성재건그룹 관련자들의 출옥을 계기로 조공재건 경성준비그룹의 재건을 추진했으나, 경찰에 발각되어 무산되었다. 이후 대전, 대구 등지에서 신분을 위장하고 비밀 공산주의 소그룹을 조직했다.

1939년 1월경 서울로 올라와 이순금, 김삼룡과 함께 비밀활동을 재개했다. 기관지 출판 책임자가 되어 《공산주의자》를 월간으로 발간하면서 "경성형무소의 반항사건을 보라", "예방구금령에 대하여" 등을 집필하여 게재하였다. 1940년 2월 인천에 기관지 편집아지트를 마련하고 편집책임자 박헌영의 거처를 마련했다. 6월 함경북도 주을에서 함북노동조합조직준비위원회 지도자 장순명을 만나 그들의 기관지 편집을 지도하고, 9월 함북노조조직준비위를 청진좌익노조준비위원회로 개편, 기관지 출판과 편집책임자가 되었다.

1941년 1월 검거되어 서대문형무소에 수감되었다가 1942~43년경 출옥하여 비밀 지하활동을 계속하다가 해방을 맞았다. 해방후 조공 총무부장 겸 재정부장, 1946년 2월 민주주의민족전선 중앙위원 등 좌익활동을 벌이다가 '정판사 위조지폐 사건'으로 미군정 경찰에 검거되어 1950년 6월 대전형무소에서 복역중 처형당했다(《한국사회주의운동인명사전》참조).

서대문형무소 여감방 실태와 급여실상

형무소도 사람이 사는 곳이다. 온갖 종류의 사람이 수감되는, 어느 측면에서는 사회의 축소판이라 할 수 있다. 1920년대 서대문형무소 여감방에서는 여러가지 유형의 노래가 불려졌다. 형무관들의 엄격한 단속에도 불구하고 각종 노래가 수인(囚人)들의 입에서 입을 통해 유행되었다. 다음에 소개하는 노래는 서대문형무소에 수감된 여성 독립운동가가 지어 부른 것이 일반여성 수인들에게까지 전파되어 두고두고 불린 노래말이다.

해는 지고 바람은 찬데 / 몰려오는 눈초리 / 아리고 매웁도다 / 정숙한 이내 몸에 / 포박이 웬일인가 / 무죄한 이 내몸에 / 악형이 웬일인가 / 귀히 길던 이 내몸에 / 철창살이 웬일인가 / 북한산머리에 눈이 쌓이고 / 반야중천에 달은 밝은데 / 청춘의 끓는 피 참기 어려워 / 느껴 울음에 목매치도다

— 이정찬, 《내인생 교도소와 함께》, 한국교정선교회

1920년 서대문형무소 여감방의 실상은 어떠했을까. 이와 관련하여 이정찬 씨의 앞의 책을 인용한다(이 씨는 3·1 항쟁 때 개성에서 만세를 부르다가 서대문형무소에서 옥고를 치르고 나온 이애주 여사의 회고록 내용을 자신의 책에 실었다. 다음은 이것을 재인용한 것이다).

감옥으로 들어가보니 20평 남짓한 넓이에 90여 명의 죄수가 거처하고 있었으며, 그 좁은 방에 똥통이 일곱 개나 되는데도 차례를 기다리는데 싸움이 벌어지곤 하였다. 그곳에서 생기는 가스냄새와 악취가 어찌나 화학성이 농후하던지 처음에는 누구나 다 한 번씩 코피를 쏟았다고, 대동사건으로 1년 복역을 마치고 나온 전필순이 옥중광경에 대해 말했다.

당시 여감방의 모습은 어떠했는가. 마루바닥에 다다미를 깔아주는 것만이 남자 감방과 다르다. 이불은 네 사람 앞에 하나씩인데 얼굴을 덮으면 무릎까지 나오고 발을 덮으면 젖가슴까지 나오는 그런 기장이 짧은 이불이었다.

기결수의 수의는 붉은 옷이요, 밥은 콩밥 한 덩이와 소금, 물 그리고 무장아찌 두어 쪽, 그것도 밥을 주기 전에는 꼭 간수가 훈화를 하게 되어 있었다. 훈화는 욕지거리에서 시작하여 욕지거리로 끝났다.

"네까짓 것들이 건방지게 정치에 무슨 상관을 하느냐, 가정도 개량도 못하고 자녀도 잘못 양육하는 것들이 무슨 주제에 정치냐, 응, 정치냐 말이야."

경성감옥의 참수도

1926년에 일본인들이 발간한 《거류민지석물어》(居留民之昔物語) 란 책이 있다. 조선이석회(朝鮮二昔會)가 발행하고 藤村德一이 편집한 것으로, 20년 이상 조선에 거류하는 일본인 식자들이 조선의 제반문제를 정리한 내용이다.

이 책에는 '박영효가 일본 망명중 대원군에게 보낸 서한'을 비롯하여 '원산개항 당시의 실황 기타', '민비사건 기타', '일진회와 동학당', '일청 전역의 통역 기타', '이태왕(李太王)의 공개연설 기타', '한양공원의 창설 기타' 등 사료적 가치가 있는 내용도 포함되어 있다. 특히 이 책에는 서대문형무소의 전신인 경성감옥과 관련하여 '경성감옥의 참수도'(斬首刀) 란 글이 실려 있다. '淸谷惠眼 씨 담(談)'으로 된 것으로 보아 淸谷이란 사람의 말을 편집자가 정리한 내용인 듯하다.

〈20여년 전의 한국감옥과 자웅 두 자루의 참수용 청룡도〉

회상하면 20여년의 옛날, 메이지 38년의 일로 나는 명동, 즉 지금의 메이지 초에 죽은 벗 오토와 겐테스 군과 동거하고 있었다.

일찍이 나는 교토 본원사 대학 졸업후 미이케 집치감, 경찰감옥학교, 미야기 집치감, 미야자키 감옥 등에 교회사(敎誨士)로서 죄수교화에 관한 업무에 종사하던 일이 있었다. 때문에 한국어에 능통한 오토와 군을 번거롭게 해서 그의 소개에 의해 종로 십자로 서쪽에 있는 한국 유일의 감옥을 시찰했다.

감옥시찰에는 특별한 취미를 갖고 있었고 이 가운데 감옥개량에 대해서는 경찰감옥학교 시대에 다소 연구를 한 바도 있었다. 또 실제 그 국(局)에 있었던 관계로 종로감옥의 서장과 간수장 등에게 감옥개량의 필요성을 설명하고 들려주었지만, 서장도 간수장도 감동하는 모양은 없고 단지 이상한 얼굴을 하고 있었다. 오히려 이쪽이 한층 이상했다.

당시 한국의 감옥은 제도상으로나 죄수를 다루는 데도 규율이 없고 징벌최상주의로 선도감화나 정신적 교화방법 같은 것은 조금도 고려되지 않았다. 감옥의 구조는 연와로 만들어졌지만 일체 잡거제(雜居制)이고 감방은 협소한 데다 청소를 하지 않아 대단히 불결하고 악취가 풍겨 죄수가 신음하고 있는 음울한 모양은 실로 비참하고 잔혹했다.

감옥개량은 세계의 추세라고 할 만한 시대에 와 있고 일본 곳곳을 실제로 본 내 눈에는 흡사 17세기경의 서양감옥사를 읽을 듯한 학대, 그리고 일본 명치유신 전 봉건시대의 감옥상태를 방불케 하는 느낌도 있었다. 그때의 감옥서장은 종 2품으로 교영선이라는 온후한 신사였다. 가끔씩 서장으로부터 초대받아 감옥을 방문해 몇시간이고 열심히 감옥개량을 설파한 것이 인연이 되어 이미 그의 자택인 홍문동, 지금의 삼각정에도 자주 방문했다.

나중에는 그의 부인과도 절친하게 되었는데 부인은 이른바 재색을 겸

비해서 보통 조선의 상류부인과는 달리 활발하고 교제에도 능란한 사람이었다. 간수장 홍진환이라는 사람도 대단히 부드럽고 친절한 사람으로 스스로 안내자가 되어 감옥 안을 빈틈없이 안내하고 일일이 설명했기 때문에 시찰할 때 대단히 편리했다.

그곳의 시설이나 죄수를 다루는 정황은 흡사 봉건시대의 상태로 뭐라 형용할 수 없는 상태였다. 그 시찰중에 관심을 끌었던 것은 현재적으로 1개, 역사적으로 1개 있었다. 현재적인 것으로는 일본 감옥에서 사용하는 식기는 보통 목제로, 드물게는 법랑제품을 쓰는 곳도 있지만 (한국의 경우) 전부 놋쇠로 만든 가정에서 쓰는 것과 비슷한 식기를 사용했다.

역사적인 것은 조선 5백년 이래 정치범, 일반범을 따지지 않고 누구라도 참죄에 처하는 때에는 종로 십자로 가두, 단두용 무기는 2개의 큰 청룡도로 하나를 웅도, 다른 하나는 붉은 녹이 슨 칼로 자로라 불렀다.

전광석화처럼 솜씨좋게 한칼에 목을 베는 것은 절대불가능할 만큼 보기에도 대단히 둔한 칼이기 때문에 죄인의 참살에는 십수회에 걸쳐 목을 내리치고 두드려 끊는다는 얘기를 듣고 죄수가 '아이고' 하며 단말마로 읍소하는 장면도 떠올라 전율감에 떨었다. 감옥 대대로 내려오는 보도(寶刀)를 멋대로 물건 넣어 두는 곳의 한쪽에 방치하는 유감스런 일을 서장 김영선에게 말했더니 감옥개량의 첫걸음으로써 붉은 녹이 있는 웅자의 철룡도는 소중하게 보존해야 한다는 데 쾌히 동감하고 바로 홍간수장에게 명령해 사무실에 옮겨 보관하게 됐다.

지금은 총독정치하 감옥의 개량, 죄수를 다룰 때의 감화, 출옥인 보호사업 등을 차근차근 개선시켜, 성은(聖恩)이 죄수에게까지 미치고 있어 20여년 전 감옥의 비참한 상황을 뒤돌아보면 실로 금석지감(今昔之感)을 느끼게 된다.

수인들의 처우

일제의 조선인 수인(정치범이나 일반사범)에 대한 처우는 그야말로 야만적이었나. 일본에서는 1934년부터 계급적 누진처우 제도가 실시되고 있었으나 조선에서는 차별적인 처우 그대로였다.

그러던 중 1938년 1월 1일부터 '조선 특수사정에 적당한' 방안을 마련하여 실시하였는데, 그나마 행형사상 획기적인 전기를 이룩한 것으로 알려진다.

권인호 씨의 《행형사》(行刑史, 국민서관)를 중심으로 당시 성안된 행형누진제도를 살펴보자.

(가) 목 적

처우규칙 제1조에 그 목적을 명시하고 있는데, 수형자의 개전을 촉구하고, 갱생시키기 위하여 그 노력의 정도에 따라 누진적으로 처우를 온화하여 점차 사회생활에 적응케 하는 데 그 목적이 있다.

(나) 실시방법

누진처우의 단계는 제11조에서 4계급으로 분류되었다. 즉 제4급, 제3급, 제2급, 제1급으로 나누고 계급의 누진은 각 급에 정하여진 일정한 책임점수의 전부를 매월의 행형성적에 의한 소득점수를 가지고 소각(消却)하였을 때 이를 행하도록 하였다.

(다) 책임점수의 산정

제16조에 의하면 형기를 월로 환산한 것을 2점으로 곱하여 얻는 것을 각 계급의 책임점수로 한다고 되어 있으며, 누범자에 대하여는 형기를 월로 환산한 것으로 그 5점으로 곱하여 얻은 것을 각 계급의 책임점수로 하며 단 무기는 20년을 형기로 한다고 되어 있다.

(라) 소득점수

매월 행형성적에 따른 소득점수는 ① 인격점 최고 6점 ② 작업점 최고 6점으로 되어 있다.

(마) 누진처우의 기준

본 기준에 대하여 규정 제4장에 구금 및 계호, 제5장에 작업, 제6장에 교화, 제7장에 접견 및 서신, 제8장에 급여가 각각 규정되어 있

〈표 14〉 양식 급여표 (1936. 12. 14)

등급	주식량(g)	칼로리	혼식비율 (쌀:콩:조)	등급	주식량(g)	칼로리	혼식비율 (쌀:콩:조)
특등	400	1,132	1:4:2	6등	240	679	1:4:2
1등	380	1,076	〃	7등	220	623	〃
2등	350	991	〃	8등	200	566	〃
3등	330	934	〃	중간식	200이하	734	〃
4등	300	849	〃	죽	180이하	601	〃
5등	270	764	〃				

다. 이와같은 누진처우 규정도 조선의 독립운동가들에게는 해당되지 않거나 유명무실하게 되었다. 이 무렵 재감자의 급양(給養)에 대해 살펴보면 다음과 같다. 주식은 쌀 10%, 조 50%, 콩 40% 비율의 혼식이었다. 1936년 12월 현재 주식 등의 급여율과 부식물 성분을 분석하면 〈표 14〉와 같다.

이와같은 열악한 급식과 가혹한 수감생활로 항일지사의 대부분이 옥고 1년만 지나면 심한 병을 얻게 되고, 고문 후유증이 도져서 반신불수가 되기 십상이었다. 또한 규정상으로는 최소한의 양식 급여량이 마련되었으나 형무소 관리들의 착취로 실제 수인들은 훨씬 모자라는 급식으로 배를 곯아야 했다.

식량 통계표 (1936)
- 주식물 총급여량 : 5,995,884g
- 통상 1일 1인 평균 급여량 : 908g
- 통상 1일 1인 평균 성분량 : 단백질 172g, 지방 85g, 함수탄소 492g, 칼로리 3,514cal
- 1일 1인 평균 부식물 성분량 : 단백질 18g, 지방 5g, 함수탄소 28g, 칼로리 235cal

옥중시

형편없는 급식과 중노동, 고문으로 서대문형무소에 수감된 항일지사들은 이중삼중의 곤욕을 치러야 했다.

《동광》 1933년 3월호에는 작자 약력 미상의 이정관이 옥고를 겪으면서 쓴 자작시 〈변기통과 그 얼굴〉, 〈동지의 부보(訃報) 그의 죽음을 곡하면서〉 등이 실려 있다.

변기통과 그 얼굴

무심히 변기통 뚜껑을 들었을 때에 나는 이곳으로 넘어온 후 처음으로 나를 보았다.

콩나물 그리고 우거지 배설물이 반사하는 눈이 푹 꺼지고 볼이 빠진 1625호, 이 미결수의 너무나 해맑쑥한 그 얼굴은 힘빠진 자인 것을 말하여 주었다마는 그러나 결코 그곳에서 나는 환멸의 그림자를 보지 않았다.

그대는 어쩔 수 없이 휴식하는 또다시 용감하여야 할 일병졸(一兵卒)이 아닌가?

그대가 이곳을 벗어날 때

그대의 앞에는 새로운 투쟁이 기다리고 있다는 것을 잊어버렸는가?

그대의 건강은 그대의 것이면서도

그대의 것이 아니란 것을 모르겠느냐?

영어(囹圄) 몇 달에 그렇게 초췌한 모양으로 어찌 우리들의 일에 돌진하려 하느냐?

굳세어라, 그대여!

그대 건강에 끊임없이 매질하여라.

내가 만족한 자위의 웃음을 크게 웃었을 때에
변기통의 그 얼굴 1625호도 힘차게 답하여 왔다.

동지의 부보 그의 죽음을 곡하면서

앓아서 누운 지가 닷새
병감(病監)으로 넘어간 지가 불과 열흘이 되지 못하여
철아, 그대가 영영 돌아오지 못할 길을 떠났단 말이 참말이
냐?
언제나, 언제나 저 좁다란 운동장으로 나오면, 준마(駿馬)
와 같이 힘차게 쫓아다니던 그대가 출정을 할 때마다 벽을 두
드린 후 갔다가 오겠다고 빙긋 웃으면서 수갑에 손을 잠그던
그대가
아! 지금은 그 열정에 넘치던 뜨거운 맥박이 끊어지고
굳센 힘이 약동하던 근육이 굳어진 차디찬 시체로 화하여서
무겁게 닫혀있는 저 문을 열고서 소리없이 나간단 말이 참
말이란 말인가
우리들 동지가 4개월 동안의 유치장을 버리고 이곳으로 이
끌려 올 때
홍수전의 부하와 같은 사나운 꼴이 된 우리들의 모양을 보고
미친 듯 실성하여 목놓아 울으시면서
그대의 허리를 꽉 껴안다 못하여
자동차의 뒤를 잡고 끌려오시던 그대의 어머니를 보고,
어머니! 어머니 같은 어머니가 어머니만이 아니란 것을 알
아주셔요.
이 세상에 수많은 우리 동지들의 어머니는 모두가 어머니와
같은 처지에 있지 않아요.

나만이 자애하신 어머니를 가진 것이 아니며, 어머니만이 이러한 자식을 가진 것이 아닙니다.

어머니 몸 편히 잘 다녀오라고 웃어주세요.

그것만이 나를 참으로 위로하는 것이며

어머니 스스로를 생각하는 것이 아니겠습니까?

한편으로 눈물을 씻으면서도

어머니를 대하여는 굳센 태도로써 위로를 드렸던 그대가 아니었던가?

이렇게도 다감하면서

철과 같은 의지의 뭉치를 보여주던 그대가 아니었던가?

그러한 그대가 연옥수삭(煉獄數朔)의 고난과 미미한 병마의 침해에

이기지 못하였단 말이 참말인가.

나는 그대의 죽음이 믿어지지도 않으며

결코 믿기란 미칠 것만 같구나

그러나 나의 앞에는 그대의 찬바람이 나는 시체가

놓여져 있는 것을 어쩌란 말이냐

아무리 눈을 닦고 보아도 그전이면 '관(寬)이냐' 하고 반갑게 악수하여 주던 그대가

묵묵히 입을 다물고 있는 데야 어떻게 한단 말이냐?

철아, 아무리 아무리 하여도 그대는 영영 돌아가고야 말았구나.

그러나, 철아!

그대의 몸을 위하여 주야로 걱정하다 청천의 벽력과 같은 그대의 부보(訃報)를 받고서 미쳐질 그대의 어머니를, 단 하나밖에 없는 자식의 시체를 안고 뒹굴 그대의 어머니를, 이번에는 어떻게 위로하여 드려야 좋단 말이냐?

어찌 서대문형무소에서만이겠는가. 일제시대, 조선의 모든 감옥은 이처럼 생사람을 며칠 만에 주검으로 만드는 연옥이었다. 이러한 연옥에서 애국지사들은 옥고를 치렀고 불구가 되거나 죽어야 했다.

의열투쟁과 서대문형무소

우리나라 역사에는 하나의 독특한 모델인 '의열사(義烈士) 투쟁'이란 전통이 흐른다. 나라가 위기에 처할 때면 빠지지 않고 몸과 마음을 바쳐 항거하여 국가와 민족을 지켜온 사람이 의열사다. '의열사'란 외국의 침략과 국내의 불의에 항거하여 하나뿐인 몸을 던져 나라를 구하고 정의를 실현하는 자기희생의 애국자를 일컫는다.

조선시대의 임진왜란과 병자호란 때의 의열사와 구한말 일제침략에 맞서 싸운 의열사, 일제 강점기 동안 민족해방과 자주독립국가 건설을 위해 투쟁한 의열사, 그리고 해방후 군사독재 정권에 저항하여 민주화와 민족통일을 위해 몸을 던진 의열사의 전통으로 이어진다.

의병이나 독립군의 항일투쟁이 대단위 조직에 의한 집단적이고 군사적 전투의 대항방식인 데 비해, 의열투쟁은 개인 혹은 소규모의 조직에 의한 개별적 또는 소집단적 격렬투쟁의 형식을 취한다. 게릴라전의 일종이라 할 수 있지만, 게릴라전이 소규모적이나마 체계적인 조직과 집단에 의한 무력항쟁인 반면, 의열투쟁은 개인이나 소집단의 투쟁이라는 차이점이 있다.

의열투쟁은 정면대결로는 이기기 어려운 적에게 큰 타격을 주기 위한 가장 효과적인 투쟁방법이다. 일제 강점기 동안 일제가 가장 두려워했던 것이 의열투쟁이었다. 만주지방의 독립군이나 임시정부의 움직임 등은 그들의 정보망에 의해 어느 정도 활동상을 포착하고 대비할 수 있었지만 도처에서 은밀히 진행되는 의열투쟁에는 효과적으로 대처하기 어려웠다. 이런 까닭에 애국지사들은 자신의 몸을 던져 일제에 타격을 입히는 의열투쟁을 끊임없이 전개하였던 것이다.

일제의 침략이 가시화되면서 시작된 의열투쟁의 효시는 1905년 주영공사(서리) 이한응의 음독순국으로부터 을사조약 직후 순국한 민영환, 조병세, 홍만식, 송병선, 이상철, 김태학 등으로 이어졌다. 1907년 네덜란드의 수도 헤이그에서 열린 만국평화회의에 참석했던 이상설·이준·이위종 3인의 특사 중 회의참석이 거부되자 통분함을 이기지 못해 순국한 이준, 군대해산에 저항하여 자결한 박승환, 1908년 미국 샌프란시스코에서 일본의 보호정치를 선전하고 다닌 친일 미국인 스티븐스를 총살한 전명운과 장인환, 1909년 하얼빈 역두에서 한국침략의 원흉 이토 히로부미를 처단한 안중근, 조선초대 총독 데라우치 마사다케를 처단하려다가 체포된 안명근과 친일부호인 장승원, 박용하, 양재학, 서도현 등을 처단한 광복단의 의거로 이어졌다.

1919년 3·1 항쟁 직후 의열투쟁의 선두에 선 강우규 의사의 사이토 마코토 총독 저격사건, 그리고 3·1 항쟁을 계기로 국내외에서 벌떼처럼 일어난 일련의 의열투쟁은 우리 의열투쟁사의 전성기를 이룬다.

김원봉 의사가 주도한 의열단

3·1 항쟁 직후인 1919년 11월 10일 만주 길림성에서 김원봉, 윤세주, 이성오, 곽경, 강세우, 이종암, 한봉근, 한봉인, 김상옥, 신철휴, 배동선, 서상격, 권준 등 13명이 결성한 비밀결사체 의열단은 일제에 대한 무장투쟁을 가장 선명하게 지향한 대표적인 의열단체이다.

의열단은 비밀결사의 공약으로 다음의 10개조를 내걸었다.

⑴ 천하의 정의의 사(事)를 맹렬히 실행키로 함
⑵ 조선의 독립과 세계의 평등을 위하여 신명을 희생키로 함

(3) 충의의 기백과 희생의 정신이 확고한 자라야 단원이 됨

(4) 단원에 선(先)히 하고 단원의 의(義)에 급히 함

(5) 의백일인(義伯一人)을 선출하여 단체를 대표함

(6) 하시하지(何時何地)에서나 매월 1차씩 사정을 보고함

(7) 하시하지에서나 초회(招會)에 필응(必應)함

(8) 피사(被死)치 아니하여 단의(團義)에 진(盡)함

(9) 一이 九를 위하여 九가 一을 위하여 헌신함

(10) 단의에 배반한 자는 처살함

이와같은 10개조를 공약으로 내건 의열단은 민족의 독립을 위하여 일제의 침략기관은 물론 일본인 지배자, 매국노, 친일파 거수, 밀정 등을 암살·파괴하고자 하였다. 이를 위해 의열단은 임시정부가 선언한 7가살(七可殺)과 비슷한 9가살을 선언했다. 임시정부의 7가살은 (1) 적괴 곧 총독·정무총감 이하 헌병·경찰 (2) 매국적, 곧 적의 국기하에 복(服)함을 주장하는 흉적 (3) 장귀(長鬼) 곧 고등경찰·형사 (4) 친일부호 (5) 적의 관리 (6) 불량배 곧, 독립운동을 해한 자 (7) 배반자 곧 동지로서 변절자 등이다.

의열단은 9가단 외에 파괴대상의 단체로서 (1) 조선총독부 (2) 동양척식회사 (3) 총독부기관지《매일신보》(4) 각 경찰서 (5) 기타의 적의 주요기관을 설정하였다.

경남 밀양 출신의 김원봉을 단장(의백)으로 선출한 의열단이 1920년부터 25년동안 감행한 주요 파괴활동은,

- 1920년 9월 14일 부산경찰서 폭파사건
- 1920년 12월 27일 제2차 밀양경찰서 폭탄투하사건(1차는 미수)
- 1921년 9월 12일 조선총독부 폭탄투하사건
- 1923년 1월 12일 종로경찰서 폭탄투하사건 및 삼판통(三板通) 사건
- 1924년 1월 5일 도쿄 이중교(二重橋) 폭탄사건

● 1926년 12월 28일 동양척식회사 및 식산은행 폭탄투하사건

등 눈부신 항일무장투쟁이었다.

　의열단의 무장투쟁은 1920년대 초에는 연평균 3건 내지 4건으로서 10년간 34건을 감행하는 등 치열한 면모를 보였다. 의열단 창단 4년 뒤에 김원봉의 부탁으로 신채호가 작성한 '의열단선언'(조선혁명선언)은 의열단의 투쟁정신을 잘 반영한다. 의열단선언은 3·1독립선언보다 훨씬 강경한 독립투쟁 노선을 천명하고 있다.

　이와 함께 의열단의 18개항 강령은 공약 10조와 더불어 항일투쟁의 찬연한 지침서로 평가된다.

　(1) 조선민족의 생존 적(敵)인 일본 제국주의의 통치를 근본적으로 타도하고 조선민족의 자유독립을 완성할 것

　(2) 봉건제도 및 일체의 반혁명세력을 삭제하고 진정한 민주국을 건립할 것

　(3) 소수인이 다수인을 삭제하는 경제제도를 소멸시키고 조선인 각개의 생활상 평등의 경제조직을 건립할 것

　(4) 세계상 반제국주의 민족과 연합하여 일체의 침략주의를 타도함

　(5) 민중의 무장을 실시할 것

　(6) 인민은 언론·출판·집회·결사·거주에 절대 자유권이 있을 것

　(7) 인민은 무제한의 선거 및 피선거권이 있을 것

　(8) 일군(一郡)을 단위로 하여 지방자치를 실시할 것

　(9) 여자의 권리를 정치, 경제, 교육, 사회에서 남자와 동등으로 할 것

　(10) 의무교육, 직업교육을 국가의 경비로 실시할 것

　(11) 조선내 일본인의 각종 단체(동척, 흥업, 조은 등) 및 개인(이민 등)의 소유한 일체의 재산을 몰수할 것

　(12) 매국적·정탐노 등 반도(反徒)의 일체 재산을 몰수할 것

　(13) 농민운동의 자유를 보장하고 빈곤 농민에게 토지, 가옥, 기구

등을 공급할 것

(14) 양도, 육영, 구제 등 공공기관을 설치할 것

(15) 대규모의 생산기관 및 독점성질의 기업(철도, 광산, 윤선, 전기, 수리, 은행 등속)은 국가가 경영할 것

(17) 일체의 가손잡세(苛損雜稅)를 폐지할 것

(18) 해외거주 동포의 생명과 재산을 안전하게 보장하고 귀국동포에게 생활상 안전지위를 부여할 것

이와같은 의열단의 항일투쟁과 이념지향에 대해 조선총독부는 단원과 관련자들의 체포에 혈안이 되고 체포한 의열단원에게는 가혹한 고문과 처형도 예사로 하였다. 의열단원 중 서대문형무소에서 사형을 당하거나 옥고를 치른 의열사를 살펴보자.

서대문형무소의 의열단원

● 곽재기(1893~1952) : 충북 청주 출신으로 청주 청남학교 교사로 재직중 1909년 청소년 비밀단체 대동청년당의 당원이 되어 80여 당원과 지하공작을 전개했다. 3·1 항쟁에 참가하고 황상규, 윤소룡, 김기득 등과 만주 길림성 동녕현 소수분으로 망명, 김원봉 등과 의열단을 조직, 김기득과 함께 상해로 건너가 폭탄구입에 노력했으나 자금관계로 뜻을 이루지 못하고 길림으로 돌아왔다.

1920년 3월 다시 상해로 가서 폭탄 3개와 필요한 재료를 구입, 동지 조현상과 운반방법을 의논하고 임시정부 외무차장 장건상에게 의뢰하였다. 장건상의 주선으로 폭탄은 경남 밀양청년단장 김병환에게 보냈다. 국내로 잠입해서는 임시정부가 보낸 폭탄 13개를 만들 만한 탄피, 약품, 부속품 등과 미제 권총 2정, 탄환 100발을 다시 밀양의 김병환에게 보냈다.

이해 6월 서울에서 동지들과 조선총독부, 동양척식회사, 경성일보사

등을 폭파하고자 정황을 탐지하다가 동지 6명과 경기도 경찰부에 체포되고, 경남 경찰부로 이송되어 극심한 취조를 받고 7월 31일 서울지방법원 검사국으로 송치되었다. 1921년 6월 21일 경성지방법원의 예심에 이어 공판에서 징역 8년을 선고받고 서대문형무소에서 옥고를 치렀다. 출옥후 다시 국외로 망명하여 만주, 상해, 노령 등지에서 독립운동을 계속하다가 해방후 귀국하였다.

● **구여순**(1892~1946) : 경남 의령 출신으로 3·1 항쟁 당시 최정학과 함께 의령지방의 독립만세시위를 주도하다가 일경에 붙잡혀 대구복심법원에서 징역 2년형을 선고받고 옥고를 치렀다. 출옥 후 1923년 중국으로 건너가 의열단에 가입하여 이해 12월 일제의 주요 관공서를 폭파할 목적으로 동지들과 국내에 잠입, 거사를 추진하던 중 일경에 체포되었다. 경성지방법원에서 징역 4년을 선고받고 서대문형무소에서 옥고를 치렀다. 출옥 후 다시 시베리아로 건너가 1928년 동지들과 반제지방단부(反帝地方團部)를 조직하여 군자금 모집 등의 활동을 전개하다가 1940년 귀국, 1941년 4월 경남 고성군 개천면에서 고려구국동지회를 조직하여 지하활동을 벌이다가 광복을 맞았다.

● **이성우**(1887~1929) : 함북 경원 출신. 신흥학교를 졸업하고 1919년 11월 의열단에 참가하여 1920년 3월 김원봉과 함께 상해로 건너가 폭탄과 무기를 구입하는 데 전력을 다하여 중국인 은익삼을 통해 도화선용 폭탄 7개와 투척용 폭탄 6개, 미제 권총과 탄약을 구입하였다. 4월에는 중국인으로 변장하고 구입한 무기들은 중국궤짝에 포장하여 기선으로 만주 안동현에 무사히 옮겼다. 이 무기들은 앞서 부산에 잠입한 의열단 동지 배중세에게 기차편으로 운송토록 하였다.

은밀히 귀국하여 국내 동지인 이일경, 김재수, 김병환. 배중세 등에게 연락하여 부산 등지에 보내두었던 폭탄을 서울로 가져오게 하고 거사를 준비하던 중 일제의 조선인 형사 김태석에 의해 체포되었다. 1920

년 6월의 일이다. 이듬해 3월 3일 8년 징역형을 선고받고 서대문형무소에 이어 청진형무소에서 옥고를 치르던 중 파옥, 도주를 도모하다가 발각되어 2년형이 추가되어 1928년 3월에 출감하였다.

● 황상규(1890~1930) : 경남 밀양 출신으로 1918년 만주 길림으로 망명, 김동삼, 김좌진 등과 무오독립선언서를 발표하고 1919년 4월 대한정의군정사(大韓正義軍政司)에 가담하여 회계과장을 맡았다. 의열단에 가담하여 1920년 5월 곽재기 등과 서울에 잠입, 거사준비를 하다가 6월 한인 형사 김태석에게 붙잡히고 말았다. 1921년 7년 징역을 선고받고 서대문형무소에서 복역, 출옥 후에도 신간회중앙간부, 조선어학회 간부 등을 역임하였다. 1920년 후반에서 1931년 9월 별세하기까지 향리에서 노동야학원과 여자야학원을 설립하여 교육을 통한 독립운동에 헌신하였다.

● 백영무(1893~미상) : 신의주 출신으로 1913년 만주로 건너가 해외혁명동지회를 조직하여 연락책임자로 활약하였다. 1916년 만주통화현에서 문명준, 임석호 등 동지와 광복단을 조직, 총무로 활약하는 한편 1922년에는 의열단에 가담하여 독립운동에 매진하였다. 1923년 경기도 경찰부의 경부 황옥과 함께 다량의 폭탄으로 일제관서 폭파와 주구배 처단을 시도하다가 일행 중 김재진이 일제에 매수되어 밀고함으로써 동지들과 일경에 붙잡혔다. 1924년 4월 22일 경성지방법원에서 징역 6년을 선고받고 5년 동안 서대문형무소에서 옥고를 치렀다.

● 유석현(1900~1987) : 충북 충주 출신으로 3·1항쟁 후 일경의 추적으로 만주로 거너갔다. 의열단에 가입하여 1922년 군자금 조달을 목적으로 국내에 잠입하였다. 1922년 12월 김지섭 등과 함께 서울 무교동 백윤화 판사를 협박하여 군자금을 모금하려다가 실패, 다시 중국으로 건너가 1923년 5월 김시현, 황옥, 김지섭 등 동지를 규합하여 무기반입을

모의하여 북경에서 폭탄 36개, 권총 5정, 독립선언문 3천 매 등을 소지하고 입국, 거사를 준비하다가 밀고자에 의해 1923년 3월 15일 체포되었다. 경성지방법원에서 징역 8년을 선고받고 서대문형무소에서 옥고를 치른 후 만기출옥하여 1941년 다시 만주로 건너가 독립운동을 벌였다.

● 유병하(1898~1987) : 경북 안동 출신으로 1922년 의열단에 가담하여 이듬해 독립운동가들을 체포하기 위해 천진에 특파된 경기도 경찰부의 한인 경부 황옥을 설득하여 동지적 결합을 맺고 폭탄과 전단 수천 장을 국내에 반입하여 총독부를 비롯한 일제의 주요기관을 폭파하고자 하였다. 1923년 2월 김시현에게서 무기를 제공받아 유시태 등과 서울의 부자인 이인희의 집에서 독립군자금을 조달하다가 체포되어 8월 21일 경성지방법원에서 징역 6년을 선고받고 서대문형무소에서 옥고를 치렀다.

한인애국단의 의열투쟁

모래와 흙을 몰아치는 비바람이 세상을 덮고, 사람을 미혹케 하는 괴물과 요정들이 횡행할 때 벽력일성이 천지를 진동케 하였으니 이것이 바로 동경 사쿠라다몬(櫻田門) 앞에서 폭발된 '1·8 폭탄사건'이다.

이 사건은 벌써 9개월을 경과하였다. '한인애국단'의 사업으로 말하면 국내에서 일찍이 xx 사건이 있었고, 상해에서는 전세계를 진동시킨 홍구공원폭발사건, 대련에서는 5·24 本庄, 山岡 암살미수사건 등이 있으나 김구 선생께서는 항상 침묵을 지키시고 특수한 사정이 없다면 이것을 세간에 알리지 말라 하였다. 그러나 동경폭탄사건에 대하여는 말하지 아니치 못할 사정이 있다.

대한민국 14년 9월 16일 동경 대심원은 이 사건에 대하여 소위 제1차 공판을 하고, 또 다시 동월 말일 오전 9시 15분에 해원(該院)에서는 350명이나 되는 군경들이 철옹성 같이 둘러싼 가운데서 李 의사에게 사형을 선고하였으니, 이리하여 온 세상이 경망하는 이봉창 의사는 드디어 작일(대한민국 14년 10월 10일) 오전 9시 2

분에 이 세상을 길이 떠나고 말았다. … 1월 8일 櫻田門 앞에서 자기 손으로 폭탄을 던진 이 의사는 일본 임금의 가슴을 서늘케 하고 적의 군중들이 놀라 아우성을 칠 때 그 자리에 가슴속으로부터 태극국기를 꺼내들고 바람에 맞추어 뒤흔들며 소리높여 '대한독립만세'를 세 번 부르고 조용히 놈들의 체포를 받고 참 성명과 연령, 원적(原籍)을 똑바로 선포하는 동시에 공명정대한 태도로 자기는 한인애국단원으로 단의 사명을 받들어 왜의 임금을 암살하려고 했음을 설명하였다. 다른 말을 물으면 함구불언이고 적관(敵官)의 심문이 있을 때마다 의사는 반드시 다음과 같이 준엄한 말로 이것을 거절하였다.

"글쎄 나는 너희들의 임금을 상대로 하는 사람인데 너희들 쥐새끼 같은 놈들이 왜 나에게다 무례한 짓을 하는거냐! … ."

엄항섭의 《도왜실기》의 내용처럼 한인애국단의 의열투쟁은 성과면에서나 독립운동사에 끼친 영향에서 가장 괄목할 만한 것이었다.

1926년 대한민국임시정부의 국무령인 김구가 한중우의(韓中友誼)와 일본수뇌 암살을 목적으로 조직한 한인애국단은 단장 김구를 중심으로 이유필, 이주봉, 김석, 안공근 등 간부와 이봉창, 윤봉길, 이덕주, 유진만, 엄항섭, 김동우, 손창도, 백정기, 김우한, 손두환, 김현구, 김홍일, 최홍식, 유상근 등 단원으로 구성되었다. 한인애국단은 침체기에 빠진 독립운동의 새로운 국면을 마련하고 일제의 농간으로 악화되어가는 한·중 관계에도 새로운 계기를 마련하고자, 일제에 대한 파괴와 요인암살을 목표로 하였다. '한 사람을 죽여서 만 사람을 살리려는 방법이 혁명수단의 근본'이라는 취지에서 일왕을 비롯, 일제 요인암살을 기도하였다.

이렇게 시작하여 1932년 1월 8일 사쿠라다몬 앞에서 일왕에게 폭탄을 던지다가 잡혀 사형에 처해진 이봉창, 같은해 4월 29일 상해 홍커우공원에서 거행된 천장절축하장에 폭탄을 투척하여 시라카와(白川義則) 군사령관, 우에다(植田謙吉) 육군대장, 노무라(野村吉三部) 해군중장, 시게미스(重光蔡) 공사 등 7명을 살상하고 잡혀 사형된 윤봉길 등이 한인

애국단 출신으로 의열투쟁의 선각자이다.

이밖에 1932년 4월 이덕주·유진만의 조선총독 암살미수사건, 최홍식·유상조의 국제연맹조사단원 암살미수사건 등도 한인애국단의 의열투쟁이었다. 의열단이나 한인애국단과 같은 비교적 많이 알려진 의열투쟁 외에도 항일전에는 수많은 의열사들의 항일투쟁이 전개되었다.

1920년대 의열투쟁을 연 광복단원 한훈 등의 조선총독 암살계획을 비롯하여 같은 시기 임시정부의 승인하에 광복군총영(光復軍總營)의 단원이 국내에 잠입하여 군자금 모금과 일제의 관청파괴 및 요인암살을 병행한 의거는 특기할 만하다.

광복군총영 단원 서상한은 1920년 4월 29일 일제와 매국 원흉들의 간계로 추진된 조선조 마지막 황태자 이은(李垠)과 일제황족 방자(方子)의 결혼식을 막고자 영친왕과 방자가 탄 마차에 폭탄을 던지려고 계획하다가 사전에 발각되어 성사되지 못하였다. 상해에서는 1926년 초 병인의용대(丙寅義勇隊) 대원 장진원, 최병선, 김광선 세 사람이 일제의 첩자 박제근을 사살·응징하였으며, 같은해 나창헌은 고준택, 김석룡, 이영선, 김광선 등을 국내에 파견하여 순종의 인산일(6월 10일)을 기해 일제의 주요 기관을 파괴하고 요인을 처단할 계획으로 국내잠입 준비를 서둘다가 사전에 체포되어 혹독한 고문을 받고 이영선은 자결하였다.

1926년 말경에는 병인의용대의 강창제, 김창근, 이성구 등이 이지선이 제조한 시한폭탄으로 일본대사관 창고를 폭파시키고 일경 2명에게 중상을 입혀 일제를 공포에 떨게 하였고, 그 뒤 다시 일경의 밀정 2명을 색출하여 처단하는 담대함을 보였다.

적도 도쿄에서도 역시 의열투쟁이 전개되었다. 1923년 아나키스트 박렬이 일본인 처 가네코 후미코와 한국인 동료들과 함께 일본 왕궁을 폭파하고 일왕을 죽이려던 거사계획이 탄로났다. 박렬은 체포되어 혹심한 고문과 긴 옥고를 치렀다. 대만에서도 의열투쟁은 전개되었다. 1928년 5월 14일 조명하가 일본왕족을 습격한 거사가 있었다. 이밖에 대한독립애국단, 보합단, 대한광복회 등 유명·무명의 각종 의열단체들이 조직적으로 혹은 단독으로 일제와의 싸움에 온 몸을 던졌다.

의열사들의 국내외 투쟁과정에서 많은 분들이 체포되어 국내로 압송되고 형식적인 재판절차를 거쳐 서대문형무소를 비롯 국내의 감옥에 수감되어 혹독한 고문을 받거나 더러는 사형이 집행되는 등 수난을 겪어야 했다(윤병석, 《의열투쟁》;《한국독립운동사》, 국가보훈처).

보합단원들의 서대문형무소 옥고

보합단(普合團)은 1920년 평북 의주에서 김동식, 백운기, 박초식, 김중량 등이 조직한 독립운동단체이다. 간부들은 무장투쟁을 계획하여 화승총 등을 준비하고 300여 명의 애국청년들을 훈련시켜 의주, 용천, 선천 등지로 파견하여 일제기관의 파괴, 관헌의 암살, 친일분자를 숙청하는 한편 낭만주의 독립운동단체와도 긴밀히 연락하였다. 보합단의 활동을 탐지한 일제는 이해 8, 9월에 삼엄한 경계망을 펴고 수색작업을 벌였는데, 여러 곳에서 보합단원과 일군 간에 전투가 벌어졌다. 9월에는 선천군 내산사(內山寺) 주둔지에서 백 명의 일군과 격전하여 피차 간에 상당한 사상자가 생기고 많은 단원이 붙잡혔다. 10월에는 안동현 부근에서 다시 총격전을 벌였다. 특히 그해 12월에는 단원 김도원, 이광세 등이 이종형, 조상백 등과 악질 친일밀정 처단 등의 활약을 하다가 서울 종로구 운니동 변석영의 집을 찾아가 약속한 군자금을 받으려고 상의하고 있을 때, 대기중이던 종로경찰서원에게 붙잡혔으며 이어 단원의 중견인물 22명도 체포되었다.

이때 체포되어 서대문형무소에서 옥고를 치른 사람은 김내범, 김내홍, 김도원, 이광세 등 4명이다. 이들의 항일투쟁과 옥고과정을 차례로 살펴보자.

● 김내범(1897~1949) : 평북 철산 출신으로 1919년 3월 의주에서 독립만세시위를 주동, 미리 준비한 독립선언문과 태극기를 군중들에게 나

뉘주었으며, 3월 6일과 11일에는 평북 용천에서도 수백 명의 시위군중을 이끌고 독립만세를 불렀다. 1920년 9월 평북 의주군 동암산을 본거지로 삼아 김중량, 김유신, 박초식 등이 조직한 보합단에 가담하여 권총과 폭탄을 확보하고 군자금 모집활등을 하였다. 군자금 모집과정에 동지들이 일경에 체포되자 근거지를 서간도로 옮기고 의주에는 연락처를 두었다. 1920년 12월 4일 단원 김도원이 군자금 모집차 방문하였던 서울 운니동에서 일경과 교전중 체포되면서 그를 비롯한 단원 22명이 연이어 체포되었다. 1922년 2월 25일 경성지방법원에서 징역 1년형을 선고받고 서대문형무소에서 옥고를 치렀다. 출옥후 만주로 망명하여 용정에서 목사로 활동하면서 항일운동을 계속하였다.

● 김내홍(1895~1951) : 평북 철산 출신으로 보합단의 재무로 활약하면서 1920년에는 평북 의주군 비현면 적산동에서 밀정을 살해하고 철산군 참면의 친일파 오기원의 집을 습격하였다. 같은해 11월 서울 운니동 사건으로 체포되어 김내홍 등 동지들과 함께 경성지방법원에서 징역 2년 벌금 50원의 형을 선고받고 서대문형무소에서 옥고를 치렀다.

● 김도원(1895~1923) : 평북 선천 출신으로, 3·1항쟁 당시 동만주 안도현에서 만세운동을 전개하고 이규, 강희, 이동주, 조동식 등이 안도현 내도산에 정의군정사(正義軍政司)를 설치할 때 참여하여 출납과장으로 활약하였다. 1920년 보합단에 가입하여 주요 간부로서 단원모집, 일제 앞잡이 처단, 군자금 모집 등의 큰 역할을 하였으며 이해 7월 24일 신의주에서 이 지역 기독청년회원 장성식, 김정원 등과 함께 체포되었다. 풀려난 후 이광세와 함께 서울에서 별도로 무장투쟁을 계획하고 있던 이종영, 조상백 등과 친일파 처단, 은행습격 그리고 부자를 통해 대대적인 군자금 모집계획을 추진하다 일경에 발각되어 종로구 운니동에서 총격전을 벌여 일경 2명을 사살하고 도피하였으나 탄환이 떨어져 체포되었다.

1922년 12월 28일 경성복심원에서 사형이 확정되자 "대장부가 개, 돼지 같은 도적 몇 놈을 죽인 것으로 죽을 수 있느냐"고 호통치며 일제 재판관을 꾸짖었다. 1923년 4월 6일 서대문형무소에서 사형당했다.

• 이광세(1901~1972): 평북 용천 출신으로 1919년 평북 의주군 동암산에서 보합단을 조직하고 소모책(召募責)으로 활약하였다. 1920년 8월 단장 김중량 등과 함께 선천군 산면 내산사에 주둔하던 중 일본군의 습격을 받아 악전고투한 끝에 적 2명을 사살하고 5명에게 중상을 입혔다. 중과부적으로 동암산 본부를 뒤로 하고 만주로 건너가던 도중 안도현 삼도만에서 중·일 양국 군경에게 포위되어 십여 시간이나 전투를 벌여 일경 2명과 중국 경찰 3명을 사살하고 대한독립단에 합류하였다.

같은해 12월 국내로 잠입하여 종로 운니동에서 일경과 교전중 체포되어 1922년 2월 25일 서울지방법원에서 징역 15년형을 선고받고 서대문형무소에서 옥고를 치렀다. 출옥 후 다시 만주로 건너가 항일투쟁을 계속하였다.

대한광복회 사건

일제의 강제합병 초기에 지방에서도 독립운동단체가 속속 결성되어 항일투쟁에 나서기 시작했다. 대한광복회도 그 중의 한 비밀조직이다. 1915년 7월 경북 대구에서 조직된 이 단체는 1913년 경북 풍기에서 채기중을 중심으로 결성한 광복단과 1915년 초 박상진을 중심으로 창립한 조선국권회복단의 일부 인사가 통합하여 결성한 것이다.

대한광복회는 총사령관에 박상진, 부사령관에 이석대를 선임했다. 이석대는 만주에 파견되어 독립군양성을 담당하다가 전사하여 김좌진이 부사령관을 맡게 되었다. 이 단체는 충청도(김한종), 황해도(이관구) 등에 지부를 두었으며 대구의 상덕태상회를 중심으로 경북 영주의 대동상점과 강원도 삼척, 전남 광주, 충남 예산·연기, 경기 인천, 평북 용천에 곡물상과 해주에 있는 여관, 만주 안동의 여관, 장춘의 삼달양행 등의 잡화상을 설립하여 연락거점으로 삼았다.

대한광복회는 국내에 100여 개의 거점을 두고 이를 통해 군자금을 모아 무기를 구입, 장비를 갖추고 독립군을 육성하여 중국의 신해혁명처럼 혁명을 일으켜 공화주의 독립국가를 건설하려는 원대한 계획을 세웠다. 이러한 계획으로 만주에 있던 이상룡의 부민단이나 양기택, 신채호 등과도 연락을 취하였다.

이같은 투쟁목표를 설정한 대한광복회는 무기구입을 위한 군자금을 모으기 위해 채기중의 주도하에 강원도 상동과 충남 직산의 일본인 광산을 습격하고, 우재룡, 권영만이 중심이 되어 경주에서 우편차를 습격하여 현금을 탈취하는 방법으로 모금을 시도하였다. 그러나 군자금 모금에 부호들이 거부하자 1917년부터 각 도별로 부호명단을 작성하여 광복회의 명으로 모금액수를 표시한 '고지서'를 발부하여, 불응시에는 처단하겠다는 뜻을 통고하였다. 이러한 고지서를 받은 부호 중에는 모금에 호응하는 사람도 있었지만, 경찰이나 헌병대에 고발하는 사람도 적지 않았다.

이에 따라 조직은 친일성이 강한 대표적 부호들을 처단하기로 결정, 1917년 말과 1918년 초에 걸쳐 경북 칠곡군 부호 장승원, 충남 아산군 도고면장 박용하, 전남 보성군 양재학, 낙안군의 서도현을 처단하였다. 이로 인하여 광복회의 소문이 전국에 퍼지면서 민족적 각성을 불러일으키는 데 크게 기여하였다.

이와같은 혁명단체로 출발한 대한광복회가 1917년 말부터는 의열투쟁 단체로 전환하여 투쟁중, 1918년 초 전국의 조직망이 일경에 발각되었다. 박상진, 채기중, 김한종 등 지도자들이 체포되어 사형선고를 받고 사형이 집행되어 순국하였으며 그밖에 수많은 인사가 옥고를 겪었다. 만주에서 활약하다가 체포되지 않은 우재룡을 비롯하여 권영만, 한훈 등은 그 뒤 암살단이나 주비단(籌備團)에서 활약하였고, 황상규, 김상옥은 암살단을 거쳐 의열단에서 활약하다가 모두 서대문형무소 등지에서 장기의 옥고를 치르거나 순국하였다(조동걸, "대한광복회의 결성과 그 선행조직", 《대한광복회 연구》 참고).

대한광복회 요인들의 활약이 국내와 해외에 걸쳐 이루어지고, 특히 친일부호들을 상대로 군자금을 모금하는 한편 악질 친일부호들을 가차 없이 처단하자 조선총독부는 이들을 체포하려고 혈안이 되었다. 체포한 요인들에게는 혹독한 고문과 살상이 자행되었다. 대한광복회의 핵심 활동가들 중 서대문형무소에서 옥고를 치르거나 형 집행으로 순국한 인사의 행적을 살펴보자.

● 강순필(姜順必 : 1884~1921)은 경북 상주 출신으로 한말 이강년의 의병에 참가하고 1913년 풍기에서 결성된 풍기 광복단에 참여하였다. 군자금 모금을 위하여 채기중과 함께 강원도 영월의 일본인 중석광에 광부를 가장하고 잠입하여 자금탈취를 기도하였으며 부호들을 대상으로 군자금 모금활동을 벌였다.

1915년 풍기광복단과 조선국권회복단이 통합하여 대한광복회를 결성할 때 이에 참가하여 친일부호 처단에 앞장섰다. 1917년 11월 채기중, 유창순, 임봉주와 함께 칠곡의 친일부호 장승원을 처단하고 이때 대한광복회 명의의 '처단고시문'을 붙여서 광복회의 이름을 전국에 알렸다. 그러나 이 사건 등으로 대한광복회의 조직이 일경에 발각되면서 1918년 체포되어 서대문형무소에 수감중 1921년 사형이 집행되어 순국하였다.

● 임봉주(林鳳柱 : 1880~1921)는 경북 영주 출신이다. 강필순 등과 함께 1915년 조선국권회복단과 풍기광복단을 통합한 대한광복회에 가입, 친일부호 처단 등 의열투쟁의 선봉에 섰다. 칠곡의 친일부호 장승원 처단에 참가하고 1918년 1월에는 김한종, 장두환, 김경태 등과 악질 면장으로 지목되어 처단대상이었던 충남 아산군 도고면장 박용하를 처단하였다. 그밖에도 친일부호들을 상대로 군자금 모금활동을 하였다.

1918년 조직이 발각되면서 일경에 체포되어 서대문형무소에서 수감중 잔혹한 고문과 옥고가 겹쳐 순국하였다.

● 김경태(金敬泰 : 1880~1921)는 충남 청양 출신의 대한광복회 요원
으로 친일후보 처단 등 의열투쟁의 선봉에 섰다. 국내에서 군자금을 조
달하여 만주의 독립군기지에서 혁명군을 양성하고 국내에 확보한 혁명
기지를 거점으로 일시에 봉기하여 독립을 쟁취할 것을 계획하였다. 이
때의 행동지침은 비밀·폭동·암살·명령의 4대 강령이었고 각처에 곡
물상을 설립하여 혁명기지는 물론 군자금 조달의 거점으로 활용하였다.
　친일부호들과 악질면장 아산군 도고면 박용하 처단에 참가하고, 조직
이 일경에 발각되면서 체포되어 임세규, 채기중과 함께 1921년 8월에
서대문형무소에서 사형이 집행, 순국하였다.

● 채기중(蔡基中 : 1873~1921)은 경북 함창(현 상주군) 출신으로 풍
기광복단을 결성하고 독립군 양성을 위한 무기구입과 군자금 모금에 나
섰다. 강병수와 함께 영월 일본인 중석광에 광부를 가장하고 잠입하여
자금탈취를 기도하였으며 자산가를 상대로 군자금 모금활동을 폈다. 만
주를 왕래하며 재만 독립군과 연개하여 독립투쟁을 전개하면서 박상진
을 만나 보다 적극적인 투쟁방법을 모색하였다.
　그결과 일본인 광산습격 및 친일부호의 응징과 무력적 방법에 의한
군자금 모금에 나섰다. 이를 위해 대한광복회의 결성에 참가하고 1916
년 광복회 총사령관 박상진이 무기구입을 위해 만주를 다녀오다가 일경
에 체포되는 등 광복회 요인 다수가 수난을 당할 때 예산의 김한종을 가
입시켜 충청도 조직을 재건하였다. 장승원의 처단에 가담하고, 이 사건
으로 상해에 망명을 기도하던 중 체포되어 1918년 서대문형무소에서 사
형이 집행되어 순국하였다.

● 장두환(張斗煥 : 1894~1921)은 충남 천안 출신이다. 대한광복회 결
성에 참가하여 군자금 조달과 독립군 및 혁명군의 기지건설과 총독 처

단계획, 그리고 친일부호 처단 등 의열투쟁에 앞장섰다. 친일부호 처단을 위해 충청도 지방부호들의 명부를 작성하는 한편 무기구입을 위한 경비를 박상진에게 건네주었고, 김재창, 김경태, 엄정섭 등을 포섭하여 군자금 조달활동을 벌였다. 친일부호 앞으로 보내는 대한광복회의 포고문을 김재창, 임봉주와 함께 서울, 인천 등지에서 발송하였다.

도고면장 박용하를 김경태, 임봉주로 하여금 처단케 하는 등 활동하다가 1918년 일경에 체포되어 징역 7년을 선고받고 서대문형무소와 마포형무소 등에서 옥고를 치르던 중 옥사하였다.

대한독립 애국단

1919년 5월 신현구, 권인채, 문봉의, 안황, 김영식, 서병철, 김상덕, 이시우, 안교일, 김영철 등은 서울에서 항일결사 대한독립애국단을 조직했다. 단장은 신현구, 재무총장은 김순호가 맡았으며 신현창은 상해의 대한민국 임시정부에 파견되어 연락을 담당하였다. 본부의 결성에 이어 지방조직에도 착수하여 전라도 지역은 김영식, 강원도 지역은 엄상훈, 충청도 지역은 이시우가 맡아 조직하였다. 일부 도에서는 군단위까지 조직되어서 대한민국임시정부의 국내조직인 연통제의 역할을 맡았다.

연통제는 군자금 모금, 통신연락, 선전임무 등 대한민국임시정부의 국내활동을 전담하는 비밀조직이었다. 대한독립애국단의 지방조직이 바로 임시정부의 연통제와 연결되었던 것이다. 대한독립애국단은 임시정부와 연결하는 임무 외에도 1919년 10월 10일에는 철원에서 강원도단이 중심이 되어 대한민국임시정부 수립 축하회를 열고 만세시위를 주도하였다. 이때 철원군민들이 철시하고 시위에 참가하였다. 같은해 11월 28일에는 서울 안국동에서 대동단과 연합하여 만세시위를 벌였다. 또 강원도단에서는 일제 식민기관에 종사하는 조선인을 일제히 퇴직시켜 일제의 행정기능을 마비시키고자 조선인 관리의 퇴직동맹 결성을 추진

268

하다가 1920년 1월 조종대가 일본 경찰에 구속되면서 무산되었다. 대한독립애국단에 대한 일본 경찰의 촉수가 전국적으로 확대되면서 1919년 11월 본부단장의 신현구가 붙잡혔다.

　대한독립애국단은 조종대가 붙잡히면서 강원도 조직에 이어 전라도, 충청도 조직이 드러나 해체되기에 이르렀다. 이 과정에서 수많은 애국지사가 붙잡혀 서대문형무소를 비롯 각지에서 가혹한 옥살이를 하게 되었다. 대한독립애국단 간부와 단원 중 서대문형무소에서 수형생활을 한 분들은 다음과 같다.

● 조종대(趙鍾大 : 1873~1922)는 황해도 금천 출생이다. 철원에서 성장하면서 일찍부터 기독교 전도사가 되어 선교활동을 하는 한편 한의학을 공부하여 약종상(藥種商)으로 생계를 꾸렸다. 경술국치 이전에는 철원의 봉명학교와 배영학교에서 구국교육활동을 전개하였다. 특히 배영학교는 군사교육까지 실시하는 민립 학교였는데 일제의 탄압으로 폐교되었다. 학교가 폐교되면서 서울로 올라와 상동교회에서 선교사업을 하는 한편 황해도와 강원도 지방을 순회하면서 선교활동을 벌였다. 항일운동의 방법으로서 조선인관리퇴직동맹을 추진하기 위한 자금을 모집하던 중 1919년 8월 배영학교 시절부터 함께 활동했던 대한독립애국단 강원도단의 서무국장 강대여로부터 대한독립애국단의 사정을 듣고 이에 가입하여 강원도내 각 군에 군단(群團)을 설치하는 책임자로 선정되었다.

　평소 강원도 지역의 기독교 인사들과 맺은 폭넓은 교우관계를 활용하여 원주, 원성, 강릉, 양양, 금화지역을 순회하면서 대한독립애국단의 조직확대에 힘을 쏟았다. 그 결과 강원도 각처에 애국단의 지단을 설치하게 되었다. 1920년 1월 애국단의 조직이 왜경에 발각되면서 체포되어 징역 5년을 선고받고 서대문형무소에서 옥고를 치르던 중 모진 고문으로 1922년 7월 옥중순국하였다.

● 신현구(申鉉九 : 1881~1931)는 충남 논산 출신으로 향리에서 개척교회를 세우며 전도사업을 벌이다가 미국인 선교사를 만나게 되면서 공주영명학교의 교사로 활동하였다. 1915년 서울에 올라와 이화학당 부속여학교의 교사로서 교육사업에 종사하다가 3·1항쟁을 맞아 만세시위에 참가하였다. 이 과정에서 독립운동을 보다 체계적으로 전개할 것을 결심하고 그해 5월 대한독립애국단을 결성, 단장으로 활약하였다.

대한독립애국단은 자생적으로 조직되었으나 결성 초기부터 상해의 대한민국임시정부 지원단체로 활동을 하게 되었다. 애국단은 임시정부의 선전활동과 재정지원, 국내 조직망을 통한 임시정부 연통부의 역할 등을 수행하였다. 본부를 서울에 두고 활동하면서 대동단(大同團), 대한민국청년외교단 등의 애국단체와 교류를 통해 결속을 강화했다. 그리하여 이들 단체와 1919년 11월, 3·1항쟁과 비슷한 대규모의 만세시위를 연합하여 거행하기로 하고 이를 추진하던 중 대동단의 조직이 무너지면서 신현구도 11월 20일경에 체포되었다.

이때까지도 대한독립애국단의 조직은 발각되지 않았으나, 1920년 1월 강원도단의 조직이 발각되면서 동단의 전모가 드러나고 신현구는 징역 5년을 선고받아 서대문형무소에서 복역하였다. 만기출옥 후에도 항일운동을 계속하여 1927년 1월 잡지《심경》(心鏡)에 항일사상을 고취하는 글을 실었다가 일경에 붙잡혀 징역 3년 6월을 선고받았다. 두 차례의 옥고와 모진 고문의 여독으로 1931년 6월 순국하였다.

● 김재근(金載根 : 1894~1964)은 강원도 금화 출신으로 연희전문학교 재학중 3·1항쟁에 참여하였다가 일경에 체포되었다. 그해 8월 출감하여 대한독립애국단에 가입하여 지부조직의 책임을 맡았다. 강원도 조직 책임을 맡아 철원에서 박연서, 강대여, 김철회, 박건병 등과 만나 철원군단을 조직케 하고, 이를 발판으로 강원도 지역의 조직활동을 전개하였다. 조직이 일경에 드러나면서 붙잡혀 경성지방법원에서 징역 4년을 선고받고 서대문형무소에서 복역하였다.

270

• 강대여(姜大呂 : 1889~1959)는 강원도 철원 출신이다. 대한독립애국단에 가입하여 철원군내 도피안사(到彼岸寺)에서 철원군단을 결성하고 서무책임을 맡았다. 1919년 9월 상해임시정부에서 파견한 신상완으로부터 대한민국 정부수립 축하만세시위에 대한 계획을 전달받고 만세시위를 주도하였다. '대한민국 정부수립 축하 선언서'를 인쇄하는 한편 서울에서 보내온 태극기와 만국기 등을 배포하면서 대중규합에 힘을 쏟았다. 이러한 노력으로 그해 10월 10일 철원에서는 애국단 단원 박건병, 오세덕 등이 임시정부 축하회를 열어 만세시위에 나섰는데 철원의 대중들은 철시하면서 시위에 호응하였다. 일경에 체포되어 3년 징역형을 선고받고 서대문형무소에서 옥고를 치렀다.

• 김완호(金完鎬 : 1903~?)는 강원도 철원 출신으로 대한독립애국단의 지부인 철원군단의 결성에 참여하였다. 철원군단의 재무과장에 이어 철원군단이 강원도 조직을 총괄하는 강원도단으로 승격하면서 재무국장을 맡았다. 철원읍내의 만세시위에 따른 제반준비를 주관하였다. 1920년 1월 강원도단의 조직이 발각되면서 일경에 체포되어 경성지방법원에서 징역 1년을 선고받고 서대문형무소에서 옥고를 치렀다.

• 이용우(李用雨 : 1892~1966)는 강원도 철원 출신이다. 대한독립애국단 철원군단의 결성에 참여하여 외교부원으로 활동하였다. 임시정부 연통부 역할에 이어 철원읍에서 임시정부 축하시위를 주도하고 체포되어 징역 1년을 선고받고 서대문형무소에서 옥고를 치렀다.

단파방송 청취사건과 서대문형무소

여기는 중국 임시수도에 있는 중경방송국입니다. 조선임시정부 우리말 방송시간입니다. 각 전선에서 용전분투하는 독립군전사 여러분! 그리고 동포 여러분, 일본 침략군의 패망과 아울러 우리 조선의 독립도 멀지 않았습니다. 동포 여러분! 전사 여러분! 더욱 분투하시어 항일전투에 앞장서 일본 침략군을 몰아냅시다. 장 총통께서는 우리 조선독립에 적극 협력해 줄 것을 약속했습니다.

일반인에게는 잘 알려져 있지 않은 '일제말 단파방송 청취사건' 또는 그냥 '단파방송사건'으로 불리는 이 사건은 일제의 삼엄한 감시 속에서 조선방송협회 기술부에 근무하던 성기석이 1942년 봄부터 은밀히 단파수신기를 조작해서 해외방송을 듣고 그 내용을 주변에 알리면서 발생하였다. 경성방송국(현 KBS 전신)의 한국인 직원들은 중국 중경의 임시정부에서 전달되는 '중경방송'과 '미국의 소리'(VOA : Voice of America)의 방송을 비밀리에 청취하고 이를 사회지도층 인사들에게 전달하다가 일제 경찰에 탐지되어 심한 고문을 당하고 옥고를 치렀으며 심지어 옥사자까지 내게 되었다.

1942년 말에서 1943년 봄에 이르는 동안 경성방송국의 단파방송 청취로 일제의 패망을 내다보는 등의 '유언비어'가 유포되면서 일제 경찰은 그 출처를 찾고자 혈안이 되었다. 일제는 1941년 12월 8일 미국 하와이

의 진주만을 기습하여 이른바 태평양전쟁을 도발했다. 초전의 승승장구
와는 달리 시간이 지나면서 전선 곳곳에서 패전을 거듭하고 전세는 갈
수록 불리하게 전개되었다. 그러나 일제의 모든 홍보선전 매체는 일본
이 이기고 있다고 일방적으로 보도하였다.

이러한 상황에서 단파방송을 통한 새로운 전황과 무엇보다도 중국 대
한민국 임시정부의 소식이나 미국의 이승만 박사 소식은 국제정세와 해
외 독립운동가들의 활동에 목말라 하던 국내 지도자들에게는 가뭄의 단
비와도 같은 것이었다. 조선총독부가 일제의 태평양전쟁 도발과 함께
해외 선교사들에게 본국으로 돌아가도록 추방령을 내린 까닭은 이들이
한국에 올 때 고국 소식과 함께 국내의 정세를 알기 위해 단파수신기를
휴대하고 있었던 때문이었다.

민간인으로서는 거의 유일하게 해외방송을 수신할 수 있었던 해외 선
교사들마저 추방된 한국에서는 일제의 관제방송을 듣는 것 외에는 달리
방법이 없었다. 그러나 예외가 있었다. 그것이 총독부 방송국에 종사하
는 한국인들이 비밀리에 단파방송을 도청하는 것이다.

중경의 단파방송은 주파수 9MHZ (帶) 로서 파장은 31M (Band) 였다.
앞의 인용문은 바로 중경방송국의 방송멘트이다. 이 방송과 관련, 다음
의 자료를 살펴보자.

처음에는 방송시간이 30분 정도였으나 차츰 횟수를 늘려 방송하였
다. 1941년경에는 오후 4시 30분부터 30분간 주 1회 실시하였고 하
절기에는 6시 30분부터 30분 동안 주당 3회(월, 수, 금) 실시하였으
며 해방이후에도 계속되었다.

'미국의 소리'(VOA) 조선어 방송이 첫 전파를 타게 된 것은 1942
년 8월 29일의 일이었다. 이 방송은 샌프란시스코에서 송출되었고
같은 내용으로 영어방송도 하였다. 콜사인은 KGEI. 주파수는 11.9
MHZ. 파장은 25M (Band) 였으며, 1일 3회(오전 10시, 오후 4시, 밤
9시) 각 30분씩 방송했는데, 중경방송보다 선명하게 청취할 수 있
었다. 이 방송은 시그널 뮤직으로 호랑이 소리 세 번이 울리면서

"백두산 호랑이 시간이 돌아옵니다"라고 개시방송을 시작했다.

첫 방송은 〈자유의 종은 울린다〉라는 프로그램이었는데, 총소리와 함께 유경상 아나운서의 목소리가 전해지면서 시작되었다. 그는 미국의 메릴랜드 주립대학 사범대 도서관에서 일하다가, 고국을 향한 30분짜리 프로그램 〈자유의 종은 울린다〉의 진행자가 되어 타국에서 고국으로 소식을 전달하는 행운을 얻은 것이다.

이 프로그램은 애국가와 자유의 종소리가 은은히 울려퍼지는 가운데 시작되었다. 이윽고 "고국에 계신 동포 여러분, 지금부터 미국에서 보내드리는 자유의 소리 방송을 시작하겠습니다"라는 아나운서의 개시 멘트와 함께 '2천만 동포에게 고한다'라는 이승만의 연설이 시작되었다.

당시 이승만은 임시정부의 대미(對美) 위원장을 맡고 있던 까닭에 미국정부에 대해 대한민국임시정부의 승인을 강력히 교섭하고 있었다. 그러한 내용이 담긴 이승만의 연설은 VOA에서 매일 되풀이 방송되었다. 이러한 내용들은 곧 일제의 항복이 얼마 남지 않았다는 것을 의미하고 있었으며, 나아가 우리 동포들에게는 희망의 메시지가 아닐 수 없었다(이범경, 《한국방송사》 참조).

'중경방송'과 '미국의 소리'는 일제의 막바지 탄압에 신음하고 있던 국내의 조선인들과 독립투사들의 민족정신을 고양하고 정체감을 형성하는 데 큰 역할을 했다.

일제의 패망과 임시정부, 그리고 이승만 박사 소식이 한 입 건너 두 입으로 전해지면서 '유언비어'는 대단히 빠른 속도로 전파되었다. 총독부 당국은 소문의 출처를 캐기 시작했다. 총독부는 1942년 12월 24일 고등계형사들을 동원하여 염탐해온 단파방송 도청에 대한 단서를 잡고 대대적인 검거에 나서 당일 송진근, 양제현, 박영신 등이 체포되었다. 이어서 경기도 경찰부 고등경찰과 제1사찰계의 독립투사 검거로 악명이 높은 사이가 시치도의 지휘로 인해 12월 27일부터 개성방송사의 이이덕 주임, 성기석 차석, 그리고 김동하가 검거되어 서울로 압송되었다. 피신중이던 홍익범은 이듬해 3월 26일 검거되었다.

뒤이어 경성방송국에도 대량 검거선풍이 불어닥쳤다. 아나운서 중에는 송진근, 이계원 주임과 손정봉, 서순원, 이현, 박용선, 서정만이 구속되었다. 편성 쪽에서는 이서구, 모윤숙, 김동익, 김정실, 양제현이 구속되고, 기술 쪽에서는 이이덕, 성기석, 김동하, 염준모, 박도신 등이 구속되었다. 사업부 쪽에서도 홍근호, 박원상, 송용운, 조종국, 이근창, 홍진석, 노현중, 이창득, 김필상, 조국환 등이 구속되었다.

이렇게 구속된 사람만도 150여 명에 이르렀다. 일제는 이들을 중대 시국사범으로 단정하고 금지된 해외 단파방송의 밀청, 유언비어의 유포, 불온언동, 치안유지법 위반, 보안법 위반, 육·해군 형법 위반, 외국방송 청취 등의 죄목을 덮어씌웠다. 총독부는 이들 중 일부 인사들에게는 미국 및 중경과 상호교신했다는 '상호간의 교신'이라는 혐의까지 씌워 혹독한 구타와 고문을 자행하였다.

> 이 사건으로 경성방송국에서만 아나운서, 편성원, 기술계 직원 등 약 40여 명이 체포되었고, 각 지방방송국까지 합치면 150명 가까운 한국인 방송인이 붙잡혀 갔다. 그리고 정객과 민간인으로 끌려간 150여 명을 합치면 3백여 명이 이 사건에 관련되어 수난을 당한 것으로 추산된다(유병은, "일제말 '단파도청사건'의 전모,"《신동아》1988년 3월호).

이 사건의 재판과정에서 밝혀졌지만, 애국방송인들은 단파방송을 통해 들은 정보를 송진우, 여운형, 허헌, 이인, 김병로 등 당시 정치지도자들과 법조인들에게 전달하고, 이들은 이 정보를 통해 여운형의 건국준비를 위한 건국동맹 등을 조직하게 되었다.

건국동맹은 1944년 8월 일본의 패전을 예견하고 민족해방을 준비하기 위해 조직되었다. 여운형을 중심으로 하여 조동우, 현우현, 황운, 이석구, 김진우 등이 조직의 주요 멤버였다. 일본의 패색이 짙어진다는 정보를 입수한 이들은 항일 군사행동을 준비하기 위해 중국연안의 독립동맹과 연계를 맺는 한편, 군사위원회를 조직하는 등 활약하다가 1945

년 8월 초 이걸영, 이석구, 조동우를 비롯한 다수의 간부와 회원들이 일본경찰에 체포되었다. 건국동맹은 해방 당일에 출범한 건국준비위원회의 모태가 되었다.

일제는 단파방송을 통해 전달되는 '소문'에 대해 이른바 성전수행에 방해가 되는 '불온 조선인'의 뿌리를 뽑겠다면서 관련자 검거에 나섰다.

> 경향 각지에서 VOA 단파방송사건과 관련해 2백여 명이 검거되었고, 경성방송국의 조선인 직원은 물론 심지어 성기석에게 단파 수신기 조립부품을 판 상인까지 이 사건에 관련되어 붙잡히게 된다 (이범경, 《한국방송사》).

피검자들은 경찰조사와 예심을 거치는 동안 심한 취조와 고문에 시달렸으며 민간인 신분으로 검거된 사람들도 당하기는 마찬가지였다. 이렇게 하여 총 3백여 명이 고문과 징역을 살고 그 중 몇 사람은 서대문형무소 등 감옥에서 옥사를 하기도 했다. 일제는 이사건 관련자들을 시국사범이나 사상범으로 분류하면서 최장 10개월에서 최단 2개월의 취조기간을 걸쳐 혹독하게 취급하였다. 사건 관련자들의 내력과 형량에 대해 살펴보자.

• 성기석(개성방송 소속) : 단파방송사건의 주모자격이다. 3대의 단파수신기를 만들어 주변 사람들에게 나눠주었다. 1942년 12월 28일 체포되어 약 7개월 동안이나 경기도 경찰부 지하실에서 새우잠을 자면서 밤이면 불려나가 모진 매질과 극심한 고문에 시달렸다. 7개월 만에 기소되어 죄수번호 56번을 달고 서대문형무소에 구속·수감되었다. 1943년 10월 21일 공판이 열려 이 사건으로서는 법정 최고형인 징역 2년을 선고받았다.

• 홍익범(동아일보사 정치부 기자) : 1924년 일본 와세다 대학을 졸업하고 미국으로 건너가 콜럼비아대학을 졸업한 인텔리로 1935년 《동아일보》에 입사하여 폐간될 때까지 정치부 기자로 근무하였다. 성기석 등

을 통해 취득한 "1942년 7월경 중국의 조선인을 장개석군에 편입하여 일본군과 교전중이고, 1943년 3월 일본이 큰 손해를 입을 것"이라는 등의 내용을 전 동아일보사 영업국장이고 당시 삼양사 사원인 국태일 등에게 전달하다가 검거되었다. 그는 매월 한 차례씩 9개월 동안 동아일보 사장이었던 백관수의 자택을 방문하여 국제정세와 전황 등을 전달하였다. 그는 피감자 중 가장 심한 고문을 당하고 서대문형무소에서 거의 목숨이 끊어진 상태가 되어 출옥하자마자 사망하였다. 사실상의 옥사를 당한 것이다.

● 허헌(당시 변호사) : 공산주의운동 계열의 독립운동가로서 이 사건에 연루되어 검거되었고 홍익범의 증인으로 채택되기도 하였다. 홍익범으로부터 이승만과 임시정부의 관계, 임정과 장개석군에 대한 설명을 들었다. 서대문형무소에서 수감중 병보석으로 출감했다.

1년 6개월 징역형

● 이덕 : 개성방송 소장. 서대문형무소 출옥후 고문후유증으로 사망, 미국 인디애나 주립대학을 다니다가 귀국하여 경성방송국 기술과에 취직했다. 영어를 잘하여 VOA의 단파방송인 〈자유의 종은 울린다〉를 비밀리에 수신하였다.

● 박형완 : 상업. 성기석의 클럽.

● 경기현 : 민중의원 의사. 홍익범의 클럽. 심한 고문으로 만기출소후 사망, 사실상의 옥사자.

● 백 씨(이름 미상) : 경기도 금촌에서 라디오 수리점을 경영하던 사람으로 성기석과 서대문형무소에서 복역.

1년 2개월 징역형

● 영준모 : 조선방송협회 기술과 소속. 2대를 제작하여 1대는 자신의 사무실에서 밀청하고 다른 1대는 일반 가정용 라디오로 위장하여 자택에 두고 밀청하였다.

• 문석준 : 보성고보 교사를 거쳐 조선일보 영업국장 역임. 서대문형무소에서 수감중 심한 고문으로 옥사하였다.

1년 징역형

• 양제현 : 경성방송국 편성과 직원.
• 송진근 : 경성방송국 아나운서.
• 고한균 : 개성에 거주한 민간인. 이이덕의 사위.
• 김동하 : 개성방송소 직원.
• 최용희 : 민간인. 성기석과 서대문형무소에서 징역을 살던 동역자.
• 황문철 : 《민주일보》 편집국장.
• 노중현 : 조선방송협회 보수과 근무.
• 홍진석 : 조선방송협회 공사과 근무.
• 홍근호 : 조선방송협회 보수과 근무.
• 김남득 : 광주방송국 기술과 근무.
• 김 씨(이름 미상) : 조선방송협회 공사과 근무. 성기석과 같은 형무소에서 6개월 간의 징역을 같이 치른 바 있는 김중웅의 증언으로 그의 동생이 1년 징역을 복역중 불행하게도 옥사한 사실이 확인.
• 성명 미상 : 종로에서 상업을 하던 사람. 박형완의 클럽원이며 성기석이 형무소에서 출옥후 박형완으로부터 확인.
• 성명 미상 : 개성의 유지로 고한균의 클럽원이며, 성기석이 형무소에서 출옥후 고한균으로부터 확인.
• 김건이 : 조선방송협회 보수과 근무.
• 조종국 : 조선방송협회 공사과 근무. 여러 보수과 직원에게 단파수신기 만드는 법을 지도하고 많은 활동을 함.
• 김종호 : 조선방송협회 보수과 근무.

8개월 징역형

• 송남헌 : 전 재동국민학교 훈도이며, 독립운동가.

278

- 이창득 : 조선방송협회 보수과 근무.

- 이근창 : 조선방송협회 보수과 근무. 이상 3명 중 송남헌은 1년 징역을 선고받은 후 법정투쟁을 벌여 4개월의 감형을 받은 사람이나, 체포되어 출옥까지를 통산해 보면 약 1년 3개월이나 되는 형기를 치른 셈이 되며, 이창득은 그의 선친이 망명객이어서 그 영향으로 금고형을 받은 것으로 이창득이 증언하고 있다.

6개월 징역형

- 박용신 : 경성방송국 아나운서.

- 손정봉 : 경성방송국 아나운서.

- 박훈상 : 조선방송협회 보수과 근무.

- 김종웅 : 조선방송협회 보수과 근무. 성기석과 형무소 동역자이며, 그의 동생(방송국 직원)은 1년 징역 복역중 옥사함.

- 김필상 : 조선방송협회 보수과 근무.

- 오건영 : 경성부 인사동에 있는 승동 교회 목사. 오건영 목사만은 6개월 징역이었는데 그 집행이 3년간 유예되는 판결을 받은 것이었으며, 그는 동 사건 관련자 중에서 최고령자이며 약 6개월간 헌병대와 경찰유치장에서 곤욕을 치렀다. 다른 5명은 모두 방송국의 직원이다.

벌금형

- 한진동 : 경성방송국 기술과 근무. 벌금 300엔형(환형 100일간).

- 육종관 : 벌금 300엔형(환형 100일간). 충북 옥천 사람으로 직업은 농업이며 육영수 여사의 부친임.

- 송용운 : 방송국. 1943년 형사 제4075호. 300엔 벌금형.

- 이전세 : 방송국. 1943년 형사 제4173호. 300엔 벌금형.

- 박도신 : 방송국. 1943년 형사 제2419호. 300엔 벌금형.

- 신상운 : 보수과. 50일간의 환형(換刑)으로 200엔 벌금형. 1943년 형사 제4224호.

- 황태영 : 전 이리방송국 기술과장. 100엔 벌금형. 1943년 형사 제

3083호. 이상 7명이 벌금형을 받은 것이나, 육종관 및 한진동의 경우 부호가인 육종관의 영향이 있었던 것으로 알려져 있으며, 방송국 직원인 신상운의 경우는 옥사 직전에 병원으로 이송되면서, 서둘러 약식재판으로 200엔의 벌금형으로 종결지은 것이다(신상운은 병원에서 34개월 후에야 제정신이 들어 겨우 목숨을 건진 터이며, 당시의 200엔의 벌금형은 거금에 해당되는 돈이다). 또 황태영의 경우도 검찰청에 있는 동창 변기엽 검사의 도움으로 실형을 면한 경우라고 하겠다.

형량이 미상(未詳)인 사람
• 조국환 : 조선방송협회 보수과 근무.
• 박두하 : 개성 송도 고등보통학교의 교감으로 성기석이 개성에서 만든 클럽원임.
• 이교돈 : 개성인. 박두하와 같은 클럽임.
• 김준호 : 개성인이며, 송진근의 클럽임.
• 황장연 : 육종관의 단파수신기를 은닉시켜 준 사람.
• 장영목 : 조국환의 클럽임.
• 백관수 : 동아일보사 사장.
• 국태일 : 동아일보사 영업국장.
• 함상훈 : 조선일보사 편집국장.
• 이해진 : 염준모의 클럽원.
• 신창복 : 염준모의 클럽원.
• 한영욱, 한설야, 한창환, 이증림 : 문석준과 허헌의 클럽원.
• 임상옥 : 보수과 직원으로 노중현과 같이 단파방송을 밀청함.
• 이주호 : 기술부 간부로 박도신의 기록에 나타나 있는 사람이다.
• 민병선 : 조선방송협회장의 운전수로 박도신과 같이 단파방송을 밀청함.
• 박옥규 : 박도신의 동생으로 박도신으로부터 단파방송 밀청에서 얻어진 내용을 전달받고 설명을 들은 사람.

- 고병완 : 기술과 직원으로 박도신과 같이 단파방송을 도청함.
- 이순영 : 보수과 직원으로 이창득과 김필상의 재판기록상에 같이 활동한 사람으로 나와 있음.
- 김병욱 : 보수과 직원으로 노중현과 같이 활동한 사람.
- 김안방 : 보수과 직원으로 홍근호와 같이 미국 단파방송을 밀청하고, 김필상의 재판기록상에도 김안방의 이름이 나타나 있는 터이다.
- 고득제 : 보수과 직원으로 홍근호로부터 단파방송 밀청내용을 전달받고 설명을 들은 사람임.
- 오창석 : 민간인으로 홍근호의 재판기록상에 나타나 있으며, 같이 단파방송 밀청내용을 논의한 바 있는 사람임.
- 최동헌 : 민간인으로 홍근호의 클럽이며 단파방송 밀청내용을 전달받고 설명을 들은 사람임.
- 염포박 : 보수과 직원으로 박훈상과 송용운의 재판기록상에 나타나 있으며, 박훈상에게 단파수신기를 만드는 데 필요한 도면을 그려준 사람임.
- 풍전항 : 보수과 직원으로 김필상의 재판기록에서 이순영, 박훈상, 김건이, 김안방 등과 같이 활동한 사람임.
- 이창웅 : 기술과 직원으로 박도신과 같이 단파방송을 밀청한 사람.
- 강동모 : 문석준과 관련이 있는 사람으로, 사료분류는 필름번호 339호 안에 문석준과 같이 분류되어 있으며, 강동모에 대한 문헌의 권수는 1권이고, 커트 수는 225커트나 되는 많은 양이다. 그러나 분류목록만 보았을 뿐, 이에 대한 기록 문서가 눈에 띄지 않아 유감이다. 이 분류에서 경기현(의사), 양제현(방송국 편성과 직원), 홍익범(동아일보사 기자), 문석준(조선일보사 영업국장), 송남헌(독립운동가) 및 강동모가 일관해서 '불순언동과 유언비어 유포죄'로 나타나 있다.
- 양인조 : 임시정부 재정부 차장이었던 양우조의 4촌이며, 양제현의 부친인데, 1942년 12월 20일 경성부 필운동 130번지 자택으로 찾아온 아들 양제현으로부터 그가 개성방송소에서 들은 샌프란시스코 단파방송

내용인 조선의 독립운동에 관한 연락을 받은 사실이 양제현의 재판기록
에 나타나 있으나 형량은 미상이다.

- 이병호와 이병덕 형제 : 김종호와 안필수의 클럽이다.
- 박홍인과 최병철 : 김종호와 안필수와 한 클럽이었다.

이상 37명은 모두 단파사건 관련자들로 검찰의 심문조서나 재판기록
상에 기록되어 있으나 구체적인 활동사항이 표출되지 않았으며 형량을
알 길이 없어 유감이다.

이상과 같이 현재까지 나타나 있는 75명의 대략을 기록하였다. 2년
징역형을 받은 사람이 3명이며, 1년 6개월 징역형은 4명, 1년 2개월 징
역형은 2명, 1년 징역형이 16명, 8개월 금고형이 1명, 8개월 징역형이
2명, 6개월 징역형이 5명, 6개월 징역에 3년간 집행이 유예된 사람이 1
명, 300엔 벌금형이 5명, 200엔 벌금형이 1명, 100엔 벌금형이 1명 및
형량미상인 사람이 34명으로 모두 75명에 달하는 터이다. 이보다 훨씬
많은 유죄판결자가 있었을 것이라고 하나, 이들에 대한 구체적인 사항
을 전혀 알아볼 수 없음은 매우 안타까운 일이다(유병은, 《단파방송연락
운동》 전재).

송남헌의 증언

이 사건과 관련하여 서대문형무소에서 옥고를 치르고 현재 생존한 송
남헌 옹은 1964년 9월 20일 《조선일보》에 '반세기의 증언-경성방송국
단파사건'이란 기록을 남겼다. 다음은 그 요지이다.

횃불은 줄기차게 홀렀다. 그것은 일제가 패망하는 1945년 8월 15일
그날까지 그칠 줄을 몰랐다.

그러나 그 대부분은 일제의 감시와 탄압의 손이 미치지 못하는 해외
에서의 일이요, 일체의 조직이 파괴되고 일체의 집회가 금지되고, 대부

분의 민족적 엘리트가 소위 사상범보호 구속령에 의하여 죄없이 생선두름처럼 엮여 붉은 담안으로 사라지곤 하던 해방 직전의 국내에 있어서는 그렇게 용이한 일은 아니었다.

그렇다고 원수에 대한 항쟁의 불길이 마냥 식어들어 갈 수만 있었으랴! 여기에 태평양전쟁도 고비를 넘어선 1943년 국내 민족저항의 또 한 장을 장식하는 '경성방송국 단파사건'이 발생한 것이다.

1937년 중일전쟁을 벌였던 일제는 한때 상대적으로 우세했던 화력을 믿고, '북지'(北支), '남지'(南支)를 석권하였다. 중국 정부는 서쪽 오지인 중경으로 천도를 하였고, 불령(佛領) 인도지나에까지 침입한 일군은 동양대륙의 태반을 유린하는 것같이 보였다.

그러나 이는 전략적으로 장기전을 각오한 중국군의 '곤초작전'(困焦作戰)에 의거해서의 각본이 그대로 연출되어서의 현상이요, 대륙의 일반(一半)을 점거했다는 일군의 영향력도 기실 겨우 점(點)과 선(線)을 유지하는 데 급급할 정도의 것에 지나지 않았다.

날이 갈수록 일제는 초조의 빛을 감추지 못하게 되었고, 그것은 태평양전쟁이 발발한 1941년도로 다가서면서부터는 우리 국내에 있어서 히스테리적인 발작증세로 나타나기도 하였다.

그러한 증상은 한낱 가냘픈 여학생의 일기 몇 줄을 근거로 어마어마하게 강작해내었던 유명한 조선어학회사건에서도 엿볼 수 있다.

이러한 그들의 광태가 심하면 심할수록 그것은 또한 그들이 저질러놓은 일체의 사태를 수습못하는 고민을 그대로 드러내는 것이기도 하였다. … 이 정보 연락에는 미국 컬럼비아대학에서 수학하고 동아일보 기자를 역임했던 홍익범이 담당하였고, 정보를 제공하는 외국인은 선교사들이었으며, 그들은 단파수신기로 모국의 방송을 청취하여 이를 친밀한 사람들에게 비밀리에 알려주었던 것이다(이들의 추방 부분 생략).

그러던 어느날 경성방송국에서는 단파로 해외방송을 청취할 수 있다는 기밀을 캐치하였다. 이 기밀을 캐치한 사람은 송남헌이었고, 송남헌은 홍익범에게 연락하였고, 두 사람은 숙의 끝에 당시 아동문학 동인

관계로 경성방송국 편성과에 근무하고 있던 양제현의 협조를 얻기로 하였다.

그런데 경성방송국에서 단파수신이 가능했던 내력은 이러하다. 적치 총독기관은 앞서 외국인 선교사들로부터 압수한 단파수신기를 국내 각 방송국에다 분배하고 동경방송을 직접 수신하여 국내에 방송토록 하였다. 이 단파기를 조작하던 경성방송국 한국인 기술자들이 비밀히 미국의 소리 방송과 우리말 중경방송을 청취하였고, 내용은 한국인 직원들 간에 은밀히 전달되어 몇몇 아나운서와 편성과 양제현에게까지도 알려지게 된 것이다.

송남헌과 접선이 된 양제현은 매일같이 한국인 기술자들로부터 VOA 와 중경방송의 내용을 입수해서는 송남헌에게 전하였고, 송남헌은 이를 홍익범에게 전달, 홍익범은 다시 4자회담(송진우, 김병로, 이인, 허헌의 모임 — 필자)에게 보고하였다. '한국의 호랑이'라는 타이틀로 보내지는 VOA의 우리말 방송은 30분간이나 매일 빠짐없이 있었다…….

그러는 동안에 경성방송국 단파수신 내용은 조금씩 조금씩 일반인에게도 퍼져나갔다. 아나운서 및 기술자들이 그들의 가까운 친구들에게 그 내용을 알려주기 시작했기 때문이다. 발없는 말이 천리를 간다. 그러나 또한 낮말은 새가 듣고 밤말은 쥐가 듣는다. 이렇게 해서 퍼지기 시작한 해외소식은 그만큼 국내 동포들의 마음을 사로잡았고, 또한 고무격려를 나누지 않고서는 배길 수 없게 한 그 내용은 입에서 입으로, 귀에서 귀로, 물이 흐르듯 새어, 드디어 적치 경찰의 탐지되는 바가 되고 말았다.

1943년 이른봄, 경성방송국 한국인 기술자들이 일경의 급습을 받았다. 이어 아나운서들에게도 손이 뻗쳤다…….

고문은 절정에 달했다. 몇 번을 산송장이 되어 감방으로 업혀 들어오곤 하였다. 그 중에서도 홍익범은 사경에 이르러 형식적인 병보석으로 마침내 숨을 거두고 말았으나 끝내 지도층인 송진우, 김병로, 이인의 이름을 입에 대지 않았다. 가혹한 고문은 그밖에도 문석준 외 몇 명의 옥사자를 냈고 허헌은 병보석으로 출감케 하였다.

결국 20여 명이 보안법 위반, 치안유지법 위반, 육해공군 형법 위반으로 기소되었고, 가족의 방청조차 허락되지 않은 비공개 공판에서 "중경에서 어떤 지령이 있었느냐", "이승만과의 연락내용을 말하라", "행동계획과 음모내용을 대라"는 등 상상을 넘는 일방적인 비약심리 끝에 전원이 최하 2년 이상의 체형을 언도받고 경성(서대문형무소 — 필자), 청주, 대전 등의 감옥으로 분산수감되었다.

해방을 맞아 옥사를 면한 수감자들은 구사일생으로 살아나오게 되었고 일경의 최고훈장을 받은 사이가 시치로는 8·15 직후 중국으로부터 환국한 의열단 단원이었고 한때 독립자금 염출을 위하여 천진은행을 습격한 바도 있는 김모 씨에게 서울 원남동 일원에서 민족적 보복을 당하고 말았다 ….

이 사건으로 홍익범과 문석준, 이이덕 등 6명이 서대문형무소에서 옥사하거나, 일제가 옥중에서 죽을 것을 두려워하여 출옥시켰는데, 고문과 옥고의 후유증으로 건강을 회복하지 못하고 사망하였다. 또한 단기형을 받고 수감된 관련자 대부분이 가혹한 고문으로 출감후에도 큰 고통을 겪었다. 일제가 이 사건 관련자들을 얼마나 혹독하게 취급했는지를 알 수 있다.

조선총독부 시정연보에 나타난 한국 감옥실태

총독부 시정연보

　조선총독부는 해마다《조선총독부 시정연보》를 발행했다. 이것은 연감(年鑑)과 비슷한 것으로서, 총독부의 시정을 자세히 기록하는 일종의 자료집이다. 시정연보에는 빠지지 않고 사법(司法) 부문의 감옥에 관한 내용도 실었는데, 이는 물론 총독정치의 본질에 맞는 내용들이다. 그렇지만 당시 감옥(형무소)에 대한 자료가 빈약한 형편에서 이 시정연보의 기록을 무시하기 어렵다.

　다음은 대정(大正) 15년(1924년)에 발행된 대정 13년《조선총독부 시정연보》의 감옥관련 내용을 번역한 것이다. 분명히 말하거니와 일제는 식민통치의 편의에 따라 수많은 감옥(형무소)을 짓고 유지·관리하였다. 또한 연보의 기록은 그들의 시각에 맞춰 기록한 것일 뿐이다(필자는 이 기록이 그 시대의 드문 자료적 의미 이상도 이하도 아니라는 사실을 밝힌다).

옥정(獄政)의 개선

　지난날의 감옥은 재판사무와 함께 질서와 규칙 등이 대단히 문란하였으며 사법·행정의 구분이 없었다. 감옥은 대개 경찰서의 한쪽 구석 또는 경찰서 부속건물 안에 설치되어 경찰관이 그 사무를 보았으며, 설비 또한 지극히 불완전하였으며 죄인의 처우가 잔혹하였으므로 보호정치 (식민통치 — 필자) 개시후 사법제도의 독립을 기획하기에 이르렀다. 그 소관을 내부(內部)에서 법부(法部)로 옮기어 감옥 및 감옥분감을 설치하고, 이어서 1909년 7월 제국정부에서는 사법사무와 함께 감옥사무가 위탁되기에 이르러 개선에 박차를 가하게 되었다.

그 이후 감옥은 12개의 특례를 제외하고는 내외지(內外地)에 두는 보통감옥의 예에 따라 그 사무를 취급하게 되었으나, 본부 설치 후인 1912년 4월 조선감옥령 및 감옥령 실행규칙을 제정하여 그것을 조선의 실정에 적응시켜 형집행상 적지 않은 편의를 얻기에 이르렀다. 1922년 이후에는 태형령 폐지와 함께 감옥 확장공사도 대략 완성되었으며 점차 일반사무의 개량·쇄신에 손을 대었다.

먼저 통계사무는 그것을 중앙집사(中央集査)로 고치고 지문취급규정의 개정을 행하였다. 또한 예의 관기(官紀)의 진보, 능률의 증진을 꾀하였으며 복장규칙을 제정하였다. 1923년에는 특설감옥에 근무하는 직원의 특수 의복을 정할 수 있게 하고 특별 임용고사 규정을 개정하여 새로이 공로기장(功勞記章)을 제정하고 공로가 많은 자를 표창하였다.

급여에 관한 규정을 개정함과 동시에 시대의 추세를 감안하여 감옥관제를 개정하고 감옥명칭을 '형무소'라고 하였다. 감옥의사는 보건기사 (保健技師) 또는 보건기수(保健技手)라고 하였으며, 수업수(授業手)는 작업기수(作業技手) 또는 작업조수(作業助手)라고 하였다. 죄수에 대한 행형의 방면에 일대쇄신을 가한 결과 현재에는 옛날의 폐해를 전부 개혁하였는데, 감옥의 대부분이 내지(일본)에 있는 감옥과 별다른 손색이 없을 정도에 이르렀다.

직 원

1919년 말 전옥 이하 간수·여감취부(女監取婦)의 정원은 합계 1,750 명, 그외 의무(醫務) 및 교무(教務)의 촉탁 56명이 되어, 본부(本府)

감옥 설치 당시에 비하여 964명이나 증가하였음에도 불구하고, 죄인이 급격히 증가하여 그 구금인원에 대한 비율이 균형을 이룰 수 없었다.

태형령 폐지와 함께 증원의 필요가 있음을 느끼어, 1920년에는 새로이 전옥보(典獄補)를 두고 전옥이하 443명 외에 촉탁원 62명을 증원·배치하고 1921년에는 더 나가서 감옥 통역생 3명을 증원하고 1922년에는 여자 수형자의 감금에 따른 요원으로서 여자감옥 단속인 13명·간수 1명을 증원하였다. 1923년에는 행정정리의 결과, 서대문감옥 인천분감·종로구치감 및 태평동 출장소를 철폐하고 전옥 2명, 간수장 10명, 간수 94명을 줄였다. 나아가 1924년 12월 행정정리를 위해 본소 1개소, 지서 2개소를 철폐하기에 이르렀다.

직원에 대해서도 또한 전옥보 2명, 간수장 12명, 통역생 1명, 보건기사·기수 3명, 약제사 1명, 교화사 3명, 교사 1명, 간수 및 여자감옥 단속인 191명, 의무촉탁 4명, 교무촉탁 4명을 감원하고 한층 사무의 간소화·신속화 및 개선과 각 직원의 능률의 증진을 꾀하고 결함이 없기를 기대하였다.

형무관리의 양성

1918년 새로이 간수교습소를 설치하고 정원 외에 간수를 채용하여 적절하게 교육하였으며, 매년 1~2회 우수한 간수를 선발하여 특수한 훈련을 실시하였고, 신임간수장 등과 함께 내지(일본) 형무관연습소에서 공부하게 하였다. 또한 간수 중 사무의 재간이 있다고 인정되는 자를 선발하여 지문 및 통계의 강습을 행하였으며, 순차적으로 각 형무소에 배치하여 사무의 개선을 꾀하였다. 또한 보건기사·보건기수·교화사 중 성적이 우수한 자는 내지에 파견하여 강습을 받게 하였는데, 그 성적이 대단히 우수하였다.

더욱이 1923년에는 조선인 간수의 특별교습, 각계 주임의 소집을 행하여 개선진보한 여러 시설을 해설·교시하여 형무의 쇄신을 기대하였다. 그들의 성적은 우수하였고 1924년에도 계속하여 간수의 특별교습을 행하였으며, 간수장 및 간수를 내지 양무관(良務官) 연습소에서 공부하게 하였다. 또 보건기사·보건기수 중 20명을 경성에 소집하여 행형의학강습회(行刑醫學講習會)를 개최하였으며 내지 이학강습회에도 출석하게 하였다. 또한 교화자를 내지 형무·교화 강습소에서 공부하게 하여 예상했던 효과를 얻을 수 있었다.

재감 인원

재감인원은 1909년 감옥사무 위탁 당시에는 5,300여 명에 지나지 않았으나, 사법사무의 완비와 함께 점차 증가하여 1918년에는 하루 평균 재감인원은 12,200여 명에 이르렀으며 1919년 8월에는 망동(妄動) 사건 (3·1 운동 — 역자)으로 입감자가 급증하였다. 1920년 4월 속령 제120호에 의거하여 감형의 은전을 받은 수감자가 2,600여 명에 달하여, 일시적으로 재감자가 감소하는 경향을 보였으나, 그럼에도 불구하고 범죄자는 끊이지 않았다.

또한 태형령 철폐와 함께 재감자는 계속 증가하여 1922년에는 거의 16,000명에 달하게 되었으나, 1923년에는 보안법 위반 등의 입감자는 점차 감소한 반면에 가출옥은 증가하여, 1924년 중 하루 평균인원은 12,677명으로 줄었다.

구금 상태

감옥은 사무위탁 당시 어느정도 근대적으로 신축한 경성감옥과 현재 신설된 서대문감옥 종로구치감 및 전 총독부이사청(理事廳) 소속의 감옥과 영등포 분감 외에는 그 구조는 대개 조선식으로 되어 있어 극히 불완전한 것이었다.

감방내법(監房內法)에 따라서 한 평당 수용인원이 7, 9명으로 늘어나서 관리상 극히 곤란하였으므로, 설비 및 내용의 개선을 꾀함과 동시에 재정이 허락하는 한 감옥의 신축·증축을 실시하였으나 이미 수감인의 증가를 따라갈 수 없었다.

1915년부터 더욱 크게 옥사건축을 진행하였으며 분감·출장소의 새로운 증설을 행하여 1919년에는 새로이 본감(本監) 1개소를 증설하였다. 그 결과 그해 말 감옥은 본감 10개소, 분감 13개소, 출장소 4개소에 이르렀고, 감방내법 총평수 2,900여 평이 되어, 위탁당시에 비해 수용력을 배가하기에 이르렀다.

그 구조도 지난날의 모습을 일신하여 제도혁신 후 1919년 말 일한태형(日限笞刑)을 폐지한 결과 1920년 이후 자연스러운 수감인원의 급증을 조절하기 위해, 1919년 추가예산에서 합계 235만여 원의 새 예산을 계산하여 감옥확장의 계획을 세우고 즉설분감(卽設分監) 중 5개소를 본감으로 승격시켰으며 새로이 분감 4개소, 출장소 3개소를 설치하였다.

또한 새 예산 중에서 공사비 2,030,000여 원을 할당하여 감방합계 2,000여 평의 건축에 착수하여 1921년 말경에 그 대부분의 공사가 완료되었으며 그 일부를 1922년으로 이월하여 차례로 완성시켰으며, 감방내법 총평수는 5,300여 평에 달하였다. 감옥 전반을 통틀어 구금상태는 현저하게 완화되어 한 평당 평균 2.9명이 되었다.

1924년에 행정정리에 의해 영등포형무소 및 함흥형무소, 강릉지소, 목포형무소, 제주지소를 철폐하여 현재에는 본소 16개소, 지소 10개소가 되었으며, 1924년에 그 감방내법 총평수 5,075평에 한 평당 평균 수용인원은 2.6명이 되었는데, 전년도에 비해 조금 완화된 것이다. 그러나 그 채산은 기결감과 미결감, 또한 남자감옥과 여자감옥을 가리지 않고 모든 감방면적을 합산하여 평균을 낸 것이었기 때문에 각 감옥의 종류에 따라 기결과 미결, 또는 남자감옥과 여자감옥을 구분하여 그 평당 평균을 산출했을 때에는 6, 7명에 달하는 일이 없지 않았다. 종래 경비관계상 새 예산은 먼저 새로운 감방의 개축에 착수하였으며 취사장, 욕실 등의 부속건물의 대부분과 공장개축 및 철조망의 수선·개축과 같은 것은 제2차 시설로 구분되었다.

1923년 이후 앞서 1919년 망동사건 발발당시 임시감옥으로 사용하였던 가건물을 공장 등으로 개조하여 판자집식 건설물의 구축에 노력하였으나, 취약하고 체제가 아직 잡히지 않은 건물을 소거할 수는 없었다. 특히 내지에서 이미 실행되고 있던 야간작업과 같은 것은 설비가 불완전하여 계호상 많은 위험이 있었기 때문에 이것을 실행하기 어려운 상황에 있었음은 지극히 유감이다.

수용구분의 개정

1919년 이후 계속적인 감옥확장 공사는 1922년에 대체로 종료되었으며 재감자의 수용구분을 개정하여 특수 행형을 필요로 하는 18세 미만자 또는 여성범죄자 등을 일정한 형무소에 가두는 제도를 만들었다. 일반수형자에 대해서도 형기의 장단을 기준으로 수용형무소를 달리하여 형집행의 효과를 한층 높이기를 기대하였다.

그와 동시에 새로운 입감인원을 각 수용소의 수용정원에 맞추어 배치하여 종래의 구금인원의 불평균을 완화하고, 빈번하게 시행한 수형자의 이감을 줄일 목적으로 수용구분의 대개정을 행함과 함께 상소(上訴) 수형자는 원래 형무소에 송환하기로 하였다.

한편 특수수형자의 수용구분을 정하기에 앞서 특설소년형무소를 개성에 개설하여 18세 미만의 소년수형자를 수용하였다. 또한 1922년 초 김천지소를 본소로 승격하고 원칙적으로 18세 미만의 소년수형자를 수용하는 특설형무소로 하였다. 18세 미만의 여자수형자는 서대문형무소에 수용하고 특별한 행형을 시행하여 시설의 완비와 함께 현저한 효과를 거두었다.

1924년 12월에는 18세 이상의 여자 수형자의 수용범위를 개정하였고, 무기 또는 10년 이상의 남자수형자는 경성형무소 및 대전형무소에 수용하였으며 상소수(上訴囚)의 환송 구분에도 약간 개정을 가하여 수용의 균형을 유지하게 하였다.

처 우

재감자의 처우에 있어서는 세태의 진운(進運)에 수반하여 일반적인 처우제도에 치우치는 일이 없도록 노력하였다. 또한 그 개성을 관찰하여 그것에 적응하는 방법을 강구하여 범죄적 성격을 교정하기에 노력하며, 규율적 생활을 하도록 함과 동시에 수형자의 과거 및 장래의 환경을 고려하여 직업훈련을 실시하였다. 또한 석방후에 사회의 양민으로 복귀시키는 방침을 확립하여 행형의 목적을 달성할 것을 기대하였다. 따라서 지금은 지난날의 징계주의에 의존한 가혹한 처우방법은 완전히 그 모습을 감추었으며, 석방후의 보호기관과 행형설비의 정비와 함께 형사정책의 목적은 점차 달성되고 있다.

개성 소년형무소는 주로 18세 미만자를 위해 설치된 순수한 특설형무소로서, 제반 설비가 어느 정도 완성되고 그 성적이 우수한 것을 본받아 김천지소를 소년형무소로 하고, 20세 미만의 남자수형자를 수용하여 개성 소년형무소에 준하는 특별한 행형을 행하였다.

다른 형무소에서도 재감자의 처우에 있어서는 세심한 주의를 기울인 결과 교양·감화의 효과가 인정되는 자가 많았으며, 가출옥을 허락하는 경우가 매년 증가하였는데, 그성적이 양호하여 가출옥이 취소되는 자는 거의 100명에 1명이 있을까 말까 하는 좋은 성적을 거두고 있다

급양(給養)·위생 및 의료도 매년 개선되었는데, 점차 의복·침구를 정비하였고 쌀·보리를 법정 주식으로 하고 조선인의 풍습에 비추어보아 적당하게 안배하여 야채류 및 조미품은 감옥에서 제작·급여하였다. 또한 옥무개선(獄務改善) 이래 감옥의 및 약제사를 배치하는 반면 병감(病監) 및 소득설비의 보급을 꾀하여, 종전 감옥내에서 유행했던 감옥열, 괴혈병 등의 각종 병은 그 모습을 감추었으며, 피부병 그외 전염병 또한 격리치료 등으로 용의주도하게 대처하였다.

식품영양소의 배가와 함께 매년 건강상태의 개선을 초래하여 사망자가 현저하게 줄어들었는데 이것은 옛날 위생상태에 비하면 거의 격세(隔世)의 감이 있었다.

작 업

감옥작업은 통감부감옥 개설 당시에 있어서는 거의 볼 만한 것이 없었으며, 따라서 취업비율도 낮아 불과 전수형자의 27%에 지나지 않았으나, 그 이후 작업의 발전·확장에 노력한 결과 해마다 취업자 수를 늘려 최근에는 병 또는 사고 때문에 쉬는 자를 제외한 대부분의 수형자는 취업을 하기에 이르렀다.

1919년 말에 그 취업률은 96%에 이르러 현저하게 수정(囚情)을 완화할 수 있었다. 한편 작업수입 또한 증가하였으나 이익은 수형자의 기능 및 노력을 선용하여 직업훈련을 완전하게 할 필요가 있었으므로, 1919년 이후 특별작업비를 지출하여 경영에 애쓴 결과 상당한 성적을 거둘 수 있었다. 감옥작업의 종류의 대부분은 초지(抄紙 : 종이를 뜨는일)·베짜기·재봉·가구·구두·돌세공·벽돌·논밭갈기 등으로 생산가격이 저렴할 것을 요구하는 것은 가급적 동력공업으로 전환하여 경제적 작업의 확립 및 기계조업의 훈련에 노력하였다.

교 화

죄인의 교화 및 교육은 지난날 전혀 행해지지 않았다. 조선인 죄수의 대부분은 낫놓고 기역자도 모르는 자들이었으므로 통감부감옥 개설 이후 조선어에 숙달하며 또한 반도의 사정을 잘 아는 승려를 채용하여 교화의 주도에 노력하였으며, 그리스도교 신자에 대해서는 성서 등을 읽게 하고 목사를 초빙하여 신앙상의 강의를 하게 하는 등 실정에 적응하는 데에 그 의의를 두었다.

그들 수형자가 교화에 의해 받은 감화는 위대한 것이어서 상을 받는 자가 속출하였으며 일반처우의 개선과 함께 죄수의 마음은 고요하고 평온하게 되어 앞에 쓴 것과 같이 가출옥의 특전을 받은 자가 해마다 점차 늘어갔다. 석방 후 당시의 감상이 일반적으로 교화와 의료를 재감중 제일의 희열로서 위안으로 삼았다라고 하는 점을 볼 때 그 모습을 엿보기에 충분하다.

교 육

수형자 중 18세 미만자 및 그외 특별히 필요한 자에 대해서는 교육을 실시하였다. 전임교사 및 경험이 있는 교화사가 수신·국어·산수 등 재감자에게 적절한 학과를 가르쳤다. 그 결과 입감 당시에 무학이었던 자들이 옥중에서 부모형제에게 자필로 편지를 써서 불효부제(不孝不悌)를 사과하였다. 또한 습득한 국어를 활용하여 출옥 후 상행위를 하는 직업에 종사하는 자가 있기에 이르렀다. 더욱이 앞의 소년형무소는 개설 이후 교양의 효과가 한층 현저하여 다른 사람처럼 변하는 자가 많았다.

석방자 보호

석방자 보호사업은 종래 감옥본감·분감·소재지 중 21개소에 존재하였으며 매년 상당한 성적을 거두었으나 유지에 곤란한 점이 많았으므로, 1913년 이후 매년 5,000원의 국고보조금을 배정하였다. 또한 1920년에는 태형제도 폐지와 함께 감옥의 증설과 요보호자(要保護者)와의 사정을 감안하여 보조금액을 10,000원으로 증가·배정하였으며, 보호단체의 부족함을 느껴 1921년 및 1922년에 다섯 개의 보호단체를 신설하기에 이르렀다.

한편 일반시민에게 석방자 보호사상의 보급을 꾀하였으며, 본사업 이사자(理事者)의 양성에 노력하여 보호의 적실 주도함을 기대하였다. 그들 전체의 보호인원은 1921년에는 2,286명, 1922년에는 2,737명, 1923년에는 3,713명이 되었으며 1924년에는 4,295명에 이르렀다. 그 보호를 해제한 인원에 대하여 보면 자활·타인인수·친족인도 등이 현저하게 증가하여 보호소 수용기간은 점차 단축의 경향을 보였다.

더욱이 그해에는 재정긴축 때문에 그 보조금액을 9,000원으로 삭감하였으나, 그해 기원절의 경축일에 사업장려를 생각하여 궁내성(宮內省)에서 1,000원의 하사금을 주어 충족되었으며, 도지방비에서 2,700원의 보조금을 받았다. 이것은 보호사업이 사회사무로서 가장 긴요하다는 것을 일반적으로 인정한 결과라고 할 수 있을 것이다.

현재 각 보호단체에서는 보호사상의 보급을 꾀함과 동시에 자력의 배양에 노력하여 그 발달을 이루어 가고 있다.

일제말기 민족주의자들과 서대문형무소

일제는 태평양전쟁의 패색이 짙어가면서 한국에서 여러가지 '마지막 발악'을 준비하였다. 그때까지 민족진영을 지키고 있었던 항일지사는 손가락을 꼽을 정도이고, 대부분이 친일전향하거나 지하로 잠복, 혹은 벽촌에서 은거하고 있었다.

전쟁이 치열해지고, 패색이 짙어갈수록 탄압도 심하여 수많은 사람이 감옥에서 참담한 영어생활을 하였다. 조금만 반일적인 언동을 보여도 투옥으로 처벌하였고 린치도 서슴지 않았다. 당시에 유행한 민요 "말 깨나 하는 놈 가막소 가고요 …"는 이같은 참상을 대변한다.

조선총독부에서 발행한 《통계연보》에 따르면 전국 형무소 재소자 연인원수는 1913년 현재 361만 1,831명이고, 1930년 현재는 609만 1,936명이었다. 따라서 1930년 현재 조선인 총인구는 1,878만 4,437명이었으니 이를 환산하면 총독정치가 시작된 지 20년 만에 조선인은 남녀노소를 막론하고 인구 3명 중 1명꼴로 형무소 생활을 했다는 결론에 이른다.

이와같은 현상은 일제의 대륙침략 전쟁과 태평양전쟁이 시작되면서 심화되었기 때문에 '한국인 죄수'의 숫자는 더 늘어난다.

일제 초기부터 중기까지 한국인 검거 인원수는 도표로 정리하면 〈표 15〉, 〈표 16〉, 〈표 17〉과 같다(조선총독부, 《통계연보》).

표의 수치에서 나타난 바와 같이 일제 강점기 동안 조선 천지가 온통

〈표 15〉 연도별 검거인원

연도	검거인원수(명)
1912	32,811
1913	37,827
1914	41,690
1915	47,107
1916	59,025
1917	73,073
1918	76,541
1919	79,443
1920	82,187
1921	90,706
1922	90,789
1923	101,024
1924	114,689
1925	128,366
1926	133,192
1927	150,796
1928	164,402
1929	138,020
1930	179,300
계	1,821,038

〈표 16〉 형무소 재소자 연인원

연도	연인원수(명)
1913	3,611,831
1914	3,546,522
1915	3,765,310
1916	3,930,441
1917	4,320,519
1918	4,478,873
1919	5,746,596
1920	5,224,675
1921	5,817,716
1922	5,831,643
1923	5,230,717
1924	4,639,759
1925	4,778,580
1926	4,999,028
1927	4,919,918
1928	5,225,690
1929	5,385,793
1930	6,091,936

〈표 17〉 주요 죄목별 검거인원수

죄목별	검거인원수(명)
취체령 위반	1,478
삼림령·사유림 보호규칙 등 위반	9,218
연초전매령 위반	1,069
묘지관계규칙 위반	1,999
도박 등에 관한 것	12,473
절도·사기범	59,769
경찰법 처벌규칙 위반	3,789
보안법 위반	1,069
치안유지법 위반	1,887
기타	86,549
계	179,300

감옥이고 한국인은 대부분이 죄수가 되었다. 각종 악법이 거미줄처럼 얽히고 전국의 형무소에서는 고문으로 신음하는 소리가 중천에 메아리쳤다. 이와같은 만행도 모자랐던지 태평양전쟁의 패색이 짙어지면서 대대적으로 조선의 애국지사와 식자들을 몰살시키려는 음모를 꾸몄다. 히로시마와 나가사키에 원자폭탄이 투하되는 등 급작스런 전세의 변화가 아니었다면 일제는 최후 발악으로 항일인사와 식자들의 씨를 말리는 참혹한 학살극을 자행했을 것이다. 1945년 8월 8일 소련군의 대일참전 소식을 받은 총독부 경무국은 전국 175개 경찰서장에게 비상사태에 따른 제1호 조치를 발령했다. 그 내용은 "소련군 침입시에 공사계 요시찰인을 즉각 검거하라"는 지시로서 이것은 암호무전으로 타전되었다.

특별명령을 하달받은 일선 경찰서에서는 즉각 요시찰 인물들의 검거에 나섰다. 일제가 유사시에 학살하고자 했던 요시찰 반일인사는 무려 5만여 명이었던 것으로 파악되었다. 여기에는 사회주의 계열은 물론 우익진영 인사들과, 종교·교육·청년·여성·독서회·농촌운동 관련 인사들까지 포함되었다.

명령을 받은 지방경찰서와 헌병대는 즉각 행동에 나서 닥치는 대로 항일인사들을 체포했다. 이 과정에서 구체적으로 몇 명이 구속되었는지는 밝혀지지 않고 있다. 경무국이 8월 12일부터 조선인 탄압에 관계된 극비문서들을 총독부 뒷마당에서 소각한 것을 비롯하여 16일부터는 경기도 경찰부 고등과로부터 전국 일선파출소까지 경찰기관이 요시찰인명부 등 모든 관련 문서를 소각했기 때문이다.

총독부는 이에 앞서 조선의 반일인사 학살음모를 은밀히 추진하고 있었다. 1945년 4월초, 총독부 경무국은 조선이 전장화할 것에 대비한 '요시찰인에 대한 조치계획'을 세우고, 각 경찰서장에게 극비리에 시달했다. 지시내용은

(1) 공산군(소련군)이 조선에 침입하면 공산계 요시찰인을 예비검속하라.

⑵ 미·영군이 상륙하면 민족주의자를 예비검속하라.

⑶ 전선이 경찰서에 가까워질 때는 예비검속자를 후방으로 옮겨라.

⑷ 만일 예비검속자를 후방으로 옮길 시간적인 여유가 없을 경우, 적당한 방법으로 처리하라.

제4항의 '적당한 방법으로 처리하라' 는 지시는 곧 살해하라는 내용이었다.

소련의 대일참전 결정이 알려지면서 총독부는 일선경찰서에 요시찰인을 검거하라는 지시를 내렸다. 정무총감은 7월 7일을 기해 요시찰인 중에서 약 3천 명을 구금했는데, 정무총감은 후환이 없도록 하기 위해 이들의 총살을 주장하고, 보호관찰소장(검사)은 총살은 좀더 관망하는 것이 좋겠다는 주장을 하고 있던 중 항복이 예상보다 빨리 와서 집행되지 않았다. 예비구금된 '요시찰인'들은 각 경찰서와 서대문형무소 등에 분산수용되었다. 항일인사에 대한 대량학살 음모는 조선총독부에 의해서만 추진된 것은 아니었다. 일제의 주구 박춘금 일당이 항일동포 30만명의 학살계획을 추진하다가 역시 해방이 빨리오는 바람에 미수에 그치고 말았다.

앞에서 지적한 바와 같이 총독부의 자료 말살로 일제말 구금자와 수형자에 대한 자세한 기록이 남아있지 않다. 때문에 자료를 찾을 수 있는 대표적인 몇 사람의 경우에 한정한다.

여운형의 두번째 옥고

1942년 12월 21일 밤 여운형은 고이소 조선총독의 '협력' 요청을 거부하고 관저를 나서자마자 기다리고 있던 헌병들에 의해 경성 헌병대로 연행되었다. 조선총독은 사회 명사들을 회유협박하여 이른바 '대동아성전'에 호응협력할 것을 요구하였다. 학병, 징용, 징병, 보국대, 근로정신대의 권유는 물론 임전보국단 등 친일 어용단체 가입과 금비녀·금가락지를 헌납하는 금채회(金釵會) 활동 등을 좌담회나 강연회에서 즉 황국신민화의 강연을 하라는 요구였다.

여운형은 이를 거부하다가 다시 구속되어 유언비어를 퍼뜨렸다는 혐의로 1년 징역에 3년 집행유예를 선고받았다. 두번째로 서대문형무소에서 복역하다가 1943년 6월에 출감했다. 출감후 신병으로 경성요양원에 입원하였다. 이때에 일제 관헌들은 병중인 그에게 강제로 이른바 전향문에 날인케 하였다.

담당 검사 도자와가 '전향문'을 써내도록 한 것을 세 차례나 거부한 것을 다음에는 사상검사인 스기모도 가이구치(彩本覺一)가 그 자신이 기초한 전향문을 가져와 날인토록 하였지만 여운형은 다시 이를 거부하였다. 그러자 마지막으로 서울지방법원의 백윤화(白允和) 판사가 직접 찾아와서 이것을 일종의 형식에 불과하니 도장을 찍어 달라고 간청하는 한편 만일 응하지 않는다면 다시 구속하여 형을 집행하겠다고 위협하였다. 이렇게 되자 건강을 염려하는 가족의 권유에 못이겨 일제의 야만적인 문서에 서명을 하기에 이르렀지만, 그의 독립정신을 빼앗을 수는 없어서, 비밀리에 건국동맹을 조직하면서 해방의 날에 대비하였다. 이 무렵 항일인사들은 옥고도 고달팠지만 '사상전향문'의 강요는 더욱 견디기 어려운 고문이었다.

《성서조선》 사건과 서대문형무소

《성서조선》(聖書朝鮮)은 김교신(金敎信)·함석헌(咸錫憲) 등 한국의 무교회주의자들이 1927년 7월에 창간한 동인지이다. '종교연구'를 통해 민족정신을 키우고자 하면서 출발한 이 동인지의 창간 당시의 진용은 일본의 반국수주의적 무교회주의자인 우치무라(內村鑑三)의 신앙적 문하생들이었다.

주요 멤버는 김교신·함석헌을 비롯 송두용(宋斗用)·정상훈(鄭相勳)·양인성(梁仁性)·유석동(柳錫東) 등이다. 이 책은 무교회신앙의 고백을 주요 내용으로 하는 논문을 싣고 동인들이 쓴 단상도 실었다. 창간사에서 "학문에는 국경이 없다고 하지만 신앙인에게는 국경이 있어야 할 것"을 상기시키면서, 쓰라린 민족의 시련을 성서연구를 중심으로 한 순수한 기독교신앙으로 극복해 나가자고 주장하고, 기성교회의 비리를 비판하며, 민중 속에 파고들어 그들의 영혼을 신앙으로 각성시키고자 노력하였다.

발행부수는 불과 300부를 넘지 못하였지만, 고정독자들 중에는 이승훈(李昇勳)·장기려(張起呂)·류달영(柳達永) 등 영향력이 있는 사람들이 다수 참여하였다. 제17호부터는 김교신이 거의 혼자 힘으로 이 잡지를 이끌어갔는데 일제의 핍박을 받으면서도 꾸준히 발행을 계속하였다.

《성서조선》이 조선총독부에 의해 본격적인 탄압을 받게 된 것은 1942년 3월호의 권두언 "조와"(弔蛙, '죽은 개구리를 조문한다'는 내용이다)의 기사가 빌미가 되었다. 동면하는 개구리의 소생을 비유하여 민족의 소생을 부르짖었다는 구실로 폐간조치를 당한 것이다. 총독부에 의해 폐간의 구실이 된 권두언 "조와"를 살펴보자.

> 작년 늦은 가을 이래로 새로운 기도터가 생겼다. 층을 이룬 바위가 병풍처럼 둘러싸고 가느다란 폭포 밑에 작은 담을 이룬 곳에 평탄한 반석 하나 담 속에 솟아나서 한 사람이 꿇어 앉아서 기도하기에는 천성의 성전이다.
>
> 이 바위 위에서 혹은 크게 기구하여 또는 찬송하고 보면 전후좌우로 엉금엉금 기어오는 것은 담 속에서 암색에 적응하여 보호색을 이룬 개구리들이다. 산중에 큰 일이나 생겼다는 표정으로 이 낯설은 손님에게 접근하는 개구리 무리들. 때로는 5, 6마리, 때로는 7, 8마리.
>
> 늦은 가을도 지나서 단상에 엷은 얼음이 붙기 시작함에 따라서 개구리들의 기동이 하루가 다르게 느려지다가 나중에 두꺼운 얼음이 투명을 가리운 후로는 기도와 찬송의 음파가 저들의 귀고막에 닿는지 안 닿는지 알 길이 없었다. 이렇게 격조하기 무릇 수개월 남짓!

봄비 쏟아지는 날 새벽, 이 바위틈의 얼음덩어리도 드디어 풀리는 날이 왔다. 오랜만에 친구 개구리들의 안부를 살피고자 담 속을 구부려 찾았더니 오호라, 개구리의 시체 두세 마리 담 꼬리에 둥둥 떠 있지 않은가!

짐작컨대 지난 겨울의 비상한 혹한에 작은 담수의 밑바닥까지 얼어서 이 참사가 생긴 모양이다. 예년에는 얼지 않았던 데까지 얼어붙은 까닭인 듯, 동사한 개구리 시체를 모아 매장하여 주고보니 담 속에 아직 두 마리 기어 다닌다. 아, 전멸은 면했나보다!

이같은 내용을 '트집' 잡아서 《성서조선》을 폐간시키고, 김교신·함석헌·류달영 등 12명을 구속하여 재판에 회부하고, 고정독자들의 집까지도 수색, 잡지를 압수하여 전부 불태웠다. 구속된 이들은 1년여 동안 서대문형무소에서 옥고를 치렀다. 《성서조선》의 '주역' 김교신을 비롯한 연루자 12명(18명 설도 있음)은 1942년 3월 30일을 전후하여 각각 검거되어 1년여 동안 미결수로 서대문형무소에서 옥고를 치른 다음 1943년 3월 29일 대부분 석방되었다. 류영모(柳永模)는 2개월 만에 풀려나고, 류달영은 10개월, 김교신과 함석헌 등은 1년 만에 석방되었다.

김교신은 석방후 《성서조선》 독자 박석현에게 투옥과 서대문형무소 생활에 대해 술회한 것을 노평구 편, 《김교신과 한국》(제일출판사, 1972)에 "선생을 추억함"이란 제목으로 기술하였다. 다음은 이를 바탕으로 《김교신-그 삶과 믿음과 소망》(김정환, 한국신학연구소)에서 정리한 내용이다.

· 1942년 3월 30일 피검되고, 1943년 3월 29일 저녁에 석방되었다.
· 1942년 3월 30일 아침 개성송도중학에 등교 도중, 한 순사가 다가와서 아는 체하더니 서울로 동행하자면서, 수갑을 채울까 말까 망설이는 것을 선생은 법대로 하라면서 수갑을 채우도록 했다. 도중에 생도, 지우를 많이 만났으나 예수님을 위해 쇠고랑을 찼다는 생각을 하니 조금도 부끄러움이 없었다고.
· 형사의 취조 한마디가 "민족의식이 있느냐?"는 것이었기에 정치

적인 뜻이라면 물론 없고 "조선사람임을 의식하느냐"의 뜻이라면 물론 있다고 대답하였더니, 형사는 자기 취조방법이 서툴렀다는 것을 느꼈는지 어색한 안색을 했다.

· 취조가 끝나 유치장에 들어선즉 어느 청년 하나가 한쪽 구석으로 가서 얼굴을 가리고는 한참 동안 울다가 일어나서 김 선생 앞으로 오더니, "대단히 죄송합니다. 저 때문에 선생님까지 이렇게 고생을 하시게 되었으니 면목이 없습니다"고 사과를 했다. 알고보니 사상문제로 양정을 4학년 때 중퇴한 학생이고 그는 자기가 형사에게 담임선생님이 김교신 선생님이라 했기에 선생님이 붙잡혀 온 것으로 착각하고 먼 길을 사과하러 온 것이라고.

· 유치장에서 처음에는 사식허가가 안되어 관식을 먹다가 다음 사식을 먹게 되었는데, 그것은 선생의 태도가 시종여일한 데 경찰이 감격했기 때문이라고.

· 취조형사가 자기는 조선의 유명한 모모를 전향시킨 내력이 있다고 자랑하며 선생에게 전향할 것을 종용했으나, 그는 아무 한 일이 없기 때문에 전향할 처지가 아니라고 거절했다고.

· 유치장에서도 집에 있을 때와 다름없이 밥을 맛있게 먹었는데, 이것을 보고 관원들이 김모는 참으로 하나님이 도운다며 비꼬기도 했다. 선생은 하루에도 많을 때는 주기도문을 300번, 적어도 100번, 그러기에 유치장에서 적어도 36,000번은 외웠고 또 유치장 안에서도 아침운동으로 해오던 냉수마찰은 어떻게 해서든지 꼭 했다고.

· 유치장에 있을 때 하루는 나와 선생을 찾는다 하기에 오늘은 좀 말을 해볼 만하겠지 하고 기대하고 있었다. 그런데 그 검사의 첫 마디가 대갈일성 잘못된 줄을 아느냐 하기에 어처구니가 없어 묵묵부답했다. 그런데 그런 말을 2, 3차 연발하기에 조목조목 묻지 않으니 대답할 도리가 없다고 했더니, 검사가 멋적어 꽁무니를 빼고 달아나더라고.

· 형사가 취조중, 군은 하나님을 믿느냐고 묻기에 믿는다고 하니까 전지전능한 하나님으로 믿느냐고 하기에 그렇다고 했다. 그랬더니 다시 하나님은 우주만물을 창조하신 하나님으로 믿느냐

고 하므로 역시 그렇다고 하니까, 그러면 일본천황도 하나님이 창조하였느냐 하기에 그렇다고 했다. 그런즉 형사는 아주 큰 증거나 잡은 듯이, 본인 입으로 말했으니 더이상 물을 필요가 없다고 하더라고.

· 신앙에 한 걸음도 양보 안하고 만사를 당하기로 결심했더니 마음이 편해지더라고.

· 그런데 검사국에 넘어가서는 담당검사를 잘 만나 모든 것이 부드럽게 진행되었다. 일례를 들면 검사가 취조서 작성시 선생의 의사표현이 불완전할 때는 검사 자신이 그 진의는 이것이 아니냐면서 유리하게 조서를 작성해 주었을 뿐더러, 당신들을 통해서 많이 배웠다고 극구 치사도 하더라고.

· 이외에도 경찰부 형사들도 기독교에 대해서는 김모와 함모에게 물어보면 제일 잘 알 수 있다 하면서, 기독교가 그렇게 좋은 종교인 줄을 처음 알았다고 말했으며 그런 후로는 아주 후대하여 주더라고.

《성서조선》 사건으로 만 1년 동안 서대문형무소에서 옥고를 치른 함석헌은 자서전 《죽을 때까지 이 걸음으로》에서 이때의 사정을 다음과 같이 기술하였다.

우리더러 독립운동을 했다는 것이다. 그래 그 전에 다 검열 맡아 가지고 냈던 글을 이제 와서 새삼스럽게 트집을 잡은 것이다.

독립운동이란 물론 독립운동이지. 학교에서 가르치거나 집에서 일을 하거나 다 독립운동이지. 그 아닌 것이 있을 수 없다. 그러니 어느 의미론 네 했습니다 하고 지우는 대로 고분고분 5년이건 10년이건 지고 싶은 맘도 있으나, 저의 독립운동이란 말과 내 독립운동이란 말이 뜻이 다르다. 그것을 번히 알고 그놈에게 속고 싶은 맘은 없었다. 그러자니 싸움이었다.

나중에 신앙 문제를 가지고 온다. 문기를 가르칠 때는 "하나님이 나중에 모든 사람을 하나 빼지 않고 다 구원한다는 약속이 있다" 했다. 그러니 그 형사의 대답이 걸작이었다. "그런 협잡종교가 어디 있느냐?" 협잡이 아니지, 탄력이지. 내가 만일 14만 4천을 믿는 따위 변통 모르는 신앙인이었다면 어쩔 수 없이 바가지를 쓰고야 말았을 것이었다.

시인 김광섭과 서대문형무소

김광섭(金珖燮) 시인은 1941년 서울 중동학교 영어교사로 재직하면서 학생들에게 민족사상을 고취시킨 혐의로 일경에 체포되어 서대문형무소 등에서 3년 8개월 동안 복역하였다.

1941년 5월 31일 서대문형무소로 이감되던 날 종로경찰서 유치장벽에 "나는야 간다 / 나의 사랑하는 / 나라를 잃어버리고 / 깊은 산 묏골 속에 / 숨어서 우는 / 작은 새와도 같이 / 나는야 간다 / 푸른 하늘을 / 눈물로 적시며 / 아지 못하는 / 어둠 속으로 / 나는야 간다"라는 '이별의 노래'를 써놓았다.

해방후 대통령공보비서관에 이어 펜클럽 부위원장 등을 지내며 문학활동을 벌였다. 1961년에는 《자유문학》에 〈나의 옥창일기〉를 이듬해까지 연재하였다. 〈일기〉의 일부를 발췌하여 당시 서대문형무소의 실상을 더듬어 보자.

1943년 11월 10일 (水)

기상 나팔소리에 뛰어 일어나 단벌 이불을 개고 수건에 물을 짜서 몸을 훔친다. 이렇게 냉수마찰이나 해야만 엄동을 넘기리라. 뻘건 수의(囚衣)를 다시 걸치고 서성거리다가 아무 생각없이 눈을 감으며 찬 벽에 팔짱을 끼고 기대 앉는다. 초가을인데 벌써 발가락이 꼬부라진다.

간수의 구둣소리가 빨라지면서 철커덕철커덕 문들이 열린다. 마음속으로 나갈 차비를 단단히 하는데도 몸이 벌써 오그라진다. 그러나 망설이다 간 야단이다. 후려갈기우기도 하고 차이기도 한다. 나의 독방에도 차츰 가까워진다. 후딱 벗고 문앞에 선다. 무명수건 하나를 들고 문이 열리자 고개를 끄떡 하고는 복도를 달려 층계를 내려와 큰문에 나서면 겨울

물에 풍덩 뛰어드는 듯 찬바람을 혹 느끼며 창창한 대한천(大寒天)에 뛰어든다.

정신없이 달리다가 중가운데 놓인 허들을 훌쩍 뛰면서 입을 하- 벌려야 한다. 뛰는 것은 항문에 감춘 것이 없다는 표시오, 아- 하는 것은 입에 문 것도 없다는 증거다. 감방과 공장 사이로 조그마한 것이라도 가지고 다니다간 벼락이 떨어진다. 이렇게 무시무시한 관문을 넘어서 내가 독방에서 요새 나가게 된 15공장 어귀에 이르면 나체의 행렬 … 굵은 입에서지만 단김이 혹혹 빠진다. 두손 엄지손가락과 둘째손가락으로 수건을 반듯하게 펴서 앞이 실례 안되도록 간수님에게 공손히 인사를 드린 다음 발바닥을 가마니에 닦고 나서야 비로소 공장에 들어가 자기의 작업석(席)에 간다. 새파랗게 질려 오들오들 떨리는 몸을 손바닥으로 쫘쫙 문질르고 하룻밤 새도록 꽁꽁 언 뺄건 작업복을 주워 입고 궤짝만한 작업상(床)에 앉으면 이것이 아침에 시작되는 제일 고된 징역이다.

다음은 식사다. 썩은 콩깻묵에 좁쌀알이 섞이고 틀에 박힌 둥근 밥덩이- 그 위에 3자가 찍혔다. 3등이다. 목공이나 철공같이 중노동이 아니니 등수가 낮다. 소금물에 파랑이가 둥둥 뜬 퍼런 국 한 양재기를 혹혹 마시면서 밤에 얼고 아침에 언 속을 가볍게 푼다. 추우니까 그게 맛이다.

11월 12일 (金)

점심시간 전에 공장에서 범칙(犯則)이 생겼다. 아교를 구워먹다가 들켰다. 작업에 쓰기보다 구워 먹어치우는 게 더 많으니까 … 거의 다 하는 범칙인데, 호되게 굴지 않고는 간수의 두 눈으로 80, 90명을 막아낼 수 없다는 것이다. 간수대 옆에는 바를 꼰 것이 걸려 있다. 영리한 놈인데 걸렸다. 새파랗게 질려서 붙잡혀 간수대 앞에 나갔다. 양해성(諒解性)이 있다지만 손을 대면 무섭다는 별명의 담당간수였다. 나까지 속이 달았다. 잡역(간수 밑에서 일하는 죄수)이 잘 사정해서 마침 무사했다. 이렇게 아교를 먹고는 종일 설사를 한다. 어떤 잡방에서는 밤에 변기가 넘어서 야단들이라 한다.

306

12월 31일
1941년 섣달 그믐날—옥창 제1년 말
1942년 섣달 그믐날—옥창 제2년 말
1943년 섣달 그믐날—옥창 제3년 말

첫해에는 앞이 보이지 않아서 울었다.
둘째 해에도 앞이 보이지 않아서 울었다.
셋째 해에는 앞이 내다보여서 울었다.

나는 나를 미워해서도 못살았을 것이다.
나는 나를 사랑해서도 못살았을 것이다.
나는 있다. 그것으로서 나는 살았다.
앞길을 헤치고 갈 발가락이 얼더라도
오늘밤만은 다리를 뻗고 호연히 자리라.

독립운동관련 서대문형무소 수감자 명단

· 이 부록은 서울특별시가 발행한 《구 서울구치소 보존대상
시설현황 및 관련자료 연구조사(Ⅱ)》(1988)에서 전재한 것임.

姓 名	生年月日	罪 名	記錄年月日	姓 名	生年月日	罪 名	記錄年月日
岡 武 夫		국가총동원법	1941. 5. 2	姜 均 煥	1900. 6. 1	치안유지법	1914. 2.16
岡 泉	1912.	치안유지법	1931. 9.24	姜 根	1906. 7.25	〃	1931. 6.12
康 國 市		보안법위반		姜 近 熙	1915	〃	1934. 6.17
康 基 德	1890. 5.30	보안법		姜 基 德	1906. 3.30	〃	1931. 1.31
康 基 寶	1908. 2.16	치안유지법	1931. 9.22	姜 吉 善	1911. 4. 9	〃	1934. 4. 5
康 乃 錫	1895. 4.27	보안법		姜 若 秀	1909.12. 3	〃 , 출판법	1931.11.30
康 德 根	1885.12.10	〃		姜 洛 遠	1882. 1. 1	보안법	
康 夢 洛		〃		姜 洛 喆	1907. 7.19	치안유지법	
康 秉 監	1916. 6. 8		1934. 4.18	姜 遠 永	1888.12.29	〃	1940. 8. 5
康 復 陽			1930.11. 5	姜 達 成	1889. 5. 1	보안법, 건조물 손괴, 소요	
康 錫 泳	1907. 6.24	국가총동원법	1943. 9	姜 大 浩	1905. 2.13	치안유지법	1930. 9. 1
康 聖 文	1924.10.15	치안유지법	1942. 1.10	姜 德 模	1906. 7.26	〃	1931. 6.12
康 水 馨	1903. 5. 9	〃	1930. 9. 1	姜 德 三	1908. 6.10	〃	1931. 6.12
康 守 盛	1903. 5. 9	〃	1930. 9. 1	姜 德 善	1912.10.19	〃	1934. 4. 5
康 守 盛	1903. 5. 9	〃		姜 東 爾	1872.10.13	〃	1930.12.13
康 榮 哲	1906. 2.16	치안유지법		姜 斗 洙(榮)	1899. 7.19	보안법	1919.10.27
康 正 壽	1910.12.22	치안유지법	1935. 4.24	姜 斗 赫	1902. 3. 7	치안유지법	1930.12.12
康 濟 南	1882. 2.17	보안법	1919. 5.17	姜 晚 求	1909. 3.22	〃	1934. 5.20
康 昌 烈	2. 9	치안유지법	1928. 2.21	姜 穆 求		〃	1934. 5.30
姜 敬 植	1888. 9.21	국가총동원법	1942. 3.12	姜 夢 虎	1903. 6. 7	〃	1934. 6. 7
姜 敬 化	1896. 3. 4	보안법		姜 文 秀	1904.12. 9	〃	1931. 7.10
姜 久 錫	1917.	치안유지법	1934. 5.16	姜 改 篇	1906. 2.17	치안유지법	1930.12.12
姜 貴 男	1911.10.25	치안유지법	1935.12.14	姜 炳 度	1908. 7. 5	〃 , 보안법	1932.10.11
姜 貴 柱	1905. 3.26	치안유지법	1930. 9. 1	姜 炳 植	1901.	치안유지법	1931. 8.10
姜 奎 秀	1885. 7. 2	치유법, 소요		姜 炳 昌	1898. 7. 1	〃	1930. 9. 1

310

姓名	生年月日	罪名	記錄年月日
姜鳳龍	1901. 4.13	치안유지법 방화,전신법,소요,	1936. 7. 9
姜富成	1899.11.13	주거침입,살인미수 보안법	
姜鵬秀	1906. 8.23	치안유지법	1931. 9. 4
姜三月	1908. 7.17	〃 , 강도	1936. 2.24
姜尙國	1913. 9.19	〃	1931. 9.14
姜祥奎	1922. 2.13	〃 육·해군형법	1939. 7.12
姜相範	1902.12.15	치안유지법	1930.12. 8
姜尙鎭	1908. 1.18	〃	1931. 7.15
姜尙郁	1901	〃	1931. 8.10
姜石大	1857. 5. 7	〃	
姜錫東	1882. 2.19	보안법	1925. 8. 1
姜錫英	1908		1933. 1.17
姜錫俊	1905. 1.25	치안유지법	1930.12.13
姜錫駿	1905. 1.25	〃 ,출판법	1935. 1.10
姜錫玽	1901. 4.13	〃 살인방화	1931. 8.29
姜星求	1912. 8.25	치안유지법	1932. 2.22
姜聖相	1917. 8.31	국가총동원법	1942. 8.31
姜松晩	1906.10. 4	치안유지법	1932. 5.13
姜速進	1912. 5.10	〃	1933. 3. 3
姜舜求	1914. 8.17	치안유지법	1934. 5.16
姜承壁	1904. 1. 7	〃	1930.12.22
姜承綠	1909.11.18	〃	1930.12.25
姜承律	1909. 7.24	〃	1930.12.25
姜信奎	1909.10.16	국가총동원법	1940
姜信區	1901. 1.28	치안유지법	1930. 5.
姜良一	1911.	〃	1932. 9. 5
姜良一	1910. 9.16		
姜烈模	1906. 3. 6	치안유지법	1930.12.26
姜英均	1902. 4.26	〃	1930.11. 6
姜永淳	1881. 7.25	출판법	1923. 9.12
姜永鎰	1906. 5.14	치안유지법	1930.12.12
姜永王	1908. 7.27	국가총동원법	1944. 7.28
姜永厚	1903. 5.16	〃	1944. 3.25
강오삼	1913. 5.10	〃	1944. 9.25
姜完珠	1892. 1. 2	보안법,출판법	1919. 7.10
姜鏞振	1907. 1.24	치안유지법	1930.12.10
姜龍鑑	1898. 7.16	보안법	1930.12. 8
姜宇奎			〃
姜于蘭	1908.10.27	국가총동원법	1942. 6. 5
姜潤祚	1980. 1.15	보안법	1919. 5.14
姜元	1902.12.30	치안유지법	1931. 1.23
姜元昊			1927
姜潤求	1907. 5. 7	치안유지법	1930.12.13
姜潤玉	1914. 6. 3	〃	1932. 9. 5
姜潤玉	1890.10. 1	보안법 및 기물훼손	
姜潤熙	1908. 8. 6	출판법	1933. 4. 7
姜潤璜	1914. 6. 3	치안유지법	1932. 9. 5
姜鈗	1916. 5.30	〃	1932. 5. 2
姜殷柱	1885.12.10	보안법	1919. 6.10
姜應洛	1906. 3.30	치안유지법, 방화 교사	1931. 1.31
姜益善	1910. 7. 7	치안유지법,보안법	1932.11.12
姜益秀	1905. 1.11	치안유지법	1932. 9. 5
姜翼豊	1904. 7.21	〃	1930.12. 5
姜翼賢	1901. 1.29		
姜一永			
姜長福	1909. 6.11	〃	1931. 6.16
姜貞熙	1905	〃	1928.12.14
姜貞信	1915. 3.10	〃	1934. 5.25
姜丁龍	1907. 7.19	〃	
姜丁允	1907. 7.17	〃	1933. 4. 7
姜正允	1912. 3. 3	〃	1935. 9.16
姜在聲	1915		1934. 6.10
姜琮根	1901. 9. 2	〃	1941. 7.12
姜宗根	1901. 9. 2	〃	1941. 7.12
姜宗德	1902. 8.27	〃	1930.12. 5
姜宗祿	1904. 3.10	치안유지법	1928. 2.16
姜鎭三	1879. 2.13	보안법, 사기	1932. 4.10
姜鍾洙	1913. 6.23	치안유지법	1938. 1.13
姜周尙	1903. 3.15	〃	1930.12.12
姜周煥	1914. 3.13	〃	1940. 6.22
姜駿達	1913. 7.21		1932. 9.26
姜志定	1893		1932. 5.14
姜芝馨		보안법	

姓 名	生年月日	罪 名	記錄年月日	姓 名	生年月日	罪 名	記錄年月日
姜 進	1905. 8.24	출판법소요, 치안유지법	1941. 8.13	賈 居 德			1936. 9.10
姜 賛 興	1905. 6.21	치안유지법	1931. 1.26	賈 德 義	1915.12.11	치안유지법, 강도 살인	1941. 6.21
姜 昌 擧	1911.	〃	1932. 9. 5	高 江 順	1909.10. 6	보안법	1942.10. 9
姜 昌 擧	1910. 9.16	〃	1931. 8.30	高 敬 仁	1899. 3. 6	치안유지법	1936. 4. 9
姜 昌 機	1913. 2. 6	〃		高 景 欽	1910. 6. 8	〃	1931.10.26
姜 晳 秀	1907.11. 3	보안법	1931. 4.21	高 光 敎	1920. 5.20	〃	1942. 9. 3
姜 轍 秀		치안유지법	1929. 9.17	高 基 龍	1878.	보안법 등	
姜 鋎		〃	1937. 3.16	高 果 仁	1899. 3. 6	치안유지법	1935. 4. 9
姜 玟 洙	1897	〃	1928.12.16	高 道 屹	1872.10.25	보안법	
姜 泰 杰	1884. 5.17	보안법	1942. 4. 8	高 濟 澈	1909.	치안유지법	1931. 8.10
姜 泰 範	1906. 5.27	치안유지법	1930. 6.28	高 明 義	1915. 4.16	〃	1930. 1.10
姜 泰 奉		소요	1928. 3.10	高 炳 宇	1909. 7.28	〃	1931. 6.12
姜 泰 植	1909.	치안유지법	1930. 4.12	高 炳 律	1897.7.23	보안법	1940. 9. 5
姜 泰 元	1903. 6. 7	〃	1931. 4. 5	高 柄 澤	1911.	〃	1937. 3.19
姜 泰 鎬	1908. 6.10	〃	1931. 6.12	高 丙 夏	1899.12.19	국가총동원법	1943. 4.12
姜 宅 濟	1910. 7.23	치안유지법	1934. 4. 5	高 鳳 煥	1896. 7.29	〃	1943. 9.30
姜 八 石	1878. 8.21	보안법	1938. 3. 1	高 四 寮	1904. 3.15	〃	1930.12. 5
姜 弼 求	1883.11.18	치안유지법	1938. 5. 9	高 壽 福	1910. 6.15	치안유지법,보안법	1932.10.11
姜 鶴 麟	1885. 6. 1	소요,보안법		高 成 昌	1900. 1.26	치안유지법	1930. 3.25
姜 鶴 玉	1897.10.19	치안유지법	1931. 4.20	高 時 鉉	1923. 1.13	〃	1941. 5.13
姜 學 勳	1901.	〃	1931. 8.10	高 元	1914.12. 5	〃	1931. 6.20
姜 漢 壽	1899. 2. 2	국가총동원법		高 元 洙	1878. 5.11	보 안 법	1942. 7.11
姜 海 錫	1904. 1.18	치안유지법	1930.12. 5	高 允 相	1901.11.17	치안유지법	1936. 2.16
姜 浹	1913. 2. 6	보안법	1932. 1.11	高 義 明	1915. 4.16	〃	1932.12.24
姜 亨 求	1898.11.10	치안유지법	1930.12.15	高 義 蕖	1903. 5. 6	〃	1930. 6.18
姜 惠 淑	1910	〃	1934. 5.25	高 一 哲	1899. 3. 6	치안유지법	1935. 4. 9
姜 煥 植	1905. 3.26	〃	1930.12.13	高 日 煥	1916. 1.23	〃	1934. 4. 6
姜 亮 燮	1918. 2.24		1936. 7.27	高 正 文	1907.	〃	1932. 3.24
姜 孝 柱	1905	치안유지법	1929. 4.20	高 濟 澈	1909. 9.21	〃	1931. 9.14
姜 勳	1899. 1.28	〃	1934.12. 3	高 在 晥	1893. 2.10	보안법, 출판법	
姜 興 洙	1905. 6.13	보안법		高 宗 圭	1918. 1.21	치안유지법	1938. 3. 4
慶 川 重	1920. 5.15	치안유지법	1940. 8. 5	高 俊	1907.12.19	〃	1931. 1.23
慶 奭 浩	1910.	〃	1934. 5.25	高 晶 玉	1911. 3.15	〃	1931.11.30
桂 鳳 浩	1894. 2. 5	치안유지법, 불경죄, 안녕질서	1942. 4.17	高 哲	1914.12. 5	〃	1931. 6.20
桂 園			1927. 2. 3	高 河 鯤	1909. 7.28	〃	1931. 6.12
桂 華 成	1894. 2. 5	불경죄, 치안유지법	1942. 4.17	高 河 鼎	1909.12. 2	〃	

姓　名	生年月日	罪　名	記錄年月日	姓　名	生年月日	罪　名	記錄年月日
高 興 烈	1914. 4.26	국가총동원법	1941. 8.30	具 守 萬	1910	〃	1933. 4.18
高 熙 俊	1897.12.19	보안법, 출판법		具 守 書		보안법	
高 禧 璞		치안유지법	1928. 8.11	具 丞 酉	1911.12. 9	치안유지법	1936. 2.19
公 炯 信	1908. 1. 9	〃	1940. 5.10	具 然 德	1912. 4. 2	〃	1932. 5.13
公 炯 辰	1909.12.14	〃	1935. 9.16	具 然 欽	1883.10. 6	〃	1930.12.10
孔 冕 述	4.26	〃	1930.12.12	具 禑 書	1913. 4.26	〃	1936. 4.18
孔 啓 得	1910. 9.10	〃	1931. 6.15	具 義 書	1872.11.16	〃	
孔 泳 一	1907.10.20	〃	1932.10.11	具 麟 會	1906.11.18	국가총동원법	1942. 9. 9
孔 炯 達	1910.11. 8	〃	1933. 6.29	具 一 奉	1905. 9. 3	〃	1942. 5. 2
孔 錫 玫		민족주의자		具 滋 弘	1911. 2.15	치안유지법	1936. 4.18
孔 聖 天	1912. 1.16	보안법, 출판물	1942.12.14	鞠 基 杓	1924. 5. 2	국가총동원법	1943. 1.25
孔 元 植	1907.10.20	치안유지법	1930.12. 5	鞠 淳 萬	1912. 5. 1	치안유지법	1930.11. 8
孔 柱 鎬	1811. 1.22	치안유지법	1933. 5.29	鞠 重 日	1927. 3.21	〃	1942.10.15
孔 成 檜	1914. 6.15	〃	1935. 4.11	權 景 變	1890. 2. 5	〃	1933. 6. 4
孔 興 文	1897. 8.22	보안법, 출판법		權 貴 根	1909.10. 9	보안법	1930.12.17
郭 大 鎔	1896.	보안법위반	1919. 6.27	權 吉 龍	1913.10. 1	국가총동원법	1942. 4.16
郭 尙 勛		민족주의자		權 樂 集	1912. 7. 7	치안유지법	
郭 錫 燦	1910. 5. 6	국가총동원법	1940.11.25	權 大 完	1893. 6.28	보안법	
郭 善 竹	1896. 2.10	보안법		權 大 衡	1901. 8.28	치안유지법	1931.10.26
郭 成 一	1914. 2.29	치안유지법		權 東 鎭	1862.12. 8	〃	1929. 7.22
郭 承 萬	1911. 3. 7	〃	1939. 4.15	權 萬 根	1905. 2.29	〃	1931. 2. 4
郭 良 勛	1909. 2.14	치안유지법, 보안법	1930.12.17	權 萬 同	1898. 3.13	보안법	
郭 泳 楗	1915. 4.13	치안유지법	1936. 2.25	權 文 容	1906.	치안유지법	1934. 5.29
郭 英 俊	1899. 9.27	보안법		權 秉 應		보안법	
郭 在 斯			1924. 1.11	權 柄 錫	1912.12. 2	국가총동원법	1942. 5.20
郭 正 根	1912.10.17	치안		權 彦 植	1885. 9.17	보안법	
郭 正 雄	1912.10.17	치안유지법		權 榮 奎	1900.10.21	치안유지법	1930. 4. 9
郭 孝 術	1901. 3.21	〃	1929. 3.21	權 寧 牧	1910. 8. 1	보안법	1941. 8. 8
郭 佺		치안유지법, 보안법		權 寧 眠	1909.12.24	치안유지법	1933.12. 9
具 謹 會	1924. 5.17	치안유지법, 육군형법위반	1942. 1. 9	權 寧 培	1912. 8. 7	〃	1941. 8.30
具 今 龍	1897. 1.20	보안법, 소요		權 英 洙	1883. 1. 3	보안법	
具 敬 會	1870. 9. 4	〃		權 永 周	1901.12. 8	치안유지법	1935. 1. 9
具 鱗 會	1906. 2. 3	치안유지법	1928.12. 5	權 榮 台	1908.	〃	1934. 6. 5
具 範 植	1913.11.22	〃	1931.11.30	權 五 景	1910. 9.16	〃	1934. 6.17
具 秉 春	1924. 4.21	〃	1942.12. 8	權 五 敬	1909. 4. 2	〃	1933. 6.30
具 本 興	1907. 9.19	치안유지법	1936. 4.18	權 五 尙	1900.10.12	〃	1940. 8. 9

姓 名	生 年 月 日	罪 名	記錄 年 月 日	姓 名	生 年 月 日	罪 名	記錄 年 月 日
權 五 相	1914.	//	1934. 6.17	權 憲 伊	1897.10.15	보안법	1919. 5. 6
權 五 卨	1898. 2.25	//	1928. 2.17	權 赫 度	1913	치안유지법	1934. 5.25
權 五 淳	1891.11.25	:/	1930. 5.27	權 赫 民	1925. 2. 2	//	1941.11. 3
權 五 峻	1921. 1.18	//	1942. 1.14	權 赫 仁	1912. 4.29	//	1934. 4. 6
權 五 稷	1906. 3. 7	//	1930. 3.17	權 舜 昌	1916. 8. 3	국가총동원법	1941. 7.24
權 五 鍵	1899. 6.11	출판법, 보안법	1920. 4.23	權 嬉	1900. 6.18	보안법	1919. 9.25
權 五 勳	1909. 6.30	치안유지법	1934. 4. 5	權 希 準	1898. 4.25	//	
權 玉 千	1909.11.27	//	1934. 4. 5	權 熙 稷	1893. 1.13	출판법	
權 龍 玉	1899. 7.26	국가총동원법	1941. 2. 7	琴 秀 昌	1909. 8. 3	보안법	1942. 1.21
權 又 成	1915	출판법 치안유지법 (전재적과 함께 적색노조조직) 보안법	1933. 4. 7	琴 繡 文	1882. 8.27	보안법 및 소요	1919. 5. 8
權 元 森	1878. 5.11			琴 弘 植	1883. 6. 4	보안법	1942. 1.30
權 元 浩	1904. 8. 5	치안유지법, 불경	1941. 9. 9	吉 慶 鬢	1907. 2.13	치안유지법	
權 尤 土	1891.12.11	보안법	1942. 7.	吉 且 逑	1912	//	1933. 4.18
權 愁	1923. 3. 3	치안유지법	1940.12.19	吉 川 喆	1910	치안유지법, 강도 살인	1942.
權 利 休	1889.11.21	보안법	1942.11	吉 學 晨	1868.1.20	보안법	
權 麟 甲	1909. 6.30	치안유지법,출판법	1934. 6. 7	吉 浩 順	1890. 5.12	//	
權 一 治	1903. 9. 4	치안유지법	1931. 6.20	金 嘉 瀬	1915.12. 5	치안유지법	1934.11. 5
權 在 丙	1912.10.29	국가총동원법	1944. 7. 5	金 甲	1911. 1.20	치안유지법	1931. 8.29
權 在 鶴	1904. 7.15	소요		金 甲 山		//	
權 鍾 極	1886. 8. 1	보안법		金 甲 順	1919.12.10	치안유지법,강도,살인	1942. 3.12
權 重 徽	1896.10.14	치안유지법	1934. 5.16	金 康 起	1915	치안유지법	1934. 5.31
權 重 協	1898. 3. 7		1932. 5.17	金 健 培	1915. 1.28	국가총동원법	1934. 5.26
權 重 孝	1895. 2. 8	보안법		金 健 榮		보안법	
權 昌 銖	1892.10. 4	//		金 健 玉	1913. 7. 7	소요, 살인	1931. 8. 5
權 忠 一		민족주의자		金 乞 明	1924. 1.17	치안유지법	1941. 2.25
權 忠 一	1905. 7.16	치안유지법	1935.11.11	金 庚 極	1913. 6.15	// , 상해	1936. 5.18
權 泰 圭	1910. 4.22	//	1937. 5.14	金 敬 男	1916. 6.20	국가총동원법	1943.11.13
權 泰 窯	1898. 2.17	보안법	1939. 7. 6	金 敬 奈	1920. 1. 5	치안유지법	1941. 5.13
권 태 석	1895. 8.18	치안유지법, 보안법	1929. 4. 6	金 璟 烈	1827. 7.12	보안법	
權 泰 宜	1906.12.13	국가총동원법	1943.10.30	金 慶 培	1911. 8.13	국가총동원법	1944. 5.22
權 泰 岩	1916. 1.18	//	1942. 2. 6	金 慶 先	1906. 3.29	행정 검속	1933. 1.16
權 泰 用	1906		1931.10. 2	金 景 鬢	1925. 3.16	치안유지법	1943. 3
權 泰 禹	1910. 8. 1	보안법	1928.12.11	金 景 變	1925. 3.16	//	1943. 3
權 泰 鍾	1908.11. 1	치안유지법	1934. 6. 7	金 慶 星	1897. 6. 7	소요, 보안법	
權 泰 彙	1901.11.12	//		金 庚 成	1904. 2.27	치안유지법, 소요 강도	1934. 6.19
權 憲 復		보안법		金 璟 植	1901. 4.28	치안유지법	1928. 9.15
權 憲 尙	1919. 3. 1	치안유지법	1938. 9.20				

姓 名	生年月日	罪 名	記錄年月日	姓 名	生年月日	罪 名	記錄年月日
金敬愛	1908.12.26	〃	1931. 9.21	金公瑀	1902. 2.28	보안법	
金景雲	1907. 7.29	국가총동원법	1943. 6	金光允	1907.12.15	치안유지법	1932. 1.11
金庚桂	1910. 1. 3	치안유지법	1934. 4. 6	金光恩	1907.	〃	1931.12. 6
金京俊	1911. 3. 3	〃	1931. 7.25	金光恩	1908. 1. 1	〃	1932. 2. 8
金京哲	1906. 6.21	〃	1930.12.12	金光湖	1901.12.21	보안법	1930.12. 5
金景喆	1908.11.27	〃	1908.11.27	金教道	1893. 2.17	소요 보안법	
金敬和	1895. 1. 1	보안법		金教成	1913. 2.12	기차파괴	1942. 9.23
金景煥	1901. 4.19	치안유지법	1933. 6.30	金教永	1917.	보 안 법	
金璟熙	1895.12. 7	〃		金教哲		〃	
金癸男	1902. 3.11	〃	1941.12.12	金教昌		〃	
金桂林		〃	1930.11. 6	金九奉		소요	1928. 3.17
金桂善	1803.12.11	〃	1928. 9.15	金九股	1914. 9. 2	치안유지법	1933. 6.30
金桂玉			1936. 9. 4	金九鉉	1905. 8.10	〃	1931. 9.14
金桂春	1915.12.10	〃		金國範	1889.10.26	치안유지법, 주거침입, 강도살인	1935. 4. 9
金桂番	1909.12. 8		1931. 8.30	金貴男	1913.12.27	치안유지법	1931. 6.12
金啓鎬	1903. 1. 1	〃		金貴南	1910. 3.10	치안유지법	1936. 7. 1
金公濾		보안법		金黃男	1913. 1.12	치안유지법 출판법	1938. 5.14
金公信	1913. 6. 8	치안유지법	1935. 7.19	金黃成	1913. 4.20	국가총동원법	1943. 6.12
金科金		〃	1935. 5.21	金黃星	1912	치안유지법	1934. 5.16
金宜玉	1905. 2.20		1928. 7. 2	金黃賢	1906. 4.27	국가총동원법	1943. 9.22
金官燮	1901. 6.20	치안유지법	1931. 2. 1	金奎秀	1902	보 안 법	1920. 4. 9
金寬龍	1900.10.17	〃		金圭烈		보안법	
金		보 안 법		金奎玉	1894. 7. 8	치안유지법	1940. 7.11
金寬光	1878.10. 8	〃		金圭憲	1894.12.19	살인,주거침입,치안유지법, 방화	1937.10.14
金光國	1910. 2. 4	치안유지법		金奎憲	1894.12.19	방화, 살인 치안유지법	1940.10.
金光國	1916. 4. 7	〃	1930.12.10	金奎煥	1915. 3.11	치안유지법	1933. 4.19
金光女	1914. 5.15	국가총동원법	1944. 3.24	金根活	1905	〃	
金光册	1910.10. 2	보안법	1938. 5. 9	金根英	1901. 6.13	국가총동원법	1943. 9. 2
金理燮	1906. 9.21	치안유지법,보안법	1933. 1.20	金根燦	1901.12.16	치안유지법	1934. 4. 5
金珖燮	1906. 9.21	치안유지법	1942. 1.14	金根燦	1901.12.16	〃	1934. 6. 7
金珖燮	1906. 9.21	〃	1942. 1.14	金根鎬			
金光洙	1903.11. 6	〃	1928. 9.15	金炳浩			
金光珣	1890. 8. 7	보안법		金今山	1911. 1. 5	치안유지법	1938. 5. 9
金光植	1878. 6.23	치안유지법	1936. 1.30	金極善	1879. 1.17	보안법	
金光植	1902.12.30	〃	1930.11. 8	金謹	1902. 1.23	치안유지법	1930.12. 5
金光彦	1914. 3.19	소 요	1931. 9.17	金今南	1909.11. 2	살인, 치안유지법	1933. 4.26

姓 名	生年月日	罪 名	記錄年月日	姓 名	生年月日	罪 名	記錄年月日
金 令 同	1894. 1. 1	국가총동원법	1944. 9.19	金 基 煥	1905. 6.10	보안법, 출판법	1926. 7.20
金 金 兒	1910.10. 3	소요	1934.6.19	金 吉 洙	1917. 7.23	국가총동원법	1942. 4.30
金 令 岩	1906. 9.24	국가총동원법	1944. 9.11	金 吉 友	1899. 3.24	치안유지법	1931. 8.10
金 金 岩	1913. 6.20	치안유지법	1937.11.30	金 吉 龍	1918. 6. 6	국가총동원법	1942.12. 9
金 金 徹	1910.10.22	치안유지법,폭력 공무집행방해		金 吉 鍾	1897. 9. 3	소 요	
金 金 波	1908.12.26	치안유지법	1931. 1.15	金 吉 俊	1923. 6. 8	치안유지법	1942. 1.10
金 基 範	1913.12.10	〃	1932. 9. 5	金 佶 臣	1908.11.23	〃	1933. 6.29
金 基 範	1913.12. 2	〃	1931. 9.15	金 洛 先	1905. 8.23	〃	1930.12.10
金 基 範	1911.12. 2	〃	1931. 8.28	金 洛 俊	1894. 7.29	〃	1931. 6.25
金 基 石	1908. 6.17	〃	1932. 5.12	金 南 奎	1923. 1. 6	전시절도, 국가총동원법	1944. 9.30
金 琪 錫	1898.10. 9	〃	1934. 5.16	金 南 晃	1909. 8.30	군기보,치안유지법	1941.12.25
金 基 奭	1908. 8.11	〃	1938. 5. 6	金 南 洙	1899. 2.23	치안유지법	1930 9. 1
金 基 洙	1915.10. 3	국가총동원법	1942. 5.16	金 南 信	1909. 3. 5	치안유지법	1931. 1.23
金 奇 岩	1909. 7.12	치안유지법	1937.12. 1	金 麗 鎭		보 안 법	
金 基 業	1887.10.30	보 안 법	1920. 4.27	金 南 哲	1914. 2.18	치안유지법	1939. 2.25
金 基 英	1898. 6.19	〃		金 暎 ○		보 안 법	
金 基 湧	1908.12.26	치안유지법	1931. 1.25	金 達 俊	1906.12. 6	치안유지법	1931. 1.25
金 起 載	1894.11.23	보안법		金 大 烈	1910. 8.22	〃	
金 基 定	1891.10. 2	치안유지법	1940. 7.10	金 大 炳	1905. 3.27	〃	
金 基 定	1891.10. 2	〃	1940. 7.10	金 大 補	1904. 4.28		1931. 6.12
金 基 鍾		보 안 법		金 大 萬	1907. 2. 8	보 안 법	1930. 1.24
金 基 濬	1909.11. 3	치안유지법	1931. 6.16	金 大 鳳	1901.10.29	치안유지법	1932. 2.22
金 基 鎭	1869. 2.29	〃	1931.10. 2	金 大 鳳	1900	〃	1931.12. 6
金 基 泉	1903. 4.10			金 大 奉	1908.2.15	국가총동원법	1944. 6.28
金 基 品	1904.12.20	치안유지법, 살인	1943. 3. 9	金 大 先	1904.11.12	사기,보안법,제령 위반,상해공문서위조	1938. 6.18
金 基 泰	1906.11.20	보 안 법	1931. 7.10	金 大 燁	1890.10. 7	보 안 법	
金 杞 澤		〃		金 大 容	1913. 3.15	치안유지법	1934.12.26
金 基 澤	1916. 4.14	국가총동원법	1944. 8.26	金 大 容	1913	〃	1934. 5.28
金 基 鉉	1893.11. 6	보 안 법		金 大 鏞	1889. 1.30	보 안 법	
金 箕 鉉	1876. 8.19	소 요		金 大 元	1901. 2.22	보안법, 공갈죄	1932. 9. 5
金 琪 鎬		치안유지법	1928. 2. 6	金 大 允	1911. 4. 5	치안유지법,출판법	1935. 8.27
金 基 浩	1907. 1.20	〃	1928. 2. 6	金 大 日	1908. 3.25	치안유지법	1939. 4.15
金 基 弘			1928. 9.28	金 大 振		보 안 법	
金 基 弘		보 안 법		金 大 爀	1876. 9.24	〃	
金 基 煥	1905.10.2	〃		金 德 根	1915. 9.13	치안유지법	1932. 7. 4
金 紀 煥	1903.11. 5	강도, 절도, 출판, 치안유지법		金 德 根		보 안 법	

姓 名	生年月日	罪 名	記錄年月日	姓 名	生年月日	罪 名	記錄年月日
金 德 基	1913. 3.27	치안유지법		金 東 富	1899. 9.13	치안유지법	1928. 2.21
金 德 汝	1875. 6. 8	보 안 법		金 東 晳	1904. 3. 6	출 판 법	
金 德 龍	1910.12. 4	치안유지법	1931. 8.29	金 洞 宜		보 안 법	
金 德 萬	1909. 2. 3	국가총동원법	1942. 9.15	金 烱 麟	1904. 5. 7	치안유지법	1937. 3.17
金 德 模	1893. 4.17	소요죄,보안법		金 東 洙	1910. 9. 6	〃	1932. 5.13
金 德 彬	1906. 1.29	치안유지법	1931. 6.13	金 東 淳		보 안 법	
金 德 彬	1906. 1.29	〃	1931. 5.15	金 銅 植	1915. 2. 5	치안유지법	1932. 5.13
金 德 山	1906.11.28	〃	1930.12.13	金 東 湜		보안법	
金 德 山	1893	치안유지법, 방화미수	1937. 6.11	金 童 玉	1926. 7.12	치안유지법	1926. 8.16
金 德 三		보 안 법		金 東 郁	1905. 5. 9	치안유지법	1933. 6. 4
金 德 善	1904. 7.17	치안유지법	1930.12. 5	金 東 元	1884. 2. 1	〃	1937.11.11
金 德 順		〃	1931. 1.26	金 東 潤	1925. 9.30	〃	1925. 9.30
金 德 順	1913. 2. 8	〃	1930. 9.15	金 東 日	1929. 4.14	〃	1929. 4.20
金 德 彦	1893. 2.25	〃	1931. 7. 2	金 東 駿	1907. 3. 3	〃	1930.12.13
金 德 五	1882.10.28	보 안 법		金 東 振	1909.12. 5	〃	1931. 7.20
金 德 元	1915. 9.11	치안유지법	1936. 6.23	金 東 鎭	1915	〃	1929. 5.31
金 德 在	1914. 4.11	〃	1935. 2. 5	金 東 鎭		보안법위반	1929. 5.31
金 德 溥	1909. 8.17	〃	1933. 6.30	金 國 鐵	1907	치안유지법	1931. 8.10
金 德 俊	1909. 8.17	〃		金 東 春	1913. 2.20	국가총동원법	
金 德 弼	1879. 2.12	국가총동원법	1925. 8. 9	金 東 弼	1913. 2.13	치안유지법	1939. 7. 2
金 德 漢	1908.10.15	〃	1943. 5.17	金 東 弼	1915. 7. 1	치안유지법	1932. 1.11
金 德 鉉	1903. 4. 9	치안유지법	1928.12. 6	金 東 河	1892.11. 2	소요, 보안법	
金 都 成	1899	치안유지법	1931. 8.10	金 東 爀	1892. 1.27		1928. 9.15
金 島 成	1899	〃	1931. 8.10	金 東 爀	1899.11.15	보안법, 출판법	
金 度 燁	1900. 7.29	〃	1920. 4.22	金 東 金	1921. 8.10	국가총동원법	1942. 1.16
金 道 淵		〃	1931. 6.15	金 斗 官	1904. 1.17	치안유지법	1930. 7. 3
金 度 貞	1889. 1.10	보 안 법		金 斗 燮	1922. 2. 4	〃	1942. 9. 4
金 爲 岩 金 漢 承	1889. 2.11	치안유지법	1941. 8.30	金 斗 燮	1922. 2. 4	〃	
金 㐎 釗	1870. 1.14	보 안 법		金 斗 洙	1903. 6. 2	〃	1933. 7.11
金 東 龜	1886	치안유지법	1931.10.25	金 斗 榮	1933. 2. 4	〃	1933.10.10
金 東 奎	1906. 1.20	〃	1930. 9. 1	金 斗 五	1911.10.11	〃	1935. 7.15
金 東 圭	1909. 2.13	〃	1931. 7.25	金 斗 用	1917	〃	1936. 2.25
金 東 潤	1908.11.11	국가총동원법	1942. 9.28	金 斗 容	1906. 8.29	치안유지법	1930.12.10
金 銅 洛	1922. 2.19	치안유지법	1942. 3. 6	金 斗 源	1892. 8.29	보안법	
金 東 立	1871. 8.22	〃	1931. 6.25	金 斗 益	1909.12. 9	치안유지법	1931.11.30
金 同 福	1907.12.30	치안유지법 및 방화	1931. 1.23	金 斗 順	1986. 1.20	〃 , 출판법	1933. 4.26

姓 名	生年月日	罪 名	記錄年月日	姓 名	生年月日	罪 名	記錄年月日
金 斗 七	1895.12.26	보안법, 출판법		金 明 濟	1876.12.27	〃	1940.11.21
金 斗 煥	1918. 4. 2	보안법 국가총동원법	1942.11. 9	金 命 俊	1896.10.10	〃	
金 得 松	1906.11.10	치안유지법	1940.10.28	金 明 振	1905.	치안유지법	1928.12.16
金 得 英	1904. 7. 1	〃	1930. 3.25	金 明 辰	1902.10. 9	보 안 법	
金 得 泳	1909. 2. 7	〃	1930.11.29	金 明 哲	1911. 5. 8	치안유지법	
金 得 用	1904. 4.28	〃	1931. 6.12	金 明 海	1904. 7. 3	국가총동원법	1941. 4.28
金 得 天	1901. 9. 6	국가총동원법	1941. 5.29	金 明 華	1925. 3. 2	보안법	
金 得 弼	1896.11.23	보안법		金 明 浩	1909. 5. 3	치안유지법	1931. 9.14
金 萬 甲	1911. 5.10	치안유지법	1935. 7.15	金 明 會	1904. 8.21	〃	1930.12.12
金 萬 謙				金 模 介	1898. 9.15	〃	1935. 1.21
金 萬 基	1906.11.16	치안유지법	1935. 4.11	金 蒙 漢	1872.10. 2	보 안 법	
金 晩 同	1906. 5. 4	치안유지법	1920. 8.18	金 武 根	1898. 9.27	국가총동원법	1941.11.28
金 萬 得	1917.	치안유지법	1934. 5.16	金 武 年			
金 萬 烈	1917. 6. 1	국가총동원법	1943. 5. 1	金 戊 得	1908. 2.25	〃	1942. 6.30
金 萬 福				金 武 森		치안유지법	1929.12.21
金 萬 石	1912.11.15	출판물 치안유지법	1934.11. 5	金 文 經	1911.10. 2	〃	
金 萬 聲	1906.	치안유지법	1931. 8.10	金 文 祥		보안법	
金 萬 秀	1890.11. 5	보안법		金 文 裕	1894. 6.19	소요,보안법	
金 萬 順	1910. 8.21	치안유지법	1931. 8.30	金 文 輯	1907. 7. 7	보안법	1940. 7.24
金 萬 有	1914. 8. 7	출판법,치안유지법	1932. 7.27	金 文 煥	1908.11. 2	치안유지법	1933. 4.19
金 萬 炯	1912. 9. 4	치안유지법	1934. 4. 5	金 米 龍	1906. 3.14	치안유지법	1930.12.13
金 明 健	1895. 4. 7	보안법		金 發 福	1913.12.20	치안유지법	1941. 8.30
金 明 奎	1892. 9. 7	치안유지법	1928. 2.16	金 芳 運	1903.12.12	소요죄	1931. 9.28
金 明 龍	1903. 1. 4	〃	1933. 7.11	金 邦 佑	1914.11. 3	치안유지법	1935. 2. 6
金 明 福	1907. 4.17	강도	1940.10.26	金 培 赫	1888. 3.13	〃	1938. 4. 1
金 明 星	1906. 1. 3	치안유지법	1930.12.13	金 百 璇	1908. 5.15	〃	1931. 6.30
金 明 孫	1912.11.14	〃	1932.12.14	金 百 源	1896. 6.29	보안법·출판법	
金 明 洙	1896. 3.27	치안유지법 문서위조사기	1931. 2. 8	金 百 用	1905. 4.29	치안유지법	1932.12.16
金 明 順		치안유지법	1934. 5.25	金 百 龍		〃	1931.10.25
金 明 樂	1913. 2. 1	공무집행방해 치안유지법	1939. 2.19	金 柏 杯	1900. 8.20	보안법, 출판법	
金 明 友		보안법		金 凡 龍	1902. 3.19	보안법	1940.12.21
金 明 源	1912. 7. 6	치안유지법	1931. 1.26	金 範 天	1914. 6. 2	국가총동원법	1942. 8. 5
金 明 元	1914.10. 2	〃	1933. 1.10	金 範 熙	1923. 1.10		1943. 6.
金 明 月	1906. 2.14	〃	1937.12	金 炳 乾	1895.12.15	보안법	
金 名 允	1908. 2.15	국가총동원법	1941. 7.	金 炳 九	1909.12.10	치안유지법	1931. 9.14
金 命 濟		보안법		金 秉 權			

姓　名	生年月日	罪　　名	記錄年月日
金 柄 奎	1897. 7.15	〃	1930.12. 5
金 丙 根		〃	
金 炳 男	1912. 1.30	〃	1661. 1.15
金 炳 魯	1901. 8. 7	보안법	
金 炳 攘	1876. 4. 8	보안법, 출판법	
金 秉 默		치안유지법, 방화	1931. 1.22
金 炳 蓍	1910. 1. 4	치안유지법	1930.12.15
金 炳 蓍	1910. 1. 1	〃	1930.11. 8
金 炳 成	1910. 1.14	〃	1930.12.12
金 秉 洙	1914. 9.11	국가총동원법	1942. 6.22
金 炳 洙	1898.10.18	보안법, 출판법	
金 炳 璃	1893.11.26	치안유지법	1930. 4.17
金 炳 壽	1891.11.26	〃	1930.12. 8
金 炳 淵	1894. 2.25	〃	1937.11.12
金 炳 宇	1888.12. 7	보 안 법	
金 秉 元	1903. 1.28	치안유지법	
金 炳 一	1903.10.18	치안유지법	1930. 9. 2
金 炳 淸	1894. 3.27	출판법	
金 東 俊	1923.10.22	치안유지법	1941. 2.24
金 炳 俊	1912.11.11	국가총동원법	1942. 9.12
金 炳 榎	1901. 4. 7	보안법, 출판법	
金 秉 職	1908. 2.21	치안유지법	1931. 2. 4
金 炳 鎭		보안법	
金 秉 鎭	1919.10.11	치안유지법, 불경	1940. 6.22
金 炳 探	1910.11.21	국가총동원법	1942. 8.15
金 丙 喆	1900. 3.24	치안유지법	1931. 1.10
金 秉 澤	1898.11. 6	치안유지법	1932. 4.10
金 炳 夏	1869. 2.24	보안법	
金 炳 洌	1885.12.27	보안법, 상해	
金 炳 煥	1891.12.16	치안유지법	1930. 4.17
金 秉 谷			
金 寶 坤	1891. 1.16	보안법	
金 　 復			
金 福 基	1883. 3.31	보안법	
金 福 南	1906. 4.25	치안유지법	1931. 8.10
金 福 魯	1908. 2. 3	보안법	1932. 5. 2
金 復 東	1889. 5.24	소요, 보안법	
金 福 萬	1907.10.20	치안유지법	1935. 1.17

姓　名	生年月日	罪　　名	記錄年月日
金 福 順	1919. 8. 7	〃	1941.12.12
金 福 一	1912. 8.13	〃	1942. 1.30
金 福 灝	1919. 2. 1	국가총동원법	1942. 6.24
金 復 鎭	1901. 9.23	ML 사건관계	1936. 6. 1
金 復 鎭	1901.	치안유지법	1928.12.14
金 福 鉉	1920. 3.16	국가총동원법	1942. 7.21
金 　 峰	1913. 7. 2	치안유지법	
金 鳳 根		〃	1931. 6.15
金 鳳 根	1913. 4.15	〃	1931. 7.15
金 鳳 基		〃	1930.12.15
金 奉 南	1913.11. 2		1936. 2.25
金 鳳 女	1919. 5.20	〃	1940.12.13
金 鳳 烈	1915. 1.26	국가총동원법	1942. 1.28
金 奉 龍	1914. 1.21	치안유지법	1931. 6.16
金 鳳 龍	1899.11.20	보안법	
金 鳳 彬		치안유지법	1930.12.13
金 鳳 性	1900.10.15	〃	1938. 4. 1
金 鳳 洙	1910.12.27	치안유지법	1931. 7. 2
金 鳳 淵	1912. 6. 7	치안유지법	1936. 4.16
金 鳳 五	1898. 3. 1	치안유지법	1930.12.23
金 鳳 一	1912. 1. 7	국가총동원법	1944. 6. 9
金 鳳 灝	1908.	치안유지법	1931. 8.10
金 鳳 俊		〃	1927.10.18
金 峰 春	1901. 1.12	〃	1930.12.12
金 四 國	1880. 9.15	방화	
金 四 南	1904.12.20	치안유지법, 강도살인	1942. 3. 9
金 思 鳳	1907. 2.12	보안법	
金 朔 文	1913.	치안유지법	1934. 5.31
金 山 降	1898.12.28	국가총동원법	1942.12.17
金 山 海	1910. 8.29	치안유지법	1930.12.12
金 三 全	1908. 2.12	〃	1931.10. 2
金 三 德	1906. 3.15	〃	1933. 2.23
金 三 壽	1901. 2.17	보안법	
金 三 天	1920.10. 8	국가총동원법	1943.10.14
金 三 厚	1889. 6.25	치안유지법	1939.3.
金 相 國	1902. 5.25		1937. 9. 1

姓 名	生年月日	罪 名	記錄年月日	姓 名	生年月日	罪 名	記錄年月日
金 相 規	1911. 5. 7	〃	1934. 6. 7	金 錫 玄	1884. 5.27	보안법	
金 尙 奎	1912. 6.12	〃	1935. 2. 5	金 善 斗	1876. 8. 4	〃	
金 相 規	1911. 5. 7	〃	1934. 4. 5	金 善 亮	1899.12.28	치안유지법	1938. 4. 1
金 相 根	1893. 5.25	〃	1930. 3. 7	金 善 明	1906.	출판법	
金 尙 德			1925.12.15	金 善 中	1927.10.26	소 요 죄	1934. 6.19
金 尙 樂	1876. 1. 7	보안법		金 善 必	1912. 6. 6	〃	1934. 6.16
金 相 萬	1905.	치안유지법	1933. 4.18	金 聖 九	1883. 3.24	국가총동원법	1942. 3.12
金 商 萬	1909.10. 6	치안유지법 조선사회령	1940.12. 3	金 成 權	1904.11.12	사 기	
金 常 石	1905.11.25	치안유지법	1934. 8. 7	金 聖 圭	1889. 6. 7	소 요 죄	1931. 8. 5
金 尙 燮	1910. 1.21	〃	1933. 6. 4	金 聖 基	1914.10.10	국가총동원법	1943.10.30
金 相 洙		〃	1914. 2.18	金 聖 男		치안유지법	1931. 2.
金 相 烈	1910. 6. 8	〃	1933. 1.25	金 聖 男	1908. 7.13	보안법, 출판법	1931. 8. 5
金 相 禹	1896.12.26	보안법		金 成 男	1913. 8.18	치안유지법, 절도	1943. 2. 3
金 相 禹	1915.12. 9	치안유지법	1936.12. 3	金 性 女	1895.12. 7	치안유지법	1940. 7.11
金 相 旭	1873. 6. 7	보안법		金 姓 女	1890. 3. 3	국가총동원법	1942.11.19
金 尙 俊	1908.11.26	치안유지법	1930.12.13	金 聲 大	1910.	치안유지법	1934. 6.17
金 尙 俊	1850.12.27	소요		金 成 德			1925.12.12
金 尙 珍		보안법		金 聖 西	1852. 9. 9	보안법	
金 象 泰	1919.10. 5	치안유지법	1942.12.15	金 聖 烈	1913. 1.13	치안유지법	1934. 4. 6
金 相 漢	1912. 4.15	〃	1933. 6. 4	金 聲 律	1889 3. 5	보안법	1941. 8.30
金 相 亥	1911. 9.23	〃	1935. 2. 6	金 成 孫	1897. 4. 8	치안유지법	1931. 6.12
金 生 鐵	1911. 6. 2	치안유지법 불법체포, 소요	1939. 8.	金 成 洙	1908.11.24	〃	1931. 2.22
金 瑞 根	1908. 9. 8	치안유지법	1940. 6.22	金 聖 壽	1900. 7.13	살인예비 방조, 강도, 치안유지법	1939. 4. 8
金 瑞 鳳	1912. 8.15	치안유지법위반, 소요, 절도, 강도	1934. 6.19	金 星 淑	1927. 5.17		
金 錫 魯	1909. 9. 1	치안유지법,보안법		金 聖 淑	1906. 3.24	치안유지법, 강도 살인	1939. 3
金 錫 鳳	1908. 2. 6	치안유지법	1933. 6.30	金 成 實	1870. 4. 4	보 안 법	
金 錫 鳳	1910. 7. 6	소요, 보안법		金 星 岩	1898. 5.10	출 판 법	
金 沰 鳳	1918.10.25	치안유지법	1942.11.31	金 性 業	1886. 2. 1	치안유지법	1937.11.12
金 錫 淳	1903.10.24	〃	1932.12.14	金 聖 梧	1875.11. 6	보 안 법	
金 石 然	1899. 7.29	〃		金 晟 玉	1914. 5. 3	치안유지법	1936. 5.18
金 奭 源	1906. 7. 3	〃	1933. 6. 4	金 晟 玉	1914.10.29	보 안 법	1932.12.14
金 錫 琮	1910. 4. 8	보안법		金 成 源	1913. 8. 3	치안유지법	1934. 9.27
金 錫 振	1911.12.28	치안유지법	1932. 1.11	金 成 一	1891. 2. 9	소 요	1929. 6.20
金 錫 天	1904. 2.20	〃	1930.11. 6	金 成 才	1905.10.14	보 안 법	
金 石 泉	1908.12.26	〃	1931. 1.25	金 聖 濟			1928.10. 5
金 錫 泰		소요	1928. 7. 9	金 聲 濟	1897. 9.30	국가총동원법	1940.10. 7

姓 名	生年月日	罪 名	記錄年月日	姓 名	生年月日	罪 名	記錄年月日
金 馨 錘	1908.12. 6	치안유지법	1934. 6.15	金 順 辰	1890. 5.30	국가총동원법	1942. 5. 2
金 星 哲	1900.10. 3	〃	1930.12.13	金 舜 鎭	1912. 8.11	치안유지법	1938. 5. 9
金 成 春	1899. 1.	〃	1931. 8.10	金 順 泰			1936. 8. 3
金 成 贊	1898. 1.14	보 안 법		金 樺 澄	1892. 7. 3		1936. 6.23
金 成 七	19 07.	치안유지법	1931. 8.10	金 淳 好	1902. 7.23	보 안 법	
金 聖 鉉	1900. 1.30	〃	1931. 9.18	金 順 興		〃	
金 成 昊	1902. 6.23	보 안 법		金 淳 熙	1908. 2.21	치안유지법	1931. 2. 4
金 成 弘	1905. 8.20	치안유지법	1931. 6. 8	金 述 秉	1888. 7.27	소 요 죄	
金 成 煥	1907. 1.17			金 承 寬	1905. 4.25	치안유지법	
金 世 圭	1898. 8.15	보안법 업무방해죄		金 承 起		〃	1930.12.13
金 世 基	1912. 3.30	국가총동원법	1940.12.16	金 陞 基	1915. 6.13	〃	1930.12.26
金 世 潤	1900. 1.10	치안유지법		金 昇 默	1910. 9.13	치안유지법	1931. 6.28
金 世 龍	1902.10.10	출판법 보안법		金 承 麗	1901. 4.12	치안유지법, 강도,살인미수, 주거침입	1937. 9. 9
金 世 勇	1903. 4. 8	치안유지법	1931. 6.12	金 承 燁	1905. 7.30	치안유지법, 강도, 살인	1936.12.12
金 世 煥	1916. 9.22	〃	1935. 3.23	金 升 烈	1899. 1. 2	치안유지법	1939. 3.
金 松 齡	1913.12. 8	〃	1933. 7.11	金 承 元	1918. 3.23	〃	1942. 9. 1
金 松 俊	1908. 1.23	〃	1933. 1.20	金 承 一	1896. 9. 5	보 안 법	
金 水	1906. 4.10	〃	1931.12.25	金 承 頊	1901. 1.19	치안유지법	1935.12.14
金 嘻 慶		〃 ,출판법	1931.12. 8	金 昇 熙	1910. 1.30	〃	1933. 4.26
金 壽 慶	1913. 3. 8		1932. 1. 1	金 時 默	1917. 5. 2	치안유지법	1942.
金 守 吉	1896.10.13	국가총동원법	1942. 9.23	金 時 範	1890. 9.18	보 안 법	
金 壽 吉	1911.11.13	〃	1942.11.30	金 時 範	1905.11.25	치안유지법	
金 壽 南	1887. 4.25	치안유지법	1930. 1.23	金 時 沃	1908. 6.22	치안유지법	
金 承 南	1909. 7.30	〃	1939. 3.	金 始 鎔	1908. 4.24	보 안 법	1932. 5. 2
金 壽 男	1913.12.27	〃	1931. 6.12	金 時 胺	1890. 5.25	보안법	
金 秀 敏	1900. 6.22	국가총동원법	1944. 6.16	金 時 俊	1895.10. 2	치안유지법	1929. 1.12
金 村 白	1900. 8.12		1930. 9.30	金 氏	1892. 1.15	국가총동원법	1942.
金 壽 範		보안법		金 時 弱	1922.10.28	치안유지법	1941. 5.13
金 壽 正	1906. 4.21	치안유지법	1930. 3. 5	金 晨 奎	1911.12.10	〃	1931. 8.29
金 壽 宗	1910. 8.17	보안법		金 辛 九	1910.12.20	보 안 법	1932. 5.31
金 順 甲	1919.12.10	강도, 살인,치유법	1942. 3.12	金 鎭	1904. 8.11	치안유지법	1930.12.12
金 順 甲	1885. 3.15	보안법		金 岩 佑	1887. 4.17	보안법	1925. 2.13
金 順 坤	1912. 2.12	치안유지법 폭발물법	1936.12.21	金 愛 樂	1881.12. 6	치안유지법	1940. 7.11
金 順 萬	1909.11.14	보안법, 치안유지법	1930. 4.19	金 若 水			1928. 7. 2
金 順 伊	1904. 5.23	소 요 죄	1931. 9.14	金 良 極	1915. 1. 9	치안유지법	1939. 8.10
金 順 正	1905. 4.20		1936. 5. 2	金 良 山	1913.10.15	〃	1934. 5.28
金 淳 照	1907. 7.	치안유지법	1930. 4. 3	金 良 俊	1904. 7.21	보 안 법	1930.12.13
金 順 奧	1898. 9.15	보 안 법					

姓 名	生年月日	罪 名	記錄年月日	姓 名	生年月日	罪 名	記錄年月日
金良七	1882. 5.24	소요, 보안법		金永石	1873. 4.18	보 안 법	
金陽泰	1919. 6.15	국가총동원법	1944. 5.22	金永燮	1905.11.	출 판 법	1930. 1. 5
金虆漢		보 안 법		金永洙	1905. 1. 8	치안유지법	1931. 2.10
金亮勳	1899. 7.28	치안유지법	1930.12.12	金榮洙	1914. 2. 6	국가총동원법	1942.12.15
金億萬	1915. 6.13	〃	1930.12.26	金永植		치안유지법	1930.12.10
金億萬	1899. 8.10	보안법·출판법		金永玉	1869.11.20	보 안 법	
金億培	1915. 7.21	국가총동원법	1941. 6. 2	金永祐	1924. 6.23		1924. 7. 2
金億石	1907.10.17	〃	1943. 6.	金榮元	1895.10.26	출판·보안법	
金彦洙	1895. 8. 8	치안유지법	1942. 3.22	金令媛	1914.	치안유지법	1936. 9.29
金奄海	1925	보 안 법	1925. 2.13	金永潤	1888. 5.16	보 안 법	
金汝根		〃		金永濟	1903. 6. 8	출 판 법	1937. 9. 2
金汝俊	1906. 6.22	치안유지법	1936. 8.10	金榮洮	1899. 3.20	보안법·출판법	1939. 3.15
金麗重	1900.10.10	방화 살인강도 치안유지법	1940. 3	金永鍾		보 안 법	
金麗鶴	1889. 1.30	보 안 법		金永周	1905.10.30	보안법·출판법	
金然健	1888. 4. 6	〃		金永俊	1908. 9.15	치안유지법	1933.12. 8
金年培	1896. 7.15	〃		金榮珍	1910. 5.26	치안유지법	1942.10.28
金連培	1908. 1. 7	치안유지법	1930. 3.17	金永珍	1898. 6.18	치안유지법	1931. 6.13
金演疇	1906	보 안 법		金英鎭	1913.12.30	소 요	1931. 9.28
金淵玉	1872. 7.20	〃	1919. 9.18	金英春	1910. 1.21	치안유지법	1931. 7.10
金演義	1898.	치안유지법	1926. 7.25	金永弼	1880. 3.16	보 안 법	
金演台	1879. 3. 5	보안법	1919.11. 5	金榮鶴	1916. 5.20	치안유지법	1932.11.12
金英傑	1914. 9.27	치안유지법	1331. 1.23	金영형	1915.12.30	〃	1938. 9.20
金永奎	1890.11.10	보 안 법	1938. 5. 5	金英浩	1897		1937. 3.15
金永基	1910.12. 4	치안유지법	1934. 6.19	金英鎬	1907. 9.22	치안유지법	1930.12.10
金永斗	1910.12.12	〃	1933. 1.20	金水煥	1911.10. 9	치안유지법, 출판법	1933. 4. 7
金靈律	1917.11.14	국가총동원법	1943. 8.19	金영흥	1896. 3.27	치안유지법	1931. 2. 8
金洙來	1902.10. 3	치안유지법	1930.12.13	金永熙	1903. 4.10	〃	1932. 5.13
金合龍	1896. 3.27	〃	1931. 2. 8	金英禧	1905.12.23	〃	1926. 8. 5
金榮萬	1899. 6.30	제령위반	1927. 9.30	金禮圭	1901. 8.23	〃	1932.11.20
金永萬	1912.12.10	국가총동원법 보안법	1944. 7.13	金禮植	1900. 7.24	〃	1931. 1.19
金永穆			1929.10.29	金禮源	1901. 3.19	〃	1934. 4. 5
金永睦	1870. 5. 7	보 안 법		金五鳳	1905. 6.20	소 요	1941. 7.26
金英文			1926. 9. 3	金玉缺	1895. 8. 5	보 안 법	
金永培	1915. 5. 1	국가총동원법	1943. 1.26	金玉均			
金永培	1915.12.20	육해군형법 보안법	1939. 8.31	金玉出	1899.11.25	치안유지법	
金永彬		보 안 법		金玉換	1889. 2.23	보 안 법	
金榮相	1908.11.28	치안유지법	1932. 3.24				

姓　名	生年月日	罪　名	記錄年月日
金 玉 鄉	1921.11.26	치안유지법	1942. 1. 9
金 玉 鎬	1912. 8.24	〃	1937. 5.20
金 玉 煥	1901.11.10	보안법, 사기	1933. 1.15
金 完 圭	1877. 7. 9	보 안 법	
金 完 根	1874. 1.17	치안유지법	1928. 2.18
金 完 石	1907.12.30	〃	1933. 7.11
金 完 洙	1889.12.13	보 안 법	
金 完 植	1903. 2.17	치안유지법	1930.12. 5
金 完 興	1881.12. 6	〃	1940. 7.11
金 容 甲	1919. 1. 6	치안유지법, 폭력행위등처벌에 관한 법률	1935. 8.23
金 龍 官	1911.10.12	치안유지법	1931. 6.16
金 容 九	1863. 8. 9	보안법,공무집행,상해	
金 容 九	1914.10.26	국가총동원법	1941. 7. 6
金 容 珪	1891. 3.22	보안법	
金 龍 根	1897.11. 8	치안유지법	1932. 5.13
金 龍 德	1910. 1.21	〃	1933. 6. 4
金 龍 來	1904.11.17	〃	1933. 1.25
金 龍 岑	1937.	〃	1937. 3.16
金 容 明	1886. 9.22	〃	1929. 5. 4
金 龍 範	1915. 4.23	치안유지법, 철도사기	
金 培 炳	1916. 1.16	치안유지법	1939. 3.15
金 龍 鳳	1913.12.21	〃	1932.11. 1
金 龍 三	1906. 3.17	〃	1936. 6.29
金 龍 生	1901. 7. 6	치안유지법, 살인	1939. 3
金 容 善	1915. 9.20	치안유지법	1938.10.10
金 容 成	1894. 9.13	보 안 법	
金 用 龜	1905. 1. 7	치안유지법	1933. 1.20
金 用 成	1900.	〃	1928.12.16
金 龍 洙		보 안 법	
金 龍 雲	1906. 1.13	치안유지법	1932. 3.24
金 庸 源	1928.	공갈죄,강도교사	1928.11.21
金 溶 儀	1897.12.21		1924. 7. 2
金 庸 壯	1896. 4.21	치안유지법	1938. 4. 1
金 容 俊		보 안 법	
金 容 辰	1910. 7. 8	국가총동원법	1944. 7.21
金 溶 鎭	1913. 1.26	치안유지법	1932.11.12

姓　名	生年月日	罪　名	記錄年月日
金 容 贄	1905. 1.21	〃	1930. 3.15
金 容 瓚	1903. 9. 6	〃	1933. 7.11
金 容 肇	1902.11.15	치안유지법	1914. 2.16
金 容 杓	1899. 1.14	보안법,치안유지법	
金 龍 河	1880. 2. 4	보 안 법	
金 龍 鶴	1914.11.13	치안유지법	1936. 6.23
金 龍 桓	1904. 8. 3	국가총동원법	1941.11.29
金 容 煥	1885. 3. 6	보안, 출판법	
金 用 熙	1901. 5.25	보 안 법	
金 電 熙	1899.11. 1	〃	
金 禹 鎰	1914. 6.22	산림령위반, 치안유지법	1933. 7.11
金 宇 鐘	1905.10.21	치안유지법	1937. 3.15
金 宇 離	1913.11.15	치안유지법	1933. 6. 3
金 雲 培	1919.11.18	국가총동원법	
金 伍 濟			
金 雲 善	1908. 7. 2	치안유지법	1937.12. 5
金 雲 善	1908. 7. 2	치안유지법	1930. 4.25
金 雲 鐘		보 안 법	1919.
金 連 天	1898. 4.26	국가총동원법	1944. 6.30
金 云 植	1899.10. 5	보 안 법	1919. 8.20
金 元 珪	1881. 7.24	〃	
金 元 杰		〃	
金 元 經	1911.	치안유지법	1934. 6.17
金 元 國	1900. 4. 5	치안유지법,강도살인,주거침입,강도미수,방화	1939. 4. 8
金 元 根	1904. 9.30	치안유지법	1932. 8.30
金 元 得	1899. 2.29		1934. 6.19
金 元 龍	1904.11. 5	치안유지법,상해,강도	1939. 8.20
金 元 模	1897.11. 1	치안유지법	1932.12.14
金 元 默	1908.10. 4		1932.12.14
金 元 培	1898.11.17	보 안 법	
金 元 培	1896.10.25	〃	1942.11
金 元 壁	1889. 5.26	〃	
金 元 馬	1915. 2.28	치안유지법, 출판법, 철도	1936.12. 3
金 元 奭		강도살인, 치안유지법,강도, 주거침입	1939. 5.20
金 元 三	1916. 7.19	치안유지법	1934. 5.16
金 源 一		치안유지법	1931. 1.25

姓 名	生年月日	罪 名	記錄年月日	姓 名	生年月日	罪 名	記錄年月日
金 元 貞	1912. 5.16	〃	1935. 6. 7	金 銀 鶴	1915. 1. 9	치안유지법	1939. 8.10
金 元 鍾	1911. 2.13	〃	1934.12.26	金 乙 龍	1906. 2. 4	국가총동원법	1944. 7.10
金 元 珍	1904.11. 5	치유법, 살해강도	1939. 8	金 乙 鄕	1905. 4. 4	보안법, 소요	
金 元 泰	1901. 3. 8	치안유지법	1935.11.26	金 應 寬	1900. 2.15	보안법, 출판법	
金 源 杓	1909. 2. 1	국가총동원법	1944. 8.16	金 應 基	1900. 3.10	치안유지법	1930.12.12
金 原 輝	1840. 7.20	보안법		金 應 道		보안법	
金 月 玉	1914.	치안유지법	1934. 5.25	金 應 龍	1912. 2.21	치안유지법	1932.10.11
金 有 鍊	1903.10.25	치유법, 소요방화 살인미수,전시법	1933. 6.30	金 應 律		보 안 법	
金 有 坤	1897. 4. 4	보 안 법		金 應 鳳	1911.	치안유지법	1934. 5.28
金 裕 成	1923. 2.13	치안유지법	1942. 1. 9	金 應 水		치안유지법	1930. 9. 1
金 裕 成	1923.	〃	1942.	金 應 植		보 안 법	
金 有 聲	1905.12.13	치안유지법	1937.12.10	金 應 五		〃	
金 有 聲	1893.12.27	〃	1926. 8. 5	金 應 用	1905. 2.20	치안유지법	1931. 2. 1
金 有 聲	1894.12.27	〃	1928. 2.17	金 應 淶	1872. 4.16	보 안 법	
金 裕 寅		보안법		金 應 集	1896. 8. 9	출 판 법	
金 裕 寅	1894. 6.27	출 판 법	1923. 9.12	金 應 哲	1901. 8.18	국가총동원법	1942. 4.14
金 允 先	1866. 5.10	보안법	1919. 4.29	金 應 河		보 안 법	
金 潤 植	1910. 2.29	치안유지법	1934. 6. 7	金 應 和	1921.10.25	치안유지법	1942. 9. 4
金 允 信	1880. 9.15	방 화	1940. 4. 6	金 義 景	1898. 1.28	보 안 법	
金 元 浩	1910.10. 6	치안유지법	1932. 4.10	金 義 順	1903.12. 7	〃	
金 允 瑱	1908.	〃	1930. 2. 5	金 義 鎔	1887. 4. 2	보안법, 육군형법	1941. 7.17
金 潤 會	1913. 3. 1	〃	1935. 6. 7	金 義 勇	1887. 4. 2	, 〃	〃
金 潤 會	1913. 3. 1	치안유지법,출판법	1935. 7.19	金 義 勇	1887. 4. 2	보 안 법	〃
金 潤 會	1901. 7.12	치안유지법	1933. 1.20	金 二 童	1905. 1.24	소 요	1941. 8.27
金 允 主	1894.12.16	보 안 법	1919. 8.11	金 二 綠	1911.	치안유지법	1932. 4.24
金 允 基	1913. 1.16	치안유지법	1931. 5.15	金 利 喜	1876. 9.17	보 안 법	
金 允 慶	1895. 2. 1	〃	1935. 4.18	金 利 燮	1901. 7.16	살인, 치안유지법	1937. 6.10
金 允 經	1894. 5.28	〃	1937. 8.23	金 伊 昨	1904.	보 안 법	1943.
金 允 京	1868. 3.24	보 안 법	1919. 8. 5	金 伊 昨	1904. 6. 8	〃	1943. 4.22
金 坑 經	1911.10. 2	치안유지법	1933. 6.30	金 二 千	1912. 8. 3	치안유지법	1932. 5.15
金 允 德	1918. 2.25	〃	1942. 3. 9	金 二 興	1909. 2.13	〃	1931. 7.25
金 潤 洙	1895. 1.14	고등사범공산주의계 일본노동총동맹	1930. 9.30	金 二 호	1907.10.18	〃	1939. 2.22
金 潤 植	1910. 2.29	보안법, 치안유지법	1935. 3.26	金 二 駿	1909.11. 1	치안유지법	1939. 2.19
金 殷 全	1914.	치안유지법	1934. 5.31	金 益 根	1871.10. 9	보 안 법	
金 恩 國	1895.11. 9	보 안 법	1920. 3. 5	金 益 相		〃	
金 殷 錫	1900. 2. 2	〃	1919. 1. 5	金 益 烈	1890.12.19	〃	1930. 6. 3

324

姓　　名	生年月日	罪　　名	記錄年月日
金 胡 順	1869. 7. 7	〃	
金 胡 煥	1899.10. 8	치안유지법	
金 寅 甲	1881. 5.10	보 안 법	1919. 5.20
金 仁 權	1899. 2.17	치안유지법	1937. 9. 1
金 仁 極	1908. 2.11	〃	1934.12.19
金 麟 根	1912. 4.15	〃	1937. 6. 4
金 仁 吉	1913.11.27	〃	1931.11.30
金 仁 培	1911. 3.13	치안유지법, 보안법	1930.12.17
金 麟 瑞		보 안 법	
金 寅 石	1905. 4.15	치안유지법	1935. 8. 3
金 仁 洙		〃	1929.12.21
金 仁 順	1921.10.25	〃	1942. 9. 4
金 仁 植	1906. 5.25	〃	1931. 5.28
金 仁 英	1916. 7.19	〃	1934. 5.28
金 仁 在	1918.10. 3	국가동원법	1942. 2. 5
金 仁 完	1905. 8. 1	치안유지법	
金 仁 鎭	1921.10.13	〃	1942. 3.31
金 仁 必	1911.12.28	〃	1932. 5.13
金 仁 梗	1906. 5.25	〃	1931. 1.25
金 仁 學	1905. 5. 5	소 요 죄	1931. 9.27
金 日 龍	1904.12.14	강도, 살인, 치유법	1942. 3. 9
金 日 奉		보 안 법	
金 一 求	1899.11.22	치안유지법	1929. 5. 5
金 一 元	1886. 4.19	보안법, 사기	1933. 1.20
金 日 天	1912.12.26	치안유지법	1939. 3
金 一 治	1902. 9. 4	〃	1931. 6.20
金 日 治	1901. 2.28	〃	
金 日 勳	1903. 9.20	〃	1939. 2.19
金 日 熙	1914.11.25	국가총동원법	1943. 4. 6
金 林 澄		치안유지법	1938. 6.30
金 宇 松	1899.10. 1	〃	
金 長 墨	1913. 2. 7	〃	1930.12.13
金 長 文	1908. 2. 3	보안법	1932. 5. 2
金 章 烈	1905.11. 4	치안유지법	1933. 1.20
金 章 玉	1887.11.19	보 안 법	1942. 7.11
金 在 坤	1903. 6. 2	치안유지법	1928. 9.15
金 在 坤	1886.11.24	보 안 법	
金 在 吉	1907. 1. 7	소 요	1931. 6.12
金 在 東	1907. 5.26	치안유지법	1934. 5.28
金 在 琳	1914. 5.21	〃	1935. 8. 3
金 在 明	1961. 1. 1	〃	1928. 8.11
金 在 鳳	1991. 5.19	〃	1928. 1.21
金 在 善	1930	치안유지법	1936. 9.29
金 在 森	1923. 2. 7	〃	1941. 5.13
金 在 洙	1923. 2. 7	〃	1942. 1.14
金 在 洙	1923. 2. 7	〃	
金 在 申	1880.12. 8	보 안 법	
金 在 水	1893. 2.16	치안유지법	1927. 7. 9
金 在 英	1909. 1.21	국가총동원법	1943. 9
金 在 完	1877. 7.18	보 안 법	
金 在 雲		소 요 죄	1928. 3. 9
金 在 翊	1908. 8.10	국가총동원법	1943.11. 2
金 在 一	1914. 8.16	치안유지법	
金 載 中	1903. 7.20	〃	1928. 2.16
金 在 漢	1893. 2.19	보 안 법	
金 載 鉉	1894.	치안유지법	1931. 8.10
金 在 鎬	1915. 6. 5	〃	1934. 4. 5
金 在 鎬	1916. 6. 5	〃	1930. 5. 2
金 在 黃	1892. 7.27	보 안 법	
金 點 權	1907.10.30	출판법, 치안유지법	1938. 8. 9
金 點 權	1907.10.31	치안유지법	1936. 5. 2
金 點 權	1907.10.20	출판법, 치안유지법	1930. 9. 8
金 點 奉	1908. 1.16	치안유지법	1929.10.31
金 點 徐	1909.12. 1	〃	1937. 4.21
金 點 守	1894.11.23	치안유지법	1928. 2. 6
金 點 植	1907.10.30	출판법, 치안유지법	1916. 2.28
金 占 九	1920. 3. 5	국가총동원법	1943. 8.19
金 正 奎	1899. 7.12	치안유지법	1914. 2.16
金 正 魯	1907. 1. 6	치안유지법	1930. 2.15
金 正 斗			1928. 7. 8

姓 名	生年月日	罪 名	記錄年月日	姓 名	生年月日	罪 名	記錄年月日
金 貞 萬		보안법		金 鍾 仁	1912. 3.28	〃	1933. 1.10
金 頓 範	1900. 9. 4	치안유지법, 강도, 살인, 방화미수, 살인미수, 강도미수	1937. 2.27	金 鍾 鎭	1904. 9.15	치안유지법	1934. 7.15
金 正 三		치안유지법		金 鍾 千	1918. 7. 3	치안유지법	1938. 9.20
金 丁 孫		치안유지법		金 鍾 千	1910.	치안유지법	1934. 6.28
金 正 順	1908. 2.20	치안유지법위반	1982.12.24	金 宗 弼	1912.	치안유지법	1931. 6. 2
金 正 植	1899. 6.20	보안법위반		金 鍾 學		보안법	
金 正 連	1895. 9. 7	치안유지법·총포·화약류위반	1929.12.14	金 鍾 漢	1893. 5.23		1930.10.14
金 貞 院	1910. 5.29	치 유	1930.12.10	金 鍾 漢	1920. 1. 3	국가총동원법	1942. 7.10
金 正 院		치안유지법		金 宗 鉉	1901. 1.10	보안법	
金 正 日	1925. 4.17		1943. 8.14	金 宗 熙	1918.12.15	치안유지법	1940. 1.18
金 貞 七	1890.11.15	소요보관법		金 周 龍	1901.12. 5	보안법	1929.11. 9
金 正 漢	1909. 3.18	치안유지법		金 朱 蓬	1898. 1.30	국가총동원법	1943.10. 2
金 定 鎬	1884. 9.16	보안법		金 周 善	1900. 1. 2	치안유지법	1939. 8.21
金 正 浩	1911. 7.20	치안유지법	1931. 6.16	金 柱 鶴	1911. 3. 5	〃	1931. 6.25
金 齊 鳳	1897.10. 7	〃	1930. 4. 9	金 周 林	1904. 2.27	〃	1931. 1.26
金 堤 癸	1906.10.17	보안법·육해군형법 조선임시보안법	1942. 6.10	金 周 顯	1913.12. 4	치안유지법	1942. 3. 9
金 祚 吉				金 俊 傑	1909.11.10	〃	1932. 3.24
金 祚 伊	1904. 7. 5	치안유지법	1935. 1.17	金 俊 國	1879. 3. 2	보안법	
金 鍾 龜	1905. 9.28	치안유지법	1932.12.14	金 俊 德	1912. 2.13	치안유지법	1939. 7.21
金 鍾 大	1897. 5.23	보안법,		金 俊 烈	1923.10.11	국가총동원법	1944. 9.11
金 鍾 洛	1913. 6. 5	치안유지법	1934. 6.15	金 俊 模	1878.11.10	보안법	
金 鍾 洛	1912. 8. 9	보안법	1930. 4. 7	金 俊 培	1910. 8.16	보안법, 치안유지법	
金 鍾 培	1915. 8.20	국가총동원법	1942. 5.11	金 俊 相		폭발물취급벌칙	
金 鍾 伯	1912. 4.28	〃	1944. 5. 6	金 振 聲	1914. 4.16	살인미수, 공갈미수 불법감금, 치안유지법	1935.10.28
金 鍾 範		치안유지법	1931.10.25	金 振 聲	1914. 4.16	살인미수, 공갈미수 치안유지법	1939. 3.
金 鍾 範	1915. 6. 5	〃	1932. 5.13	金 俊 顯	1895. 3.14	치안유지법	1930. 9. 2
金 宗 彬	1918. 3. 2	국가총동원법	1944. 5.23	金 俊 顯	1894. 3.14	조선공산당 고려공산 청년회관여차 검거자	1929.11. 4
金 鍾 三	1922.	국가총동원법		金 俊 會	1924. 1.17	치안유지법	1941. 2.25
金 鍾 尙			1927.	金 俊 禧	1898. 9. 6	보안법, 출판법	
金 鍾 植	1906.10.17	치안유지법	1933. 1.25	金 重 申	1919.12.10	강도살인, 치안유지법	1942. 3.12
金 鍾 應	1887. 3. 3	치안유지법	1937. 8.23	金 重 星	1914. 2.22	치안유지법	1938. 1. 7
金 鍾 完	1925.10.22	육군형법, 조선보안법	1942.	金 重 命	1887. 5. 5	보안법	
金 鍾 禹	1929. 7.16	치안유지법	1930.12.12	金 中 範	1906.12. 6	치안유지법	1931. 1.25
金 鍾 源	1913. 5. 1	〃	1933. 1.10	金 重 燮	1897.	치안유지법	1937. 9. 1
金 鍾 源	1910. 1.12	〃	1933. 1.15	金 中 源	1894.	치안유지법	1931.12. 8
金 鍾 酒	1923. 7. 3	〃	1941. 2.25	金 中 源	1916. 1.27	〃	1932. 1.11

姓　　名	生年月日	罪　　名	記錄年月日
金 重 熙	1905. 4.10	국가총동원법	1941. 3. 5
金 增 斗	1911. 4.27	치안유지법	1933. 6.30
金 旨 龍	1912.11.10	치안유지법	1933. 8. 3
金 旨 石		치안유지법	1930.12.10
金 智 乾	1903.		1930. 9.15
金 智 沙		보안법	
金 祉 燮			1924. 1.29
金 祉 燮	1902.10.12	치안유지법	1927. 2.16
金 直 成	1902		1920. 8.30
金 直 源	1892. 2. 7	사기보안법	1933. 5.12
金 震			
金 鎭 根	1900. 9.20	보안법	
金 振 福	1908.12. 1	치안유지법	1933. 7.11
金 晉 成	1913.11.21	〃	1934.11. 5
金 晉 成	1913. 2	치안유지법	1934. 6.17
金 鎭 洙	1897.10.17	보안법	
金 振 奎	1912.10.13	치안유지법	1934. 4. 5
金 振 玉	1919. 2. 5	국가총동원법	1944. 2.24
金 鎭 郁	1911. 6. 2	치안유지법,불법체포, 소요	1939. 8
金 進 九	1915. 1.27	금전보증법	1940. 7.14
金 鎭 泰	1896. 2. 5	보안법	
金 振 澤		치안유지법	
金 鎭 賢		보안법	1930. 1.29
金 辰 鎬	1912. 9.23	〃	
金 振 浩	1905. 1.26	치안유지법	1931. 9. 4
金 鎭 弘	1916. 6.15	국가총동원법	1944. 8.19
金 徵 魯	1893.11.11	보안법	
金 燦	1909. 9.28	치안유지법	1931. 8.15
金 贊 錫	1862. 4.10	보안법	
金 贊 燮	1896. 8.29	치안유지법, 주택침입 강도미수, 출판법, 상해치사	1939. 5.29
金 讚 厚	1899.	치안유지법	1930.11.29
金 燦 淳	1899. 1.22	〃	1930.11.29
金 燦 鍾	1891. 8. 1	〃	1937.11.12
金 燦 俊		〃	1931. 6.10
金 讚 欽	1898. 9.28	국가총동원법	1941. 1.21
金 摩 熙	1891. 4.10	보안법	
金 昌 傑	1903. 5.20	치안유지법	1931. 9.23

姓　　名	生年月日	罪　　名	記錄年月日
金 昌 均	1899. 6.25	치안유지법, 강도살인	1939. 3.
金 昌 德	1895.	출판법	
金 昌 乞	1911. 6.24	치안유지법	1932. 5.12
金 昌 斗	1904. 9. 8	〃	1932. 3.24
金 昌 洛	1910.12.20	보안법	1932. 5.31
金 昌 麟	1910. 3.10	치안유지법	1934. 4. 5
金 昌 文	1902. 1. 8	국가총동원법	1944. 4.30
金 昌 洙	1896.	치안유지법, 출판법	1927. 2. 1
金 昌 順	1902.10.27	치안유지법, 국가총동원법	1941. 3. 3
金 昌 烈	1896. 3.22	보안법	
金 昌 旭	1901. 5.13	치안유지법	1931. 6.16
金 昌 源	1912.10.10	보안법	1932. 5.31
金 昌 義	1855. 8. 8	보안법, 업무집행방해	
金 昌 一	1906.10. 4	치안유지법	1930.12.13
金 昌 柱	1910. 7. 7		1930. 1.23
金 昌 俊	1900.12.21	보안법, 출판법 치안유지법	1928. 2.16
金 昌 珍	1896.11.25	보안법	
金 暢 振	1913.	치안유지법	1933. 7.31
金 昌 漢	1907.	치안유지법	1930.12.12
金 昌 玄	1899. 9. 3	보안법, 출판법	
金 昌 鉉	1884. 6.21	보안법	
金 昌 華	1888. 1. 6	〃	
金 昌 煥	1883(1984. 12.1) 3.26	〃	
金 昌 會	1915. 1.26	치안유지법	1934. 6.20
金 天 權	1898. 5.15	〃	1937. 9. 1
金 千 金		〃	1932. 7.31
金 千 同	1905.12.11	국가총동원법	1942.12.
金 天 乙	1909. 2.25	보안법	1931. 6.20
金 千 日	1895. 8. 8	치안유지법	1942. 3.22
金 天 會	1915. 2.17	〃	1934. 6.20
金 徹 奎	1903. 5.28	〃	
金 喆 龍	1920.11.21	〃	1942. 7.29
金 鐵 山	1907. 2.28	〃	1930.12.10
金 喆 石	1912.10.10	보안법	
金 鐵 聖	1913.12.27	치안유지법	1931. 6.12
金 鐵 洙	1893. 5.25	〃	1930.12.15
金 鐵 億	1911.12.21	〃	1942. 3. 9

326

姓 名	生年月日	罪 名	記錄年月日	姓 名	生年月日	罪 名	記錄年月日
金哲宇	1909.12.18	〃	1931. 1.23	金泰運	1919. 7.25	국가총동원법	1943. 3.26
金徹雲	1908. 6.17	〃	1932. 5.12	金太乙	1883.12.19	보안법	
金瀷柱	1908. 2. 9	〃	1930.12. 5	金台一	1907. 2. 3	치안유지법	1931. 8.29
金瀷煥	1900. 2. 7	보안법		金泰一	1899.		1930.10. 6
金初吉	1906.11.14	치안유지법		金泰俊	1901. 8.23	치안유지법	1936.11.20
金鍾鎔	1897. 1.12	치안유지법		金兌鎭	1905. 6.14	출판법위반	1933. 4.11
金佐範	1896.12.10	국가총동원법	1942. 9. 4	金太權	1913. 1. 9	치안유지법	1937.11.20
金佐甫	1913.12. 2	치안유지법	1937.10.14	金泰河	1908. 1. 4	〃	1932.12.14
金佐奉	1913. 2. 4	〃	1934. 9. 5	金泰赫		보안법	
金春植		치안유지법	1931. 8.29	金泰鉉	1909. 3.24	치안유지법	1936. 4.18
金忠國	1937.	〃	1937. 3.16	金泰浩	1910. 3.27	〃	1931. 7.15
金忠赤	1912. 1.27	국가총동원법	1941.11. 1	金台熙	1899.11.	〃	1930.12. 5
金忠信	1904. 1.11	치안유지법	1930.12. 5	金澤道	1912.	〃	19??. ?.??
金忠煥	1883.10.20	출판법		金澤龍	1911.10.17	〃	1933.12. 9
金就龍	1876. 3. 9	보안법		金澤洙	1901. 3.27	〃	1931. 2. 4
金致坤	1903.10.28	치안유지법	1932. 2.22	金宅秀	1911. 2. 6	국가총동원법	1941. 7.30
金治鳳	1918.10.25	〃	1942.11.31	金澤虎	1898. 7.16	보안법, 출판법	
金治洙	1913.11.19	〃	1936.10. 2	金澤錄		치안유지법	1928. 9.15
金治股	1914. 8. 5	치안유지법, 출판법	1938. 4. 7	金譯煥		보안법	
金七星	1897.(1915. 1.30)	소요, 치안유지법	1925. 4.22	金退承	1923. 7. 3	치안유지법	1941. 2.25
金七龍	1900. 3. 6	보안법		金波	1905.	〃	1931. 8.10
金泰國	1918. 2.25	치유법	1942. 3. 9	金釗編	1908. 1. 2	살인방화, 강도, 치안유지법	1935.12. 4
金泰奎		보안법		金八龍		보안법	
金泰均	1904.12.19	치안유지법	1929. 4. 1	金偏	1922. 1. 6	치안유지법	1941. 2.25
金泰吉	1910.10. 6	치유법, 강도, 방화	1931. 6.28	金布湖	1900. 1. 2	치안유지법	1939. 8.21
金泰來	1907.		1930. 2.28	金豹植	1910. 5.23	치안유지법, 보안법	1933. 1.20
金泰默	1905. 3.26	치안유지법(살인미수, 강도미수)	1934. 3. 9	金弼九	1901. 1.20	치안유지법	1932. 5. 2
金泰山	1925. 2. 5	치안유지법	1932. 5.13	金弼洙	1901.10. 9	치안유지법	1931. 1.25
金泰燮	1901. 7.12	〃	1931. 6.12	金弼淳		보안법	
金泰秀	1904.		1928.12.16	金弼永	1913. 4.28	치안유지법	1933. 1.10
金泰洙	1906. 1.16	치안유지법	1933. 7.11	金弼逵	1905. 8.17	치안유지법	1933. 4. 7
金泰?	1911. 9. 2	〃	1933. 1.15	金弼煥	1908. 2. 2	치안유지법, 강요	1933. 4.19
金泰玉	1904. 3.20	치안유지법	1932. 1.11	金河壠	1908. 2. 4	치안유지법	
金泰玉	1918. 2.25	〃	1942. 3. 9	金河龍	1904. 4.28	〃	1931. 6.12
金泰珞	1915. 7. 2	치안유지법, 출판법	1934.12.19	金河星	1905. 3. 8	〃	1931. 1.25
金台郁	1905.12.13	치안유지법	1930.12.12	金夏益	1902. 5.18	〃	1930.12. 5

328

姓 名	生年月日	罪 名	記錄年月日	姓 名	生年月日	罪 名	記錄年月日
金夏增	1913. 3. 6	〃	1934. 9. 5	金 銑	1914. 6.10	치안유지법	1934. 5.25
金夏運	1913. 6.26	보안법	1939. 8.21	金順九	1880.11.20	보안법	
金河享		〃		金順國	1905. 9. 1	치안유지법	1930. 5.27
金夏兹	1898.12. 5	치안유지법	1937.12. 7	金現模	1911. 2.14	〃	1936. 4.16
金 朝	1891.11. 8	〃	1931. 6.24	金順武	1901.11.24	국가총동원법	19421 3.19
金學基	1920. 9.30	국가총동원법	1941. 7. 7	金順文	1915.10. 3	〃	1941.12.12
金學善	1912. 3. 4	치안유지법	1933. 1.10	金順秀	1911.12.21	〃	1942. 7.13
金學洙	1900 (1905) 6.17	보안법(치안유지법		金女洙	1914. 8.11	치안유지법 강도살인미수	1938. 6.19
金鶴淳	1915. 3. 2	군기보안법	1936. 8.10	金鉉愚	1914.	치안유지법	1933. 9.31
金鶴元	1905. 5.27	치안유지법	1930. 5.27	金鉉有	1881.11.25	보안법	
金鶴伊	1896. 2.22	보안법		金顯濟	1909.	치안유지법	1931.12. 6
金學仁	1891.11.19	국가총동원법	1944. 7. 4	金顯重	1913. 4.13	치안·사문서위조 행사	1942.10.
金學俊	1914.11.29	치안유지법	1931.10.25	金衡覽			
金學憲	1914. 1.22	〃	1932. 9.26	金瀅權	1912. 7.16		
金 翰	1888. 3.10	보안법	1930. 4.12	金制瓛	1896. 8. 9	치안유지법	1932. 5.1
金漢景	1916.12.15	군기보안법	1942. 4.13	金制道	1914. 3.22	보안법·출판법	
金漢章	1900 (1906) 4.13	치안유지법	1931. 9.20	金亨烈	1898.10.13		
金漢鳳	1902. 2. 9	〃	1930.12. 8	金制鍊	1908. 3.20	국가총동원법	1943.11. 5
金漢洙		〃	1942. 4.14	金亨斌	1908.11.16	치안유지법	1932. 5.13
金漢承	1889. 2.11	〃	1940. 6.24	金制善	1904. 5. 7	〃	1933.10.13
金漢植	1892. 3.30	보안법		金制雲	1889.	〃	1942
金漢用	1896.10.18	국가총동원법	1942. 4. 9	金制旿	1889. 3.23	〃	1942. 7.25
金恒圭		치안유지법	1929.12.21	金亨植	1901. 7.23	〃	1937. 9. 1
金恒福	1898. 7.28	〃	1938. 4. 1	金瀅植	1917. 5.17	국가총동원법	1944. 6.18
金享律	1905.	〃	1931. 8.15	金炯元	1908.12. 2	치안유지법	1928.12. 5
金海均		치안유지법	1931.10.25	金炯潤		〃	1931. 6. 2
金海根	1859. 7 1	보안법		金衡周	1913.12. 4	치안유지법, 사회령위반	1942. 3. 9
金海生	1916. 1.14	치안유지법	1933. 1.10	金衡鎭	1878. 8.22	보안법	
金海遠	1890. 7. 5	보안법		金瀅鎬	1910. 2.25	치안유지법	1935. 3. 7
金杏奎	1904.12.15	치안유지법	1930.12.10	金浩燮	1897. 4. 8	치안유지법	1931. 6.12
金行生	1911. 5.28	국가총동원법	1942. 8. 6	金浩植	1907.11.10	〃	1935. 3.23
金憲洙	1898.12.24	치안유지법	1931. 2. 4	金好宗	1904 (1905)11. 6	치안유지법	1931. 7.15
金爀根	1808.10.18	보안법		金鎬俊	1899. 1. 4	보안법	
金爀東	1889. 6. 4	〃		金浩哲	1905.	치안유지법	1931. 8.10
金爀來	1916. 4.30	치안유지법	1934. 6.20	金弘奎		보안법	
金 女				金弘權	1910.11. 5	치안유지법	1937. 4.21

姓　名	生年月日	罪　名	記錄年月日
金　洪　棍	1909.11.26	국가총동원법	1944. 7. 6
金　洪　男	1913.12.16	치안유지법	1936. 7. 9
金　弘　烈	1886(1902)12. 7	치안유지법, 보안법	
金　洪　相	1910. 5.10	치안유지법	1939. 7.27
金　洪　瑞	1907.10.18	보안법	1931. 3. 6
金　弘　燮	1896.12.15	치안유지법	1937. 4.21
金　弘　世	1899.10.17	보안법	
金　鴻　植	1914. 6. 1	치안유지법	1930.12.26
金　弘　植	1905(1908) 4. 3	〃	1933. 1.20
金　弘　鎭	1900. 3. 7	〃	1937. 4.21
金　弘　爀	1909. 9.28	〃	1931. 8.10
金　洪　杓		〃	1931. 8.10
金　弘　燁	1914. 3. 7	〃	1937. 4.21
金　化　龍	1905. 1.	〃	1931. 8.10
金　和　順	1876. 7.25	살인	
金　華　坤	1899.10. 2	치안유지법	1930. 9. 1
金　和　中	1918(1920)11.15	〃	1938.10.10
金　煥　玉	1914.11.17	〃	1935. 7.19
金　環　浩	1905. 1.11	치안유지법, 방화	1931. 1.10
金　黃　龍	1907. 2.28	치안유지법	1931. 1.16
金　黃　雲		보안법	
金　孝　植	1911. 3.16	치안유지법	1931.10.26
金　厚　植	1896. 5.20	보안법	
金　昕　事	1898. 7.17	〃	
金　鈗　煥	1900. 2. 7	치안유지법	1932. 1.11
金　興　德	1906.11.28	국가총동원법	1942.12.12
金　興　培	1909. 2.13	치안유지법	1931. 7.25
金　興　三		보안법	
金　興　善	1895. 2.29	치안유지법	1928.12.14
金　興　成	1891. 2. 8	보안법	
金　興　植		〃	
金　興　元	1912. 5.26	치안유지법	1933. 1.15
金　興　鍾	1902.12. 7	〃	1936. 4.16
金　興　弼	1910. 6. 3	국가총동원법	1941. 3. 7
金　熙　德		보안법	
金　希　龍	1867. 8.15	보안법·출판법	
金　熙　星	1914. 3.17	치안유지법	1937. 5.14
金　喜　鎭	1915.12. 5	치안유지법	1938. 5. 9
金　杰　瓚	1923.12.15	치안유지법	
羅　光　烈	1921.11.21	보안법	1942. 5.16
羅　順　端	1905. 8.16	치안유지법	1932. 5.13
羅　英　哲	1912. 6.16		1930.12.17
羅　龍　基	1858. 2. 7	보안법	1919. 6.19
羅　龍　日		〃	
羅　龍　煥	1911. 8. 7	〃	
羅　殷　榮	1912. 5. 3	치안유지법	1935. 2. 5
羅　仁　協	1862.10. 4	보안법	1920.10.30
羅　鍾　貞	1900.11.15	치안유지법	1930.12.12
羅　燦　洪		보안법	
羅　青　龍		치안유지법	
南　開　萬	1903. 9. 9	〃	1940.12.31
南　柱　馨			1936. 9.10
南　光　叔	1923. 4.25	보안법	1941. 6. 6
南　基　慶	1913. 5.20	〃	1942.12. 5
南　文　順	1907.11. 4	치안유지법	1931. 2. 4
南　萬　熙	1911. 9. 5	〃	1935. 1.19
南　萬　㐀	1911.11.20	〃	1940.12.21
南　秉　奎	1904. 7.24	〃	1931. 1.25
南　相　道	1918. 6.17	〃	1941.11.20
南　相　完	1904.11.24	치안유지법·출판법	1930. 9. 3
南　相　哲	1903. 9. 9	치안유지법	1940.12.31
南　相　煥	1908. 6.15	〃	1932. 2.22
南　相　璜	1907. 8.26	〃	1928.12. 5
南　相　孝	1910. 7. 2	보안법·출판법	1930. 9.22
南　成　祐	1897. 9.15	소요·보안법	
南　星　一		보안법	
南　松　壽	1907.10.11	치안유지법	1933. 7.11
南　廷　鎭	1911. 6. 9	치안유지법·보안법	1932.11.12
南　廷　鎬	1911. 6. 5	치안유지법	1931. 7.29
南　永　基	1910. 2.12	〃	1934. 4. 5
南　英　實	1913. 1.16		1933. 2.27
南　龍　伯	1895. 3.24	치안유지법	1934. 1.26
南　潤　九	1892. 4. 2	〃	1931. 2. 2

姓　名	生年月日	罪　名	記錄年月日
南潤龍		보안법	
南仁熙	1914. 7. 7		1933. 2.27
南日星	1909. 7. 2	치안유지법	1935. 8. 3
南　正		〃	1927.10.18
廬鼎鉉	1915. 1.30	〃	1934. 4. 5
南中三	1891. 4.16	〃	1940.12. 2
南昌根	1906. 5.14	〃	1930.12.25
南泰寬	1907. 8.18	〃	1931.11.30
南台元	1891. 4.16	〃	1940.12.21
南海龍	1895. 4. 6	〃	1926. 8. 5
南海龍	1895. 4. 6	〃	
南興成	1892.11.22	보안법	
南宮康順	1911.11.30		1936. 5.18
南宮環	1907.10. 8	국가총동원법	1940.12.11
南宮垠	1922. 1.15	〃	1943. 8. 9
南宮錫	1896. 1.14	치안유지법	1942. 3.22
南宮憶	1863.12.27	보안법	1932. 1.26
南宮炕	1920. 8. 1	치안유지법	1939. 5.17
南宮塤九	1914. 5.15	치안유지법	1935. 7.19
南宮炫	1901. 4.18	치안유지법	1930.12.17
魯炳春	1901. 4.24		1930.12.15
魯在洪	1904.11.26	〃	1930.12.13
魯咸豊	1902. 3.29	〃	1928.12.14
廬啓夏	1899.	치안유지법	1936. 7.27
廬箕千	1911.	〃	1934. 5.28
廬柬主	1904. 8.23	〃	1938.12.24
廬內永		〃	1930. 4.12
廬秉相	1891. 9.27	보 안 법	1919. 6.20
廬四石	1905.10.24	치안유지법 수거침입, 강도	1933. 1.15
廬柏烈	1904.10. 7	치안유지법	1928. 2.18
廬壽山	1920.10.11	국가총동원법	1943. 8.27
廬守千	1898.12.27	보 안 법	
廬淑仁	1915.	치안유지법	1934. 6.17
廬順敬	1902.11.25	보 안 법	〃
廬承球	1900. 1.11	치안유지법	1940.12.21

姓　名	生年月日	罪　名	記錄年月日
廬永穆	1921. 4. 8	국가총동원법	1942. 7.10
廬養培	1907.	치안유지법	1930.11.29
廬榮培	1907.10.22	〃	1930.11.28
廬永哲	1922. 8.14	〃	1941. 5.13
廬永鉉	1915. 1.20	〃	1934. 6.20
廬元長		〃	〃
廬在林	1905. 9.14	〃	1930. 2. 3
廬在煥	1900.11.19	강도살인미수	1939. 3.
廬載煥	1917. 2.27	국가총동원법	1943.11.13
廬俊永	1906. 2.16	치안유지법	1931. 7. 2
廬俊哲	1906. 2. 6	〃	1931. 7. 2
廬昌憲	1898.	치안유지법	1931. 8.10
廬春燮		보 안 법	
廬泰洙	1915. 6.20	국가총동원법	1942. 5.16
廬豊年			1936. 9.10
廬會愚	1890.10.30	보 안 법	
廬希烈	1898.	치안유지법	1931. 8.10
都寬浩	1902.12. 6	치안유지법	1928. 9.15
都永鶴	1913. 6.27	조선임시보안령	1942.10. 9
都容浩	1895. 3.27	치안유지법	1931. 2. 4
都在琪	1906.12.13	〃	1930.11. 6
獨弧佺	1889. 2.10	〃	1914. 2.18
董承鉉	1895.11.24	〃	1929. 5.10
董永鉉		〃	1930. 3.15
董雲鶴	1911.12.16		1939. 7.21
董溥哲	1920.12.23		1941.12.22
董哲峰	1911.12.16		1939. 7.21
董輪伯	1909. 4.19	〃	1930. 7.17
馬今男	1907. 2.18	치안유지법	1930.12.12
馬束洞		〃	
馬壽昌	1912. 9.25	〃	1939. 7.
馬應土	1884.11.27	국가총동원법	1940. 4.30
馬駿	1904. 5. 3	치안유지법	1930.12.

姓　　名	生年月日	罪　　名	記錄年月日	姓　　名	生年月日	罪　　名	記錄年月日
馬 超 軍			1936. 5.30	文 仲 賢	1904. 7. 1	〃	1930.12.13
馬 河 龍	1896. 3. 4	보 안 법	1919. 7.28	文 振 奎	1907. 1. 4	〃	1930.12.12
血 桂 叙	1910. 8. 1	치안유지법	1935. 9. 3	文 晋 永	1908. 5. 8	〃	1931. 8.10
血 升 在	1923. 5.27	〃	1942. 1.10	文 昌 範		보 안 법	
血 用 福	1901.11.10	국가총동원법	1942.12. 8	文 昌 煥	1986. 3.17	치안유지법, 출판법	1920. 2.27
血 鍾 篇	1911. 8.10	치안유지법	1936. 6.29	文 青 龍	1912. 2.12	치안유지법	1931. 6.16
血 鵬 鶩	1906. 1.29	〃	1930.12.10	文 春 學	1916. 7.13	〃	1937. 7.24
血 動		〃		文 泰 順	1897. 3.11	치안유지법, 풍경법	1941. 8.30
明 凡 龍	1911. 1.11	국가총동원법	1942. 9. 9	文 泰 順	1902. 3.11	치안유지법	1940. 6.22
明 橋 世		공갈, 보안법		文 泰 和	1908. 1.23	〃	1932.11.12
木 材 亮	1908.10.10	치안유지법	1931. 9.28	文 澤 勳	1912. 2.12	〃	1931. 6.16
文 甲 松	1906.12. 1	소요, 치안유지법	1934.11.13	文 學 열	1901. 9.14	국가총동원법	1942. 6.15
文 光 德	1903. 2.18	치안유지법		文 學 俊	1911.11. 7	치안유지법	1944. 5.22
文 東 勳	1911.10.28	〃	1931. 6.16	文 晳 硬	1913.11.15	〃	1935.12. 4
文 明 鎬	1888. 3. 3	보 안 법	1919. 8. 1	閔 東 昌	1909. 3. 3	〃	1930. 8.18
文 武 鎬	1899. 4.17	〃		閔 丁 鎬	1911. 1.18	〃	1933. 8.18
文 炳 鳳	1907.12.16	〃	1930.12.13	閔 今 奉	1913. 1.17	보 안 법	1930. 2.28
文 玉 烈	1896.		1928.12. 6	閔 大 垣	1900. 7.16	국가총동원법	1943. 7.24
文 鳳 善		치안유지법	1931. 6.15	閔 明 在	1893.12.25	소요, 보안법	
文 奉 成	1921. 8. 9	〃	1942. 1.14	閔 丙 駿	1919. 5. 2	치안유지법	1942.12.15
文 相 玉	1903. 2.12	보 안 법		閔 丙 台	1918. 8.25	〃	1934. 4. 5
文 相 澤	1912. 3.13	치안유지법	1930.11. 8	閔 湯 山	1883.		1936. 9.10
文 相 翊		보 안 법		閔 壽 千	1898. 1.13	조선임시보안법, 주거침입	1942. 3.
文 成 鎬	1872. 2.13	〃		閔 英 秀	1890. 5.20	치안유지법	1928. 9.15
文 世 述	1917.11.26	치안유지법	1939. 5.17	閔 泳 憲		〃	1937. 3.19
文 壽 成	1921. 8. 9	〃	1941. 5.13	閔 龍 雲		보 안 법	
文 順 龍	1912. 8.12	〃	1936. 9. 4	閔 元 植	1905. 3.14	치안유지법	1933. 7.11
文 輔 培	1917.11.29	〃	1937. 5.14	閔 仁 叙	1919.11.14	〃	1941. 6.24
文 輔 夏	1907.	〃	1933. 4.11	閔 載 鳳		보 안 법	
文 一		〃		閔 丹 植	1899. 9. 3	치안유지법, 출판법	1928. 2.17
文 逸	1908. 1.23	〃	1932.10.11	閔 昌 植	1903. 9.11	치안유지법	1932. 2.22
文 一 平	1888. 5.15	보 안 법		閔 春 楠	1898. 1.13	주거침입, 절도 미수, 의사자치방법	1932. 4.
文 在 弘	1895. 4.19	〃		閔 七 奉	1898. 4.28	국가총동원법	1944. 8.30
文 點 和	1912. 8.12	치안유지법	1936. 9. 4	閔 泰 奎	1916. 2.17	치안유지법	1932. 5.13
文 貞 孫	1907. 4. 3	치안유지법 군기보호법	1938. 3. 5	閔 奉 福	1910. 9.23	치안유지법	1937. 5.14
文 宗 穆	1902. 5.29	치안유지법	1932. 1.24				

姓　　名	生 年 月 日	罪　　名	記錄年月日
閔 泰 興		출판법	1923. 9.12
閔 浩 植		고등과요시찰인	1930.11. 5
朴 擎 得		보 안 법	
朴 京 三	1906. 9.17	살인방화, 치안유지법	1931. 7.15
朴 敬 淑	1900. 9. 6	치안유지법	1941.12.12
朴 景 淳	1893. 1.29	〃	1938.12.14
朴 景 植	1882.10. 7	보 안 법	
朴 京 一	1910. 2.10	치안유지법	1931. 6.16
朴 景 子	1903. 7.17	보 안 법	
朴 慶 鎬	1905. 1. 1	치안유지법	1928. 8.11
朴 慶 鎬	1889.11. 1	〃	1930. 6.18
朴 謙 熙	1907. 8. 2	〃	1931. 6.12
朴 癸 男	1902. 3.11	〃	1941.12.12
朴 桂 重	1915. 4.16	치안유지법 강도, 살인	1942. 3.12
朴 公 進	1911. 2. 7	국가총동원법	1941. 1.30
朴 光 男	1901.10.14	보 안 법	
朴 光 烈	1906.11.22	치안유지법	1931. 6.20
朴 光 世	1905.10.12	국가총동원법	1939. 4.28
朴 光 秀	1909. 1. 9		1943.
朴 光 順	1879. 2.25	보 안 법	
朴 光 泰	1909.	치안유지법	1931. 8.10
朴 光 奉	1909. 6.26	치안유지법	1931. 9. 4
朴 光 勳	1882. 7.11	보 안 법	
朴 根 成	1909.10.22		1931. 9.20
朴 金 山	1907.	치안유지법	1931. 8.10
朴 金 石	1913. 1. 5	국가총동원법	1941.10.25
朴 今 龍	1902. 3.11	치안유지법	1931. 6.16
朴 金 晶	1911. 7. 1	〃	1942. 3. 9
朴 金 煥	1904. 5.16	치안유지법, 절도	1939. 3.11
朴 基 東	1876.10.28	보 안 법	
朴 技 穆	1878. 6.28	〃	
朴 基 錫	1937.	치안유지법	1937. 3.16
朴 奇 盛	1910.11.28	〃	1930.12.13
朴 基 順	1910.	〃	1941. 6.19
朴 暎 塔	1896.11. 7	〃	1939.

姓　　名	生 年 月 日	罪　　名	記錄年月日
朴 基 春	1912. 2. 9	강도살인, 주거침입 치안유지법	1937. 1.29
朴 基 平	1903. 7.25	육군형법위반 해군보안법	1941. 3. 6
朴 吉 助	1908.12.12	국가총동원법	1941. 9.10
朴 吉 夏	1869. 4.20	주거침입, 육군형법 치안유지법	1943. 3. 9
朴 洛 鍾	1899. 3. 3	치안유지법	1930. 9. 1
朴 洛 然	1869. 8.27	보 안 법	
朴 南 秀		〃	
朴 南 順	1914.12. 5	치안유지, 강도살인	1942. 3. 6
朴 龍 金	1909. 6.22	치안유지법	1934. 6.16
朴 年 教	1917. 1. 8	〃	1934. 4. 5
朴 魯 順	1904. 6. 6	치안유지법	1929. 5.15
朴 魯 承	1913. 1. 5	국가총동원법	1940.12.26
朴 老 英	1900. 8.27	보 안 법	
朴 魯 鎭	1905.12.1	국가총동원법	1944. 5. 4
朴 魚 海	1904. 7. 9	치안유지법	1930.11.29
朴 來 賓	1908. 2.21	〃	1935.12. 4
朴 來 洙	1925. 7.28	〃	〃
朴 來 洙	1925. 7.28	〃	1940.12.19
朴 來 源	1902.11.13	〃	1928. 2.16
朴 利 鳳		보 안 법	
朴 麟 基	1930.12.13	치안유지법	1930.12.13
朴 麟 和	1918. 5.20	국가총동원법	1944. 8. 3
朴 林 光	1937.	치안유지법	1937. 3.16
朴 立 粉	1916. 7.25	국가총동원법	1942. 5.16
朴 達 成	1895. 4. 9	보 안 법	1925. 8.18
朴 大 南	1898.12.12	국가총동원법	1943.10.27
朴 大 郁		보 안 법	
朴 道 南	1908.12. 3	치안유지법	1933. 1.31
朴 道 秉	1917.11.16	〃	1942.12.15
朴 道 石	1901. 2. 6	〃	1927. 9.28
朴 東 根	1899. 9.28	〃	1934. 6.19
朴 中 烈	1922. 6.23	국가총동원법 업무방해	1944. 9. 7
朴 東 秀	1908. 9.25	치안유지법	
朴 東 森	1910. 9. 5	보안유지법	1932. 4.10
朴 東 完		〃	

姓　名	生年月日	罪　名	記錄年月日	姓　名	生年月日	罪　名	記錄年月日
朴東完	1872.12.27	〃		朴炳熙	1897.5.29	〃	1930.12.26
朴東政	1911.3.3	치안유지법	1931.2.4	朴鳳基	1909.8.24	〃	1930.12.15
朴東浩	1902.11.10	치안유지법, 방화	1934.2.20	朴奉吉	1903.4.22	〃	1930.12.5
朴斗圭	1897.6.14	보 안 법		朴鳳壽	1908.2.22	〃	1931.6.16
朴斗彦		치안유지법		朴奉順	1907.3.24	강도보안법	1932.12.16
朴斗보	1918.	〃	1934.5.31	朴鳳植	1902.	국가총동원법	1941.
朴斗柏	1915.3.2	〃	1933.6.30	朴鳳然	1904.8.2	치안유지법	1930.6.20
朴斗燦		보 안 법		朴鳳雲	1889.10.17	〃	
朴得孫	1908.	치안유지법	1925.4.20	朴鳳逸	1914.1.28	소요,주거침입,보안법	
朴得孫	1909.11.22	〃	1929.5.15	朴鳳賢	1906.9.17	치안유지법, 살인방화	1931.7.15
朴得順	1915.2.18	국가총동원법	1942.10.30	朴本篤	1915.8.19	국가총동원법	1942.4.18
朴得俊			1927.2.3	朴鳳和	1888.11.12	불경. 보안법	1942.3.27
朴萬甲		보 안 법		朴富山	1901.	치안유지법	1931.7.15
朴萬守	1907.11.19	치안유지, 출판법	1930.	朴四鳳	1916.10.24	〃	
朴萬本	1908.8.13	국가총동원법	1942.2.16	朴思梭	1988.1.6	보 안 법	1925.8.18
朴萬根	1918.4.5	〃	1943.12.7	朴商根	1913.7.2	치안유지법	1933.4.26
朴萬역	1912.	치안유지법	1935.5.2	朴相穆	1908.6.5	치안유지법,보안법	1931.
朴萬바	1904.3.2	국가총동원법	1942.7.31	朴商悅	1914.2.20	국가총동원법	1944.10.11
朴武秉		치안유지법 보 안 법	1931.8.29	朴相潤		보 안 법	
朴文ㅣ	1896.	치안유지법	1934.	朴相潤	1911.11.2	치안유지법	1931.6.16
朴文益	1896.10.7	〃	1931.1.23	朴相點	1930.7.15	보 안 법	1930.7.5
朴文吳	1907.10.16	치안유지법	1934.4.5	朴相七		보안법,치안유지법	1940.6.22
朴改	1901.1.27	국가총동원법		朴相勳	1909.7.17	치안유지법	1931.8.10
朴政	1918.8.1	수거침입 국가총동원법	1943.11.30	朴錫洪	1896.12.26	〃	1927.10.18
朴眠英	1904.2.9	치안유지법	1928.2.17	朴善淑		〃	1930.9.15
朴培藏	1910.10.12	〃	1933.6.29	朴善鎭	1911.5.22		1931.7.15
朴秉均	1912.12.7	〃	1935.2.8	朴成根	1909.9.28		1931.8.10
朴炳公	1878.8.2	보 안 법		朴聲南		보 안 법	
朴炳斗	1879.10.17	치안유지법	1914.2.18	朴成森	1891.2.25	보안법,공무집행방해	
朴炳得	1916.10.24	국가총동원법	1942.2.27	朴成龍	1896.5.5	치안유지법	1931.1.10
朴炳武	1902.2.4	치안유지법	1942.11.16	朴모麟	1868.4.11	보 안 법	
朴炳秀	1916.10.24	〃		朴誠信	1922.11.6	치안유지법	
朴炳秀	1917.4.17	〃	1934.	朴姓女	1911.10.16	치안유지법	1930.12.8
朴炳允	1915.12.12	〃	1938.9.20	朴成烈	1909.8.5	〃	1935.11.26
朴炳柱		보 안 법		朴成玉	1909.4.8	국가총동원법	1944.7.15
朴炳鉉	1910.7.11	치안유지법	1933.1.25	朴星日	1887.8.7	보 안 법	
				朴成春	1913.8.19	치안유지법	1935.10.10

姓 名	生年月日	罪 名	記錄年月日
朴 聖 學	1903. 5.20	國家總動員法	1942. 5.11
朴 成 鎬	1905.10.19	치안유지법	1932. 3.24
朴 成 煥	1915. 9.17	치안유지법 육해군형법	1942. 1. 9
朴 世 榮	1909.	치안유지법	1939. 3.19
朴 小 順	1915.	〃	1934. 5.25
朴 昭 永	1916. 4. 3	〃	1938. 4. 8
朴 制 同	1909. 1. 1	〃	1930. 4.30
朴 制 岩	1906.11.25	國家總動員法	1941.12.30
朴 秀 碩	1899. 6.24	보 안 법	
朴 受 永	1870.	〃	
朴 壽 昌	1910. 4. 8	치안유지법	1936. 6. 1
朴 壽 昌	1910.	〃	1934. 6.17
朴 淑 容	1906.12.12	〃	1930.12.13
朴 淳 觀	1909. 8.11	〃	1930.11. 8
朴 順 南	1910.10.21	치안유지법,출판법	1934. 9.27
朴 淳 彩	1909. 6. 4	치안유지법,강도방조	1939. 7.15
朴 順 任	1919. 2.22	치안유지법	1941. 6.24
朴 順 澤	1901.10.13	치안유지법	1930.12.15
朴 勝 玨	1897. 1.12	보 안 법	
朴 勝 極	1909.	치안유지법	1931.10. 2
朴勝極,廉錫極		〃	1930.11. 5
朴 昇 斗	1911. 2.28	〃	1935. 1.19
朴 勝 萬	1896. 7. 9	보 안 법	
朴 勝 民		〃	1931.10.29
朴 勝 服	1911. 4. 5	치안유지법	1931.11.30
朴 勝 龍	1889. 8.30	國家總動員法	
朴 承 服	1906. 6.22	치안유지법	1931. 8.10
朴 承 烈	1908.12. 3	〃	1933. 1.31
朴 承 燁	1862.11.27	보 안 법	
朴 膺 英	1899. 3.23	보안법, 출판법	
朴 昇 龍	1909. 2. 5	치안유지법	1930.12.12
朴 昇 龍	1907. 2. 5	〃	1930. 6.29
朴 勝 龍	1906.	〃	1934. 6.17
朴 承 鎭	1906. 6.23	〃	1931. 8.10
朴 是 秉	1915. 5.13	〃	1933. 1.10
朴 是 秉	1914. 7. 3	〃	1933. 1.31

姓 名	生年月日	罪 名	記錄年月日
朴 時 相	1898. 1. 5	치안유지법, 강도, 방화, 강도치사미수	1939. 3
朴 時 星	1911. 7. 1	치안유지법	1942. 3. 9
朴 信 三	1903. 6.28	보 안 법	
朴 良 順	1903. 4.13	〃	
朴 汝 日	1909.	치안유지법	1931. 8.10
朴 寅 春	1937.	〃	1937. 3.19
朴 寅 椿	1915. 2.18	〃	1937. 5.14
朴 葤 浩		정치요시찰인	1929. 7.22
朴 儼 圭	1896. 9. 5	보 안 법	
朴 永 觀	1905.10. 2	치안유지법	1981. 9. 5
朴 英 達	1906.	〃	1928.12.16
朴 永 達	1887.10.30	보 안 법	
朴 榮 大	1920.11.24	치안유지법	1941. 2.25
朴 永 模	1911. 8.20	〃	1936. 5.18
朴 榮 植	1909.11.14	보안법, 출판법	1930. 3.28
朴 永 鳳	1895.10. 2	치안유지법	1930. 9.13
朴 英 錫	1906. 9.26	國家總動員法	1943.10.26
朴 永 善	1907.12. 5	치안유지법	1935. 5. 4
朴 英 淳	1925.12.17	〃	1942.11.18
朴 永 新	1891. 2. 3	보 안 법	
朴 寅 玉	1900.12.20	〃	1915.11. 7
朴 英 寅	1901. 4.24	치안유지법	1930.12.13
朴 榮 昌		〃	1931.10.28
朴 英 出	1908. 3.20	〃	1935. 3. 9
朴 英 鎬	1910. 7.25	〃	
朴 英 華	1880.10. 1	보 안 법	
朴 榮 煥		〃	
朴 奥 植	1906. 4. 5	치안유지법	1941. 7.14
朴 吾 梅	1905.11.24	國家總動員法	1944. 6.17
朴 玉 彬	1901.12.11	치안유지법	1931. 8.29
朴 玉 嬅	1900. 9. 6	〃	1941.12.12
朴 溫	1937.	〃	1937. 3.29
朴 鑑	1915. 4. 1	〃	1937. 5.14
朴 奎 根	1912.12. 8	〃	1932.11.12
朴 元 吉	1869. 1.13	보안법, 사기	1940.12.21
朴 元 東	1911. 2. 8	치안유지법,보안법	1931. 8.29
朴 元 瑞	1880. 1.28	보 안 법	1942.11.
朴 元 燮	1910.10.13	횡령,國家總動員法	1942. 7.17
朴 元 鎭	1906. 2.22	치안유지법	1931. 9. 4

姓　名	生年月日	罪　名	記錄年月日	姓　名	生年月日	罪　名	記錄年月日
朴 喆 暲	1912. 1.18	〃	1931. 6.13	朴 仁 寬	1893.10.18	보 안 법	
朴 元 春	1912. 9.19	〃	1931. 7.15	朴 仁 緒	1886.12.17	〃	
朴 原 弘	1925.12.16	〃	1942.10.19	朴 仁 錫	1899. 8. 2	출 판 법	
朴 龍 傑	1899. 7.29	보 안 법		朴 仁 喬	1937.	치안유지법	1937. 3.29
朴 龍 基		보안법, 출판법	1930. 4.19	朴 仁 善	1912. 7. 5	〃	1937. 5.14
朴 用 基	1917. 3. 3	국가총동원법	1940.12.11	朴 仁 燮	1909.	〃	1932.11.12
朴 上 勇 吉	1910. 8.11	〃	1944. 7.24	朴 仁 鍾	1923.12.28	〃	1942. 1.10
朴 容 大	1915. 8. 1	치안유지법	1934. 4. 5	朴 仁 鍾	1923.12.28	〃	1942. 1.10
朴 龍 德	1918. 9.14	〃	1940. 1.18	朴 仁 弘	1906. 3.24	치안유지, 살인강도	1933.10.26
朴 龍 範	1911. 9.15	〃	1931. 1.26	朴 仁 煥	1904. 5.16	치안유지, 절도	1939. 3.15
朴 龍 凡	1911. 3. 5	〃	1932. 1.11	朴 一 秉	1893.	치안유지법	1926. 8. 6
朴 龍 石		〃		朴 一 燮	1906. 6.22	〃	1931. 8.10
朴 容 善	1904. 3.12	치안유지법		朴 一 涉	1906. 6.26	〃	1931. 8.10
朴 龍 柱		보 안 법		朴 入 男	1912. 5. 9	국가총동원법	1942. 1.27
朴 容 鎭		치안유지법	1942. 4.14	朴 自 甲	1900. 8. 2	치안유지법	1930. 9. 1
朴 容 燦	1908. 4.26	〃	1930.12.13	朴 章 秾	1890. 1. 6	보 안 법	
朴 容 喆	1904. 1.23	〃	1937.12. 7	朴 長 松	1903.	치안유지법	1930.12. 5
朴 容 七	1910.12. 6	보 안 법	1936. 6. 1	朴 長 郁	1909. 2. 8	〃	
朴 龍 學	1920. 8.15	국가총동원법	1943. 6.24	朴 在 乞	1909. 8. 8	〃	1934. 6.15
朴 龍 浩	1911. 1. 5	〃	1941. 7. 7	朴 在 全	1917.12. 3	〃	1935. 9.16
朴 宇 錫	1911.	치안유지법	1933. 4.18	朴 在 萬	1917. 6. 7	〃	1941. 7.12
朴 禹 龍	1909. 3. 6	〃	1930.12.26	朴 在 秀	1909. 4.15	국가총동원법	1940.11.23
朴 炳 允	1915.12.20	〃	1938. 6.30	朴 濟 安	1913. 8.18	〃	1940.12.11
朴 禹 賢	1910.10.19	치안유지법, 출판법 공무집행방해, 상해	1939. 4.17	朴 齊 榮	1904. 6. 8	치안유지법	1932. 4.10
朴 禹 弘	1917. 3.28	치안유지법	1939. 5. 1	朴 濟 榮	1890. 9. 5	〃	1942. 6.13
朴 雲 澤	1909. 7.17	〃	1931. 9. 4	朴 在 玉	1917.10.20	국가총동원법	1940.11.16
朴 有 德	1893. 5.29	〃	1930.12.16	朴 在 俊	1914.12. 1	〃	1942. 8. 5
朴 潤 奎	1888. 1. 9	보 안 법		朴 載 慶	1894.10.24	치안유지법	1929. 1. 4
朴 潤 根	1909. 7.28	치안유지법	1931. 6.12	朴 在 鎬	1895. 7.18	보 안 법	
朴 允 成	1904. 1.18	〃	1931. 6.12	朴 濟 鎬	1904. 7. 9	치안유지법	1930.11.29
朴 允 洙	1907.	〃	1931. 8.10	朴 貞 董		보 안 법	
朴 潤 夏	1895.12. 4	보 안 법		朴 貞 善		〃	
朴 應 甲	1914. 2.29	치안유지법	1935. 2. 8	朴 正 淳	1914.12. 4	치안유지법	1933. 4.19
朴 義 松	1886. 7. 2	보안법, 출판법		朴 貞 植	1906. 4.27	국가총동원법	1942. 6.10
朴 義 淳	1872.10.21	보 안 법		朴 貞 子	1919. 2.22	치안유지법	1941. 6.24

姓　名	生年月日	罪　名	記録年月日	姓　名	生年月日	罪　名	記録年月日
朴鍾根	1923. 1.28	육군형법,치안유지법	1941. 3.14	朴昌漢	1889. 6.13		1928.12. 3
朴宗根	1923. 1.28	〃	1941. 3.14	朴昌鉉	1909. 3.14	조선임시보안령	1942.11.25
朴鍾基	1917. 4.25	국가총동원법	1944.10.12	朴探煥	1881. 9.11	보 안 법	
朴宗秀	1912. 4. 2	치안유지법	1931. 7.15	朴鐵乞	1910. 7.27	치안유지법	1931. 7. 2
朴鍾龍	1896. 3.19	국가총동원법	1944. 7.25	朴哲石	1908. 8.11	〃	1932. 1.11
朴炯燮	1885.10. 4	보 안 법		朴　春	1899. 8.26	〃	1930.12.12
朴俊權	1898. 9.18	치안유지법	1931. 8.15	朴　春	1911. 6.21	〃	1931. 8.10
朴駿泰,朴駿洙	1921. 3. 7	국가총동원법	1944.12.29	朴春範		보 안 법	
朴俊洙	1881. 7.22	보 안 법		朴春排	1904. 7.24	〃	1943.11. 5
朴準承		〃		朴春燮	1894. 9. 7	총포화약등	1933. 4.28
朴準義	1867.12.24	〃		朴春學	1901. 2.26	국가총동원법	1944. 4.21
朴俊煥	1904. 5.11	치안유지법	1939. 3.15	朴春日	1895. 1. 1		1939. 4.22
朴仲吉	1911. 5.24	공무집행방해 차유법	1937.11.30	朴春憲	1905. 5. 4	치안유지법	1931. 6.12
朴重錫	1907. 1. 2	치안유지법	1936.11. 7	朴春興		보 안 법	
朴仲哲	1909. 4.6	〃	1932. 5.13	朴忠緒	1898. 8.23	〃	
朴曾龍	1907.11.18	〃	1939. 4.17	朴致瑾	1883.10.10	〃	
朴之楠		보 안 법		朴致玟	1898.	〃	
朴智和	1874.	치안유지법	1935. 6.27	朴快仁	1898.11. 6	〃	
朴辰甲	1912.10. 5	보 안 법		朴太根	1906. 3.26	치안유지법	
朴鎭決	1916. 4. 3	치안유지법	1938. 4. 8	朴泰基	1903.11.	〃	1928. 9.15
朴鎭決	1915.	〃	1934. 5.25	朴泰蕃	1898. 2. 4	〃	1932. 2.22
朴鎭德	1919. 2. 3	국가총동원법	1944. 3.31	朴泰守		보 안 법	
朴進楠	1909.11.12	치안유지법	1931. 5.15	朴泰巖	1907. 8. 2	치안유지법	1931. 6.12
朴鎭化		보 안 법		朴泰鉉	1908.10.26	〃	1931. 7.29
朴贊五	1923. 3. 2	보안법,치유법	1941. 2.25	朴泰華	1903.11. 4	〃	1930.12. 8
朴贊祐	1914. 8.27	국가총동원법	1940.11.11	朴泰洪	1892. 2.28	〃	1926. 8. 5
朴贊夏	1922. 7.28	치안유지법	1942. 9. 4	朴台弘	1892. 2.28	〃	
朴昌吉	1913.12.13	〃	1926. 4. 7	朴八極	1909. 7.17	〃	1931. 8.10
朴祖來		보 안 법		朴貝石	1907. 2. 9	강도,치안유지법	
朴昌濱	1902.10.27	치안유지법	1941. 3. 3	朴河均	1902.10.26	보 안 법	
朴昌彬	1907. 8.26	〃	1930. 8.15	朴河均	1898.10.26	출 준 법	1932. 4.15
朴昌㤠	1910. 8. 6	살인방화,치유법	1932. 5.12	朴河鈞	1903. 1. 1		1913. 4. 2
朴昌烈		보 안 법		朴夏鄕	1904.12.29	보 안 법	
朴昌列	1912. 6.16	치안유지법		朴鶴松	1909.10. 4	치안유지법	1932.12.16
朴昌郁	1908.10.14	치안유지법	1931. 7.29	朴學元	1914. 1.21	국가총동원법	1943. 6.30
朴昌鐵	1900. 6.15	치안유지,공갈,절도	1927. 4. 3	朴學俊	1883.12.15	보 안 법	

姓　名	生年月日	罪　名	記錄年月日	姓　名	生年月日	罪　名	記錄年月日
朴漢鄕	1904. 4.22	치안유지법	1936. 6. 1	方東振	1910. 3.23	〃	1930.12.28
朴恒澤	1909. 8.28	〃	1933. 6. 4	方明俊	1903.11.11	〃	1929. 2.10
朴海觀	1904. 9. 1	〃	1931. 9.20	方昇鶴	1896.12.17		
朴海根	1887. 9. 9	〃	1931. 2. 4	方然煥	1919. 1.23	국가총동원법	1942. 8.15
朴海根	1901. 9. 9	〃	1930.12.15	方永洙	1902. 6. 2	치안유지법	1931. 6.16
朴海彦	1884. 9. 9	〃	1941. 8.30	方允昌	1914		1934. 6.15
新井亨一	1885. 1.13	국가총동원법	1943.	方義默	1918. 6.28	불경, 보안법	1941. 8.30
朴憲泳(永)	1900. 5. 1	치안유지법	1933. 9.15	方正國		보안법	
朴賢煥	1892.10.11	치안유지법	1937. 8.23	方正龍	1907. 6.18	치안유지법	1930.12.15
朴現柱	1914. 5. 6	치안유지법,출판법	1931.11.30	方致規	1902. 4.11	〃	1930. 4. 9
朴壽吉	1909. 4. 6	치안유지법	1932. 5.13	方漢旻	1900. 1.16	〃	1930.12. 7
朴蒙鳳	1908. 2.22	〃	1931. 6.16	方漢燮	1906.10. 9	〃	1931. 6.12
朴鎬成	1890. 1. 5	보안법		方藏	1900.10. 6	〃	1929. 2. 8
朴浩然	1904. 5. 9	치안유지법	1931. 7.15	方奧範	1903.12.10	〃	1937. 9.30
朴昊辰	1906	〃	1934. 5.25	裵建根	1865. 9. 3	보안법	
朴洪基	1896. 5.25	보안법,무고	1942. 9.30	裵根鍚	1919. 8.12	치안유지법	1939. 5.17
朴泓基	1895. 2.12	보안법		裵吉孫	1906		1931. 8.10
朴洪燮	1889	〃		裵大秀	1896. 5.12		1931. 9.29
朴弘植	1902. 7.17	〃		裵德秀	1896. 5.12		1931. 9.29
朴驤緖	1908. 5. 6	치안유지법	1932. 5. 2	裵東健	1907. 6.10	치안유지법	1931. 1.23
朴化玉	1912. 1.28	〃	1935. 3.22	裵東根	1907. 6.10	보안법	1931.10. 1
朴孝敬		상해폭탄투척사건	1934. 4.18	裵明藏	1908. 4.26	치안유지법	1936.12. 3
朴後度	1897. 1.12	보안법		裵三文	1905.11. 9	국가총동원법	1942. 5. 6
朴興吉	1914. 4.15	사기미수 국가총동원법	1942. 2. 4	裵三奉	1919. 2. 6		1936. 5.18
朴興男	1911. 1. 2	국가총동원법	1943.11. 1	裵成龍	1896.10.28	치안유지법	1914. 2.16
朴興植	1906. 4. 5	치안유지법	1913.11. 4	裵世彤	1895. 4. 4	보안법	1919. 4.29
朴致人	1891.11.17	국가총동원법	1943. 3.31	裵秀謙	1898. 2. 7	치안유지법	1938. 5. 9
朴興存	1913. 6.16	치안유지법	1931. 9. 4	裵龍俊	1907. 4.13	〃	1930.12. 5
朴熙南	1914. 9.10	〃	1933. 4.19	裵仁順	1906	〃	1931. 8.10
朴熙道	1889. 8.11	보안법		裵重嘩	1882. 1. 6	보안법	
朴嘉種	1900. 8	〃		裵大萬	1904.10.11	국가총동원법	1943.10.2
朴希雲	1910. 5. 7	치안유지법, 강도	1936.12.13	裵致文	1891. 6.17	치안유지법	1914. 2.17
朴希喆	1900. 6.12	치안유지법	1931. 6.16	裵煥益	1915.11.16	국가총동원법	1944.10. 7
潘今出	1906.10.10	국가총동원법	1942. 8.22	裵熙斗	1903.10.27	보안법	
潘英職	1903.12.25	치안유지법	1931. 6.13	白光弼	1899. 1. 2	출판법	
方京浩	1905.11.18	〃	1936.11.11	白光欽	1894		1926. 9. 6

338

姓 名	生 年 月 日	罪 名	記錄 年 月 日	姓 名	生 年 月 日	罪 名	記錄 年 月 日
白 基 浩	1903. 3. 6	치안유지법	1926. 8. 5	白 興 基	1920. 5.18	치안유지법	1930. 5.17
白 南 祺	1901	〃	1928.12.16	卞 奇 學	1909. 2.19	〃	1935.11.17
白 南 老	1912. 8.25	국가총동원법	1941.12.27	卞 重 熙		민족주의자	1930.11. 5
白 南 雲	1894. 2.11	치안유지법	1938.12.21	卞 相 巘		보 안 법	
白 南 杓	1902. 6.12	〃	1920. 9. 1	卞 相 逑		〃	
白 明 欽	1909. 2.16	치안유지법	1935.12. 3	卞 相 憲		〃	
白 鳳 洙		보 안 법		卞 又 範		〃	
白 奉 欽	1911. 6.19	치안유지법	1933. 6.30	卞 洪 大	1912. 5.21	치안유지법	1934.12.26
白 相 奎	1864. 5. 3	보 안 법		邊 貴 鉉	1906.10. 2	〃	1930. 6.18
白 善 玉	1913. 3. 1	국가총동원법	1944. 8.27	邊 基 在	1904.12.19	〃	1932.12.16
白 受 和		보 안 법		邊 德 柱	1908.10.11	〃	1929.10.31
白 順 童	1910. 1. 6	소요, 살인	1931. 8. 5	邊 得 峯	1915. 5.24	〃	1932.12.14
白 順 益		보 안 법		邊 丙 植	1915. 4. 4	〃	1935.10.17
白 永 燁	1892. 3.25	치안유지법		卜 京 室	1901.12.25	〃	1931.11.30
白 龍 孫	1908. 6.11	〃	1936. 7. 9	奉 吉 玉	1910.12. 9	국가총동원법	1942. 5. 6
白 龍 喆	1904. 7.21	국가총동원법	1943.10.23	傅 作 義	1893		1936. 9.10
白 潤 赫	1911.11. 6	치안유지법	1937. 5.14	賓 相 喆	1897. 7. 1	국가총동원법	1942.10.21
白 銀 圭	1911. 7.24	국가총동원법	1943. 6.11	賓 泰 玟	1906. 4.12	치안유지법	1931. 6.13
白 應 賢	1890. 4.11	치안유지법	1938. 4. 1				
白 麟 涉	1894.11.16	보 안 법		佀 纘	1898. 3.18	보 안 법	
白 日 煥	1884. 9. 6	소요, 보안법 직무집행방해	1919. 8.13	緖 方 巍	1913.10.18	치안유지법	1931. 9.28
白 迪 煥	1904. 2.26	치안유지법	1935. 7.19	徐 光 潮	1916.12.26	치안유지법	1935. 3.24
白 貞 浩		고등과수배용	1927. 2. 3	徐 球 源	1913.12.30	〃	1937. 3.19
白 俊 烈	1897. 9.17	치안유지법	1930.11.29	徐 奎 源	1917. 5. 8	치안유지법, 폭력	1935. 3.23
白 晶 鶴	1902. 8. 8	〃		徐 基 彰	1893. 6. 2	보 안 법	
白 贊 基	1912. 6.16	〃	1935.11. 6	徐 大 根	1895.12. 3	국가총동원법	1942. 7.31
白 天 基	1880. 4.19	보 안 법		徐 大 順	1895.10. 7	보안법, 출판법	
白 初 月	1882. 3. 9	치안유지법	1940. 5.16	徐 東 和	1907. 2.21	치안유지법	1926. 7.20
白 春 基	1922.11.20	치안유지법	1942. 9. 4	徐 東 華	1907. 4. 9	〃	1930.12. 3
白 致 俊	1907. 8.11	〃	1931. 1.25	徐 範 錫		보 안 법	1925. 4.30
白 泰 山	1895.11. 1	보안법, 소요		徐 壁 煥	1906.11.30	치안유지법	1937.10.11
白 判 燁	1899. 1. 5	국가총동원법	1944. 3.22	徐 丙 松		조봉암 공산당사건 연두자	1935. 9.14
白 鶴 山	1910. 7.22	치안유지법, 강도	1931. 1.19	徐 炳 寅	1896. 2.17	치안유지법	1928. 9.18
白 鶴 松	1913. 3.10	치안유지법	1931. 6.16	徐 丙 仁	1886. 6. 1	〃	1940. 7.11
白 鶴 天	1910. 7.22	치안유지법 및 강도	1931. 1.19	徐 炳 斬	1878.12. 6	보 안 법	1933. 1.15
백 형 권	1894. 5.14	국가총동원법	1940.10.16	谷 丙 夏	1900.10.19	절도	1931. 8.29

姓　名	生年月日	罪　名	記錄年月日	姓　名	生年月日	罪　名	記錄年月日
徐壽浦	1911. 3.10	치안유지법	1933. 4. 4	徐興錫	1913.11. 1	〃	1934. 6.15
徐柏庚	1905. 8.22	치안유지법	1930. 5.27	石景德	1911.12. 2	〃	1931. 6.13
徐相樂	1914. 2.29	치안유지법	1933. 4.26	石丙吉		보안법	
徐象錫		보안법		石鳳鐵	1889. 4.22	치안유지법	1937.12. 7
徐相沅	1908. 5. 2	보안법,치안유지법	1931. 8.29	石濤鶴	1910. 2. 8	〃	1932.12.16
徐商翊	1913. 2. 3	국가총동원법	1942. 9. 5	石信亨	1904. 2.18	〃	1930.12.12
徐成根	1903.10.26	치안유지법	1930.12.13	石元	1907. 2. 8	〃	
徐成麟	1905. 7.19	〃		石瑤秀	1916. 2.11	〃	1936.12.12
徐舜錫	1910.12.10	〃	1934. 6.16	石鍾眞	1924. 1.20	보안법, 조선임시보안법	1944. 5.31
徐秉錫	1914. 5.17	〃	1934.12.26	石僑濟		보안법	
徐廷燕	1897. 4.30	보안법	1925. 4.28	石昌瑞	1918	치안유지법	1941
徐廷煜	1909	치안유지법	1934. 6.17	石惠煥	1890.10.22	〃	1936. 4.18
徐廷禧	1876.10.10	보안법	1933. 6.30	鮮于均			1927. 2. 3
徐英德	1917. 2.27	치안유지법	1942. 3. 9	鮮于堅		(고등과수배)	1927. 2. 3
徐榮和	1907. 3.20	치안유지법 및 방화동조	1932. 5.13	鮮于爀			1927. 2. 3
徐完錫	1907.12.26	치안유지법	1932. 1.11	鮮于燕		(고등과수배용)	1927. 2. 3
徐友	1911. 3.10	치안유지법, 공무집행방해		蘇于瑱			1927. 2. 3
徐允國	1904.10. 8	치안유지법	1930.12.12	薛奎成		보안법	
徐應萬	1905. 7.19	치안유지법 및 강도	1933.10.28	薛炳浩	1891. 1.17	치안유지법	1940. 8. 5
徐應浩	1899.11.27	치안유지법	1929.12. 9	薛正宇	1909	〃	1931. 8.10
徐仁弘	1907.10.21	〃	1942. 3.12	薛峻碩	1900. 1.28	〃	1928.12.14
徐仁煥	1894. 3.13	〃	1938. 5. 9	薛亨鎭	1909	〃	1931. 8.10
徐載國	1898	〃	1940. 8.30	成貴來	1911. 7. 5	〃	1934. 4. 5
徐在玉	1905. 9. 7	〃	1931. 7.15	成樂鷹	1917. 5.25	〃	1932. 5. 2
徐在益	1905. 9. 7	〃	1931. 7.15	成百鉉	1908. 5.25	국가총동원법	1944. 6.30
徐長石		치안유지법		成舜慶	1912. 9.12	〃	1942. 1.31
徐重錫		치안유지법,출판법	1931.12. 8	成玉孫	1908		1936. 6.24
徐重錫	1904.10. 6	치안유지법	1932. 2.22	成泰永	1876. 1.24	보안법	
徐重氏	1914.10.26	치안유지법	1931.11.30	成泰鎬	1891.12.20	〃	
徐震	1902. 4.12	치안유지법	1932. 2.22	成海柱	1899. 5.23		
徐昌	1905	〃	1934. 6.17	成賢鎔	1898. 2.28	국가총동원법	1940.12.17
徐太石	1908.12.16	〃	1936.12. 3	成惠子	1904. 8.27	보안법	
徐泰顥	1901. 4.11	〃	1931. 6.12	邵恩淑	1903.11. 7	〃	1920. 4. 5
徐河顥	1906. 3.20	〃	1935. 4.12	邵恩明	1905. 6.12	〃	1923. 4.10
徐學俊	1908. 7.21	〃	1932.12. 6	蘇來和	1909.11. 3	치안유지법	1930.12.17
徐鉉根	1887. 2.20	〃	1940.10.17	蘇聖圭	1908. 3.15	치안유지법	1930.12. 5

姓 名	生 年 月 日	罪 名	記錄年月日	姓 名	生 年 月 日	罪 名	記錄年月日
孫 公 鬪	1901.12.14	보 안 법	1935. 9. 6	宋 秉 箕	1892. 4.20	〃	
孫 寬 淑	1911. 8. 9	치안유지법	1942. 4.14	宋 秉 斗	1910. 7. 4	〃	1933. 1.15
孫 國 模		국가총동원법	1932. 1.11	宋 丙 夔	1906. 1	〃	1928.12.14
孫 金 石	1909	치안유지법	1931. 7.10	宋 炳 巢	1909. 8.27	〃	1928.12. 5
孫 明 夔	1912. 1. 7	〃	1934. 9.27	宋 秉 天	1902. 9.16	〃	1930.12.12
孫 明 龍	1911. 5.15			宋 奉 起	1897. 4.10	〃	1933. 9.15
孫 明 學	1886. 5. 9	보 안 법	1933. 7.11	宋 鳳 夔	1913. 1.24	〃	1931. 8.13
孫 順 興	1908.10.16	치안유지법		宋 鳳 龍	1919. 6.29	〃	1942. 9. 1
孫 永 善	1902. 3. 3	보 안 법		宋 奉 瑀	1910. 8.12	사회주의자	1926. 1.27
孫 銀 國	1878. 5.10	〃	1931. 8.15	宋 鳳 郁	1906. 8.12	치안유지법	1931. 5.15
孫 乙 甲	1908.11. 4	치안유지법	1931. 6.16	宋 士 彦	1895. 4. 8	보안법, 육군형법	1938. 2.14
孫 應 石	1912. 8.25	〃	1935. 9.16	宋 相 梭	1920.12.22	치안유지법	1942. 3. 9
孫 武 釋	1908. 6.14	〃	1929.12.21	宋 瑒 雨	1893. 9. 2		1931.10.14
孫 在 基	1889. 1.28	〃	1944. 7.21	宋 戌 寬	1907. 3.19	치안유지법	1934.12.26
孫 鍾 九	1927.12.25	보 안 법	1931. 6.16	宋 守 周	1922.12.10	국가총동원법	1943.10
孫 昌 福	1912. 7.11	치안유지법	1930.12.13	宋 承 祚	1918. 8.22	임시보안법	1943.10
孫 學 成	1896.12.21	〃	1944. 8.27	宋 時 玉	1897	치안유지법	1928.12.16
孫 鴻 礒	1898. 3. 1	국가총동원법	1932.12.16	宋 梁 國	1901. 2.28	보 안 법	1930.10.30
孫 興 南	1912. 2.25	치안유지법		宋 養 默	1882. 4.20	〃	1919. 5.15
孫 東 福	1904. 1. 7	보 안 법		宋 彦 弼	1902. 4.10	치안유지법	1935. 8.27
宋 景 晏	1890. 1. 5	〃		宋 衙 喬	1907. 1. 7	〃	1933. 4.26
宋 敬 洙	1915. 4. 3	국가총동원법	1942. 5. 6	宋 影	1904	〃	1931.10. 2
宋 桂 月	1913	보 안 법		宋 永 兆	1914. 2. 5	국가총동원법	1942.12. 8
宋 桂 祖		치안유지법	1928.12.14	宋 榮 寬	1905. 2.25	보 안 법	1929. 7.25
宋 光 玉	1902	〃	1930.11.29	宋 堎 容	1882. 7.26	보안법, 불경죄	1934. 4. 5
宋 玖 夔		보 안 법	1919	宋 用 坤	1904. 1.19	치안유지법	1938. 6.30
宋 謹 夔		〃		宋 裕 根		〃	1931. 9.26
宋 近 洙	1904. 4.28	치안유지법	1933. 6.30	宋 龍 培	1906.12.31	소요, 살인	1942. 3.12
宋 南 云	1882. 7.26	불경죄, 보안법	1940.10.23	宋 龍 淵	1918.11.26	치안유지법	1943. 8.31
宋 南 憲	1914. 4.11	조선군임시보안법	1943. 6.21	宋 建 芳	1912. 5.23	국가총동원법	1940.10.23
宋 德 滿		치안유지법	1928. 2.18	宋 乙 秀	1902. 8. 1	치안유지법	1930.11. 6
宋 德 龍	1907.12.26	보 안 법	1932. 5.31	宋 理 晏	1906. 5. 2	〃	1931. 1.26
宋 道 浩	1903. 1.16	치안유지법	1931. 2. 4	宋 仁 坤	1911. 1.19	국가총동원법	1940.11.27
宋 得 權	1916	〃	1936. 4. 1	宋 仁 爽	1892. 2.30	보안법	1919. 6. 7
宋 孟 錫	1908.12.27	〃	1935. 8.30	宋 在 旭	1910	치안유지법	1934. 6.17
宋 文 赫	1912. 5.25	〃	1933. 5. 3	宋 在 萬	1907.10.15	소요, 상해, 보안법	

姓 名	生年月日	罪 名	記錄年月日	姓 名	生年月日	罪 名	記錄年月日
宋 在 成	1910.10.14	국가총동원법	1942. 9.21	愼 甲 範	1911.11.11	치안유지법·출판법	1935. 1.17
宋 定 鎭	1907.10.26	치안유지법	1931. 7.29	愼 杓 晟	1897. 3. 8	치안유지법	1926. 8. 5
宋 鍾 鉉	1901. 1.28	〃	1930.12.10	愼 壽 福	1915. 1. 7	치안유지법·보안법	1935.12. 4
宋 曾 穆	1896	〃	1933. 7.31	愼 淑 範	1920. 6.13	치안유지법	1941. 2.25
宋 智 鎔	1913.11. 3	〃	1936. 5.18	愼 陳 宅	1920. 6.13	〃	1941. 2.25
宋 鎭 珪	1918.11. 2	국가총동원법	1941. 2.13	愼 弦 重	1910	치안유지법·출판법 고등과수배중	1931.10.11
宋 珍 根	1916. 3. 9	육해군형법,보안법	1943. 5.24	愼 弘 重		치안유지법	1931.10.25
宋 鎭 禹	1890. 5. 8	보 안 법	1926.11.30	申 敬 愛	1908. 9.22	치안유지법	1932. 3.24
宋 贊 用	1898.10.18	〃		申 寬	1878.10. 8	치안유지법	
宋 昌 根	1888.10.15	치안유지법,출판법 정치범	1938. 4. 1	申 寬 彬	1885.10. 4	보안법	
宋 昌 燮	1915. 7.20	보 안 법	1935. 7.19	申 球 容		국가총동원법	1942. 8. 7
宋 昌 院	1903.11.28	치안유지법,보안법	1931. 8.29	申 君 弼		치안유지법	1931. 6.12
宋 春 根		보 안 법		申 拳	1905. 1. 1	〃	1928. 8.11
宋 車 進	1907. 1. 7	치안유지법		申 貴 萬	1906.11.14	국가총동원법	1940. 9.19
宋 必 鶴	1920. 1.29	〃	1942. 1.14	申 璣 童	1914.12. 4	치안유지법	1936.11. 7
宋 學 祚	1909	〃	1933. 4.18	申 基 碩		〃	1931.10.25
宋 學 哲	1920.12.12	〃		申 琦 徹	1921. 1.24	〃	1939. 5.18
宋 弘 植	1880. 9.30	보 안 법		申 大 均	1873.11.30	〃	1930.12.12
宋 厚 永	1922. 1. 6	치안유지법,출판법	1941. 2.25	申 大 成	1909. 4.15	〃	1932. 5. 2
松 浦 潤	1923. 7. 3	치안유지법	1941. 2.25	申 大 弘	1905. 1. 1	〃	1928. 3.11
銖 寅 發		〃		申 德 均	1908.12.21	〃	1934. 5.16
辛 基 胃	1889.	〃	1928.12.16	申 東 潤	1900. 9.25	〃	
辛 斗 熙	1917. 2.27	치안유지법· 폭력행위등	1935. 8.23	申 東 澈		〃	1926. 7.26
辛 命 俊	1894. 7.30	치안유지법	1919. 2.18	申 斗 錫	1901. 6.10	〃	1932. 1.11
辛 尙 寅	1908.10.10	치안유지법		申 萬 金	1910.10.24	보안법	1931. 5.19
辛 錫 鉀	1904.	〃	1928.12.16	申 明 奎	1914.11.26	치안유지법	1934. 4. 5
辛 汝 善	1891. 6. 8	보안법		申 明 禮	1916.	〃	1934. 5.25
辛 榮 根	1911	치안유지법	1928.12.16	申 範 照	1909.11. 1	〃	1931. 6.12
辛 英 燦		〃	1942. 4.14	申 炳 寰	1891. 4.18	보안법	1919. 4.17
辛 容 祺	1900. 6. 1	〃	1912. 2.25	申 福 萬	1909.11.16	전도·국가총동원 법	1942. 4. 6
辛 仁 煥	1898. 1.12	〃	1930.12. 5	申 鳳 安	1912. 5.12	국가총동원법	1944. 7.25
辛 日 鎔			1928. 4. 6	申 相 兒	1885. 8.15	보안법	1919. 3.23
辛 昌 永	1908. 6.25	치안유지법	1930.12.12	申 錫 九	1911.	〃	
辛 哲 鎭		〃	1928.12.14	申 錫 一	1901.11.26	치안유지법	1934. 4. 5
辛 海 甲	1915.	〃	1934. 5.16	申 奭 煥		보안법	
辛 厚 承	1892.12. 5	보안법		申 聖 在	1891. 1.23	〃	

姓　名	生年月日	罪　　名	記錄年月日
申　松　得		치안유지법	
申　英　松	1901. 3. 6	〃	1932. 5. 3
申　榮　秀	1913.12.18	국가총동원법	1944. 7.26
申　榮　雨	1903.10. 2	치안유지법	
申　鑅　浩	1902. 6.16	보안법	
申　永　和	1882. 6.28	치안유지법	1942. 7.25
申　完　秀	1919. 5.29	치안유지법·육군형법	1941. 9.16
申　梡	1911. 9. 6	치안유지법	1942. 2. 6
申　元　用	1893. 8. 7	보안법	
申　龍　均	1915. 9.19	국가총동원법	1942. 8.31
申　用　雨	1911.11.13	치안유지법·보안법	1930.12.17
申　用　俊	1920. 3.21	치안유지법·육군형법	1942. 1. 9
申　應　和	1906. 6.18	치안유지법	1930.12.13
申　仁　植	1913. 4.21	국가총동원법	1941. 6. 4
申　在　根	1856.12.18	보안법	
申　在　英	1914.10.24	치안유지법	1933.10.28
申　在　元	1860.11. 9	보안법	
申　鍾　得	1901. 3. 6	치안유지법	1932. 5.13
申　宗　煥	1890.11.20	보안법	
申　周　學	1908. 5. 6	치안유지법	1930. 5.16
申　重　梣	1878.10. 8	〃	
申　昌　得	1908. 9.23	치안유지법	
申　哲　洙		보안법	1925. 4.30
申　泰　珢	1908.10.24	치안유지법	1931. 6.13
申　泰　淳	1878.10. 8	〃	1938. 5. 9
申　泰　潤	1892. 2.10	보안법	
申　泰　益	1898. 5. 8	〃	1939. 7.31
申　泰　虎	1892.	치안유지법	1938. 6.30
申　賢　基	1912. 7. 8	〃	1931. 7.10
申　鉉　謀	1893.12. 2	〃	1937. 8.23
申　鉉　昇			1930. 3.22
申　鉉　喆	1892. 5.14	보안법	1916. 6.19
申　桓	1893. 3. 7	〃	
申　洪　植		〃	
申　洪　柱		〃	
申　化　順		〃	

姓　名	生年月日	罪　　名	記錄年月日
失　野　工	1912.	치안유지법	1931.
深　上　昇	1913.	중추원의원선거위반	1935. 5.18
沈　桂　月	1916. 1. 6	치안유지법	1935. 4.11
金　東　郁	1905. 5. 9	치안유지법	1933. 6. 4
金　東　元	1884. 2. 1	〃	1937.11.11
金　東　潤	1925. 9.30	〃	1925. 9.30
金　東　日	1929. 4.14	〃	1929. 4.20
金　東　駿	1907. 3. 3	〃	1930.12.13
金　東　振	1909.12. 5	〃	1931. 7.20
金　東　鎭	1915	〃	1929. 5.31
金　東　鎭		보안법위반	1929. 5.31
金　國　鐵	1907	치안유지법	1931. 8.10
金　東　春	1913. 2.20	국가총동원법	
金　東　弼	1913. 2.13	치안유지법	1939. 7. 2
金　東　弼	1915. 7. 1	치안유지법	1932. 1.11
金　東　河	1892.11. 2	소요, 보안법	
金　東　爀	1892. 1.27		1928. 9.15
金　東　爀	1899.11.15	보안법, 출판법	
金　東　金	1921. 8.10	국가총동원법	1942. 1.16
金　斗　官	1904. 1.17	치안유지법	1930. 7. 3
金　斗　寒	1922. 2. 4	〃	1942. 9. 4
金　斗　寒	1922. 2. 4	〃	
金　斗　洙	1903. 6. 2	〃	1933. 7.11
金　斗　榮	1933. 2. 4	〃	1933.10.10
金　斗　五	1911.10.11	〃	1935. 7.15
金　斗　用	1917	〃	1936. 2.25
沈　勳　文	1877. 9.18	치안유지법	1930.12.12
安　甲　男	1908.	보안법	1930. 1.29
安　慶　逢	1902.12. 7	치유법	1931. 7.25
安　教　烈	1900. 1.20	보안법	
安　教　一		〃	
安　教　憲	1893. 5.26	치안유지법	1937. 9. 1
安　國　亨	1909.11.21	치안유지법·강도미수·살인·주거침입	1934. 7. 9
安　國　亨	1869.10. 1	치안유지법·강도·강도미수·살인·살인예비·주거침입	1933. 6.26
安　國　亨	1907.10. 2	치안유지법·강도및강도미수·살인 등예비	1937. 6.11

姓 名	生年月日	罪 名	記錄年月日
安 基 石	1910.12.30	치안유지법	1931. 6.12
安 基 成	1903.12. 4	〃	1931. 6.16
安 基 成	1898.12. 4	〃	1935. 6. 7
安 基 植	1905.		1931. 4.11
安 基 榮	1905. 4.14	국가총동원법	1942. 9.99
安 德 煥	1866. 4.27	보안법	
安 東 源	1894. 6.24	암살사건 관련 보안법위반	1931.10.14
安 東 源	1888. 6.23		1928. 9.11
安 東 熙	1910. 6.20	치안유지법	1932. 5.12
安 文 植	1910. 3.22	〃	1930. 9. 8
安 民 煥	1896. 1.26	보안법, 사기	1939. 7. 6
安 秉 九	1923.10.28	치안유지법	1940.12.19
安 秉 國	1914.12.10	〃	1934.11. 5
安 秉 均	1916. 4. 6	국가총동원법	1942. 5. 2
安 柄 德	1901. 4. 3	치안유지법	1931. 6.16
安 秉 潤	1914.	〃	1934. 5
安 秉 珍	1902.10.12	〃	1933.12.10
安 炳 春	1910. 6. 1	〃	1935. 1.10
安 瑞 山	1914. 5.14	〃	1935. 3. 3
安 鳳 順	1910. 9.19	〃	
安 鳳 河		보안법	
安 三 遠	1908. 2. 7	치안유지법	1935. 1.17
安 三 遠	1910. 2. 7	치안유지법	1931. 9.20
安 相 吉	1892. 7.28	〃	1930.11.29
安 常 鍾	1891. 4.27	보안법	1919. 4.29
安 相 俊		치안유지법	
安 相 鉉	1915. 8.28	국가총동원법	1944. 7.21
安 相 勳	1898. 4.18	치안유지법	1930.12.13
安 石 鍾		보안법	
安 聖 大	1916. 6.21	국가동원법	1943.11.
安 聖 允	1892. 6.19	보안법	
安 小 周	1922. 9.17	치안유지법	1942. 5.13
安 順 伊	1903.12.22	국가총동원법	1942. 6. 9
安 順 任	1918. 6.30	치안유지법	1939. 8.27
安 承 寧	1909. 4. 1	〃	1935.12. 3
安 承 寧	1913. 4. 1	〃	1935.11. 6
安 時 雄	1902. 6.23	〃	

姓 名	生年月日	罪 名	記錄年月日
安 永 善	1910. 5. 7	치안유지법	1931. 9.14
安 榮 植	1914. 6. 4	국가총동원법	1940.11.24
安 永 河	1901. 3.14		1942. 3
安 王 子	1902.10.26	보안법	
安 龍 根	1907. 4.27	치안유지법	1932.12. 5
安 龍 鳳	1912. 4. 1	〃	1940.12.14
安 龍 澤	1909. 4. 7	〃	1931. 6.26
安 容 鎭	1864.12.17	보안법	
安 龍 煥	1901.11.25	국가총동원법	1942. 5. 2
安 宇 震	1906. 9. 9	치안유지법	1932.12.16
安 六 萬	1900. 1.21	보안법	
安 允 弘	1895. 1.19	치안유지법	1931. 2.10
安 應 洙	1869. 8. 1	정치관련죄	
安 李 乭		치안유지법	1936. 4. 1
安 任 均	1913. 2. 2	치안유지법	1936. 1. 6
安 任 順	1912.	보안법	1930. 1.29
安 故 傑	1906. 9. 5	치안유지법	1931. 9. 4
安 在 憲	1900.11. 2	보안법	
安 在 鴻	1891.11.30	치안유지법	1936. 6.23
安 貞 得	1912.12.25	치안유지법	1935. 2. 6
安 正 植	1906.	노동수배	1933. 9. 3
安 鍾 全	1889. 5.25	보안법	1919. 6.30
安 鍾 瑞	1910. 8. 6	치안유지법	1934.11. 5
安 鍾 哲	1913. 6. 1	치안유지법	1933. 6.29
安 宗 春		〃	1932. 1.11
安 宗 浩	1906.	〃	1936. 7.27
安 鍾 晃	1905.11.11	〃	1932. 4.15
安 昌 大	1910.12. 1	〃	1935.12. 4
安 昌 福	1923. 8. 2	〃	1942.12. 8
安 昌 錫	1894.	보안법	
安 昌 湜		〃	
安 昌 一	1879. 2.13	보안법·사기	1932. 4.10
安 昌 浩	1878.	치안유지법	1937.
安 昌 煥	1879. 2.13	보안법	1932. 4.10
安 千 壽	1913.11.19	치안유지법	1935. 9.30
安 千 洙	1917. 1.14	〃	1934. 9.10

344

姓 名	生年月日	罪. 名	記錄年月日
安 千 鍾	1870. 3. 3	보안법	
安 初 吉	1912. 1.20	치안유지법·상해치사	1935. 8. 3
安 致 九	1914.	치안유지법·출판법	1933. 4. 7
安 漢	1910.	치안유지법	1931.10. 2
安 泰 順	1901.10.28	〃	1931. 6.16
安 亨 俊	1907. 3. 6	〃	1931. 9. 4
安 好 石	1907.12.13	〃	1932. 5.13
安 浩 性	1915. 9.11	〃	1934. 5.28
安 興 成	1899.10. 1	보안법	
安 喜 敬	1902. 8.10	보안법	1920. 4. 5
安 熙 煥	1919. 3. 8	國家總動員法	1942. i.31
梁 啓 殷		보안법	
梁 起 鐸			1915. 5.30
梁 南 玉	1900. 7. 3	보안법	
梁 乘 孝	1883. 7. 3	〃	1940. 9. 6
梁 鳳 來	1909.10.29	치안유지법	1930.12.12
梁 石 斗		보안법	
梁 成 根	1897. 5.19	國家總動員法	1942. 2. 7
梁 成 基	1914.	치안유지법	1937. 3.19
梁 聲 鎭	1908. 8. 3	치안유지법	1932.12.14
梁 成 顯	1910. 9.22	〃	1934. 9.27
梁 順 童	1911.10.10	國家總動員法	1942. 1.29
梁 珣 模	1906.11.10	치안유지법	1928.12. 5
梁 順 玉	1920. 4. 4	國家總動員法	1942. 1.31
梁 柳 植	1903. 4. 7	보안법	
梁 仁 澤	1904. 1. 1	國家總動員法	1942. 9. 3
梁 在 順	1898. 8.20	보안법·출판법	
梁 在 瑛	1887.12.10	보안법·소요	
梁 佃 伯		보안법	
梁 周 台	1902. 3. 7	보안법·출판법	
梁 駿 全	1908. 4.27	치안유지법	1929.10.31
梁 昌 俊	1907.	〃	1931.12. 8
梁 河 潚	1909.	〃	1933. 7.31
楊 九 龍	1909. 1.27	보안법등	1931. 2.24
楊 逢 呂	1906. 9.25	치안유지법	1931. 9.22
楊 東 奭	1923. 3.10	치안유지법	1941. 2.25

姓 名	生年月日	罪 名	記錄年月日
楊 松 峻	1909. 1.27	〃	1935.11.30
楊 松 岩	1899. 1.27	공갈·보안법	1931. 2.24
楊 順 永	1907.11.25	치안유지법	1928.10.16
楊 始 喜	1906. 6.19	〃	1935. 7.19
楊 栢		보안법	
楊 澤 勳		치안유지법	1934. 5.25
魚 龜 善	1903.11. 1	〃	1930. 6.28
魚 末 丐		보안법	
魚 秀 甲		치안유지법	1928. 2.16
魚 允 嵐	1904. 3.21	〃	1934. 6. 7
魚 允 姬	1881. 6.20	보안법	1919. 4. 1
魚 仁 奎	1917. 1.15		1936. 5. 2
嚴 改	1911.10.14	國家總動員法	1942.12.19
嚴 建 富	1888.10. 2	보안법	1919. 6.27
嚴 光 友	1914. 1.22	치안유지법	1932. 4.10
嚴 君 變	1904. 3.18	〃	1930.12.25
嚴 道 勳	1908. 2. 7	〃	1932. 5.12
嚴 東 豪	1910. 2.23	〃	1930.12. 5
嚴 萬 奎	1912. 9.10	치안유지법·강도방화	1931. 1.29
嚴 松 亭	1907. 6. 8	치안유지법	1932. 4.10
嚴 承 萬	1907.11.29	소요·폭발물취체벌칙	1935. 3.18
嚴 潤 朝	1894. 7.18	國家總動員法	
嚴 鍾 變	1912. 6.30	치안유지법	1931. 6.12
嚴 周 天	1912. 9.10	치안유지법	1931. 1.29
嚴 柱 賢	1900. 2.17	치안유지법	1937. 4.21
嚴 昌 根	. 4.26	보안법	
嚴 昌 福	1912. 8.22	치안유지법	1935.11.11
嚴 千 奉		〃	1931. 6.15
嚴 春 變		보안법	
嚴 澤 龍	1904. 3.18	치안유지법·소요·살인·소화	1937. 6.11
嚴 行 源	1915. 9.20	치안유지법	1935. 3.23
嚴 賢 變	1908. 9.18	〃	
嚴 浩 奭	1912. 2.22	〃	1933. 3. 3
嚴 興 燮	1913. 7. 7	〃	1930.12.26
呂 圭 一	1888.12.10	보안법	
呂 運 亨	1887. 4.22		1929. 7.29

姓 名	生年月日	罪 名	記錄年月日
呂駿鉉		보안법	
延秉學	1894.11.22	치안유지법	1937.12.15
延富山	1898.	보안법	
延太乙	1911.12.10	치안유지법	1931. 8.29
廉穉煥	1904. 8. 8	〃	1928. 9. 5
廉丰浩	1880. 3.23	출판법	
廉萬金	1916. 3. 8	조선임시보안법	1942. 9.
廉文秀	1903. 9. 8	치안유지법	1932. 1.11
廉成五	1878. 6. 4	보안법	
廉應澤			1936. 5.30
廉利錫	1908.10. 1	치안유지법	1932. 5.13
廉在根	1915.11. 4	〃	1934. 4. 5
廉乭守	1914. 5. 9	〃	1934. 6. 7
廉亨南	1902. 3. 6	출판법	
廉弘燮	1916.12.13	치안유지법	1940.11.14
吳格石	1912.12.30	치안유지법위반	1936. 7. 9
吳敬淑	1890. 5.13	치안유지법	
吳光得		보안법	
吳根萱	1894. 8. 1	치안유지법	1930.12. 5
吳基萬	1905. 8.21	치유법	1934. 5. 6
吳基珣	1905. 8.21	치안유지법	1934. 9.27
吳淇燮	1903. 5. 1	〃	1935.11.26
吳基周	1900.11.18	〃	1930.12.15
吳吉洙	1906. 6. 7	〃	
吳南根	1913.10.28	〃	1934. 6.17
吳大根	1890. 2.22	국가총동원법	1942.12.26
吳同圭	1915. 9.23	치안유지법	1933. 4.19
吳東全	1880. 7.27	〃	1939. 3.
吳東均	1896. 9.13	보안법	1920. 6.11
吳東振	1889. 8.14	폭발물취체	1939. 3.
吳萬東	1905. 1. 9	치안유지법	1932. 5.12
吳秉烈	1896. 5.29	출판법	
吳鳳彬	1893. 2.19	치안유지법	
吳普翊	1912. 2.10	〃	1933. 1.25
吳尙赫	1905. 2.26	치안유지법등	1932.12.16
吳錫俊	1876.11.24	보안법	

姓 名	生年月日	罪 名	記錄年月日
吳成根	1891.10. 9	〃	
吳成南	1909. 3.12	치안유지법	1931.11.30
吳成三	1906. 2. 2	〃	1932. 4.15
吳成俊	1885. 3.30	보안법	
吳成天	1909. 3.25	치안유지법	1935. 2. 8
吳晟煥	1922. 7.11	〃	1942.11. 9
吳世國	1901. 5.28	치안유지법	
吳世振	1908. 5.13	〃	1931. 6.13
吳世昌	1868. 7.15	절도, 보안법	1929. 7.22
吳壽戱	1858. 2.17	보안법	
吳水影	1925.		1934. 6. 9
吳順景	1889.	소요	
吳淳榮	1915.10.30	국가총동원법	1942.12.23
吳順伊	1885.12.20	〃	1943. 8. 3
吳穂煥	1921. 8. 6	치안유지법	1943. 5.25
吳信冰	1898.	요시찰인	1935.10.29
吳愛善	1913. 6. 1	치안유지법	1935. 4. 2
吳永善			
吳永轍	1910. 6. 6	치안유지법	1934. 4. 5
吳快根	1916. 1.10	보안법	1941. 8. 4
吳能辰		〃	
吳元吉		치안유지법	1937. 3.19
吳元熙	1911.11.23	〃	1935. 4.24
吳有永		치안유지법	1934. 5.30
吳義模		보안법	
吳恩洙	1899. 1.18	출판법	1920. 3.26
吳乙孫	1905. 2.26	치안유지법, 상해, 절도, 출판법	
吳應錫	1914. 5. 5	치안유지법	1935.10.28
吳二男	1941. 1.15	〃	1932. 5.13
吳翊殷	1900. 5.10	〃	
吳一善	1892. 6. 4	절 도	1931.11.26
吳日松	1906. 7.10	치안유지법	1936. 7. 9
吳一順		〃	1934. 5.25
吳在全	1914.10.30	치안유지법, 강도 출판법	1936.12. 3
吳在賢	1906. 3.21	치안유지법	1930.11. 6
吳植洙	1900. 7. 7	〃	1937.12. 6

346

姓　名	生年月日	罪　　名	記錄年月日
吳　正　驍	1891. 2.14	치안유지법	1937.12. 7
吳　珊　鈴	1888. 7. 4	보안법	
吳　种　世	1907. 4.23	치안유지법	1931. 9. 1
吳　中　和	1899. 5.26	치안유지법	1931. 8.29
吳　呂　榥	1894. 3.29	국가총동원법	1943. 6.16
吳　呂　周		보안법	
吳　昌　浩	1908.10. 2	치안유지법	1931. 7.29
吳　晶　洙	1912.11. 3	〃	1935. 9. 3
吳　春　吉	1901. 9.26	치안유지법, 강도	1932. 6.17
吳　致　雙	1905. 9.11	고등, 요시찰인	1932.10.13
吳　泰　泳	1905. 6.19	치안유지법	1930.12. 5
吳　宅　善	1887. 4.30	보안법	
吳　澤　彦	1897. 6.17	보안법, 출판법	
吳　平　雲	1912. 9.14	국가총동원법	1944. 6. 9
吳　必　得	1904.10. 3	치안유지법	1934. 4. 5
吳　夏　根	1897.10.15	보안법	1919. 4.19
吳　夏　燮	1901.11.29	치안유지법	1940.10.17
吳　河　泳	1901.11.29	〃	1940.10.17
吳　學　順	1910.12.30	국가총동원법	1944. 6.15
吳　漢　桂	1914. 4. 2	〃	1942. 5.16
吳　晦　根	1915. 1.14	치안유지법	1935.10.28
吳　赫　世	1907.	치안유지법	1931. 8.10
吳　華　英		보안법	
吳　興　順	1901. 7.12	보안법·출판법	
吳　奧　俊	1895. 4.17	치안유지법, 강도, 살인, 주거침입	1926. 1. 3
玉　順　哲	1900. 6.27	치안유지법	1928. 9.15
玉　瑢　俊	1906. 3.14	치안유지법	1940. 6.22
玉　貞　相	1911. 5.27	〃	1940.12.13
玉　彡　鎬	1913. 5. 8	국가총동원법	1944. 5. 8
溫　學　中	1901. 1. 4	치안유지법	1930. 9. 2
完　昌　院	1892.11.27	보안법	1929. 7.25
王　光　演		〃	
王　三　德			1939. 9.25
王　宗　順	1905.11.18	보안법	
龍　桂　弘		〃	
龍　均　人	1909. 2.23	국가총동원법	1942.12.24

姓　名	生年月日	罪　　名	記錄年月日
龍　憲　植	1915.11.29	치안유지법	1942. 1.10
龍　煥　珏	1917.11.10	〃	1939. 5. 7
禹　萬　壽		보안법	
禹　仁　洽	1900. 3.18	치안유지법	1937.10.22
禹　一　護	1906.10. 2	육해군형법·치안유지법	1940.10.17
禹　在　奎	1904. 3. 2	치안유지법	1928.12.16
禹　楨　時	1885. 7.14	보안법	
禹　鍾　九	1918. 2.18	군기보호법, 강도, 치안유지법,불법체포	1942.11.22
禹　宗　國	1916.	치안유지법	1934. 6.17
禹　涍　植	1913. 1. 5	치안유지법, 출판법	1932.12.14
禹　章　夏	1912. 4.14	치안유지법	1936. 9. 4
禹　瘦　九	1917.	〃	1934. 5.28
禹　武　九	1913.10.21	〃	1933. 5.30
尤　公　林	1900. 5.17	치안유지법	1929. 3.23
尤　公　琳	1901. 7.11	〃	1928. 8.11
元　甲　龍	1913.11.21	치유법, 주거침입, 강도, 살인	1936. 6.18
元　客　彦	1907. 8.13	치안유지법	1930.12.12
元　金　山		〃	
元　吉　常	1908. 7.15	〃	1930.12.12
元　大　成	1916. 3. 3	보안법, 육군형법	1938. 5.25
元　東　啓	1909. 5. 3	치안유지법	1933. 1.25
元　明　喜	1910. 3.12	〃	1930.12.16
元　鳳　律		보안법	
元　鳳　熙	1904.12.15	치안유지법, 방화미수, 기물파기	1931. 1.23
元　常　貞	1912. 5.11	치안유지법 위반	1942. 3. 9
元　世　萬	1894. 7. 8	(고등과수배)	1930. 9.30
元　鎬　潤	1912. 1.10	치안유지법	1933. 1.20
元　容　權	1904. 7.11	〃	1930.12.13
元　容　德	1918. 7.21	〃 , 폭력	1935. 3.23
元　容　萬		치안유지법	
元　容　默	1911.11.23	〃	1933. 7.20
元　容　文	1906. 7.26	〃	1930.12.12
元　用　傳	1908.12.30	보안법, 협박	1940. 9. 9
元　點　龍	1905. 6.18	치안유지법	1938.12. 3
元　容　學	1909.10.17	폭발물취급규칙, 치안유지법	1936.10.15
元　懋　瑞	1909.10.17	치안유지법	1931. 6.12

姓 名	生 年 月 日	罪 名	記錄年月日	姓 名	生 年 月 日	罪 名	記錄年月日
元 翼 常	1898.10.27	치안유지법	1930.12.13	劉 在 呂	1913. 4. 8	치안유지법	1935.11.26
元 仁 富	1908.10.17	국가총동원법	1941. 1.17	劉 載 玩	1912. 6.26	〃	1933. 1.20
元 俊 植	1914	치안유지법	1934. 5.28	劉 志 遠	1904. 9.29	〃	1931. 9.15
元 鍾 電	1913	〃	1934. 5.28	劉 振 燮	1910. 8. 8	〃	1934. 4. 5
元 贊 淑	1894. 3.16	〃	1937. 9. 1	劉 昌 德	1889.10.14	보 안 법	
元 弼 岳		보 안 법		劉 昌 浩	1905. 8.26	보안법, 출판법	1916. 2.28
元 會 極	1908. 5.14	치안유지법	1933. 1.20	劉 學 用	1899. 2.28	보안법위반	
元 會 翔	1903. 5.17	〃	1933. 1.25	劉 漢 日		치안유지법	1929.12.21
魏 海 良			1926. 8.29	劉 亨 埴	1911. 8. 4		1936. 5. 2
劉 光 台	1910.12.22	치안유지법,강도교사	1931. 1.28	劉 化 龍	1906. 8.12	치안유지법	1931. 9.21
劉 根 馥		보 안 법		俞 古 頭	1898. 9. 4	보 안 법	
劉 基 物	1871. 5.25	치안유지법	1931. 4.17	俞 民 植	1888.10.17	치안유지법	1939. 3.
劉 基 俊	1894. 5. 2	〃	1937. 8.23	俞 興 溥	1901. 3.24	보 안 법	
劉 南 協	1904.11.26	〃	1933. 1.20	俞 松 春	1914. 5.15	치안유지, 방화미수	1933. 1.20
劉 斗 熙	1901.12.24	〃	1930. 6.18	俞 烜 根	1888.10.17	치안유지(살인)	1939. 3.
劉 命 寔	1893. 9.13	보안법, 출판법	1919. 9. 2	俞 仁 洙	1902. 7.28	보 안 법	
劉 保 相	1914. 1. 4	치안유지법	1935. 3. 7	俞 日 煥	1905. 2.17	치안유지법	1931. 1.25
劉 福 錫	1901.10. 7	〃	1934. 1.26	俞 載 根	1913. 1.28	국가총동원법	1943.11.30
劉 鳳 濱	1887. 3.31	보 안 법		俞 政 振	1888.10.17	치안유지법	1939. 3
劉 三 奉	1904. 9. 9	〃	1930. 9.30	俞 丁 鎭	1905. 6	〃	1933. 1.10
劉 相 勳	1912.12.23	치안유지법	1932. 5. 2	俞 宗 傑	1910. 2. 8	〃	1932. 2.22
劉 渴 雋	1908.11.21	보 안 법	1935. 6.17	俞 鎭 熙	1893. 2.11	〃	1928. 8.21
劉 聽 大	1920. 2.11	보 안 법	1941. 8.30	俞 淸 元	1920. 5. 7	국가총동원법	1942. 7.10
劉 聖 大	1925. 2.11	보 안 법	1941. 8.30	俞 泰 根	1921.11.21	보 안 법	1941.11.15
劉 成 熙	1907. 5.25	치안유지법,살인미수	1931. 4.17	俞 泰 煥	1913. 6. 3	치안유지법, 강도	1931. 6.28
劉 承 哲	1915. 4. 9	치안유지법	1939.	柳 甲 順	1895.10.22	보 안 법	
劉 時 國	1876. 1.13	보 안 법	.	柳 健 錫	1923. 5.15	치안유지법	1941. 5.13
劉 良 吉	1907. 5.25	치안유지법 위반	1931. 4.17	柳 寬 順	1902.12.17	보안법 위반	1919. 7. 4
劉 如 大		보안법		柳 蠣 鳴	1865.10.10	〃	
劉 永 九	1910. 7.20	치안유지법	1935. 3.26	柳 光 善		〃	
劉 仁 洙	1917. 3. 6	〃	1935. 3.23	柳 光 喬	1911.10. 1	치안유지법	1936. 9. 4
劉 馹 龍	1909. 2.22	〃	1931. 9. 4	柳 基 石	1905. 1	배일사상	1931.10.14
劉 長 福	1910.12.22	〃 강도	1931. 1.29	柳 基 燮	1906. 1. 5	치안유지법	1932. 2.22
劉 載 鳳	1903. 3.16	보 안 법	1926. 8.18	柳 基 洙	1907.11. 5	치안유지법	1931. 6.15
劉 載 昇	1908. 8.29	국가총동원법	1942. 9.25	柳 基 元	1898. 1. 1	보안법, 출판법	

姓　名	生年月日	罪　名	記錄年月日	姓　名	生年月日	罪　名	記錄年月日
柳 基 洙	1907.11. 5	치안유지법	1931. 6.15	柳 宅 夏	1918. 6. 3	치안유지법	1938. 6.30
柳 基 元	1898. 1. 1	보안법, 출판법		柳 學 奉	1905. 4.16	공산주의특별요시찰인	1929. 7.22
柳 基 春		치안유지법	1931. 6.15	柳 海 吉	1915. 3.14	치안유지법	1935.12. 4
柳 東 泰	1914. 9.28	〃	1932.	柳 海 權	1908. 7.28	살인, 치안유지법	1935. 6. 6
柳 東 煥	1896. 1.20	보 안 법		柳 海 朝	1899.10.22	국가총동원법	1942. 6.15
柳 秉 根	1909. 7.15	〃	1928.12. 5	柳　圻	1915.	중앙고보에서 반제운동 되학자복교운동	1934. 5.16
柳 秉 起	1906. 1.12	치안유지법	1932. 3.24	柳 革 永	1899. 5.23	치안유지법 폭력	1933. 4.26
柳 邊 連	1913. 5. 1	치안유지법,보안법	1930.12.17	柳 亨 南	1895. 5.28	보안법, 산림법	1940. 9. 6
柳 秉 義		보 안 법		柳 亨 成	1895. 5.28	보안법, 산림법	1940. 9. 6
柳 相 和	1909. 7.27	보안법, 출판법	1930. 2.28	柳 亨 浩	1901. 1.25	보 안 법	1940. 9. 5
柳 錫 疆	1914.11.11	치안유지법 폭력행위등 처벌법	1935. 3.23	柳 興 龍	1904.12.23	치안유지법	1932. 3.24
柳 先 泰	1862.10.17	보 안 법	1919. 5.23	柳 希 容	1912.12. 2	〃	1932. 3.24
柳 成 洙	1901.11.27	치안유지법	1940.10.17	陸 長 得	1911. 7.20	〃	1936. 7.27
柳 成 玉	1883.	소　　　　요		尹 甲 童	1904. 2.29	국가총동원법	1944. 9.30
柳 良 鎭		보 안 법		尹 京 南			
柳 然 基	1904. 8. 6	치안유지법	1930.12. 5	尹 璟 玉	1902.11.27	보 안 법	
柳 淵 和	1899. 1. 1	보안법, 출판법	1919. 8.10	尹 光 鉉	1880. 6.16	치안유지법	1942. 6.12
柳 榮 京	1913.	치안유지법	1931.10.25	尹 允 三	1904. 4. 7	〃	1928. 2.26
柳 泳 旿	1887. 2.24	보 안 법		尹 貫 龍	1901. 9.29	〃	1933. 8.18
柳 英 卓	1924. 2.24	치안유지법	1942.12.16	尹 圭 涉	1909. 2. 6	〃	1930.12. 5
柳 龍 義	1893.10.16	〃	1929. 7.17	尹 圭 祐	1886. 1.19	보 안 법	
柳 遠 權	1898.	보 안 법	1919. 8. 3	尹 奎 熙	1883. 5.23	보안법 위반	
柳 李 岩	1916.11.21	치안유지법	1942. 3.12	尹 金 子	1919.12.12	치안유지법	1942. 1.14
柳 翼 允	1892. 6.17	보안법, 출판법		尹 基 得		보 안 법	1925. 4.30
柳 寅 景	1892.11.27	보 안 법	1919. 6.21	尹 基 善		〃	
柳 一 達	1893.	치안유지법, 육해군형법	1938.	尹 基 昇			1931.10. 2
柳 莠 連	1913. 2. 5	치안유지법, 보안법	1935.11.26	尹 基 安	1900.11. 9	〃	
柳 點 介	1895. 6. 2	보안법 위반	1919. 6. 7	尹 基 靑	1905	치안유지법	1933. 4.11
柳 在 英	1889. 7.23	〃	1937.11.10	尹 基 淸	1905.11.22	〃	1933. 4.26
柳 正 律	1911. 6.13	치안유지법	1931. 6.12	尹 基 鉉	1902.12.17	보 안 법	
柳 璜 憲	1915. 6.15	소　　요	1939. 8.21	尹 樂 龍	1910. 4. 1	치안유지법	1940. 6.22
柳 蒲 哲		치안유지법	1939. 7	尹 岱 南	1904.12. 4	치안유지법, 주거침입, 강도	1936.10.10
柳 重 武	1875. 8.21	보 안 법		尹 德 龍	1906. 6.10	치안유지법	1931. 9.25
柳 昌 根	1872. 6.19	〃		尹 道 三	1901.11.21	치안유지법 방화미수	1931. 6.11
柳 榮 玉	1909. 7.15	국가총동원법	1943. 9.11	尹 道 淳	1910. 8.16	치안유지법	1931. 9.26
柳 川 憲	1922. 8.21	〃	1943. 8.28	尹 斗 鉉	1900. 7.22	〃	1935. 8. 3

姓 名	生年月日	罪 名	記錄年月日
尹 英 京	1906. 9. 8	〃	1931. 1.26
尹 文 烈	1904.		1926. 1.11
尹 炳 權	1907. 6.16	〃	1933.12. 9
尹 炳 吉	1915. 1.15	〃	1936. 4. 8
尹 秉 珠		〃	
尹 福 松	1902. 1.21	〃	1930.12.17
尹 福 永	1888. 1.23	국가총동원법	1942.10.24
尹 奉 根	1909. 2. 3	〃	1928. 9.15
尹 奉 吉	1908. 5.19		1932. 5. 4
尹 商 求	1887.12. 7	보 안 법	
尹 庠 奎	1909. 4. 2	치안유지법	1930.11. 6
尹 商 德	1913. 4.28	〃 출판법	1933. 8. 1
尹 錫 元	1907. 5.18	치안유지법	1928. 9.15
尹 世 均	1925.12. 1	〃	
尹 侏	1901. 5.22	〃	
尹 壽 昌	1912. 1. 4	〃	1933. 4.28
尹 卓 達	1914. 1.16	〃	1937. 5.14
尹 全 貴	1906. 8.30	국가총동원법	1944. 3.10
尹 水 配	1905. 1. 7	치안유지법(강도)	1938. 3
尹 永 福	1894. 2.10	보 안 법	1919. 4.29
尹 永 燮	1911.	치안유지법	1934. 6.17
尹 水 禹		〃	
尹 峻 淳		보안법, 치안유지법	1930.12.17
尹 榮 柱	1900. 4.27	〃	
尹 玉 粉	1913	치안유지법, 보안법	1930. 1.29
尹 龍 九	1891.10.20	보 안 법	1919. 5.22
尹 龍 植	1904. 9.10	국가총동원법	1948. 8. 9
尹 龍 周		보 안 법	
尹 龍 化	1909.11. 6	치안유지법, 출판법	1930. 4. 2
尹 禹 炳	1916. 6.14	국가총동원법	1942.10.23
尹 宇 鏞	1916. 7. 1	〃	1942. 8.31
尹 元 求	1889. 8.12	보 안 법	
尹 願 三	1893. 3. 3	보안법, 출판법	1920. 2.27
尹 益 善	1872. 2.13	〃	
尹 益 燮	1924. 9.20	치안유지법	1941.11.13
尹 益 憲	1890.		1927. 2.23
尹 璘 榮	1901.12.12	치안유지법, 출판법	1932. 9. 5
尹 一 男	1911. 8.29	치안유지법	1932. 7.15
尹 日 明	1912.11. 9	보 안 법	1940.10.26
尹 日 炳	1895.12.13	국가총동원법	
尹 滋 瑛	1894. 9.13	보안법, 출판법	
尹 在 曙		치안유지법	1937. 3.16
尹 鼎 燮	1895. 7.26	보 안 법	
尹 貞 源	1902. 4.18	치안유지법	1930.12.12
尹 佐 珍	1900. 9.16	보 안 법	1920. 6. 7
尹 琮 淸	1912. 6. 6	치안유지법	1935.12. 4
尹 俊 炳	1907. 8. 2	〃	1935. 8. 3
尹 中 杰	1906. 9. 8	〃	1931. 1.26
尹 曾 孫	1909. 1.18	〃	1933. 4.11
尹 震 遠	1907.11.29	〃 절도	1936.11. 7
尹 贊 事	1902. 9.29	보 안 법	
尹 昌 善	1899. 9.16	국가총동원법	1942.12.30
尹 昌 迪	1886.12.28	보 안 법	
尹 昌 虎	1900.10.30	치유법, 살인 방화	
尹 晶 淳	1909. 4.21	국가총동원법	1944. 6. 9
尹 哲 煥	1904.12. 4	치안유지법 및 주거침입	1936. 2.24
尹 淸 吉	1908. 5	국가총동원법	1944.10.11
尹 泰 亨	1907. 4.10	〃	1942.12.
尹 泰 佰	1911. 6.22	치안유지법	1935. 9.16
尹 澤 根	1893.12.27	〃	1929. 2.27
尹 下 憲	1913. 2.20	〃	1933. 6.30
尹 河 俊	1901. 3.12	보 안 법	
尹 學 台	1908. 1.25	치안유지법	1931. 1.10
尹 衡			
尹 亨 植		치안유지법	1929.12.21
尹 衡 重	1984. 6.23	보 안 법	1920. 3.22
尹 喜 用	1892. 6. 6	〃	
尹 希 重	1899. 9.29	치안유지법	1929. 9. 2
殷 成 大	1906. 1.25	〃	1929. 5. 5
陰 順 男	1905. 9.23	국가총동원법	1944. 9. 8
李 複	1907.11.14	치안유지법	
李 榎 來	1890.12. 1	보 안 법	

姓　名	生年月日	罪　名	記錄年月日
李 甲 吉	1907. 6. 5	치안유지법	1931. 8.10
李 甲 文	1916	치유법위반 유의자	1936. 9.29
李 甲 文	1913. 8.28	출 판 법	1935. 9. 9
李 甲 雙	1914. 3. 4	치유법, 출판법	1936. 4.16
李 甲 成	1889.10.23	보안법, 독립선언에 가맹	1932. 8. 4
李 　 剛		주거제한 요시찰인	
李 康 明	1911. 7.27	치안유지법	1934. 6. 7
李 康 洙	1915. 6.10	국가총동원법	1942. 4. 9
李 開 東	1905. 9.10	치안유지법	1935.12. 4
李 建 陽	1895. 5.15	보 안 법	
李 建 鎬	1902	치안유지법	1931.12. 6
李 建 鎬	1901.10.30	〃	1932. 2. 2
李 傑 笑	1900. 7.20	〃	1931. 7.15
李 京 球	1914. 2.14	〃	1934. 4. 1
李 景 徠	1870. 6.28	보 안 법	1919. 4.25
李 京 麟	1910. 4.24	조선임시보안령	1942.12.12
李 康 封	1910. 5. 8	치안유지법	
李 慶 山	1903. 9. 4	〃	1931. 6.20
李 景 仙	1913. 5.14	〃	1936. 1. 6
李 景 仙	1915. 4	〃	1934. 5.25
李 京 雙	1911	〃	1931. 8.10
李 景 雙		보 안 법	
李 敬 洙	1892. 1. 5	〃	1919. 7.31
李 京 洙	1912. 6. 5	치사, 강도, 주거침입, 강도 살인	1936.12.12
李 敬 洙	1900. 3.15	보 안 법	1919. 8.18
李 京 植		〃	
李 景 禮	1937	치안유지법	1937. 3.16
李 敬 元	1896. 3.15	〃	1940.12.19
李 敬 元	1926. 1. 5	〃	1940.12.19
李 景 在	1926. 1. 5	〃	1947. 8
李 京 珍	1909. 9.23	소　요	1939. 8. 2
李 敬 品	1887.10. 5	국가총동원법	1944. 7.25
李 京 夏	1908. 9.13	치안유지법 강도 살인 미수	
李 景 鎬	1882. 1.16	치안유지법	1933. 6.30
李 景 和	1873. 8.29	보 안 법	
李 敬 嫄	1920.10.26	치안유지법	1941.11.12

姓　名	生年月日	罪　名	記錄年月日
李 桂 孫	1906. 9. 3	〃	
李 啓 燁	1889. 8.30	소요, 보안법 위반	1919.12.24
李 桂 夢	1911. 1.15	치안유지법	1936. 1. 6
李 觀 述	1902. 7.25	〃	1933. 4.11
李 桂 欽	1908. 9.18	보 안 법	1931. 9.15
李 灌 鎔		치안유지법	1929.12. 2
李 灌 鎔	1894. 7.15	〃 　소?법	1931. 5.19
李 寬 宇	1896.12.26	보 안 법	
李 官 頓	1904. 9.19	치안유지법	
李 寬 鎬	1914. 2.22	〃	1934. 4. 6
李 　 玩	1891. 2. 2	〃	1930. 6.19
李 　 玩	1870. 1. 1	〃	1928. 8.11
李 光 根	1903. 5. 5	국가총동원법	1943. 5.17
李 光 默	1889. 5.10	보 안 법	1919. 5.17
李 光 福	1891.11.20	살인, 치안	1936. 9.25
李 光 洙	1892. 2. 1	치안유지법	1937. 8.23
李 光 大	1894. 6. 6	보 안 법	
李 光 衡	1910. 7.23	치안유지법 방화, 살인	1937. 9.29
李 光 勳	1924. 3. 6	보 안 법	1941. 6. 6
李 教 寬	1890. 4.29	〃	
李 橋 相	1921. 6.15	국가총동원법	1942. 1.13
李 求 根	1904. 6. 8	치안유지법	1933. 1.25
李 九 南	1914. 8.14	소요, 살해치사 물법체포	1933.10.28
李 求 祚		치안유지법	1930. 4.12
李 屈 逢	1903. 3. 1	치안유지법, 상해	1939. 8.30
李 權 載	1922. 2.10	치안유지법	1941. 2.25
李 貴 童		〃	1934. 6.17
李 圭 福	1914.12.18	〃	1935. 9.16
李 圭 敏	1895. 6. 1	소요, 보안법 가택침입	
李 ? 承		보 안 법	
李 奎 宗	1899	보안법, 출판법	
李 奎 鎔	1892. 4. 6	〃	
李 圭 彩	1888. 6. 6	치안유지법	1938. 3.
李 圭 泰	1908. 6.11	국가총동원법	1944. 6. 3
李 圭 恒	1896.	치안유지법	1928.10.17
李 桂 憲	1902.	경무부령 제4호 위반	1929. 8.30

姓 名	生年月日	罪 名	記錄年月日	姓 名	生年月日	罪 名	記錄年月日
李 圭 虎	1915. 3.28	살인강도미수, 중판법, 강도미수, 직유	1935.11.26	李 箕 煥	1894. 1.26	중국거류금지자 의열단참가 의심자	1924. 7.15
李 克	1889. 5. 3	치안유지법	1931. 1.26	李 起 薇	1866.	보 안 법	1919. 7.18
李 棟 勳	1923. 8. 5	//	1941.11.18	李 吉 寶	1909.11. 8	치안유지법	1934. 4. 5
李 根 秀	1913.12.15	//	1935.12. ?	李 吉 福	1903. 9. 4	//	1931. 6.20
李 根 張	1911. 6.20	//	1935. 2. 5	李 吉 龍	1910. 3.18	국가총동원법	1943. 9.
李 根 載	1893. 7.17	보안법, 출판법		李 洛 林	1889. 4.23	보 안 법	1940. 9. 1
李 根 縡	1863. 2.27	보 안 법		李 樂 永	1897. 4.25	치안유지법	1930. 9. 1
李 琴 汝	1913. 1.20	치안유지법	1942. 3.12	李 洛 周	1897. 5.17	소요, 보안법	
李 金 童	1902. 2. 9	//	1931. 6.13	李 欄	1925. 1.18	치안유지법	1941.11.13
李 金 童	1902. 6. 1	//	1931. 7.15	李 蘭 儀	1885. 9.30	보 안 법	
李 金 係	1911. 3.21	보안법, 삼림법	1940. 9. 5	李 南 全	1904. 2.15	//	
李 金 伯	1913. 3.11	치안유지법	1939. 4.17	李 南 植	1920. 4. 8	치안유지법	1942. 1.14
李 金 玲	1916. 4. 1	치안유지법	1936. 2.14	李 南 元	1905.10. 5	치유법, 주거침입 강도미수, 강도	1932. 3.24
李 金 珍	1914.	//	1936. 1.14	李 南 蘇	1909. 5. 2	치유법, 보안법	1933. 8. 5
李 箕 應	1893. 6.23	국가총동원법	1944. 7.25	李 南 秉	1907. 5. 2	치안유지법	1939. 5.20
李 基 萬		치안유지법	1931. 8.10	李 來 鵬	1903.12.21	국가총동원법	1943. 9.14
李 基 福	1910.11.15	국가동원법	1942. 5.21	李 乃 成	1893. 4. 1	보 안 법	
李 奇 福	1907. 6. 1	치안유지법	1936. 9.17	李 老 馬	1907. 7. 1	소요, 살인	1931. 8.13
李 基 錫	1900. 7.20	//	1931. 7.15	李 凌 圭	1898.	치안유지법	1934. 5.16
李 基 善	1918. 5.18	국가총동원법	1942.12.26	李 凌 圭	1901.	//	1935. 3.23
李 箕 馥	1907. 6. 1	치안유지법	1936.11.27	李 凌 圭	1916.10.29	// 폭력행위등	1935. 3.23
李 起 雙	1914. 8. 7	//	1934. 1.26	李 能 南		보 안 법	
李 基 罷	1905. 1.13	보안법, 폭력 전조물	1932. 5. 2	李 能 鍾	1912. 4.28	치안유지법	1931. 8.30
李 基 順	1916.10. 8	국가총동원법	1943. 7.10	李 達 鎭	1912. 8.12	치안유지법	1936. 8. 3
李 箕 永	1896.		1931.10. 2	李 達 八	1886. 6. 8	//	1930.11.29
李 起 英		소 요	1928. 3.10	李 達 河		보 안 법	
李 琦 榮	1901. 6.12	치안유지법	1930.12.13	李 達 河		//	
李 基 鎔	1905. 5.28	국가총동원법 절도	1941. 2.11	李 旦 鎬	1902.12.13	소요 외	1930.10.30
李 起 龍	1908. 1.21	치안유지법	1930.10.10	李 量 仁		보안법	
李 基 柱	1889. 5. 6	보안법, 출판법		李 大 儀	1878. 3. 3	// 및 사기	1941. 4.12
李 基 昌	1914. 6.20	치안유지법	1936. 7. 1	李 大 惠	1883.11.14	보 안 법	
李 起 春	1887. 3.12	보안법, 전신법		李 德 均	1879.10.17	//	
李 基 豊	1896. 1.16	보 안 법		李 德 敏	1863. 9.13	//	1920. 2.18
李 基 浩	1907. 5.15	치안유지법	1934. 9.25	李 德 俊	1907. 4.29	치안유지법	1930.12.12
李 紀 鵬	1898. 2.20	보 안 법	1940. 5.31	李 道 相	1890. 9.26	보 안 법	1919. 5.31

352

姓　　名	生 年 月 日	罪　　名	記錄年月日
李　堵　永	1910. 10. 15	치유법, 보안법	1933. 1. 20
李　道　元	1915. 2. 27	치안유지법	1933. 1. 15
李　敦　九	1888.	보안법, 강도	
李　道　在	1879. 6. 7	보안법, 출판법	1920. 4. 8
李　東　傑	1910. 3. 3	강도, 살인등	1941. 8. 11
李　東　全	1903. 5. 7	주거침입, 강도살인 치안유지법	1936. 12. 12
李　東　全	1903. 5. 7	치안유지법,강도살인	1936. 5. 27
李　東　柳	1910. 5. 29	치안유지, 방화미수	1931. 1. 23
李　東　根	1912. 12. 26	치안유지법	1942. 3. 21
李　東　明	1899. 9. 12	〃	1931. 1. 10
李　東　鮮		〃	
李　同　善	1904. 7. 27	치안유지법	1933. 1. 25
李　東　秀	1804. 12. 26	〃	1930. 12. 10
李　東　彦	1917. 1. 27	〃	1934. 4. 5
李　東　郁		보 안 법	
李　東　元	1907. 11. 25	치안유지법	1939. 3
李　東　元	1905. 10. 29	〃	1931. 1. 1
李　同　河	1889. 5. 3	〃	
李　東　千	1913. 12. 26	〃	1936. 10. 2
李　東　喆	1921. 6. 15	〃	
李　銅　哲	1921. 6. 15	〃	1942. 3. 12
李　東　春	1914. 12. 1	〃	1930. 12. 28
李　東　鎬	1900. 1. 5	〃	1928. 9. 15
李　斗　榮	1886. 9. 11	보 안 법	1919. 9. 18
李　斗　玉	1911. 9. 10	치유법 / 출판법	1932. 5. 2
李　斗　用	1905. 1. 3	치안유지법	1930. 12. 15
李　斗　鍾	1916. 7. 27	〃	1940. 2. 19
李　斗　鎭	1907. 10. 1	〃	1931. 7. 10
李　斗　鉉	1902. 8. 10	보 안 법	
李　斗　鎬	1890. 12. 7	국가총동원법	1942. 1. 16
李　斗　煥	1896. 3. 25	치안유지법	1930. 12. 12
李　得　春	1908. 5. 26	〃	1941. 10. 3
李　得　喜	1908. 5. 26	치안유지법 살인 방화등	1941. 10. 3
李　馬　春	1905. 2. 1	치안유지법	1931. 8. 13
李　萬　權	1891. 6. 21	보 안 법	
李　萬　奉	1908. 4. 24	국가총동원법	1942. 12. 21

姓　　名	生 年 月 日	罪　　名	記錄年月日
李　萬　石	1916. 1. 25	치안유지법 주거침입등	1937. 12. 6
李　萬　錫	1902. 4. 12	보 안 법	
李　萬　成	1906. 7. 15	국가총동원법	1942. 12. 21
李　萬　松	1911. 3. 16	치안유지법	1932. 5. 13
李　萬　雉	1913. 8. 16	국가총동원법	1944. 6. 30
李　孟　俊	1897. 2. 26	보 안 법	
李　孟　鎭	1894. 4. 27	보안법, 소요	
李　洺	1911. 3. 4	치안유지법	1939. 5.
李　明　道		보 안 법	1920. 6. 1
李　明　錫	1912. 10. 19	치안유지법	1933. 1. 20
李　明　洙	1902. 10. 27	〃	1941. 3. 3
李　明　壽	1902. 7. 24	〃	1930. 12. 15
李　明　旭	1910. 11. 29	〃	1932. 4. 6
李　明　新	1908. 4. 18	〃	1934. 11. 5
李　明　彦	1919. 1. 26	보 안 법	
李　明　龍		〃	
李　明　龍		〃	
李　明　俊	1919. 1. 23	국가총동원법	
李　命　夏	1891. 7. 3	치안유지법	1942. 7. 25
李　夢　龍	1905. 10. 29	〃	1931. 1. 1
李　默　榮	1870. 12. 10	보 안 법	1933. 2. 20
李　汶	1911. 12. 29	군기보호법	
李　文　鎬	1866. 2. 6	보 안 법	
李　文　弘	1905. 7. 27	치유법, 출판법	1937. 6. 1
李　敏　穉	1908. 4. 8	치안유지법	1937. 12. 5
李　民　善	1880. 2. 29	보 안 법	1941. 11. 20
李　敏　昌	1886. 5. 11	치안유지법	
李　敏　行	1889. 3. 14	〃	1926. 8. 5
李　敏　行	1889. 6. 24	〃	1914. 2. 18
李　　欽	1914. 11. 8	보 안 법	1931. 11. 30
李　旻　昶		치안유지법	1942. 4. 14
李　培　乾	1913. 5. 13	보 안 법	1932. 1. 11
李　培　根	1900. 12. 25	치유법, 출판법	1930. 11. 12
李　培　基	1892. 3. 1	보 안 법	1920. 3. 23
李　培　永	1908. 3. 16	폭력, 보안법	1930. 11. 1
李　百　萬	1899. 12. 6	치안유지법	1935. 1. 10

姓 名	生年月日	罪 名	記錄年月日
李百萬	1911.	〃	1934.
李範洙	1907. 7. 9	〃	1930.12.13
李範載	1916. 7.15	〃	1933. 5. 3
李秉杰	1903. 3.18	〃	1930.12.13
李秉國	1890.12.27	보안법, 출판법	1920. 4. 8
李炳根	1923. 4.10	보 안 법	1941. 6. 6
李炳根	1923. 4.10	〃	1941. 6. 6
李丙驥	1906. 3.29	치안유지법	1935. 1.17
李丙驥	1906.	치안유지법	1934. 6.17
李丙老	1907. 2. 6	〃	1933. 1.15
李炳得	1915.	〃	1934. 5.25
李炳烈	1907. 5.15	〃	1937. 4.21
李炳津	1912. 8. 5	〃	1931. 7.25
李秉模	1906. 3. 7	치안유지법 주거침입 상해	1935. 5. 4
李炳駿	1916. 2.29	치유법, 보안법	1933. 6.29
李秉善	1911. 6.21	치안유지법	1931. 8.10
李柄燮	1912.10.21	〃	1931. 1.23
李秉植	1900. 4.11	〃	1930.12.13
李丙潤		〃	1931.12. 8
李秉翼	1891. 8.15	보안법 위반	
李炳在	1905. 4.11	치안유지법	1933. 1.25
李炳俊	1917. 6. 2	〃	1940. 6.22
李炳贊	1879. 3.20	보 안 법	
李秉徹		치안유지법	1928.12.16
李秉兌	1881. 3.20	국가동원법	1940.11. 8
李炳河	1903. 5.21	치유법, 주거침입 강도	1939. 3
李炳學		치안유지법	1931. 6.16
李炳玄	1904. 6. 3	요주의 인물	1929. 1.21
李炳活	1905. 8. 6	치안유지법	1933. 9.27
李秉勳	1903. 5. 2	〃	1931. 1.23
李炳熙	1889. 2.11	〃	1931. 9. 4
李丙禧	1918. 1.14	치안유지법	1937. 5.14
李炳熙			1928.10. 3
李丙娟		치안유지법	1937. 3.19
李輔晩	1902. 6.20	〃	1928.12.14
李齊晟	1915.11.22	치유법, 폭력	1935. 1.2?
李福基	1911. 8.14	치안유지법	1933. 1.10
李福基	1911.10. 5	치유법, 출판법	1933. 1.15
李福童	1930.11.15	치안유지법	1931. 1.23
李福萬	1910. 1.16	국가총동원법	1942.12. 9
李福述	1911. 8. 1		1942.11.21
李服膺			1936. 9.10
李福俊	1922. 4. 7	〃	1942. 1.22
李奉根	1897. 8. 1	출 관 법	1919. 8. 6
李鳳南	1911. 3. 8	치안유지법	1932.12.16
李鳳來	1913. 9.11	〃	1933. 1.20
李鳳洙	1889. 6.10	〃	1926. 8. 9
李鳳洙	1892.11.25	〃	1928. 1.21
李鳳器	1906. 9.17	〃	1928. 2.16
李鳳辛	1910.11.11	〃	1932. 9. 5
李鳳幸	1901. 6.16	국가총동원법	1911. 7.31
李奉昌			1932. 3.11
李奉哲	1897. 2.29	소요, 보안법	
李富源		치안유지법	1931.
李富園	1909.12.22	국가총동원법	1944. 2.17
李鵬夏	1891. 2.28	보 안 법	
李袞榮	1894. 6.18	국가총동원법	1942.12. 3
李士範	1876. 7.20	보 안 법	
李士俊	1914. 5.11	치안유지법 강도, 살인	1942. 3. 9
李思勰	1887.12. 4	보 안 법	
李三萬		치안유지법	1931. 6.12
李三月釗	1909. 3. 7	〃	1937.11.30
李三哲	1926. 4. 5	보안법, 육군형법	1942. 8.13
李相珏	1896.11. 7	치안유지법	1934. 6. 7
李相桂	1907.	〃	1931. 8.10
李象國	1912. 2. 1	〃	1934. 4. 5
李祥奎	1894.	북국회건설 해방운동자 수배	1928. 8. 5
李尙奎	1907.11. 1	치안유지법	1932. 3.24
李相應	1907.11.17	〃	1932.11.12
李相德			1937. 5. 7
李相東	1866.11. 4	보 안 법	
李祥麟	1906.10. 7	치안유지법	1936. 9. 4

姓 名	生年月日	罪 名	記錄年月日
李相培	1924. 5.11	〃	1942.10.19
李相鳳	1913. 5.15	〃	1939. 2.27
李相鮮	1913. 5.20	〃	1930.12.17
李相鮮		〃	1930. 9.30
李相淳	1914.12. 1	국가총동원법	1943.10.20
李相審	1916. 7.25	보 안 법	1932. 5. 2
李尙寅	1906.12.28	보안법, 주거침입 치안유지법	1932. 5. 2
李相存	1910	치안유지법	1934. 5.16
李相春	1910. 9.25	〃	1933. 4.11
李商林	1893. 4.16	보 안 법	
李相林	1913. 5.26	국가총동원법	
李尙晤	1907. 8. 3	치안유지법	
李相浩	1890.12. 2	보 안 법	
李相鎬		〃	
李祥薰	1921. 5.30	국가총동원법	1941. 2.27
李生遣			1936. 9.10
李瑞國	1923.11.28	보안법, 육해군형법	1932. 3.29
李瑞賢	1900. 8.26	강도, 살인, 치유법	1937. 6. 1
李 錫	1882.12. 9	보안, 출판법위반	1930.12.17
李錫圭	1880. 8.28	보안법 위반	1941.10.
李錫奎	1915.10.18	치안유지법위반	1930.12.15
李錫斗	1911. 5. 7	〃	1933. 9.25
李錫老	1911.12.23	〃	1934. 5.16
李錫明	1883.12. 2	보 안 법	
李錫範	1912. 5.11	국가동원법	1941. 7. 7
李石順	1905. 5.18	치안유지법	1930.12. 5
李丙忠		보 안 법	
李丙熹	1898. 1. 1	치안유지법	1928. 8.11
李錫薰	1896.12.20	치안유지법	1930. 6.18
李善九	1901. 5.24	강도, 치유법	1949. 6. 2
李善求	1893. 9.19	보 안 법	
李善國	1913. 9.26	치안유지법	1932. 5.13
李善文	1896. 2. 7		1931. 2. 4
李先奉	1895. 2.15	소요, 주거침입 보안법	
李先奉	1876.12.30	소요, 주거침입 보안법	1920. 4.27
李先奉	1906. 9.10	국가총동원법	1943.11.20

姓 名	生年月日	罪 名	記錄年月日
李先龍	1910. 8.20	강도, 강도살인 총포화약	1934. 3.
李宣雨	1914. 9.24	치안유지법	1933. 2. 9
李先俊	1914.		1936. 7.27
李雪戀	1912. 6.22		1933. 2.27
李聖九	1887.10. 4	소요, 보안법	1919. 9.27
李成九	1897.10.21	방화, 폭발물취급 반칙, 치안유지법	1934. 8. 6
李成九	1895. 2. 7	보안법, 기물파괴, 가택침입	1919.12.17
李成九	1905. 2.18	치안유지법	1931. 8.13
李聖來	1916. 5.26	국가총동원법	1941.12.26
李性魯	1913.11.13	치안유지법	1932. 4.15
李聖道	1886. 6. 8	〃	1930.11.29
李聖麟	1909. 8. 4	총포, 화약유취체령 보안유지법	1926. 7.20
李聖萬	1905. 8.15	국가총동원법	1940.11.
李性模	1909. 1. 8	소 요	1931. 8.29
李成龜	1900. 9. 7	보안법위반	1919. 6. 9
李成培	1906		1932. 4. 9
李聖範	1892. 4.10	보 안 법	
李成玉	1887.12.10	협박, 업무방해	1919. 7. 5
李馨鎭	1910. 8.28	치유법, 보안법	1935. 6.29
李馨鎭	1910	치안유지법	1935. 4.24
李馨徹	1907. 9.16	〃	1931. 6.20
李成春	1911.10.16	〃	1930.12.23
李聖春	1907.11.27	〃	1934. 4. 6
李成春	1888.12. 2	〃	1928. 9.15
李星出	1911. 5.24		
李星泰	1901. 6. 9	〃	1929. 4.21
李成學	1911. 6. 6	〃	1932. 5.13
李世榮	1916. 5. 6	국가총동원법	1933. 9. 2
李世遠	1908.12.18	치안유지법	1930. 7.26
李素進	1911. 7.27		1934. 4. 6
李搔哲		보 안 법	
李松全	1907. 4.24	치안유지법	1930.12.13
李愁雲	1910. 2.24	강도, 절도, 방화, 치안유지법	1942. 2.25
李 壽	1901. 5.18	치안유지법 위반	
李壽光	1905. 8.15	보 안 법	1926. 6.29
李壽吉	1901.11.26	국가총동원법	1944. 2.24

姓 名	生年月日	罪 名	記錄年月日	姓 名	生年月日	罪 名	記錄年月日
李 壽 奉	1895. 2.23	보 안 법		李 時 雄	1900. 6.11	보 안 법	
李 壽 蒙	1896.11. 7	보안법, 출판법		李 信 追	1902. 2.24	〃	
李 濤 鳳	1910. 5. 8	치안유지법		李 信 愛		〃	
李 壽 奉	1905. 2. 7	치유법, 출판법	1930. 9. 8	李 信 大	1903. 3.24	〃	
李 濤 鳳	1905. 2· 7	치안유지법	1930. 9. 6	李 心 載	191 .10.21	치안유지법	1940.12.21
李 壽 善	1904.10.21	보 안 법		李 리 더		고등수배	
李 秀 岩	1921.12· 7	〃	1941. 1.27	李 娥 朱	1899. 7.26	보안법, 출판법	
李 壽 永	1912.10·13	〃	1932. 6.17	李 安 得	1900.12.25	보 안 법	1933. 8.10
李 壽 廷	1904. 2. 2	치안유지법	1928. 2.16	李 良 奢	1921. 7.27	조선임시보안령	1942. 8. 5
李 秀 俊	1914. 8. 1	〃	1938. 4. 2	李 於 夢		고등과수배용	1927. 2.
李 壽 昌	1902. 5.11	보안법, 출판법		李 㢢 根	1911. 7.18	치안유지법	1933. 1.1
李 壽 鈝	1906.11.13	치안유지법	1933. 1.25	李 淵 遍	1894. 2. 1	보안법, 치유법	1919. 9.10
李 淳	1905. 2. 1	〃	1931. 8.13	李 演 五	1921.12. 7	국가동원법	1942.11
李 舜 根	1900. 9.14	〃	1933. 4.11	李 連 玗	1921. 4.11	치안유지법	
李 舜 丘	1908.12.24	〃	1932. 5.12	李 連 玗	1888. 4.28	〃	1937. 9. 1
李 順 今	1912. 6. 3	〃	1936. 6.30	李 淵 淵	1919. 9.23	〃	1939. 5.15
李 順 基	1916. 4. 5	〃	1934. 5.15	李 烈 性	1879. 8.28	보안법, 출판법	
李 順 逍			1927. 5.16	李 榮	1922. 1. 6	치안유지법	1941. 2.25
李 順 玉		〃	1930. 1.29	李 英	1889	〃	1926. 8. 9
李 順 合	1912. 6. 3	〃	1934. 1.20	李 英 珪	1905. 7. 9	〃	1931. 9. 4
李 順 輝	1897.11. 7	〃	1938.12.28	李 榮 奎	1903. 5. 7	치안유지법, 주거침입, 살인, 강도	1939. 5.20
李 順 泰	1836. 3. 4	보 안 법		李 英 根	1905.12. 3	치안유지법	1929. 2.10
李 承 吉	1915. 1.25	치안유지법	1934. 5.16	李 永 萬	1913. 4. 1	국가총동원법	1944. 4.28
李 昇 章	1924. 9.13	총동원법	1942. 7.17	李 榮 珉	1882. 1.22	치안유지법	1924. 2.18
李 昇 蔴		보 안 법		李 永 福		〃	1933. 4.18
李 勝 凡	1913. 6.27	공무집행방해 치유	1939. 2.19	李 永 先	1905. 9.20	〃	1931. 6·13
李 昇 馥	1895. 5.18	치안유지법	1936. 6.20	李 英 碇	1908.12.13	〃	1932. 5.13
李 承 燀	1906	〃	1926. 8. 9	李 永 雙	1880. 5.12	보 안 법	
李 承 輝	1908. 2. 9	치유법, 보안법	1936. 5. 2	李 泳 雙	1898.10.23	치안유지법	
李 昇 翼	1885.12.24	보 안 법	1919. 8.18	李 永 成	1914. 2.20	치안유지법	1932. 1.11
李 承 典	1905. 5.17	치안유지법	1930.12.17	李 永 成		치유법, 출판법	1931.12. 8
李 承 春	1908. 4. 6	〃	1930.12.12	李 永 孫	1913. 5. 8	치안유지법	1932. 4.10
李 昇 學	1911. 5.19	〃	1936.11. 7	李 永 松	1907. 8. 3	〃	1931. 6.25
李 時 擧	1904.12.27	〃	1932. 5.12	李 永 順		보 안 법	
李 時 淵	1887. 1.19	보 안 법	1941.12. 5	李 永 淳	1893. 9.17	국가동원법	1944. 3. 3
李 時 英	1911. 2.17	치안유지법 위반폭행	1931. 6.16	李 英 子	1912.11.15	무 형 의	1930. 1.23

姓 名	生年月日	罪 名	記錄年月日	姓 名	生年月日	罪 名	記錄年月日
李 永 咋	1906.12.21	치안유지법	1930.12.17	李 龍 淵	1910. 3. 9	〃	1931. 8.30
李 英 俊	1909.12.22	〃	1938. 5. 9	李 庸 郁	1894.10.14	보 안 법	
李 永 晶		보 안 법		李 用 云	1891. 2.27	국가총동원법	1936. 5.22
李 榮 春	1913.11. 3	치안유지법	1931. 6.13	李 容 完	1900.10.17	〃	
李 咋 夏	1909.10.11	보안법, 출판법	1930. 4. 4	李 用 宰	1902	치안유지법	1926. 6.29
李 英 學	1904.12. 4	치안유지법	1937.12. 7	李 用 載	1905.11.23	소 요	1931. 4. 4
李 英 憲	1903. 2. 1	보 안 법	1919. 4.28	李 龍 在	1892. 6. 6	보안법, 출판법	
李 永 熙	1898.10.15	국가총동원법	1944. 6.26	李 容 俊	1909. 8.16	치안유지법	1939. 2. 1
李 永 浩	1911. 6.21	치안유지법	1931. 8.10	李 容 俊	1912. 9.16	〃	1930.11. 8
李 英 浩			1936. 5.30	李 容 振	1911. 6.21	치안유지법	1931. 8.10
李 泳 煥	1903. 3.11	소 요	1931. 8.29	李 龍 澤	1906. 9. 8	〃	1930.12.17
李 永 勳	1914.10.21	치안유지법	1933. 6.30	李 容 弼	1896. 7.15	국가총동원법	1942. 8. 5
李 禮 模	1899. 1.18	보 안 법		李 容 憲	1890.12.23	보 안 법	1919. 5.17
李 咋 分	1915. 7.20	치안유지법	1934. 5.25	李 容 獻	1898. 1.29	〃	1919. 7. 7
李 五 男	1905.12. 8	〃	1932. 4.10	李 容 煥	1891	치안유지법	1933. 4.11
李 五 福	1916.10.25	국가총동원법	1942. 9. 9	李 用 煥	1917. 2. 1	국가총동원법	1943.12. 2
李 午 永	1906. 4.12	〃	1944. 7. 2	李 容 晦	1890. 9.20	보 안 법	
李 玉 德	1906. 6.11	〃	1944. 9. 2	李 友 一	1905. 7	치안유지법	1928.12.14
李 玉 東	1913. 2.15	〃	1941. 7.31	李 雲 卿	1878.11. 1	〃	1940. 7.11
李 玉 同	1910.12.22	치안유지법	1942. 5.13	李 云 善	1900. 4.13	치유법, 강도살인	1939. 8
李 玉 蘭	1879	〃	1937. 5. 7	李 雲 學	1919. 8.21	〃 방화	1931. 1.29
李 偃		대정7년 중국에 가서 국권회복을	1936.	李 雲 赫	1895. 3.14	보안법 / 치유법	
李 完 係	1903.11.12	국가총동원법	1942. 2.27	李 雲 赫		치안유지법	1931. 1
李 玩 淳	1913. 9.23	보 안 법	1931.11.30	李 連 衡		보 안 법	
李 龍 國	1904. 5.14	치유법, 출판법	1930.12.13	李 雄 傑	1910. 7. 9	치안,살인,방화교사	1934. 6.19
李 龍 洛	1899. 8. 9	보 안 법		李 熊 吉	1912. 8. 9	치안유지법	1931. 2.22
李 龍 女	1904.12.28	〃		李 源 慶	1909. 6. 5	〃	1933. 6. 4
李 龍 淡	1894. 3. 1	치안유지법, 강도살인, 방화	1939. 3. 9	李 元 坤	1903. 5.17	〃	1930.11. 6
李 容 文	1910. 8. 6	치안유지법	1931. 6.13	李 元 全	1896.10.12	〃	1937. 8.23
李 龍 三	1911. 5. 3	〃	1931. 6.16	李 元 根		보 안 법	
李 容 尙	1909. 9.18	〃	1931. 6.16	李 元 基	1900. .13	〃	
李 龍 石	1900. 7.25	치안유지법 주거침입	1939. 4.15	李 元 吉	1893. 1.18	〃	
李 龍 壽	1897. 4.26	보 안 법		李 元 吉	1912	치안유지법	1933. 7.31
李 容 善	1909. 1.10	치안유지법	1933. 6.30	李 元 大	1935		1936. 1.27
李 龍 述	1910. 5. 8	〃		李 遠 福	1907. 2.22	보 안 법	1932. 2.22
李 容 尙	1895.10.12	〃	1939. 3.23	李 元 鳳	1909.12.17	치안유지법	

姓 名	生年月日	罪 名	記錄年月日	姓 名	生年月日	罪 名	記錄年月日
李 元 相	1910.11.20	〃	1932. 1.11	李 仁 秀	1905. 1.30	〃	1931. 9.25
李 允 燮	1904. 2.12	〃	1932. 2.22	李 仁 玉	1926. 4. 5	보안법, 육군형법	1942. 8.13
李 允 植	1897.12.28	〃	1932.12.16	李 寅 永	1901. 8.20	보안법, 출판법	1920. 2.27
李 源 永	1886. 7. 8	보 안 법		李 仁 遠	1917. 8.19	치안유지법	1911. 8.30
李 源 玉	1911. 2. 8	국가총동원법	1941. 6.24	李 元 正	1858. 6.19	보 안 법	1933.12. 9
李 元 春	1908.12.23	〃	1942. 3.10	李 仁 周	1911. 2.22	국가총동원법	1942. 9.26
李 元 春	1910. 7.17	치안유지법	1932. 3.24	李 印 澤	1912. 6.11	국가총동원법	1942.12.21
李 源 赫		〃	1929.12.21	李 仁 行	1912.11.27	치안유지법	1931. 4.11
李 源 檜	1909.10. 7	〃	1933. 6. 4	李 —		〃	1930.12.12
李 允 虞	1911. 4.29	〃	1932. 4. 5	李 一 男	1909. 2.15	〃	
李 潤 植		보 안 법		李 日 宣	1894.11. 3	보안법, 출판법	
李 允 宰	1888.12.27	치안유지법	1937. 8.23	李 一 株	1906.10.16	치안유지법	1936. 7. 1
李 尹 弼		〃		李 一 榮	1864.12.11		
李 允 赫	1915. 1. 3	국가총동원법	1942.12.15	李 一 榮	1864.12.11		
李 殷 基	1910. 9. 7	〃	1940. 7.15	李 方		보 안 법	
李 殷 松	1907. 5. 7	치안유지법	1930. 4. 2	李 長 白	1905. 4. 8	〃	1932. 5.31
李 殷 植	1902. 8.17	〃	1928. 2.15	李 章 永	1909. 7.22	치안유지법	1933. 1.25
李 殷 洙	1892.12.13	국가총동원법	1942.10.24	李 長 夏	1913. 8.10	〃	1933. 1.25
李 銀 龍	1905. 2. 6	〃	1942.10. 7	李 在 慶	1911. 5. 7	〃	1933. 9.25
李 殷 漢	1905. 1. 1	국가총동원법 강도 살인미수 주거침입	1932. 1.27	李 載 景	1868. 6.28	보 안 법	
李 銀 協	1910. 2. 3	치안유지법	1932. 1.11	李 在 垣	1876.12. 5	〃	
李 乙 龍		〃		李 在 觀		〃	
李 應 烈	1914.10.16	〃	1942.10.19	李 載 規	1913.10.28	치안유지법	1931. 7.10
李 應 洙	1906.12.22	〃	1931. 7.15	李 載 圭	1905. 5.30	국가총동원법	1926. 7. 5
李 應 鐘	1902. 6. 1	〃	1931. 7.15	李 載 南	1914.	치유법, 출판법	1933. 4. 7
李 應 郇	1892.11.28	국가총동원법	1942.12.26	李 宰 德	1886. 3.19	보 안 법	
李 應 唐		보 안 법		李 在 綠	1985. 5.10	〃	
李 義 洙	1910. 7.25	치안유지법	1933. 5. 3	李 在 綠	1900. 5.19	〃	
李 義 壽	1910. 2. 8	〃	1933. 7.11	李 在 林	1911.11.12	치안유지법	1933. 9.25
李 義 鍾	1907. 4.15	〃	1932. 2.22	李 在 三	1874. 7.12	보 안 법	
李 二 迫	1907.11.17	〃	1932.10.11	李 載 胖	1909. 5. 3	치안유지법	
李 益 敬	1888.10.19	육·해군형법 보 안 법	1940. 1.18	李 載 胖	1909. 5. 3	치안유지법 업무방해	
李 翼 雨	1898. 4.20	보안법, 출판법		李 材 善	1905. 3.27	치안유지법	1933. 1.25
李 仁 九	1908. 3. 9	보 안 법	1932. 5. 2	李 在 變	1907. 2. 9	〃	1931. 1.23
李 仁 同	1909.11.21	치안유지법	1931. 7.25	李 在 洙	1907. 1.26	〃	1933. 2. 9
李 仁 同		〃	1931. 6.15	李 在 舜	1920. 7.27	국가총동원법	

姓　名	生年月日	罪　　名	記錄年月日
李 載 淳	1888. 1.11	보 안 법	
李 載 裕	1904. 8.28	치안유지법 공산주의운동	1930.11. 6
李 雨 調	1911.12.22	〃	1932. 1.11
李 在 仲	1907. 1.25	〃	1933. 4.11
李 在 珍	1907. 9. 1	〃	1933. 3·20
李 在 珍	1907. 9. 7	폭력, 보안법	1930.10.27
李 在 天	1913· 5.10	치안유지법	1932. 2. 7
李 載 春	1911. 5·28	〃	1934. 5.16
李 在 弼	1911· 5.27	〃	1936· 6.30
李 載 夏	1901. 8.17	〃	1930.11.29
李 在 浩		보 안 법	
李 載 煥		〃	
李 赤 晚	1902. 6. 1	치안유지법	1931. 7.15
李 迪 雨	1911. 9.14	〃	
李 田 鎔	1898. 1.28	국가총동원법	1941. 5.14
李 　 政		보 안 법	
李 正 求	1914. 3.21	치유법, 강도, 방화	1931. 1.29
李 廷 求	1907.11. 7	치안유지법	1932. 1.11
李 鼎 九	1872.10.14	〃	1930.12.12
李 丁 奎	1897.10. 7	〃	1939. 3.20
李 正 奎	1875. 1.19	보 안 법	
李 丁 奎	1897.10. 7	치안유지법	
李 貞 圭	1908.10. 5	국가총동원법	1941. 2. 8
李 禎 根	1890.12.12	보 안 법	
李 貞 男	1920. 3.13	치안유지법	1941. 6.24
李 鼎 魯	1880.11. 3	독립의용군 가입	
李 廷 斗	1887.12.22	치안유지법	1930. 9. 1
李 貞 烈	1908. 6. 3	〃	1932.12.16
李 正 萬	1904. 3.17	〃 .	1930.12.10
李 正 伯		〃	1932. 3. 5
李 正 石	1920. 8.29	국가총동원법	1929. 6.30
李 丁 松		보 안 법	
李 貞 淑	1910. 6. 4	치안유지법	
李 貞 順	1911. 9.29	〃	1931. 9.20
李 丁 順	1900. 7.13	국가동원법	1943. 3.16
李 貞 順	1912. 9.29		1931· 8.30

姓　名	生年月日	罪　　名	記錄年月日
李 廷 順	1919. 3.21	치안유지법	1941. 2.25
李 貞 彦	1915. 1.22	강도살인, 치안유지, 소요	1942. 3. 9
李 定 業	1911.	치안유지법	1930. 5.16
李 廷 雨	1909.11. 5	치안유지법	1930.12.13
李 晶 雨	1908.12. 1	시국표방강도죄	1926.10.26
李 禎 元	1909. 8.28	치안유지법	1932. 1.11
李 廷 允	1897.12.23	〃	1930. 9. 1
李 貞 在	1907	〃	1931. 8.10
李 正 鈇	1889. 4.16	〃	
李 正 喆	1915. 2.26	국가총동원법	1943. 7.19
李 正 夏	1903. 6.22		1930. 1.23
李 定 鉉	1881. 3. 1	치안유지법	1942. 3.27
李 定 鉉	1881. 3. 1	〃	1942. 3.27
李 正 藁	1895. 9.12	보 안 법	
李 廷 鎬	1894. 8. 8		
李 正 煥	1911	치안유지법	1934. 6.17
李 濟 國		보 안 법	1911. 4. 1
李 濟 國	1914. 5. 1	보안법, 육군형법	1941. 4. 1
李 齊 伯	1904. 7. 1	보 안 법	1930. 3. 4
李 濟 遠	1919.11. 5	국가동원법	1941. 1.31
李 鍾 國	1917.11.22	치안유지법	1937. 7.28
李 鍾 國	1879.	〃	1937. 5. 7
李 鍾 全	1904. 8. 5	〃	1930.12. 5
李 鍾 德	1879.	〃	1937. 3.29
李 鍾 德	1911. 5.15	〃	1937. 3.21
李 鍾 德	1911. 5. 3	〃	1931. 6.16
李 鍾 烈	1902. 6.25	국가총동원법	1942. 4.10
李 鍾 麟	1883. 2.14	보안법위반 치안유지	
李 鍾 晚	1914. 4. 2	국가총동원법	1926. 7. 9
李 鍾 萬	1905.11.21	치안유지법	1932. 7.30
李 鍾 懋		〃	1931.10.25
李 鍾 武	1915. 2.15		1934. 6.17
李 鍾 攷	1896. 6.10	국가총동원법	1940. 2.27
李 鍾 奭	1913. 7.10	치안유지법	
李 鍾 碩	1894. 1.19	〃	1942. 7.31
李 鍾 說	1917. 2.18	〃	1935. 3.23

姓 名	生年月日	罪 名	記錄年月日	姓 名	生年月日	罪 名	記錄年月日
李 宗 燮		보 안 법		李 重 業	1878. 2. 3	치안유지법	1932. 2.22
李 鍾 珦	1882.11.27	〃		李 中 斌	1893. 5.22	보 안 법	
李 鍾 嵩	1912	치안유지법	1933. 7.31	李 仲 用	1909. 2.20	치안유지,도수편세공,절도,보안법	1942. 6.10
李 鍾 植	1917. 9. 4	〃	1939. 5. 1	李 增 林	1898.12.17	치안유지법	1930.12.13
李 宗 植		보 안 법		李 增 林		〃	
李 宗 植	1912. 1.26	국가총동원법	1942. 8. 7	李 曾 孫	1909.12.14	〃	1931. 7.10
李 鍾 岳	1897. 3.19	보 안 법	1919. 5.12	李 曾 孫	1907. 2.15	보 안 법	1931. 9.20
李 鍾 億		〃		李 曾 松	1909.12.20	〃	1930. 3. 8
李 鍾 玉	1910	치안유지법	1934. 6.17	李 智 鐸	1903.10.29	치안유지법	1928. 2.15
李 鍾 遠	1900. 6.28	치안유지법, 소요	1919.77.12	李 鎭 國		보 안 법	
李 種 益	1911. 7.21	치안유지법	1930. 4.21	李 盡 珪	1905. 7.22	〃	
李 鍾 ⋯		보 안 법		李 建 鑑	1889. 8. 7	〃	
李 種 一	1858.11. 6	보안법, 출판법	1920.10.30	李 鎭 壹	1910. 5.17	치안유지법	1934. 6. 7
李 鍾 卅	1900. 2.19	보 안 법		李 鎭 一	1910. 1.20	〃	1934. 4. 5
李 鍾 㤗	1904.10.19	치안유지법	1936. 7.27	李 鎭 河	1913	〃	1934. 5.16
李 鍾 鄭	1914. 9.23	〃	1932.12.24	李 輝 鎬	1901. 3.22	〃	1928. 9.15
李 鍾 浩	1925. 2. 8	치안유지법육군형법	1940	李 燦	1910. 1.15	〃	1933. 1.15
李 鍾 岩	1913	치안유지법	1931. 8.10	李 贊 洙	1901.11.25	〃	1930.12.13
李 柱 勳	1899. 6. 2	보 안 법		李 燦 雨	1918. 4.15	〃	1939. 5.17
李 柱 參	1911. 1.15	치안유지법	1935.12.14	李 贊 應	1913. 8.25	보안법, 조선임시보안법, 육군형법	1942. 5.12
李 柱 三	1915. 3. 6	〃	1934. 4. 5	李 昌 鍵	1907.10.19	치안유지법	1931. 1.10
李 柱 三	1915. 1.21	〃	1934. 4. 5	李 昌 權	1906. 1.28	〃	1930.11.29
李 柱 溫	1914. 5. 9	〃	1942. 3. 6	李 昌 珪	1901. 2. 8	〃	1930.12.10
李 周 品	1902. 6.15	소 요	1919. 7.12	李 昌 福	1911. 4. 6	국가총동원법	1942. 3.18
李 㸤 春	1907. 1. 7	치안유지법	1931. 6.12	李 昌 瑞	1902. 2.16	치안유지법, 살인강도미수	1931. 8.29
李 周 煥	1911. 9.18	〃	1934. 9.27	李 昌 洙	1886. 8.19	치안유지법	1928. 2.16
李 俊	1919. 3.21	〃	1931. 2.25	李 暢 洙	1912. 9.26	치안유지법, 강도	1931. 7.15
李 柏	1915. 1.11	〃	19??.11. 8	李 昌 壽	1920. 2.15	국가총동원법	1941. 5. 9
李 柏	1912. 8.18		1932.12.24	李 昌 沣	1898. 3.20	보안법, 삼림법	1940. 9. 5
李 石	1896. 5. 7	보 안 법		李 昌 植		치안유지법, 소요	1931. 8.15
李 駿 列	1896. 8.12	치안유지법	1930.12.13	李 暢 淵	1879	치안유지법	1937. 3.19
李 泰	1892.12.29	〃	1928. 2.17	李 昶 永	1880. 2. 6	보안법, 소요 기물손괴	
李 泰	1892. 6.29	〃	1925. 6.29	李 昌 義	1906. 1.24	국가총동원법	1942. 2.20
李	1919. 1.12	〃	1942. 9. 3	李 昌 日	1902. 8. 5	치안유지법	1937. 3.24
李	1919. 8. 3	〃	1942.10.19	李 昌 周	1910. 2. 3	〃	1932. 5. 2
李 重 業		〃	1931.12. 8	李 昌 鎭			1927.

360

姓 名	生年月日	罪 名	記錄年月日
李 昌 赫	1903.11. 4	치안유지법	1932. 3.24
李 昶 鎬	1891. 3. 3	보 안 법	
李 彩 龍		〃	
李 千 貴	1890.11.15	국가총동원법	1944. 7. 2
李 鐵	1898.10. 5	보 안 법	
李 徹 求		치안유지법,출판법	1931.12.18
李 鐵 柱	1922.12.15	치안유지법	1941. 2.25
李 喆 森	1905.10.11	〃	1930.12.17
李 哲 森	1909. 7.11	〃	1935. 8. 2
李 哲 永	1891.11. 1	보 안 법	
李 逓 鎬	1898.11. 1	치안유지법	1937. 9.29
李 哲 夏	1909.12.12	치안유지법,보안법	1930. 4.26
李 哲 漢	1904. 3.13	치안유지법	1930.12.12
李 靑 龍	1907.11. 4	보 안 법	1932. 5. 4
李 初 生	1909. 5. 3	치안유지법	1939.12.12
李 春 景	1906. 3.19	〃	1932. 5. 2
李 春 均	1895. 6. 3	보 안 법	
李 春 福	1912. 9.26	치안유지법,강도	1931. 7.15
李 春 鳳	1900. 2. 8	보안법,출판법	
李 春 山	1908	치안유지법	1931. 8.10
李 春 植	1915.11.15	〃	1934. 9. 6
李 春 榮	1895.10.21	〃	1942. 6.13
李 春 益	1897. 1. 6	〃	1931. 7.10
李 椿 學	1910		1931. 8.10
李 忠 求	1912.11.10	국가총동원법	1942.10.22
李 忠 模	1896. 7. 6	치안유지법	1928. 2.17
李 致 濟		보 안 법	
李 七 成	1916. 8. 5	국가총동원법	1943.11.26
李 泰 魯	1900.11. 1	치안유지법	1930.12. 8
李 泰 德	1903. 9. 4	〃	1931. 6.20
李 泰 善	1907. 6. 3	〃	1933. 1.20
李 承 燁	1906. 2. 8	〃	1928. 2. 6
李 泰 英	1906. 7.19	〃	1936. 5.18
李 泰 英	1906. 7.19	치안유지법	1929.10.31
李 太 律	1918.10.25	치안유지법,강도,절도	1941.12.25
李 太 曖	1906. 3. 2	소 요	1931. 8.29

姓 名	生年月日	罪 名	記錄年月日
李 泰 柱	1911. 5.26	치안유지,주거침입상해	1935. 5. 4
李 泰 協	1912.12. 4	치안유지법	1932. 4.10
李 澤 輝	1912. 7.13	〃	1933. 6.30
李 澤 球	1913.12.29	〃	1935. 8.27
李 澤 新	1883. 1.27	보 안 법	
李 泰 和	1905. 3.20	치안유지법	1931. 9. 4
李 判 守	1924. 4. 2	보 안 법	1942
李 判 岩	1936. 5.29	국가총동원법	1942.11.30
李 平 權	1904. 1.11	치안유지법	1930. 9. 1
李 平 山	1908. 1. 1	〃	1932. 3.24
李 平 山		〃	1937. 5. 7
李 弼 鎌	1910.12. 8	〃	1940. 4.12
李 弼 柱	1838.11. 9	보 안 법	
李 必 鎭	1901.11. 9	국가총동원법	1940. 9.10
李 弼 行	1923	치안유지법	1937. 5. 7
李 鶴 奎	1892. 8.11	〃	1933. 6.29
李 學 山	1906.10.23	〃	1931. 6.12
李 學 鍾	1903. 3.20	〃	1936. 1.17
李 學 鍾	1903. 3.31	〃	1930.12.12
李 瀚	1910. 9.25	〃	1933. 8.17
李 漢 得	1920. 6.24	국가총동원법	1944. 5.11
李 瀚 彬	1905.12.27	치안유지법	1937. 9.29
李 漢 錫	1915. 1. 9	〃	1933. 4.19
李 漢 華	1889. 8.20	보 안 법	1919.10.20
李 海 植	1921.11.27	〃	1942. 1.14
李 亨 弼	1895. 4.25	보안법,업무방해	1919. 8.28
李 亨 淳	1884. 1.15	보 안 법	
李 亨 順	1911. 3. 5	치안유지법	1931. 7.10
李 春 國	1907	〃	1932. 1.11
李 亨 臺		고등과수배	1926. 9. 3
李 憲	1907. 1. 7	치안유지법	1931. 6.12
李 憲	1901		1927
李 憲 奎	1913. 6. 8	보안법위반	1932. 3. 3
李 革	1902	치안유지법	1929. 4.20
李 鉉	1907. 1. 6	〃	1931. 6.13

姓 名	生年月日	罪 名	記錄年月日	姓 名	生年月日	罪 名	記錄年月日
李 順 廉	1889. 8.15	〃	1940. 2.21	李 曾 建	1863. 9.24	〃	
李 鉉 相	1906. 9.27	보안법,치안유지법	1930. 4.26	李 曾 洙	1937	치안유지법	1937. 3.19
李 賢 淳	1879. 5.17	보 안 법	1919. 6.20	李 能 源	1886. 6. 8	〃	1930.11.29
李 賢 愛	1913.12. 9	국가총동원법	1943. 9.22	李 孝 善	1919. 1.12	〃	1942. 9. 3
李 鉉 億	1907. 7.13	치안유지법,보안법	1933. 1.20	李 孝 植	1918.11.19	국가총동원법	1942. 4.18
李 亨 植	1917	치안유지법	1934. 5.25	李 孝 貞	1913. 7.28	치안유지법	1936. 1. 6
李 享 永	1896. 7. 4	보안법, 출판법	1920. 2.27	李 孝 貞	1914. 6.21	〃	1935.12.14
李 瑩 錫	1912.12.19	치안유지법	1935.10.28	李 熙	1912. 9.22	보 안 법	1931. 8.30
李 亨 山	1921. 7. 7	국가총동원법	1942.11.26	李 熙 南	1925.12.16	치안유지법	1932.19.19
李 鎬 明	1889. 9. 6	보 안 법		李 仁 成	1896.12	사상주의자	193?.?1. 8
李 亨 遠	1914.10. 7	치안유지법	1931.11.30	李 希 順	1912. 7.21	보 안 법	1932. 2.22
李 浩 錫	1918	보 안 법	1936. 4. 1	李 希 俊	1910. 8.11	국가총동원법, 임시조치법	1943. 6.29
李 鎬 善	1916. 6.21	국가총동원법	1942. 8.12	李 熙 燦	1910. 2. 8	치안유지법	
李 浩 性	1858.12.26	보 안 법		李 禧 哲	1909.10.27	〃	1930. 4.19
李 剛 喆	1914.10. 6	치안유지법	1942. 3.12	李 禧 哲	1908.10.27	〃	1938.12.17
李 洪 甲	1907. 1. 7	〃	1931. 6.12	異 端	1906.12. 7	〃	1930.11.29
李 洪 傑	1912. 7.25	치안유지법,출판법	1937.12.12	異 丸 圭	1907.12. 7	〃	193?.?.11
李 洪 根	1900. 8.20	보 안 법		印 壽 萬		보안법위반	
李 弘 根	1907. 7.29	치안유지법	1933. 8. 1	印 貞 植	1907. 3.17	치안유지법	1930.12.12
李 鴻 基	1906. 7.24	국가총동원법	1942. 9. 9	印 宗 益	1871. 2.28	〃	1918. 2.27
李 洪 模	1905. 9.20	치안유지법	1933. 1.10	林 角 全	1924.10.28	조선임시보안령	1942. 6. 7
李 弘 福	1882. 2.13	보 안 법		林 甲 得	1904. 8. 3	보 안 법	
李 鴻 福		〃	1942. 5	林 敬 叔		〃	
李 鴻 福		〃	1942. 5	林 啓 學	1886.12. 8	치안유지법	1929. 1. 4
李 弘 燮	1911. 4.25	치안유지법	1933. 1.25	林 合 福	1915. 1.13	치안유지법, 출판법위반	1932. 9
李 弘 淳	1907. 8. 7	치안유지법,출판법	1916. 2.28	林 南 山		치안유지법	1934. 5.25
李 弘 順	1901. 4.11	치안유지법	1931. 6.12	林 端 鳳		〃	1929.12.21
李 弘 淳	1907. 8. 7	치안유지법,출판법	1930. 9. 8	林 大 森		〃	
李 鴻 采	1915. 1. 4	치안유지법	1939. 7.10	林 東 憲	1902. 7.17	〃	1932. 3.24
李 宏 春	1913.12.11	〃	1933. 9.25	林 斗 菜		보 안 법	
李 禾 順	1910.12.19	〃	1932. 3.24	林 得 鎬	1896. 4.16	〃	1934. 3.23
李 禾 順	1910.12.19	치안유지법	1932. 2. 4	林 明 愛	1886. 3.25	보안법, 출판법	1920. 9.25
李 華 永	1909. 5.26		1937. 6.17	林 民 鎬	1906. 1. 3	치안유지법,보안법	1935. 4. 9
李 活	1905. 4. 4	고등관제조회용	1934. 6.20	林 炳 魯	1913.10.18	치안유지법	1931. 9.14
李 晃	1901. 1. 1	치안유지법		林 福 來	1905		1928.12.16
李 黃 舟	1906. 8.10	보 안 법	1942. 1.21	林 逢 雨	1907.10. 2	치안, 방화방조	1931. 1.10

姓 名	生年月日	罪 名	記錄年月日	姓 名	生年月日	罪 名	記錄年月日
林鳳章	1916. 5.20	치안유지법	1936.11.30	林夏植	1893. 2.17	국가총동원법	1943. 1.27
林善長	1868. 4.25	보 안 법		林解甲	1909. 3.18	치안유지법	1930.12.25
林盛東	1882. 3.22	〃	1943. 6.	林赫春	1913. 6.14	〃	1933. 9.27
林成華		치안유지법		林赫根	1899. 8. 1	〃	1930.12.10
林成卓	1911. 8.21	〃	1931. 9.14	林享寬	1892. 5. 5	〃	1928. 1.21
林壽女	1903. 2. 9	치안유지법	1931. 6.12	林炯日	1899. 2.18	〃	1930. 9. 1
林壽鉉	1903. 2. 9	〃	1931. 6.12	林豪判	1920. 5.22	〃	
林承說	1901. 2.22	국가총동원법	1940.12.21	林 和	1908	〃	1931.10. 2
林承玉	1894	보안법, 출판법		任改乂	1921.12.21	〃	1942. 3.29
林良龍	1915. 5. 8	치안유지법	1942. 3.16	任健鎬	1911. 9. 1	〃	1934. 5.28
林永出	1911	〃	1934. 5.28	任教宰	1892. 3. 2	〃	1940. 9.17
林榮澤	1901.10. 9	〃	1930.12. 5	任基燦	1889.12. 4	보 안 법	
林暎一	1913. 7. 2	〃	1933. 4.18	任南奎	1917. 7.17	국가총동원법	1942. 6.29
林榮擇	1901.10. 9	〃	1928.12.14	任百恒	1894. 3.25	방화	1930.11. 5
林禮煥	1865. 7.19	보 안 법		任鳳植	1911. 9.24	치안유지법	1931. 8.30
林元根	1900. 4.10	치안유지법	1914. 2.18	任錫龍	1860.11.12	보 안 법	
林元基	1909. 2.25	〃	1930.12.10	任壽年	1911. 9.24	치안유지법	1931. 8.30
林源相	1893. 5. 9	국가총동원법	1942. 8.29	任淳得	1916. 2. 7	〃	1931. 8.30
林潤恒	1897.10.10	보 안 법		任時宰	1923.12.29	〃	1941. 9.12
林仁植	1908.10.13		1930. 9.30	任永吉	1910. 2.10	국가총동원법	1942. 1.31
林仁澤	1921. 4.10	국가총동원법	1944. 7.28	任鎔牛	1905. 6.11	치안유지법	1929. 5. 4
林一奉	1900. 6.27	육군형법, 보안법	1939.12.22	任龍泰	1921.12.21	〃	1942. 3.29
林在希	1898. 9.14	보안 및 소요	1919. 5.29	任利準	1904. 2.29	〃	1930.11.29
林正發		보 안 법		任在鈺		〃	1931.11.10
林重根	1912.10.19	치안유지법, 출판법	1933. 1.20	任程鎬	1923. 5.10	〃	1942.10.19
林鍾萬	1893. 8.21	치안유지법	1932. 3.24	任泰允	1908. 2.16	〃	1932. 5. 2
林鍾翰	1902	〃	1928.12.16	任澤宰	1912. 3.22	〃	1935. 2. 7
林宗恒	1885. 6.11	〃	1930.12.10	任哲宰	1914. 8.12	〃	1933. 7.20
林鍾默	1908	치안유지법		任治宰	1908. 9. 8	〃	1942. 6.26
林仲鶴	1902. 8.29	〃	1933. 4.26	任珩順	1899. 5.19	국가총동원법	1931. 2. 4
林燦奎	1885.10.17	보 안 법		任鴻彬	1913. 2.17	치안유지법	1932.12.14
林千金	1908	치안유지법, 강도	1931. 8.10	任興善	1911. 6.21	〃	1931. 8.10
林青岩	1903. 2. 9	치안유지법	1931. 6.12	任熙俊	1899. 5.19	〃	1931. 2. 4
林春植	1901. 7.15	보 안 법					
林春逢	1912. 1.12	치안유지법	1930.12.22	張慶範	1898. 3.17	보 안 법	
林春子	1915. 5. 8	〃	1942. 3.16	張庚鳳	1910. 9.21	치안유지법	1934. 6.16

姓 名	生年月日	罪 名	記錄年月日	姓 名	生年月日	罪 名	記錄年月日
張 京 仁				張 錫 鎭		치안유지법	1926.10.11
張 景 業	1868.12.14	보 안 법		張 錫 天	1903. 2.25	〃	1932.11.12
張 觀 佑	1907. 5. 4	치안유지법	1933. 1.20	張 聖 道		보 안 법	
張 光 坤	1912. 1. 9	국가총동원법	1943.10.14	張 成 鳳	1914. 8.23	국가총동원법	1942.12.18
張 全 昷		치안유지법	1930. 3.17	張 成 業	1908.10.23	치안유지법	1929.12. 7
張 全 昌	1905. 4.19	〃	1930.12.10	張 聖 人			1927. 2. 3
張 宮 情	1886. 2.25	주거침입, 강도살인 치안유지법	1940.10	張 聖 寅			1927
張 極 俊	1905.12.12	치안유지법	1930.12. 5	張 世 发	1858.10.17	보안법 등	
張 禁 松	1906. 2.24	전신, 출판, 보안법	1935. 9. 5	張 濤 峯	1908. 7.15	국가총동원법	1942.11. 5
張 基 德	1896.10.25	치안유지법	1931. 6.12	張 濤 山	1900. 8. 7	보 ·안 법	
張 基 祿	1913. 6.18	보 안 법	1932.12.16	張 濤 連	1914. 3.17	치안유지법	1934. 5. 6
張 基 暎	1887. 5	소요, 공무집행방해 보안법		張 順 基	1897. 7.29	〃	1930.12. 8
張 基 郁	1899. 4.14	보안법, 출판법		張 順 明	1908	치안유지법 합함경북도사산사건	1940.11.25
張 基 炬	1913	치안유지법	1934. 5.31	張 順 明	1900	보안법, 출판법	1932. 2.22
張 基 楚	1893. 5.13	치안유지법, 살인 교사	1939. 3	張 順 賢	1896. 9.18	보 안 법	
張 南 旭	1901. 6. 9	치안유지법	1930.12. 5	張 昇 萬	1910. 3.20	치안유지법	1931. 3.18
張 達 山			1934. 9.10	張 承 和	1896.10. 7	치안유지법, 전신법	
張 連 松	1902.12. 2	치안유지법	1942.10.19	張 時 徹	1894. 5.17	치안유지법	1929. 2. 8
張 道 勳	1871. 4.30	보 안 법		張 時 徹	1894. 6.17	〃	1929. 1. 4
張 束 權	1911. 3.25	치안유지법	1932. 5.13	張 湜 連	1916	〃	1934. 5. 4
張 東 宣	1910	〃	1933. 7.31	張 湜 連	1914. 4.28	치안유지법, 출판법	1936. 5. 2
張 斗 擥	1909. 2.12	〃	1932.11.12	張 信 國	1900.10. 7	치안유지법	1926.10.22
張 斗 明	1904.11. 4	〃	1933.12. 9	張 心 德	1905. 9. 1	〃	1928. 9.15
張 文 景	1883. 3.21	보 안 법		張 良 憲	1898. 4.29	보 안 법	
張 朴 在	1902	치안유지법, 출판법	1941	張 瑛	1899. 8.19	치안유지법	1930.11. 6
張 白 權	1904.11. 3	치안유지법	1930.12.13	張 永 奎	1901. 3.13	〃	1932. 3.24
張 白 雲	1900. 8. 3	치안유지법과출판법	1941. 6	張 龍 石	1908.12.26	〃	
張 炳 三	1901.11.16	보안법위반	1919. 6. 5	張 龍 日	1913.11. 9	〃	1933. 1.25
張 炳 先	1910	치안유지법	1934. 5.25	張 龍 河	1900. 4.22	출 판 법	
張 秉 倫	1910. 2.17	〃	1938. 8.26	張 容 煥	1894. 9. 4	보 안 법	
張 炳 浩	1904.10.16	〃	1930.12.12	張 源 鍵	1895. 3.10	보안법, 출판법	1920. 2.27
張 保 羅	1906. 5.10	〃	1932. 5. 2	張 元 奉	1899. 2.11	살인강도, 치안유지법	
張 鳳 石	1909. 6.30	〃	1934. 9.27	張 元 學	1898.1 .18	보 안 법	1919. 6. 7
張 三 得	1909. 1.26	〃	1929.10.31	張 趾 圭		〃	
張 錫 範	1910. 2.11	〃	1931. 1.26	張 二 得	1903.12. 9	치안유지법	
張 錫 永	1894. 7. 8	보 안 법		張 利 郁	1905. 5.26	치안유지법	1937.11.12

姓　　名	生年月日	罪　　名	記錄年月日	姓　　名	生年月日	罪　　名	記錄年月日
張 耀 輝	1910. 3.20	〃	1931. 3.18	張 海 龍	1903.11. 9	치안유지법	1930.12.13
張 益 林	1907. 7.13	〃	1931. 7.10	張 鉉 瑾	1909. 9.19	〃	1932. 7. 4
張 翼 善	1907. 9.28	〃	1930.12.15	張 鉉 近	1915.10.15	〃	1934. 5.20
張 仁 國	1890. 1.26	장물매매, (전과)치안유지법	1932.11.12	張 鉉 進	1917. 8.14	치안유지법, 폭력행위	1935. 3.23
張 逸 奎	1900. 1.14	보 안 법		張 亨 仁	1912. 4. 8	치안유지법	1937. 5.20
張 一 波	1904. 5. 9	치안유지법	1931. 7.15	張 浩 利	1895. 7.12	보안법위반	1919. 9.25
張 日 煥	1898. 6.24	출 판 법	1932. 3.24	張 鎬 民	1868. 8. 8	보 안 법	
張 子 寬	1904. 5. 9	치안유지법	1931. 7.15	張 鎬 俊	1896.10.25	치안유지법	1931. 6.12
張 在 善	1911. 1.10	〃		張 浩 亨	1893. 6. 7	보 안 법	
張 在 烈	1907. 8. 3	〃	1931. 6.25	張 弘 相	1902. 1. 1	치안유지법	1928.12.14
張 在 旭	1903. 4. 1	살인, 치안유지법	1933. 4.21	張 弘 燮	1910.12.20	치안유지법,출판법	1934.12.19
張 柱 文	1906. 1.13	치안유지법	1932. 2.22	張 會 健	1900. 8.13	〃	1941. 4
張 周 鍵	1896. 9. 3	치안유지법,출판법	1937.12.10	張 會 根	1902. 8. 3	〃	1936. 9.25
張 埈	1896. 9.25	치안유지법	1933. 7.11	張 孝 相		치안유지법	1942. 5.19
張 重 鎭			1936. 5.30	張 興 道	1874. 3. 1	보 안 법	
張 曾 鳳	1896.10. 3	치안유지법	1929. 5.14	莊 麒 俊	1905. 3. 8	치안유지법	1930. 9.15
張 振 奎	1842. 9.25	소 요		全 庚 慶	1912. 1.17	〃	
張 鎭 文	1910. 4.15	치안유지법	1932.11.12	全 慶 得	1912. 1.17	〃	1933. 3. 3
張 昌 華	1908. 3.29	〃	1930.12.13	全 敬 文	1912.10.24	〃	1930.12.15
張 彩 植	1898. 8.28	출 판 법	1923. 7.12	全 根 淑	1901. 2.10	〃	1932. 5.12
張 彩 植	1896. 8.27	보 안 법		全 金 錫	1914.11. 5	〃	1933. 8.18
張 天 錫		〃		全 基 範	1916. 6.14	보 안 법	1933. 6.29
張 治 南	1887.11.26	보 안 법		全 吉 三	1912. 6.21	〃	1942.11
張 彙 秀	1896. 7.22	보안법, 전신법		全 南 奎	1909.10.20	강도, 치안유지법	1942.12.16
張 泰 院	1908. 2.27	치안유지법, 소요 강도	1934. 6.16	全 德	1897. 3.15	치안유지법	
張 泰 乙	1911.11.23	〃	1934. 6.19	全 德 薰	1910.12. 8		1933. 1.10
張 豪 彬	1906. 9.19	치안유지법	1930.12.12	全 道 善		보 안 법	
張 豪 亨	1902. 9.27	〃		全 道 薰	1915. 1.23	치안유지법	1933. 1.20
張 泰 亨	1902. 9.27	〃	1930.12.12	全 東 範	1905. 6.27	〃	
張 泰 興	1909. 2.12	〃	1932.10.11	全 東 煥	1889. 4.25	출판법, 보안법	
張 河 經	1903. 1.26	〃	1930. 7.31	全 明 根	1912. 6.21	보 안 법	1942.11
張 河 一	1883.12. 5	〃	1940.10.17	全 明 善	1897. 8.15	국가총동원법	1942. 5.21
張 河 淸	1899. 2.11	살인강도 치안유지법	1937. 9.17	全 明 鍾	1916. 2. 2	치안유지법	1933. 1.15
張 學 哲	1906. 4. 4	치안유지법	1930.12.12	全 武 吉	1905. 1. 1	〃	1928. 9.15
張 漢 奎	1883.12. 5	〃	1940.10.17	全 文 甲	1908. 7.14	치안유지법, 방화	1931. 6.12
張 翰 原	1913. 5.22	치안유지법, 출판법	1936. 4.16	全 奉 南	1913.11. 2	치안유지법	1936. 5. 2

姓　名	生年月日	罪　名	記錄年月日
全 鳳 周	1905. 6.27	〃	
全 尙 根	1901. 9.26	〃	1932. 5.13
全 夾 崇	1914.10. 4	국가총동원법	1944. 7.14
全 壽 應	1912. 6.21	보 안 법	1942.11
全 淳 炳	1905. 8.18	치안유지법	1933. 1.10
全 承 龜	1902. 3. 7	〃	1931. 2. 4
全 榮 錄	1900.12.29	보 안 법	
全 榮 律	1900. 8.14	치안유지법	1928.12.14
全 禮 淳	1896. 8.12	보 안 법	
全 龍 洛		〃	
全 宇 一	1904.11.22	치안유지법	1932.12.16
全 養 根	1892. 5.20	국가동원법	1940. 8.21
全 日 鐘	1912. 5.18	치안유지법	1933. 1.20
全 長 元	1906. 4.28	〃	1936.12. 3
全 在 一		보 안 법	1930.12.12
全 在 鄉	1911. 7.27	치안유지법	1934. 4. 5
全 政 珀	1897. 3.15	〃	1933. 1.10
全 廷 爽	1861. 1.10	보안법위반	
全 正 鉉		치안유지법	1934. 9.27
全 鍾 珣	1918. 2. 7	치안유지법. 폭력행위 등	1935. 3.23
全 佐 漢	1895. 4.29	폭발물, 총포화약	1927. 9.15
全 胄 孫	1909. 3. 1	치안유지법	1936.12. 3
全 志 完		〃	
全 進 先	1910. 2. 4	〃	
全 昌 錄	1910. 9.28	치안유지법, 보안법, 출판법	1932.12.16
全 昌 洙	1919. 3.12	치안유지법	1936. 9.24
全 昌 汝	1888. 4. 8	보 안 법	
全 菖 龍	1909	치안유지법	1933. 7.31
全 泰 良	1915. 2.22		1933. 1.25
全 泰 賢	1922. 7.28	치안유지법, 육해군형법	1940.12.19
全 香 南	1910. 9.28	치안유지법	
全 享 泰	1891. 8.10	〃	1930.12.25
全 鉉 觀	1910. 2. 4	〃	1933. 1.20
全 賢 愛	1896. 8.29	강도미수, 출판법 상해치사, 치유법	1939. 5.20
全 鉉 哲	1905. 6. 7	치안유지법	1926. 8. 5
全 協		보안법수모자	
全 衡 均	1906.11. 1	치안유지법	1932.12.16
全 熙 院	1912. 1.17	〃	
田 國 珍	1910. 2.22	〃	1931. 7.20
田 秉 熙	1907. 8. 8	국가총동원법	1940.12. 7
田 甫 銖	1914. 5. 8	치안유지법	1935
田 淑 姬			1931. 9.26
田 順 平	1902. 1.10	국가총동원법	1942. 8.14
田 汝 秀		보 안 법	
田 載 耕	1910.11.23	치안유지법	1936. 6.23
田 周 燁	1922. 8. 7	〃	1941. 5.13
田 昌 五		보 안 법	
田 春 沃	1900.10.22	치안유지법	1930.12.10
田 泰 萬	1899.10.25	보 안 법	1919. 5.31
田 宅 秀	1909.10.11	치안유지법	1932. 3.24
田 弘 疇	1912. 1.15	국가총동원법	1941.12.20
錢 世 華	1902. 3. 7	치안유지법	1930.12.10
鄭 嘉 云	1912. 6.13	〃	1933. 7.11
鄭 甲 福	1922. 8.14	〃	1941. 6.24
鄭 甲 福	1904. 8. 5	〃	1929. 4. 2
鄭 甲 裕	1911.10.29	치안유지법, 출판법	1933. 6.30
鄭 建 錫	1894. 4.12	국가총동원법위반	1943.10
鄭 建 和	1900. 8.27	치안유지법, 강도	1935.12. 4
鄭 京	1915.10. 6	국가총동원법	1942. 6.18
鄭 璟 仁		치안유지법	1930.12.13
鄭 桂 文	1906. 4.21	〃	1936. 7. 9
鄭 季 娥	1913	〃	1934. 5.25
鄭 過 尙		〃	1930.12.13
鄭 次 參	188?. 6. ?	보 안 법	1919. 7.15
鄭 求 喚		〃	
鄭 君 弼		보 안 법	
鄭 芬 甸	1888. 3.30	〃	1920. 4.22
鄭 奎 寬	1905.11. 5	치안유지법	1931. 7. 2
鄭 奎 植		보 안 법	
鄭 秀 洪	1905. 1. 4	치안유지법	1931. 6.13
鄭 箕 桓	1904. 2.13	〃	1932.12.16
鄭 南 用		보 안 법	

366

姓　名	生年月日	罪　　名	記錄年月日
鄭 達 明		〃	
鄭 德 實	1896.3.14	치안유지법	1937.6.29
鄭 德 仁	1906.7.21	〃	1936.7.1
鄭 德 宗		보 안 법	
鄭 德 俊	1896.3.14	치안유지법	1940.6
鄭 同 永	1914.6.15	〃	1942.12.15
鄭 道 鉉	1877.10.27	〃	
鄭 東 奎	1849.4.3	보 안 법	1919.5.2
鄭 東 說	1896.9.5	〃	1941.9.9
鄭 東 源	1913.6.25	치안유지법	1934.4.5
鄭 東 渾	1916.1.21	국가총동원법	1942.5.15
鄭 東 潤	1909.2.20	치안유지법, 절도 보완	1932.6.10
鄭 東 華	1908.1.21	치안유지법	1931.6.13
鄭 斗 璿		보 안 법	
鄭 斗 賢		〃	
鄭 斗 煥	1912.3.25	치안유지법	1931.1.25
鄭 得 雨	1912.8.27	치안유지법	1935.3.7
鄭 馬 旭	1911.5.17	〃	1931.5.15
鄭 戊 石	1903.7.16	〃	1931.1.26
鄭 明 太	1893.2.16	보안, 출판법	1920.4.28
鄭 敏 英	1900.10.2	보 안 법	
鄭 邦 直	1891.8.12	〃	
光武邦憲	1906.3.1	국가총동원법	1941.1.23
鄭 柏	1899.12.3	치안유지법	1930.9.1
鄭 伯 用	1891.4.28	보 안 법	
鄭 炳 肅	1900.8.27	치안유지법	1930.12.8
鄭 秉 鎬		보 안 법	
鄭 鳳 甲	1911.6.17	치안유지법	1934.4.5
鄭 鳳 來	1904.9.8	〃	1932.12.10
鄭 泰 和	1892.10.12	보 안 법	
鄭 仕 鉉	1903.7.16	치안유지법	1931.1.26
鄭 祥 奎	1914.5.15	〃	1932.9.5
鄭 尙 壽	1909.2.10	〃	1933.5.25
鄭 瑞 福	1896.7.3	보 안 법	1933.1.15
鄭 瑞 雄		〃	
鄭 石 根	1880.10.17	소 요	

姓　名	生年月日	罪　　名	記錄年月日
鄭 聖 敎	1891.2.8	보 안 법	
鄭 聖 鳳	1898.1.21	〃	
鄭 聖 在	1914.3.19	국가총동원법	1944.9.15
鄭 成 欽	1879.3.18	소요, 보안법	
鄭 世 煥	1909.9.21	치안유지법	1931.1.25
鄭 壽 百	1914.8.16	치안유지법, 보안법	1937.12.22
鄭 順 萬	1903.12.10	보안법, 소요 기물파괴	1912.9.27
鄭 順 命	1906.2.16	치안유지법	1930.11.29
鄭 淳 榮		보 안 법	
鄭 順 用	1879.2.20	〃	1919.12.23
鄭 淳 悌	1903.3.23	치안유지법	1928.2.16
鄭 順 泰	1911.1.8	국가총동원법	1942.7.10
鄭 順 和	1902.12.22	치안유지법	1928.2.16
鄭 承 坤	1881.1.29	〃	1938.3.17
鄭 昇 源	1887.6.12	보 안 법	
鄭 時 鳴	1903.1.20	치안유지법, 보안법	1930.11.29
鄭 實 京	1914.11.10	국가총동원법	1943.7.6
鄭 ○ 時	1855.10.23	보 안 법	
鄭 良 洙	1892.4.27	〃	
鄭 億 萬	1893.12.14	〃	
鄭 濂 九	1911.3.21	치안유지법	1934.6.19
鄭 濂 守	1904.5.8	〃	1935.4.2
鄭 永 培	1912.8.29	〃	1936.4.16
鄭 永 業	1898.12.9	보 안 법	
鄭 泳 海	1902.3.8	국가총동원법	1944.6.14
鄭 種 根	1907.9.9	치안유지법, 출판법	1930.12.17
鄭 龍 全	1880.7.17	보 안 법	1919.9.16
鄭 龍 鳳	1915.10.22	치안유지법	1935.11.7
鄭 川 規	1917.6.28	국가총동원법	1944.5.18
鄭 龍 山	1907.9.17	치안유지법	1935.1.10
鄭 龍 軾	1889.1.20	〃	1930.11.29
鄭 祐 和	1921.8.22	〃	1942.9.1
鄭 祐 根	1905.11.5	〃	1931.7.2
鄭 雲 永		〃	1929.12.5
鄭 雲 海	1893.9.14	〃	1923.9.12
鄭 元 謀	1909.10.9	〃	1931.7.10

姓　名	生年月日	罪　名	記錄年月日	姓　名	生年月日	罪　名	記錄年月日
鄭 元 欽	1896. 9.26	치안유지법, 살인 방화, 횡령	1937.10.14	鄭 旭 云			
鄭 允 乭	1907. 4.14	국가총동원법	1943. 8. 9	鄭 鎭 東	1879	치안유지법	1937. 3. 6
鄭 允 時	1904. 8.10	치안유지법	1934. 4. 6	鄭 晋 武	1903. 7. 2	〃	1919. 2.18
鄭 允 卿	1909. 2.18	〃	1930.12.10	鄭 鎭 福	1901. 3. 2	〃	1930. 5.27
鄭 允 熙	1909. 6.10	보안법, 출판법		鄭 鎭 億	1920. 5.28	국가총동원법	1942. 5.15
鄭 銀 乭	1910.10.29	국가총동원법	1942. 9.26	鄭 鎭 龍	1904. 5.22	치안유지법	1928. 9.15
鄭 義 敬		치안유지법	1934. 5.31	鄭 鎭 浩	1901. 6.17	〃	1933. 4.19
鄭 儀 順		〃	1931. 7.29	鄭 昌 寰	1905.10. 8	〃	1936. 7. 1
鄭 義 榮	1913. 4.16	〃	1932. 5.31	鄭 昌 松	1914. 1.15	〃	1930.12. 5
鄭 宜 稙	1903.10.20	국가총동원법	1942. 5.28	鄭 澈 根	1900. 2. 5	보 안 법	
鄭 利 道			1938. 1.11	鄭 徹 洙	1911. 5.17	치안유지법	1931. 5.15
鄭 益 亨		보 안 법		鄭 喆 順	1915. 4. 9	〃	1939
鄭 ㅣ 昊	1888.11.25	치안유지법	1937. 8.23	鄭 青 山	1909. 6.13	치안유지법, 출판법	1931. 6.16
鄭 寅 喆	1899. 2. 1	치안유지법	1928. 8.30	鄭 秋 碧	1911. 8.24	치안유지법	1931. 7.10
鄭 寅 哲	1891. 1. 1	〃	1929. 2.11	鄭 春 洙		보 안 법	
鄭 一 成	1902. 3.25	보 안 법		鄭 春 榮	1913. 4. 6	치안유지법	1937.10.18
鄭 日 仁	1899. 4. 2	치안유지법, 업무 횡령	1936. 7. 1	鄭 春 鉉	1905. 1.21	〃	1930. 9. 1
鄭 日 彰	1899. 8.18	국가총동원법	1941. 6.27	鄭 致 文	1890. 9.15	보 안 법	1919. 5.19
鄭 日 洪	1908. 7.19	불경, 보안법	1941. 6.13	鄭 七 星	1908. 4.20	치안유지법	1935. 1.17
鄭 在 寬				鄭 泰 植	1910. 5.13	〃	1934.11. 5
鄭 在 達	1895.11.14		1930. 4.12	鄭 泰 植	1911. 9. 8	〃	1934. 5.19
鄭 在 英	1916. 2. 3	치안유지법	1932. 5. 2	鄭 泰 洙	1911. 5.17	〃	1931. 5.15
鄭 在 潤	1903.12. 4	〃	1931. 6.16	鄭 泰 求	1898. 1.13	국가총동원법	1940. 9.18
鄭 在 喆	1911. 6.20	〃	1935. 9. 3	鄭 泰 玉	1909	도주, 주거침입, 철도, 보안법	1935.11.26
鄭 在 喆	1922. 9.28	·〃	1942. 8.31	鄭 泰 連	1913. 7. 8	치안유지법	1936. 6.23
鄭 載 轍	1907. 7.25	〃	1935.11. 7	鄭 泰 重	1898. 3. 5	〃	1928. 2.17
鄭 在 鉉	1912	〃	1934. 5.28	鄭 泰 爛	1908.12.22	국가총동원법	1944. 5.13
鄭 在 鎬		보 안 법		鄭 判 甲	1901. 2.22	치안유지법	1928.12.14
鄭 點 龍	1906.12.13	치안유지법	1916.11.28	鄭 判 甲	1905. 2.22	〃	1930.12. 8
鄭 貞 寰	1922. 8.14	〃	1941. 6.24	鄭 平 國	1903. 3. 6	〃	1934.12.19
鄭 濟 遠	1890	보 안 법		鄭 必 成	1913. 7. 8	〃	1936. 7.31
鄭 濟 勳	1908. 6. 5	치안유지법		鄭 弼 洙	1908.11.15	〃	1931. 6.12
鄭 鍾 鳴	1896. 3. 5	〃	1931. 8.15	鄭 學 先	1897	〃	1928.12.14
鄭 宗 爽	1911. 7.27	〃	1932. 5. 2	鄭 學 先	1895. 9. 5	출판법, 보안법	1930.11.29
鄭 周 永	1914. 6.15	〃	1943. 3. 3	鄭 鶴 順	1892. 9. 1	치안유지법	1920. 3.23
鄭 志 鉉	1899.12. 2	치안유지법, 보안법 출판법	1931. 8.29	鄭 鶴 源	1894.10.23	〃	1932. 4.10

姓 名	生 年 月 日	罪 名	記錄年月日	姓 名	生 年 月 日	罪 名	記錄年月日
鄭 學 出	1911. 8.24	보 안 법	1931. 7.10	趙 君 弼	1905.11.22	치안유지법	
鄭 海 璟	1877.12. 3	보안법, 소요	1919. 9.18	趙 貴 善	1907.	〃	1934. 5.28
鄭 海 容	1881. 4.21	보안법위반		趙 奎 憲	1899.12.29	〃	1931. 8.30
鄭 海 元	1888.10.30	치안유지법		趙 今 龍	1899. 1.26	〃	1930.12. 5
鄭 海 潤	1907	〃		趙 金 王		보 안 법	1930. 1.27
鄭 海 駿	1902	〃	1929. 5. 9	趙 基 斗	1894.12. 9	치안유지법	1931. 5.15
鄭 海 哲		〃	1929. 5. 9	趙 岐 壽	1902. 8. 3		1930.12. 5
鄭 亨 吉	1911. 4.23	〃	1930.12. 5	趙 基 俊	1906. 2.29	국가총동원법	1944. 6.26
鄭 憲 豪	1902.12.22	〃	1930.12.12	趙 璂 衡	1907.12.25	치안유지법, 강도	1931. 6.12
鄭 賢 秀	1899. 9.16	소요, 보안법		趙 南 權	1923. 6.14	보 안 법	1941. 2.28
鄭 得 祚	1912. 8.27	치안유지법	1935. 3. 7	趙 南 潤	1894. 9.10	〃	
鄭 馬 旭	1911. 5.17	〃	1931. 5.15	趙 德 基	1905.	치안유지법	1931. 8.10
鄭 萬 石	1903. 7.16	〃	1931. 1.26	趙 德 老	1890. 2.13	국가총동원법	1942. 9.22
鄭 明 采	1893. 2.16	보안, 출판법	1920. 4.28	趙 德 五	1904. 1.15	치안유지법	1928. 9. 8
鄭 敏 英	1900.10. 2	보 안 법		趙 德 進	1888.10.3	〃	1931. 7.15
鄭 邦 直	1891. 8.12	〃		趙 敦 編	1894. 3. 5	국가총동원법	1944. 5.10
光 武 邦 憲	1906. 3. 1	국가총동원법	1941. 1.23	趙 東 斌	1907.	치안유지법	1931. 8.10
鄭 柏	1899.12. 3	치안유지법	1930. 9. 1	趙 東 遏	1911. 1.31	〃	1931. 7.10
鄭 伯 用	1891. 4.28	보 안 법		趙 東 迫	1895.	〃	1931. 8.10
鄭 炳 庸	1900. 8.27	치안유지법	1930.12. 8	趙 東 梭	1895. 1	〃	1931. 8.10
鄭 秉 鎬		보 안 법		趙 東 春	1910. 1. 5	치안유지법	1930.12.12
鄭 鳳 甲	1911. 6.17	치안유지법	1934. 4. 5	趙 東 忠	1912.11. 1	〃	1931. 6.13
鄭 鳳 來	1904. 9. 8	〃	1932.12.10	趙 東 楠	1885. 2.17	〃	1928. 2.20
鄭 泰 和	1892.10.12	보 안 법		趙 東 爀		〃	1926. 8. 6
鄭 仕 鉉	1903. 7.16	치안유지법	1931. 1.26	趙 東 魚	1888.11.30	보 안 법	
鄭 祥 奎	1914. 5.15	〃	1932. 9. 5	趙 斗 元	1905.12. 1	치안유지법	1930. 2.12
鄭 尙 濤	1909. 2.10	〃	1933. 5.25	趙 斗 熙	1899.12.29		1931. 8.30
鄭 瑞 福	1896. 7. 3	보 안 법	1933. 1.15	趙 萬 基	1910. 5. 1	치안유지법	1931. 1.26
鄭 瑞 雄		〃		趙 晩 植		보 안 법	
鄭 石 根	1880.10.17	소 요		趙 明 植	1894.10.14	치안유지법	1937.11. 1
鄭 聖 教	1894. 2. 8	보 안 법		趙 明 元	1901. 7. 2	보안법, 치안유지법	1919. 7.19
鄭 聖 鳳	1898. 1.21	〃		趙 明 載	1901. 9.28	치안유지법	1933. 4.28
鄭 聖 株	1914. 3.19	국가총동원법	1944. 9.15	趙 邦 仁	1896.10.24	보 안 법	
井 出 尤	1910. 6. 7	치안유지법	1931. 9.28	趙 伯 元	1907. 4. 9	치안유지, 출판법	1932.12.14
趙 啓 植	1877. 3.26			趙 秉 龍	1914. 8.12	국가총동원법	1942. 8.10
趙 慶 龍	1919.12.30	국가총동원법	1943.11.17	趙 炳 植	1899. 9. 9	보 안 법	

姓 名	生 年 月 日	罪 名	記錄年月日	姓 名	生 年 月 日	罪 名	記錄年月日
趙 炳 玉	1894. 8.15	치안유지법	1937. 8.23	趙 五 男	1914.10.16	국가동원법	1943. 9.30
趙 秉 晶	1915. 2.10	국가총동원법	1944. 9.25	趙 昨 相	1887. 4. 3	치안유지법	1930. 3.13
趙 炳 夏	1896. 7.28	보 안 법		趙 容 寬	1885. 6.29	〃	1930.12.10
趙 秉 夏	1868. 2. 7	〃		趙 龍 楠	1901. 8.22		1928.12.14
趙 秉 垠			1936. 9. 4	趙 鎔 卜	1909.	형사과수배	1935.10. 7
趙 嬉 愛	1918. 4. 6	치안유지법	1941. 6.24	趙 龍 善	1913. 4.29	치안유지법	1932. 4.10
趙 炳 九	1901.10.28	국가총동원법	1943.10.27	趙 龍 雲	1901.11.26	〃	1930.12. 8
趙 鳳 柱	1905.12. 8	치안유지법, 보안법	1931. 9. 4	趙 龍 增	1897.12.29	보 안 법	1919. 5
趙 四 根	1914.		1935. 2.18	趙 鎔 周	1891. 8.24	치안유지법	1926. 8. 5
趙 常 烈	1871.12.23	보 안 법		趙 鎔 夏	1881. 3.29	〃	1933. 1.31
趙 相 煥	1914. 3.10	치안유지법	1932. 5. 2	趙 龍 衡	1914.12.28	〃	1940. 4.12
趙 瑞 衡	1915. 2.18	〃	1940. 4.12	趙 雲 瑞	1908. 1.15	〃	1930.12. 5
趙 鍚 權	1865. 9.27	보안법, 출판법		趙 恩 明	1877. 4. 8	보 안 법	1919. 5.29
趙 惜 植	1893.12.16	치안유지법	1942. 7.25	趙 應 九	1905. 4. 8	〃	1942. 2.15
趙 成 龍		〃	1934. 6.17	趙 一 齊	1909. 5.12	국가총동원법	1940.10.26
趙 誠 模	1905.12. 8	〃	1940. 4.12	趙 壯 元	1911. 7.19	치안유지법	1933. 3. 3
趙 成 股	1897.10. 9	사기미수, 보안법	1920. 1.30	趙 在 根	1923. 6.16	〃	1941.11.18
趙 聖 恩			1927. 2. 3	趙 正 來	1914. 8.16	치안유지법	1933. 4. 7
趙 誠 哲	1910. 7. 6	치안유지법	1942.12.14	趙 鍾 錫	1899. 8.13	보 안 법	
趙 成 澤	1903. 8.26	〃	1929. 2. 4	趙 鍾 完	1892.12. 3	치안유지법	1938. 4. 1
趙 小 龍	1921. 8.11	국가총동원법	1942. 9.28	趙 鍾 恒		보 안 법	
趙 壽 童	1901. 7. 2	보 안 법	1919. 7.19	趙 周 善	1918. 6.18	국가총동원법	1942. 6. 6
趙 壽 龍	1905.	치안유지법	1931. 8.10	趙 濬 弘	1912. 9.17	치안유지법	1937. 5.20
趙 修 仁	1831. 2. 2	보안법과소요		趙 重 福	1902. 1.20	〃	1933. 4.26
趙 叔 順	1914.		1931. 8.30	趙 重 心	1915. 2.18	〃	1941.10. 7
趙 順 範	1891. 3. 3	치안유지법	1942. 7.25	趙 止 來	1914. 8.16	〃	1933. 3. 3
趙 順 伊	1920. 2.23	〃	1941.12.12	趙 鎭 羽	1908. 6.10	치안유지법, 출판법	1930.11.24
趙 承 稜			1936. 9.10	趙 昌 元	1916. 2.15	국가총동원법	1944. 3.22
趙 信 文	1910. 6.22	치안유지법	1932.12.14	趙 青 龍	1904.11.20	치안유지법	1928. 9.15
趙 晨 錄	1894. 2.26	보 안 법		趙 忠 九		〃	1929.12.21
趙 亞 當	1900. 9.19	〃		趙 泰 連	1893.11. 4	국가총동원법	1942.11.12
趙 曅 九	1907.12.29	치안유지법	1936. 1.28	趙 列 出	1912. 2. 3	치안유지법	1931. 1.16
趙 英 植	1911. 5.21	〃	1933. 1.10	趙 河 衍	1891. 6.30	〃	1928.12.13
趙 瑛 篇	1882. 5.25	보 안 법		趙 等 山	1910. 1.10	〃	1942. 3. 9
趙 暎 熙	1895. 8. 8		1930. 9.30	趙 學 俊	1883.10.17	국가총동원법	1941. 3. 6
				趙 漢 覲	1914.11.10	보 안 법	1944.10. 5

姓 名	生 年 月 日	罪 名	記錄年月日	姓 名	生 年 月 日	罪 名	記錄年月日
趙 衡 均	1873. 6.15	보안법, 출판법	1920. 2.27	朱 德 欽	1913. 3.15	〃	1935. 9. 6
趙 壤	1914. 7. 5	치안유지법	1931. 8.30	朱 東 復	1902.	〃	1931. 8.10
趙 洪 植	1893.12.16	〃	1942. 7.25	朱 東 旭	1910. 7.25	〃	1933. 8.19
趙 弘 熙	1910. 4. 7	〃	1933. 1.20	朱 東 煥	1908.10.20	〃	1931. 9.14
趙 燕 植	1864.10.10	보안법, 협박		朱 斗 基	1907.10.22	〃	1933. 1.25
趙 熙 烈	1906. 2.21	치안유지법	1930.12.10	朱 炳 圭	1884. 3.21	보 안 법	1940. 9. 6
曺 庚 默	1907.12. 8	〃	1930. 3.17	朱 寶 培	1908. 1.25	치안유지법	1930.12.13
曺 圭 奭	1918. 4.28	〃	1939. 7.17	朱 相 鉉	1902. 1. 1	〃	1930. 3.25
曺 圭 塤	1909. 8.14	〃	1931.11.30	朱 遜 保	1903. 2. 9	국가총동원법	1940.10.30
曺 圭 鈞	1913. 5.	〃	1934. 6. 7	朱 媛 光			1936. 9.10
曺 基 哲	1889. 3. 6	보 안 법		朱 㻶 翰	1900.10.14	치안유지법	1937. 8.28
曺大天, 曺春植	1890. 3.13	국가총동원법	1943. 8.19	朱 允 興	1904. 2.18	〃	1930.12.13
曺 道 彦	1903.10.30	군기보호법, 치안유지법, 강도살인	1942.11.22	朱 日 根	1904. 2.21	〃	1933. 6.30
曺 克 煥	1887. 9.14	치안유지법	1930.12.15	朱 長 嫩	1907. 1.24	〃	1932. 1.11
曺 文 三	1881. 1. 1	보 안 법		朱 在 鷄	1902. 6.19	선도, 치안유지법	1928.12.14
曺 範 龍	1911. 6.12	치안유지법	1931. 6.12	朱 貞 航	1908.	치안유지법	1930. 9.16
曺 秉 殷	1911. 9.26	〃	1934. 4. 5	朱 鍾 聲	1911.11. 1	〃	1931. 9. 4
曺 秉 哲	1899. 2.29	〃	1929.11.17	朱 鍾 尉		보 안 법	
曺 秉 煥	1911. 8.18	〃	1931. 1. 8	朱 青 松	1904.	치안유지법	1930. 4.12
曺 秉 熙	1903.10.30	군기보호법 치안유지법	1942.11.22	周 南 奉	1898. 1. 1	보 안 법	
曺 商 熙	1911. 8.23	치안유지법	1931. 9.14	周 世 元	1914. 6. 3	치안유지법	1938. 6.30
曺 安 德	1910. 5.10	살인미수, 폭발물취체법. 치안유지법	1936. 1.14	周 現 甲	1899. 5.19	〃	1931. 2. 4
曺 陽 煥	1910. 3.23	치안유지법	1934. 6.19	池 健			
曺 永 雄	1909. 2.29	〃	1934. 6.15	池 金 石	1896.11.21	치안유지법	1931. 1.26
曺 永 煥	1906.11.26	〃	1930.12.15	池 吉 南	1908. 8.18	〃	1930.12.10
曺 玉 龍	1924. 9.20	국가총동원법	1943.11.11	池 東 旭	1896.11.21	〃	1931. 1.26
曺 完 錫	1895. 7. 3	치안유지법	1928. 9.15	池 文 植	1923. 2.25	〃	1942. 6. 3
曺 雲 龍	1907. 2.18	치안유지법	1931. 1.26	池 鳳 河	1909.10. 5	〃	1931. 1.25
曺 翊 煥	1912. 8. 1	치안유지법 소요, 강도	1934. 6.19	池 鳳 翰	1896.11.21	〃	
曺 印 鐸	1908. 5.29	치안유지법 살인미수, 방화	1931. 7.15	池 思 源	1904. 8. 9	보 안 법	1920. 4. 5
曺 俊 基	1900. 2. 1	치안유지법	1926. 6. 5	池 山 奉	1906. 7. 7	소요, 방화	1931. 9.28
曺 璇 寀	1902. 6.22	〃	1930. 6.18	池 相 㑌	1921. 8. 9	보 안 법	1946.11.21
曺 興 煥	1917. 3.23	〃	1939. 5.15	池 上 一	1884. 5. 5	보안법, 사기	1941. 8.20
曺 喜 雲	1913.12.27	〃	1931. 1.25	池 錫 湧	1881. 3. 7	살인미수. 보안법, 소요	1935. 7. 5
朱 基 琬	1895. 5. 8	소 요	1931. 2. 4	池 年 康	1912. 8.15	국가총동원법	1944. 5.27
朱 南 七	1913. 1. 4	치안유지법	1933. 1.20	池 永 穡	1906.12.13	치안유지법	1931. 7.29

姓 名	生年月日	罪 名	記錄年月日	姓 名	生年月日	罪 名	記錄年月日
池 王 成	1913.	〃	1934. 6.17	車 秉 桓	1907. 9.21	치안유지법	1930.12.12
池 湧 錫	1881. 3. 7	살인미수, 소요 보안법	1939. 3.	車 鳳 南	1899. 3.27	〃	1937. 9. 1
池 龍 洙	1904.11.25	치안유지법	1930.12. 8	車 鳳 石	1910. 3.23	〃	1931. 7. 2
池 章 淳	1905. 6.26	〃	1930.12.12	車 鳳 顏	1900. 8.18	보 안 법	1920. 4. 2
池 在 甲		〃	1934. 5.16	車 奉 哲	1897. 1. 7		
池 在 崙	1884. 5. 5	보안법, 사기	1943.12.13	車 相 晋	1879.10.28	〃	
池 俊 成	1913. 8.23	국가총동원법	1942. 7. 2	車 輪 均	1910. 3.23	치안유지법	1931. 7. 2
池 昌 洋	1894. 5.19	치안유지법	1933. 1.10	車 良 順	1920.11.26	〃	1941. 6.24
池 鐵 根	1914. 4. 1	〃	1932.12. 5	車 呂 重	1908. 1. 8	〃	1933. 1.15
池 泰 善	1914. 3.18	〃	1936. 9.22	車 永 樂	1912. 2.18	〃	1935.12. 4
池 泰 燮	1896.10.28	보 안 법		車 月 動	1918. 2.11	치안유지법·출판법	1938. 5.20
池 漢 明	1905. 9.14	치안유지법	1928. 9.15	車 仁 贊	1911.12.15	치안유지법	1941.10.12
陳 庚 鳳	1910. 9.26		1934. 6.19	車 仁 贊	1911.12.15	〃	1941.10.12
陳 圭 琬		보 안 법		車 一 均	1909. 3. 1	〃	1930.12.12
陳 基 燮	1911.11.13	치안유지법	1933. 1.10	車 載 貞	1903.12.29		1929. 9. 3
陳 基 烈	1912. 8.29	〃	1935. 8. 7	車 定 均	1907.10.29	치안유지법	1930.12.12
陳 秉 基	1897. 3.13	〃	1914. 2.18	車 正 植	1914. 4.16		1932. 2.22
陳 炳 洙	1906. 2.17	치안,보안, 출판법	1931. 8.29	車 濟 南		보 안 법	
陳 順 命	1893. 3.23	치안유지법	1930.12.12	車 鍾 萬	1907. 4. 8	치안유지법	1930.12.13
陳 承 元	1906. 2.26	〃		車 鍾 洙	1909.10. 5	〃	1931. 1.19
陳 玉 振	1912. 9. 2	〃	1931. 9.18	車 宗 淳	1925.10. 8	보 안 법	
陳 章 郁	1906. 2.26	〃	1933. 6.29	車 鍾 協	1896.12.30	〃	
陳 海 龍	1908. 5.20	〃	1936. 8. 3	車 竹 孫	1906. 9.24	치안유지법	1932. 1.11
執 行 裕	1911. 8.28	치안유지법, 출판법	1932.12.16	車 曾 哲	1911.11. 4	〃	1931. 1.19
車 敬 坤	1899. 1.20	보 안 법		車 鐵 乞	1909. 2. 3	〃	1936. 7. 9
車 敬 炫		〃		車 哲 豪	1911.11. 4	〃	1931. 1.19
車 啓 榮	1813. 8.25	치안유지법	1936. 6. 1	車 泰 豪	1907. 8. 3	〃	1931. 6.25
車 周 相	1882. 8.30	〃	1929. 5. 4	車 漢 宇		〃	
車 樂 淳	1906. 4.25	〃	1932. 1.11	蔡 慶 大	1890.12. 9	보 안 법	1938. 5. 9
車 南 均		〃 살인·강도		蔡 奎 恒	1897. 3.15	치안유지법	1940. 8. 5
車 南 珍	1915.12.19	보안법, 육군형법	1938. 5.20	蔡 權	1902. 3. 6	〃	1930.12. 5
車 東 華	1910. 9.20	치안유지법	1931. 6.28	蔡 得 煥	1913. 9.27	국가총동원법	1942. 3.26
車 柄 喆	1910. 6. 5	치안유지법·소요 살인·방화	1936. 6.30	蔡 鳳 浩	1894. 2. 5	치안유지법·불경죄 안녕…	1942. 4.17
車 柄 喆	1910. 6. 5	치안유지법	1931. 6.16	蔡 世 鉉	1890. 3.23	보 안 법	
車 炳 漢		보 안 법		蔡 洙 益	1912. 3.18	치안유지법	1932. 2.22
車 炳 赫		〃		蔡 洙 轍	1907. 9.20	치안유지법·전신법 방화·살인미수·주 거침입·건조물손상	1937. 6.29

姓　名	生年月日	罪　名	記錄年月日	姓　名	生年月日	罪　名	記錄年月日
蔡 順 秉	1904. 6.26	보 안 법		崔 繼 萬	1917. 4.19	보 안 법	1938. 5.20
蔡 元 瑞	1889. 6.	〃		崔 桂 菁	1901. 1.12	치안유지법	1928. 9.15
蔡 殷 國	1903.12.19	치안유지법	1934.12.26	崔 光		〃	1931. 8.10
蔡 儀 鍾	1905.11.23	〃	1930.12.12	崔 光 順	1916. 5.22	〃	1941. 6.24
蔡 章 叔	1875.12. 8	보 안 법		崔 光 哲	1891. 8. 8	보 안 법	
蔡 精 宇	1904. 7.28	치안유지법	1930.12.12	崔 光 煥	1901. 2.20	국가총동원법	1942.12. 9
蔡 貞 姬	1921.10.26	〃	1941. 6.24	崔 球 汝			
蔡 熙 覺	1894. 4. 2	정치에 관한 죄	1919. 5.19	崔 九 弘	1898. 3.25	보 안 법	
千 東 鎭	1896. 7.22	치안유지법	1931. 9.20	崔 國 奉	1909. 9.21	보 안 법	1930. 1.27
千 炳 元	1906. 3.10	〃		崔 國 燮	1898. 2.16	〃	
千 福 萬	1916. 6.37	국가총동원법	1942.12.29	崔 國 鉉	1909. 9. 7	치안유지법·군기보증법	1935. 2. 6
千 鳳 順	1912.12.27	치안유지법	1942. 3. 6	崔 權 澤		보 안 법	
千 四 太	1907. 2.18	〃	1939. 7.31	崔 圭 燮	1903.10.15	치안유지법	1930.12. 5
千 三	1910. 3.31	〃		崔 根 萬		〃	1936.11.
千 先 東	1911. 6.19	소요·왕래방해	1931. 9.30	崔 根 洙	1908. 4. 6	치안유지법·방화·강도	1932. 2.22
千 成 煥	1917. 6.22	치안유지법	1940. 1.18	崔 金 龍	1914. 5. 4	치안유지법·상해·치사	1939. 2.25
千 世 鳳	1904. 3. 7	보 안 법	1926. 6.18	崔 今 柱	1911. 2.12	치안유지법	1936.12. 3
千 秀 和	1909. 2. 7	치안유지법	1930.12. 8	崔 基 東	1905. 5. 3	〃	1930.12.12
千 年 桃	1890.11.19	〃		崔 基 晟	1911.11.14	〃	1932. 1.24
千 和 實	1888. 2.15	국가총동원법		崔 起 榮	1888. 4. 3	보 안 법	
千 泰 鉀		보 안 법		崔 琪 駿	1896. 1. 7	보안법·출판법	1920. 3.23
崔 甲 龍	1906. 5.30	치안유지법	1933. 4.26	崔 基 俊	1908.	치안유지법	1931. 8.10
崔 甲 順	1912. 1.27	국가총동원법	1944. 6.26	崔 基 七	1901. 4.16	〃	1930.12.25
崔 甲 逑	1901.12. 8	국가총동원법·수축심법	1943. 3.26	崔 寄 浩	1880.12.28	보 안 법	
崔 甲 春	1896. 2.22	출 판 법	1924. 9.12	崔 蘭 氏	1903. 1. 5		
崔 強		치안유지법	1930.12. 7	崔 南 奎	1913. 3. 1	치안유지법	1939. 2.19
崔 康 潤	1901. 8. 9	보안법·출판법		崔 南 律	1906. 4.26	〃	1930.12.26
崔 強 一	1909. 8.27	치안유지법	1931. 6. 2	崔 南 壽		배일정사·요시찰인·보안법	1929. 7.22
崔 性 列	1911.11.15	국가총동원법	1942. 5.16	崔 能 珍	1898. 7.29	치안유지법	1937.11.12
崔 建	1909. 7. 2	치안유지법	1931. 1.16	崔 人 興	1907. 5. 1	〃	1931.11.30
崔 建 永	1915. 6. 6	〃	1934. 6.20	崔 德 石	1906. 5.20	〃	1931. 6.15
崔 慶 東	1923. 4. 8	국가총동원법	1943. 9.30	崔 德 俊	1905.12. 1	치안유지법	1930.12.12
崔 慶 鳳	1917. 2. 6	치안유지법	1939. 2.25	崔 德 化	1909. 7. 2	〃	1931. 1.16
崔 景 三	1877. 3.14	안녕질서법·조선임시보안령	1942. 5. 6	崔 道 洙	1908.12.24	치안법·방화미수	1931. 1.30
崔 慶 玉	1914. 8. 7	치안유지법	1935. 1.17	崔 燉 珏	1913. 2. 4	치안유지법	1934. 4. 6
崔 景 河	1894. 7.24	보안법·출판법		崔 燉 九	1913. 4.27	국가총동원법	1941. 5. 8

姓　名	生年月日	罪　名	記錄年月日	姓　名	生年月日	罪　名	記錄年月日
崔 燉 永	1914. 6. 8	치안유지법	1936. 5. 2	崔 秉 稷		〃	1937. 3.29
崔 燉 宇	1913. 9.12	〃	1934. 4. 6	崔 秉 品	1904. 8.27	〃	1937. 7.23
崔 燉 赫	1909.12.24	〃	1934. 4. 6	崔 炳 學	1912. 9. 6	〃	1938. 5. 9
崔 東 錫	1908. 1.16	〃		崔 炳 㶅	1906. 1.23	〃	1930.12.12
崔 東 鮮	1906. 5.20	〃	1928. 9.15	崔 炳 鎬	1915. 8.12	〃	1935. 7.15
崔 東 雲	1909. 1.22	제국외이민유치	1936. 9.10	崔 炳 勛	1872.11.24	보 안 법	1933. 1.10
崔 東 喆	1904. 1.22	군기보호법	1936. 7.20	崔 秉 憙	1916. 2.10	치안유지법	1942. 9.30
崔 東 翰	1884.	관 령	1923. 8. 7	崔 補 林	1897.	보 안 법	1939. 4.30
崔 東 昊		보 안 법		崔 福 周	1900.	치안유지법	1936. 6. 1
崔 斗 格		치안유지법	1931. 8.10	崔 復 錫	1897.10. 8	보 안 법	
崔 斗 俊	1915. 8. 9	국가총동원법 위반	1943. 9. 6	崔 福 順	1911. 1.13	〃	1930. 3.24
崔 斗 集	1913. 8.12	치안유지법	1934. 4. 5	崔 鳳 奎	1917. 5.25	치안유지법	1935.12. 4
崔 立 龍	1916. 8.22	〃	1938. 5. 9	崔 鳳 文	1905.	〃	1928.12.16
崔 萬 守	1874.11.11	살 인	1930.12.16	崔 鳳 秀	1903.10.19	〃	1934.12.19
崔 萬 億	1911. 2.19	강도기물파괴치유법	1932. 5.13	崔 鳳 秀	1916. 8. 9	〃	1934. 4. 6
崔 命 根	1920. 7.12	치안유지법	1940. 8. 5	崔 鳳 洙	1915.	〃	1934. 5.31
崔 明 南	1912. 3.18	상해, 치유법	1930.12.12	崔 奉 學	1897. 3.26	보 안 법	
崔 明 白		보 안 법		崔 鳳 協		〃	
崔 明 順	1906. 2.23	치 유 법	1932. 5.12	崔 鵬 南		〃	
崔 明 植	1880. 1.24		1930.11. 5	崔 彬	1911.12.20	치안유지법	1930.12.13
崔 明 俊	1906. 1. 3	국가총동원법	1944. 6.22	崔 士 烈	1896.10.16	출판법・보안법	
崔 明 品	1912. 7. 1	傷害	1930.12.12	崔 三 甲	1902. 7.11	치안유지법	1936. 6.29
崔 明 春	1913. 3. 5	치안유지법	1932. 2.22	崔 三 京	1904. 8.27	〃	1932. 3.24
崔 命 出		〃	1930. 9.15	崔 三 郁	1909. 2.15	국가총동원법	1942. 1.31
崔 明 玄	1913. 1. 8	〃	1931. 7.20	崔 三 俊	1917.10. 5	치안유지법	1942.12.11
崔 命 煥	1904.	〃	1933. 7.31	崔 翔 全	1909.12. 2	치안유지법・출판법	1931.10.26
崔 文 星	1896.12.10	군기보호법	1936.12. 3	崔 尙 和	1909. 6. 6	치안유지법	1931. 6. 2
崔 文 鎬	1897. 1.15	치안유지법	1931. 8.29	崔 相 煥	1908. 2.16	국가총동원법	1940. 8.31
崔 旼 植	1910. 2.29	〃	1934. 4. 6	崔 錫 龜		보 안 법	
崔 秉 基	1908. 4.18	〃	1931. 2. 4	崔 錫 範	1906. 3. 1	치안유지법	
崔 秉 大	1909. 6. 6	〃	1934. 6. 7	崔 錫 葷			1930. 3.22
崔 秉 崙	1908.12.24	〃	1931. 1.30	崔 錫 珍			1930. 2.28
崔 秉 默	1907.12.19	〃	1931. 7.10	崔 錫 夏	1909. 8.15	치안유지법	1927. 9.28
崔 秉 五	1902. 6. 4	〃	1931. 9. 4	崔 善 珪	1907.12. 3	〃	1934.12.19
崔 秉 仁	1908. 2. 1	〃	1933. 6.30	崔 善 珏	1905.	〃	1934. 7.10
崔 秉 機	1914. 7. 7	〃	1935. 9. 3	崔 善 章	1913. 7.21	〃	1934. 5.28

374

姓　　名	生年月日	罪　　名	記錄年月日	姓　　名	生年月日	罪　　名	記錄年月日
崔 菁 澤	1884. 9.27	보 안 법		崔 英 吉	1914.10.12	〃	1939. 7.20
崔 聖 德	1876. 7.17	〃		崔 英 漫	1884.	보 안 법	
崔 成 烈	1908. 7. 3	치안유지법	1931. 8.10	崔 永 武	1885. 5.11	보 안 법	
崔 成 祿	1908.10. 2	〃	1931. 7.25	崔 英 禹	1906. 2.12	치안유지법	1931. 6.12
崔 聖 模	1874. 1. 9	보 안 법		崔 永 在	1918. 7.19	국가총동원법	1942. 7.16
崔 成 奉	1905.10.26	치안유지법	1931. 9.26	崔 英 章	1922.10.24	치안유지법	1940. 8. 5
崔 成 八	1906. 1.24	〃	1931. 2. 8	崔 泳 云	1892.11.20	〃	1928.12.14
崔 成 昊	1909.11.13	〃	1931. 6.12	崔 榮 几	1910. 3.21	〃	1930.12.12
崔 成 浩	1911. 1.26	〃	1935.12.14	崔 英 乙	1912. 1.15	〃	1937.11.27
崔 星 煥	1874. 9.27	〃	1929. 8.13	崔 泳 柱	1913. 5.14	군 기 보 법	1936.10.15
崔 星 煥	1911.11. 2	〃	1930. 5.31	崔 英 子	1916. 5.22	치안유지법	1941. 6.24
崔 世 必	1909. 1.13	보 안 법	1931. 8.30	崔 永 昌	1912.	〃	1934. 6.17
崔 小 福	1911. 7. 4	치안유지법	1935. 1.10	崔 暎 海	1914. 5.17	〃	1935. 6. 7
崔 壽 男	1913.12.24	〃	1933. 1.10	崔 泳 憲	1892.11.20	〃	1930.12. 8
崔 秀 男	1909. 2. 9	보안법위반	1931. 5.10	崔 玉 鎭	1913. 2.16	보 안 법	1930. 3.27
崔 秀 峰	1913.	치안유지법	1933. 4.18	崔 完 龍	1910.12.12	치안유지법	1932. 3.24
崔 秀 完		〃		崔 完 用	1913. 4. 5	보 안 법	1931. 9.30
崔 壽 日	1908.	〃	1931. 8.10	崔 完 章	1913.12.24	치안유지법	1933. 1.10
崔 壽 日	1909. 8.27	〃	1931. 9. 4	崔 龍 官	1902.10.19	〃	1932. 1.11
崔 壽 昌	1900. 6.18	보안법위반		崔 瑢 午	1902. 8.16	치안유지법·방화·살인	1938. 3.
崔 順 奉	1917. 6.21	보 안 법		崔 龍 根	1911. 5.17	치안유지법	1933. 7.11
崔 乘 大	1909. 6. 6	치안유지법	1934. 4. 5	崔 容 老	1903.	〃	1934. 6.17
崔 承 沫	1904.10.14	〃	1931. 7. 1	崔 容 大	1904.	〃	1934. 5.28
崔 承 元	1917.	〃	1934. 6.16	崔 龍 敏	1921. 6.29	〃	1942. 1.10
崔 承 俊	1892. 8. 5	보 안 법		崔 容 琦	1908. 3.12	보 안 법	1930. 6.27
崔 承 赫	1884. 5.26	〃		崔 龍 奎	1906.11. 4	보 안 법	1938. 1.29
崔 信 鍵	1900.11.30	치안유지법·주거침입·살인	1937. 9.17	崔 鎔 植		〃	
崔 信 沫	1907. 5.23	치안유지법	1932. 2.22	崔 龍 雲	1906. 9.25	치안유지법	1930.12.10
崔 安 國	1881. 9. 2	보 안 법	1919. 6. 5	崔 用 子	1900. 7. 8	국가총동원법	1944. 6.20
崔 安 燮	1903.11.28	치안유지법	1928. 2.18	崔 容 俊	1907. 8. 8	치안유지법	1935. 4.12
崔 陽 鳳		보 안 법		崔 湧 震	1908.11. 6	〃	
崔 養 玉	1895.12. 5	치안유지법·강도	1929. 5. 2	崔 龍 鐵	1909.12.19	〃	1942. 3.12
崔 億 石	1915.12.26	치안유지법	1933. 7.11	崔 用 澤	1881. 2.12	보 안 법	
崔 連 孫	1912. 6. 5	치안유지법·강도·살인	1939. 5.	崔 庸 薄	1900. 5.14	치안유지법	1933. 1.25
崔 榮 九	1901. 1.22	보 안 법		崔 龍 赫			1927. 2. 3
崔 永 吉	1911. 2.21	치안유지법	1931. 6.12	崔 遇 明	1861. 1.18	보 안 법	

姓 名	生年月日	罪 名	記錄年月日	姓 名	生年月日	罪 名	記錄年月日
崔雲甫	1902. 1.10	치안유지법	1931. 4.17	崔仁孫	1907. 2.20	치안유지법	1936.12. 3
崔雲松	1908. 1.16	〃	1932.12.14	崔寅祚		보 안 법	1919. 5.13
崔雲被	1902. 1.10	〃	1931. 1.19	崔峯	1891.12.20	치안유지법	1914. 2.16
崔雄嶺	1916. 8.29	치안유지법·육해공법	1938. 7. 8	崔逸枝	1896.		1931.10. 2
崔遠圭	1913. 6. 3	치안유지법	1934. 4. 5	崔壬潭	1904. 1.10	치안유지법	1932.12.14
崔源培	1904.12.17	〃	1930.12.12	崔長德	1899.12. 2	보 안 법	
崔元植	1895. 9. 8	국가총동원법	1941.12.26	崔長綠	1910. 2.20	보안법·강도·폭발물취급범죄	
崔元祚	1915.10. 3	치안유지법	1935.12. 4	崔長萬	1914.10.27	치안유지법	1933. 4.11
崔元直		〃	1928.11. 2	崔長凡	1910. 2.20	치안유지법·강도폭발물취급범죄	1942.12.16
崔尙琪	1897. 9.11	보 안 법		崔長善	1917. 8.26	국가총동원법	1942. 7.31
崔潤達	1911. 6.26	치안유지법	1937.10.16	崔長寔	1911. 8.17	치안유지법	1935. 4. 2
崔允東		〃	1928.12.16	崔載珠	1911. 1.17	〃	1932. 1.11
崔應模	1889.11.24	국가보안법	1940.10. 9	崔在權		〃	1942. 4.14
崔允叔	1912.	보 안 법	1930. 1.29	崔在龍	1914. 8.17	〃	1935. 8.27
崔潤昌	1900. 1.12	보안법·출판법		崔在福	1907. 6. 8	국가동원법	1943. .23
崔潤憙	1902. 1.10	치안유지법·살인·방화	1931. 4.17	崔在奉	1912. 4.28	소 요 죄	1931. 8.29
崔允鎭	1893.12. 1	치안유지법	1937.11.12	崔在品	1915.	치안유지법	1934. 6.17
崔殷劑	1909. 4.21	〃	1934. 4. 5	崔在品	1914. 9.24		1934. 4. 5
崔隱松	1906. 8. 2	〃	1932. 5.13	崔貞王	1911.11.24	보 안 법	1930. 3. 1
崔乙吉	1905. 9.21	폭력,치안유지법,공무집행방해,상해.	1935. 2. 5	崔服絢	1909.12.19	치안유지법	
崔乙本	1913. 2.15	조선아편령	1941. 8.	崔定福	1904. 1.10	〃	
崔乙出		치안유지법		崔宗全	1900. 5. 8		1928. 9.15
崔應基		보 안 법		崔宗烈	1913. 1. 8	치안유지법	1931. 7.20
崔應模	1889.11.24	불경보안법	1940.10. 9	崔鍾順	1913. 9. 8	〃	1934. 4. 5
崔應福	1912.12.27	치안유지법	1930.12.10	崔鍾聲	1914. 4.13	〃	1936. 5. 2
崔慶昌	1937.	〃	1937. 3.29	崔鍾右	1923. 6.10	〃	1940. 8. 5
崔義烈	1913. 1. 8	〃	1931. 7.20	崔鍾朔	1906. 2.16	〃	1934. 4. 6
崔毅享	1922.12.30	〃	1942. 1. 9	崔鍾喦	1907. 5.21	〃	1931. 9.20
崔利植	1907. 5.25	〃	1933. 3. 3	崔宗喦	1910. 2. 9	〃	1930.12.13
崔利完				崔周石	1908. 2. 4		1935.11.26
崔利七	1913. 2.25	치안유지법	1935. 9. 3	崔重峯	1913. 4.28	〃	1942. 3.12
崔翼武		보 안 법		崔曾植	1912. 5. 7		1933. 3. 3
崔洙林	1887. 7.15	국가총동원법	1941.12.26	崔枝賢			1931. 6. 2
崔翼秀	1911. 2.18	보 안 법	1940. 9. 5	崔鎭	1899. 8. 5		1933. 7.11
崔益翰	1897. 3. 7	치안유지법	1930. 9. 1	崔瑨淳	1901. 6. 9	보 안 법	
崔益煥	1891.	보 안 법		崔鍾鐵	1916.	폭력행위범죄	1935. 3.23

姓　名	生年月日	罪　　名	記錄年月日	姓　名	生年月日	罪　　名	記錄年月日
崔　昔　夏	1887.11.5	소　요	1931. 9.27	崔　衡　郁		보 안 법	
崔　檪　白	1900. 8.23	국가총동원법	1940. 9.17	崔　炯　益	1901.11.5	치안유지법	1930.12.5
崔　昌　米		주거침입		崔　浩		〃	
崔　昌　範	1906. 4.20	치안유지법	1930.12.26	崔　浩　極	1915. 4.10	〃	1937. 5.14
崔　昌　慮	1895.12.21	〃	1930. 9. 1	崔　鎬　燮	1915.12.15	〃	1934. 6.20
崔　昌　達		보안법 및 소요		崔　浩　鎭	1918.11.25	국가총동원법	1942. 6.26
崔　昌　亨			1928. 9.15	崔　和　順	1915.	치안유지법	1934. 5.28
崔　昌　祚	1892. 6. 3	치안유지법	1930.11. 1	崔　興　峰	1910.11.19	〃	1933. 4.18
崔　昌　殷	1908.10.29	〃	1932. 1.11	崔　興　斌	1901. 6.15	〃	1931. 8.29
崔　昌　赫	1894.12.13	보 안 법		崔　興　綜	1881. 5. 2	보안법·출판법	
崔　天　煥	1902. 5. 8	국가총동원법	1942. 1.30	崔　賢　守		보안법위반	1930. 1.29
崔　春　化	1906. 5.20	치안유지법	1931. 7.15	崔　熙　昌	1920.10.27	국가총동원법	1942. 3.19
崔　春　甫		보 안 법		崔　　麟	1878. 1.25	보 안 법	1929. 7.22
崔　致　俊	1906.10.14	치안유지법	1931. 7.15	崔　泰　鍾	1920. 9.13	치안유지법	1942. 1.10
崔　致　埈	1906.	〃	1931. 6.13	秋　教　慶	1906. 3.15	〃	1933. 7.11
崔　致　煥	1897. 6. 3	보안법·출판법		秋　教　善	1913.	〃	1933. 4. 7
崔　七　鍾	1898. 7. 7	국가총동원법	1942.11.	秋　教　晶	1910.	〃	1934. 5.31
崔　泰　善	1907.12.24	국가총동원법	1941. 5.	秋　宮　永	1906.	〃	1930. 4.12
崔　泰　植	1901.10. 4	보 안 법		秋　秉　河	1899.12.17	〃	1929. 8.28
崔　泰　玉	1909. 7. 2	치안유지법	1931. 1.16	太　　極	1905.12.5	치안유지법	1932. 1.11
崔　泰　鍾	1920. 9.13	〃	1942. 1.10	太　極　天	1888. 7.21	보안법위반, 사기등	
崔　泰　鎭	1911.12.13	〃	1935. 4.18	太　極　賢	1885. 5.18	보안법, 사기죄	1933. 1.10
崔　泰　勳	1907. 3. 6	〃	1930.12.15	太　南　龍	1910. 2.19	치안유지법위반	1932. 5. 2
崔　判　與	1899. 8. 5	〃	1933. 7.11	太　斗　室	1870. 3.17	보안법, 사기	1933. 1.15
崔　豊　烈	1912.12.10	보 안 법	1936. 6.30	太　明　玉	1912.12.31	치안유지법등	1931. 8.15
崔　弼　鎬	1913. 8.19	치안유지법		太　龍　得	1913. 1.23	보안법	1931. 6.16
崔　鶴　吉	1876. 4.18	보안법위반		太　路　浩	1914.12.26	치안유지법, 절도	1932. 2.22
崔　學　韶	1916.11. 4	치안유지법	1935. 8. 3	太　旭　星	1918. 2.15	치안유지법, 상해치사	1939. 2.25
崔　學　奉	1910. 4.12	〃	1931. 1.23	太　乙　範	1909. 4.10	치안유지법	1931. 1.10
崔　鶴　鳳	1889. 3. 3	폭발물·치유법	1930.12.12	太　乙　仙	1888. 7.21	보안법, 사기	1933. 1.15
崔　學　善	1913. 2. 3	보 안 법	1931. 7.15	太　長　森	1911. 3.13	치안유지법	1930.12.10
崔　學　松	1904. 3.21	치안유지법	1936. 7. 1	太　俊　憲	1909. 6. 9	〃	1931. 6.16
崔　漢　錫	1873. 2.10	보 안 법		泰　應　朱		보안법	
崔　鄕　鉉	1870. 8. 8	〃		澤　田　稔	1923. 3. 3	치안유지법, 보안법	1940.12.19
崔　鉉　國	1906. 6.22	치안유지법	1930.12.15				
崔　鉉　豪	1900. 2.19	〃	1935.12.14	表　道　源		보안법	

姓　名	生年月日	罪　名	記錄年月日	姓　名	生年月日	罪　名	記錄年月日
河 京 煥	1901. 2.22	보안법위반, 공갈미수	1932. 9. 5	韓 吉 壽			1940. 7.23
河 光 夏			1928.12.14	韓 東 柄	1916. 8.23	치안유지법	1938.10.10
河 命 植	1915. 4.23	치안유지법	1940. 1.18	韓 東 宇	1908. 6.19	〃 위반	1930.12.17
河 明 干	1915. 6. 5	〃	1938. 6.30	韓 東 正	1900.11.26	치유법	1934. 5.10
河 祥 謙	1901. 2.22	〃	1932. 9. 5	韓 東 赫	1903. 1.19	치안유지법, 살해치사	1935. 4. 2
河 世 昌	1907. 8.10	보안법	1926. 7.20	韓 斗 璣	1896.	형사과 수배용	1929.12.21
河 柳 川	1896. 2.28	〃	1942. 1. 7	韓 孟 魯	1904. 3. 6	치유법	1933. 1.25
河 利 煥	1899.11. 3	치안유지법	1926. 2.10	韓 明 錫	1909.12.24	국가총동원법	1942. 7. 3
河 在 根	1907. 8.26	국가총동원령	1940.10.13	韓 明 錫	1900. 6.28	치안유지법	1930.12.13
河 宗 煥	1910. 1.26	치안유지법	1930.12.12	韓 明 在	1893. 1. 1	보안법위반	
河 駿 麒	1906. 8.17	〃	1930.12. 8	韓 明 俊	1905. 6. 7	치안유지법	1933.12.13
河 柏 院		〃		韓 明 燦	1895.	보안법	1928. 8.11
河 炳 源	1900. 7. 8	〃	1930. 9. 4	韓 武 鶩	1906.11. 1	치안유지법	1933. 1.20
河 洪 基	1887.10.28	보안법	1919.10.25	韓 百 鳳	1881. 8.28	보안법	
河 洪 大	1893.12.24	〃		韓 百 篇		민족주의가	
河 喜 五	1896. 2.28	보안법위반	1942.11.	韓 範 愚	1902. 4. 4	보안법	
韓 江 玟	1916. 9. 4	치안유지법	1940. 4.12	韓 別	1903. 8.26	치안유지법	
韓 格 聖	1898.11.28	〃	1933. 1.20	韓 炳 宜	1907.10.18	〃	1928.12. 5
韓 慶 鍚	1909. 7. 2		1930.12.17	韓 炳 秀	1887. 7.12	보안법	1941. 8.20
韓 景 羽	1902. 6.11	보안법		韓 秉 堯	1910. 8.28	치안유지법	1936. 4.16
韓 啓 淑	1915. 5.24	치안유지법	1932.12.14	韓 秉 益		보안법	
韓 桂 荀	1914. 4. 7	〃	1939. 8.27	韓 秉 柱		〃	
韓 光 烈	1910. 2. 2	〃		韓 炳 洛	1901. 8. 9	치안유지법	1933. 1.20
韓 國 鸚	1910. 4. 1	치안	1931. 5.15	韓 炳 熙	1906. 3.24	〃	1933. 1.25
韓 國 亨	1910.	치안유지법, 출판법	1933. 1.31	韓 保 國	1905.12.21	〃	1931. 8.30
韓 權 錄	1905.11.26	치안유지법	1930.12.12	韓 鳳 南	1909. 8.15	〃	1930.12.28
韓 貴 方	1911. 2.22	〃	1931. 9.22	韓 鳳 麟	1907. 6.28	치안유지법·군기보호법	1935. 2. 5
韓 貴 才	1911. 2.21	〃	1932. 9. 5	韓 復 濮	1910. 5.11	치안유지법	1933. 1.25
韓 龜 鉉	1909.	치유법	1934. 5.31	韓 復 淑	1907. 9. 1	〃	1933. 1.20
韓 金 用				韓 鳳 植		〃 위반	1937. 3.16
韓 今 乭	1924. 5. 3	국가총동원법위반	1944.10.11	韓 鳳 連	1901. 5.22	치안유지법	1930.12.26
韓 基 東	1902. 4.27	보안법, 소요, 기물훼손		韓 鳳 遇	1909. 2.30	〃	1933. 1.25
韓 祺 東				韓 奉 品	1898. 3. 1	소요·보안법 소지침입	
韓 己 相	1904. 8. 7	치안유지법	1931. 8.28	韓 鳳 遂	1906.	치안유지법·출판법	1934. 5.31
韓 基 鍾	1926. 1. 9	보안법외 1건	1943. 8. 7	韓 鴉 玟	1914. 2. 4	치안유지법	1940. 4.12
韓 吉 祥	1896. 9.10	치안유지법	1928.12.14	韓 斌	1904. 4. 3	〃	1930.12.13

姓　　名	生 年 月 日	罪　　名	記錄年月日	姓　　名	生 年 月 日	罪　　名	記錄年月日
韓 ? 奉	1911.12.30	국가총동원법	1942. 6.29	韓 雲 錫	1878. 6.18	소요·보안·출판법	1933.12.20
韓 相 建	1908	치안유지법	1932. 3.24	韓 元 錫	1904. 5. 6	치유법	1930.12.12
韓 相 斗	1910. 3.29	치안유지법	1940. 4.12	韓 源 泌	1912. 9.20	치안유지법	1931. 7.25
韓 相 鳳		보안법		韓 六 洪	1907.	〃	1934. 5. 8
韓 相 錫		치안유지법	1928. 9.15	韓 允 得	1917. 1.24	〃	1942. 2.18
韓 相 驥	1904.12.28	〃	1936. 5.18	韓 義 龍	1888. 7.26	보안법	1919. 6. 5
韓 相 燦	1923.12.17	국가총동원법	1942. 8.12	韓 武 錫	1916. 9.17	국가총동원법	1942. 6.22
韓 尙 鶴	1906. 4.28	치안유지법	1930.12.10	韓 麟 植		치안유지법	1933.10.18
韓 相 鵬	1897.10.17	〃	1930.12.15	韓 麟 澤	1913.	〃	1934. 5.28
韓 錫 建	1889.			韓 一 清	1899.11.16	〃	1930. 6.18
韓 錫 官			1936. 5.30	韓 林	1900. 8. 7	〃	1930.10.29
韓 錫 金	1912. 9.20	치안유지법		韓 琳 鍾	1910.	치안유지법	
韓 石 東	1893. 8.16	보안법		韓 長 順	1902.10.21	〃	1929. 4.23
韓 成 澤	1915. 8.27	치안유지법	1934. 5.25	韓 載 德	1911. 5.16	〃	1931.10. 2
韓 盛 桓	1902. 3. 6	〃	1933. 1.20	韓 再 洙	1912. 7.17		1940. 3.16
韓 笑 波	1907. 3.12	보안법위반	1930.10.27	韓 在 珍	1912. 1.29	치안유지법	1931. 8.30
韓 壽 男	1913. 2.10	치안유지법	1931. 6.28	韓 璡 鍾	1907. 5.28	〃	1932. 5.13
韓 壽 奉	1911.	〃	1933. 8.10	韓 貞 姬		〃	1930. 9.15
韓 壽 子	1903. 8.20	보안법		韓 宗 錫	1902. 2. 5	보안법,	
韓 舜 源	1909. 1.23	치안유지법	1935. 1.10	韓 俊 澤	1916. 2.20	치안유지법. 폭력	1935. 3.23
韓 承 坤	1881. 1.28	〃	1936. 4. 1	韓 眞 錫		보안법	
韓 昇 寅	1903. 7. 5	〃	1937. 8.27	韓 昌 烈	1904. 8. 7	치유법	1931. 1.10
韓 承 煥		〃		韓 昌 浩	1909. 8.14	치안유지법	1931. 6.16
韓 信 教		보안법		韓 昌 鎬	1897.10.11	소요·보안법	
韓 愼 教	1893.10.16	출판법	1923. 9.12	韓 昌 喜	1916. 5.27	치안유지법	1935. 3.22
韓 信 秀	1913. 2.27	치안유지법	1933. 1.20	韓 靑 松	1909. 5.29	〃	1931.11.30
韓 量 默	1909. 4.10	〃	1928. 9.20	韓 寂 琪		치안유지법·출판법	1935.11.26
韓 榮 玉	1883. 9. 7	보안법		韓 最 貞	1916. 2. 2	치안유지법	
韓 永 乭	1910. 9. 7	치안유지법	1935.11.26	韓 忠 教	1905. 8.28	국가총동원법	1942.11.30
韓 永 明	1910. 8.19	〃	1934. 6.15	韓 致 翼	1915. 5. 5	〃	1942. 6.13
韓 來 祐	1909. 6.25	〃 등	1934. 6.19	韓 鐸 켄	1899. 2.10	출판법	
韓 永 允	1908. 2.24	치안유지법	1936. 6.30	韓 鐸 允	1904. 9. 5	치유법	1933. 1.25
韓 泳 徵	1912. 5. 5	치안유지법위반	1933. 6.30	韓 泰 甲	1911. 9.25	〃	1937. 7.23
韓 英 輝	1907. 2.16	치안유지법	1932. 5.13	韓 泰 善		치안유지법	1928. 9.15
韓 五 範			1930.12.10	韓 泰 洙	1915. 2.19	치안유지법	1936. 9. 4
韓 容 貴	1910. 2. 2	보안법,치안유지법		韓 泰 述	1910. 8.17	〃	1933. 1.25
韓 龍 雲		〃	1929.12.21	韓 ? 中	1896.	〃	1937. 5. 7

378

姓　名	生年月日	罪　名	記錄年月日	姓　名	生年月日	罪　名	記錄年月日
韓泰烈	1914. 1.30	치유법	1936. 5. 2	許萬洙	1913. 7.29	치간유지법·공무집행방해	
韓泰潤	1906. 8.13	치안유지법·살인·방화	1941.10. 3	許明九	1917. 9. 2	치안유지법	1930.12.12
韓泰乙	1910. 9. 3	치안유지법	1933. 1.20	許明崙	1911.10. 8	〃	1932. 5.13
韓熊柱	1912.		1931. 4.21	許文哲	1913. 7.29	치유법·공무집행방해	1939.
韓八鳳	1910. 2. 4	치안유지법	1931. 7.25	許鳳學	1911. 1. 5	치안유지법	1939. 4.17
韓鶴龍	1911. 3.29	치유법	1931. 9.14	許鳳鶴	1906. 1.12	치안유지법·강도	1941.12.21
韓鎭浩	1911. 5.14	치안유지법	1933. 1.25	許鳳鶴	1898		1936. 9. 4
韓鴻翼	1911. 6. 7	〃	1935.11.26	許紛赤	1923. 4.28	치안유지법	
韓孝三	1914. 2.20	〃	1935.11.26	許山俊		〃	
韓興復	1900. 7.18	보안법·출판법		許瑞得	1909. 2. 6	〃　위반	1939. 4.17
韓熙景	1912	치안유지법	1931. 8.10	許瑞得	1919. 2. 6	치안유지법	1939. 2. 9
咸呂濬	1917. 8.10	국가총동원법	1942. 6.19	許成株	1912. 5. 4	〃	
咸有錦	1904. 3.18	공갈		許成電	1912.10.25	〃	
咸用煥	1895. 3.10	치안유지법	1937. 5.26	許聖鎭	1915. 1.25	〃	1941.12.28
咸雲鶴	1915.	〃	1934. 5.31	許成澤	1909. 5.16	치안,폭력,상해	1938. 6. 4
咸載德	1909. 9.12	치안	1936.11. 7	許錫弼	1907. 9.28	치안유지법	1935. 8. 3
咸在淳	1915. 5. 4	치안유지법	1934. 5.16	許守乭	1902.10.29	〃	1931. 6.20
咸員元	1879. 1.24	보안법		許順華	1912. 8.15	치안유지법·출판법	1934. 1.11
咸台永	1873.10.23	출판법		許峇	1912. 7.20	국가총동원법	
許景男	1911.11.28	치안유지법	1930.11. 8	許良福	1905. 9. 2	보안법	1929.11.18
許庚龍	1910. 5. 3	국가총동원법	1942. 7.11	許蓮竹	1923. 3.15	치안유지법	
許珖珍	1910. 7.12	치안유지법·강도·방화·살인	1931. 8.29	許葉			1927
許來松	1913. 7.29	치안유지법·공공집행방해	1939.	許永壽	1901. 4. 8	치안유지법	1928. 2.16
許菊峰	1913. 4. 1	치안유지법·강도미수	1939. 5.20	許永植	1909. 2.16	치안유지법·폭력·행위위반	1938. 6. 4
許國澤		치안유지법·가폭력행위	1938. 6. 4	許水鎬	1911.10.27	치안유지법	1936. 2.24
許奎錫	1908. 2. 2	치안유지법	1930.12.10	許龍萬		보안법(노동조합)	1936. 9. 4
許金山	1909. 6. 2	치안	1931. 6.20	許容文	1908. 2.12	보안법	1929.11.28
許職	1902.12.17	치안유지법	1931. 1.16	許龍成	1896. 8.11	치안유지법	1937. 8.23
許基珞	1902.10.29	〃	1931. 6.20	許龍澤	1910. 1.14	〃	1931. 9. 4
許吉松		보안법	1936. 7. 3	許元用	1901.12.13	보안법	
許吉松	1913. 7.29	치안유지법	1939. 5	許爲吉		보안법	1929.11.20
許德孫	1909. 1. 2	치안유지법·방화	1931. 1.23	許允燮	1908. 1. 5	치안유지법	1936. 5.27
許都世	1917. 9.15	치유법·소요·강도·살인	1942. 3. 6	許應利	1907.10.21		1942. 8.17
許道銓	1912. 9. 5	치안유지법	1942. 3.12	許均	1904. 6.14	〃	
許艺	1911.12.21	〃		許壹	1897.		1935. 5.27
許東鳳			1940.11.25	許埠煥	1896. 9.24	치안유지법	1935. 7. 8

姓　　名	生年月日	罪　　名	記錄年月日
許 在 先	1916. 9.27	〃	1939. 2.19
許 定 根	1910. 1. 2	〃	1931. 1.30
許 丁 默	1893. 6.21	보 안 법	
許 正 善	1905. 9.26	〃	1933.12.
許 正 嚴	1915.11.23	치안유지법	1939. 2.19
許 重 學	1911. 4. 3	치안유지법 상해, 치사	1939. 8.30
許 貞 淑	1903. 5. 2	보 안 법	1930. 3.24
許 鎭 秀	1913.11.24	치안유지법	1933.12. 8
許 京 浩	1911. 5. 4	〃	1931. 9.14
許 大 吉	1913. 4.22	〃	1935. 7.19
許 昌 國	1910.11.24	치안유지법 강도, 살인	1942. 3. 6
許 喆	1910.11.24	〃	1942. 3. 6
許 澈	1904. 2.26	치안유지법	1931. 1.25
許 哲 童	1912.12.11	보 안 법	1931. 5.15
許 喆 松	1906.12. 6	〃	1929.11.19
許 泰 鳳	1914.12. 9	치안유지법	1939. 1.17
許 泰 星	1902. 9.10	〃	1939. 4.
許 薄 海	1913. 4. 1	치안유지법, 강도	1939. 5.20
許 學 峰	1900.11. 6	치안유지법	1939. 2.18
許 學 鳳	1899. 4. 1	보 안 법	
許 鶴 松	1914. 7.24	치안유지법 강도, 살인	1942. 3. 6
許 憲	1885. 6.11	보 안 법 치안유지법	1930.12.12
許 好 益	1903.12.13	치안유지법	1939. 5.
許 和 正	1911. 1.14	〃	1935. 4.11
玄 寬 赫	1912. 7.25	〃	1936. 1. 6
玄 金 得	1906. 1. 5	〃	1932. 2.22
玄 今 烈	1919. 9.14	보 안 법	1941.12. 4
玄 德 八	1913. 2.28	국가총동원법	1940.12.23
玄 柱 哲	1908. 8.13	치안유지법	1930.12.10
玄 得 學	1913.11. 3	치안유지, 강도 주거침입, 강도살인	1937. 1.29
玄 命 烈	1919. 9.14	보 안 법	1941.12. 4
玄 秉 學		치안유지법	
玄 尙 立	1913.11. 3	치안유지법 강도, 살인	1939. 5.20
玄 一 鳳	1913. 8. 6	치안유지법	1936.11. 7
玄 一 松	1915. 2. 3	〃	1939. 2.25
玄 俊 赫	1900.	〃	1935. 4.24

姓　　名	生年月日	罪　　名	記錄年月日
玄 昌 默		보 안 법	
玄 昌 浩	1903. 5.20	〃	1932. 5.13
玄 初 得	1912.11.27	치유법, 보안법	1934. 9.26
玄 春 達	1899. 7.12	치안유지법	1937.11.30
玄 七 鍾	1898. 7.17	치안유지법	1929. 1. 4
玄 學 係	1909. 7. 6	치안유지, 육군형법, 해군형법	1938.11.25
胡 斌 勳	1894. 7.30	보 안 법	
洪 加 勳	1913.10.19	치안유지법	1935. 1.10
洪 珧		보 안 법	
洪 景 福	1914. 2.25	국가총동원법	1943. 4.13
洪 寬 厚		보 안 법	
洪 光 植	1907.12.11	치안유지법	1932. 5.12
洪 光 俊	1905. 4.20	〃	1934. 4. 6
洪 起 文	1903. 8. 3		1936. 5.18
洪 基 兆	1911.12.19	보 안 법	
洪 吉 載		〃	
洪 達 洙	1906. 2.24	치안유지법	1931. 8.29
洪 應 裕	1882. 3. 6	〃	1928. 2.18
洪 悙 昌	1884. 2. 5	〃	1941. 6. 6
洪 斗 玉		보 안 법	
洪 明 先		〃	
洪 明 澈	1874.12.24	〃	1919. 5.31
洪 命 顒	1914. 2. 7	국가총동원법	1942.10.9
洪 命 熹	1887. 5.25	보 안 법	1930.12.12
洪 綏 植	1911.10.17	치안유지법	1931. 6.16
洪 袁 箕		보 안 법	
洪 炳 模	1912.10.19	치유법, 보안법	1933. 1.20
洪 秉 學	1901. 4.15		1936. 6. 1
洪 甫 艺	1903.12. 2	치안유지법	1930. 9. 1
洪 鳳 祖	1902. 3.12	보 안 법	
洪 相 南	1906. 1.21	국가총동원법	1942.11. 4
洪 星 杓	당 47세	치안유지법	1928. 6.30
洪 聖 漢	1897. 3. 8	보 안 법	
洪 彦 謙	1892. 9.25	소요, 보안법	
洪 順 吉	1909. 2.23	치안유지법	1932. 5. 2
洪 彦 明	1917. 2.10	국가총동원법	1941.10.28

姓　名	生年月日	罪　名	記錄年月日	姓　名	生年月日	罪　名	記錄年月日
洪 淳 福	1900. 9.23	보 안 법	1920. 2.27	黃 京 在	1908. 6. 8	〃	1932. 1.11
洪 淳 錫	1885.12.14	치열민족주의자	1930.11. 5	黃 京 淳	1912. 8.28	치안유지법	
洪 淳 昌	1904. 2. 5	치안유지법	1941. 6. 6	黃 癸 曾	1914. 1. 9	치안유지법 살인, 방화	
洪 淳 學	1911.	〃	〃	黃 九 龍	1898. 3. 1	치안유지법	1932.12.16
洪 淳 週	1918. 1.17	〃	1935.12. 3	黃 光 秀	1905.10.24	〃	1931. 8. 5
洪 承 稿	1911. 2.25	〃	1931. 7.10	黃 全 錦	1887.12.25	〃	1930.12.12
洪 承 祜	1910.12.29	〃	1931. 2. 4	廣田義煥 黃今剛	1916. 2. 1	국가총동원법	1942.12.19
洪 泳 裕	1911. 1. 3	치안유지법, 출판법	1933. 4.11	黃 金 鳳	1897.12.19	절 도	1931. 9.22
洪 云 杓	1913.11.29	치안유지법	1933. 9.15	黃 今 善	1913.11. 2	치안유지법	1932. 1.11
洪 元 厚	1916.	〃	1934. 5.28	黃 金 鍾	1880. 1.20	보 안 법	1919. 4.17
洪 寅 燮	1909. 3. 7	〃	1931. 9.22	黃 大 用	1907.	치안유지법	1934. 9. 6
洪 幸 植	1903.			黃 德 範	1902. 3.26	〃	1930.12.25
洪 在 駿	1895. 7. 7	보 안 법	1942. 1.31	黃 燉	1897.12.19	절 도	1931. 9.22
洪 楨 在	1913.12.21	치안유지법	1934. 6.19	黃 東 淵	1919. 3. 4	치안유지법	1940. 1.18
洪 鍾 甲	1902.11.23	치안유지법	1935.12. 3	黃 明 極	1907. 5.28	〃	1931. 1.25
洪 鍾 國	1906. 4. 1	〃	1930.12. 8	黃 炳 極		〃	
洪 鍾 晩	1917. 2.10	〃	1935. 3.23	黃 丙 男	1914. 4.24	〃	1930.12.24
洪 鍾 煜		보 안 법		黃 三 鳳	1917. 2.15	국가총동원법	1941.12.24
洪 鍾 彦	1899.	치안유지법	1930. 9.15	黃 尙 鳳		보 안 법	
洪 鍾 煥		보 안 법		黃 錫 鍵	1909. 4.22	치안유지법	
洪 鍾 禮		치안유지법	1937. 3.29	黃 石 鎬	1913. 3. 9	〃	1931. 1.10
洪 鍾 煜	1893. 5.19	보 안 법	1919. 6.28	黃 舒 穀	1908. 6. 1	〃	1931. 9.14
洪 鍾 喆	1920. 3.26	치안유지법	1942. 1.10	黃 長 守	1898. 7.30	국가총동원법	1940.11. 4
洪 鍾 顯	1890. 1. 3	보 안 법	1926. 6.18	黃 世 在	1909. 9. 5	치안유지법	
洪 鍾 欽	1879. 4.30	〃		黃 守 龍	1897.		1926. 9. 6
洪 埈 玉		〃		黃 水 龍	1907.12. 3	치안유지법	1930.12.25
洪 增 植	1896. 2.24	치안유지법	1928. 2.18	黃 萬 浩			1930.11. 5
洪 鎭 朱	1895. 3. 1	보 안 법		黃 舜 鳳	1910.10.27	치안유지법, 출판법	1932. 2.22
洪 鐵 成	1907. 8. 2	치안유지법		黃 始 律	1914. 9. 5	치안유지법 강도, 살인	1942. 3. 6
洪 靑 石	1908. 5.20	〃	1930.12.12	黃 乘 極	1901. 5.22	치안유지법	1930.12.12
洪 靑 龍	1911.10.17	〃	1931. 6.16	黃 承 龍	1908.10. 8	〃	1931. 2.
洪 泰 根	1861. 7. 5	보 안 법		黃 壽 哲	1902. 5. 8	국가총동원법	1944. 5.27
洪 性 凡	1916. 3.10	국가총동원법	1944. 4. 4	黃 永 祿	1898. 3.10	치안유지법	1930.12.13
洪 必 善	1909. 7.14	치안유지법	1931.11.30	黃 永 玉	1890. 4. 7	소 요	1931. 9. 4
洪 賢 基	1911.	〃	1933. 8.10	黃 英 任	1921. 3.24	치안유지법	1941. 6.24
洪 華 徹	1912.12.26	〃	1931. 9.28	黃 英 周	1915. 4.11	보 안 법	1942. 8. 1

姓　　名	生 年 月 日	罪　　名	記錄 年 月 日
黃 龍 郁	1914. 1. 9	치안유지법 살인방조	1930.12.24
黃 榮 九	1918.	치안유지법	1935. 3.23
黃 祐 順	1859.12. 9	보 안 법	1919. 6.14
黃 　 雲		치안유지법	1937. 5. 7
黃 雲 大	1905.12.26	〃	1935.12. 4
黃 雲 天	1897.11.16	군기보호법	1936. 7.20
黃 雲 漢	1905.10. 8	치안유지법	1933. 7.11
黃 熊 度		〃	1934. 5.16
黃 醒 东	1915. 2. 5	치안유시법폭력작위등 처벌에관한법률	1935. 3.23
黃 義 太	1907.12.19	보 안 법	1930. 6.19
黃 一 由	1889. 5.10	치안유지법	1929. 2.10
黃 一 星	1913.12.9	치안유지법	1931. 6.28
黃 寅 燮		〃	1937. 5.20
黃 仁 品	1905. 1.17	〃	1933. 1.10
黃 在 玉	1880. 9.16	보 안 법	
黃 載 洪	1908. 2.19	치안유지법	1931. 8. 5
黃 正 煥	1909. 9. 5	〃	1933. 6.30
黃 鍾 菁	1911. 7. 8	〃	1934. 4. 5
黃 鍾 和		보 안 법	
黃 俊 寅		〃	
黃 櫻 淵		치안유지법	1930.12. 8
黃 珍 淵	1899. 5.24	〃	1930.12. 5
黃 鋼 業	1908. 1.10	〃	1932. 1.11
黃 此 俊	1907. 9. 5	〃	1933. 8. 1
黃 昌 律		보 안 법	
黃 彰 漢	1906. 1. 3	치안유지법	1933. 7.11
黃 致 商	1905.11.25	국가총동원법	1940.12.26
黃 七 成		보 안 법	
黃 泰 國	1911. 2.10	치안유지법	1937. 6.12
黃 泰 律	1906. 5. 5	〃	1934. 9.27
黃 泰 成	1898. 1.20	보안법·출판법	1930.12.13
黃 泰 成	1906. 4.27	치안유지법	1928. 9.15
黃 鶴 老		〃	1931.10.26
黃 鶴 列	1874. 8. 3	〃	1940. 7.11
黃 行 玉	1910. 4.21	국가총동원법	1943. 4.21
黃 亨 魯	1908. 6. 8	치안유지, 주거침입강도, 방화,강도미수방화예비, 전신법	1933. 1.15

姓　　名	生 年 月 日	罪　　名	記錄 年 月 日
黃 和 烈	1911. 5.29	치안유지법	1930.12.24
黃 興 任	1900. 7. 2	〃	1932.12. 4
薰 玉 明	1903. 5.15	육해군형법 조선임시보안령	1942. 9. 3

본명미확인 (創氏改名)

姓　　名	生 年 月 日	罪　　名	記錄 年 月 日
加 藤 政 雄	1905.11. 5	치안유지법	1931.10.16
江 上 利 平	1902. 6.29	국가총동원법	1940. 5.11
高 井 雲 德	1914. 2.26	〃	1943. 9.
光 田 基 男	1918. 4.12	〃	1944. 9.10
國 本 秀 松	1896 9. 5	보안법	1941. 9. 9
國 本 靖 雄		국가동원법	1940.11.22
菊 池 輝 郎	1913. 2.27	치안유지법	1931. 9.26
宮 本 明 儀	1916. 3.29	국가총동원법	1943. 9.16
宮 本 殼 植	1920. 6.11	〃	1942.10.15
磯 谷 秀 夫	1907. 9.16	치안유지법안법	1942. 3.12
吉 原 哲 雄	1913. 4.28	치안유지법	1938.12.15
金 各 俊 吉	1901. 1.10	국가총동원법	1926. 8. 1
金 江 演 福	1906. 4.14	보안법	1942.11.
金 谷 善 雄	1884. 4.14	치안유지법	1942. 4.14
金 順 善	1901. 8.12	국가총동원법	1942. 2. 5
金 光 中 元	1814. 4.19	〃	1940. 8.31
金 瑪 利 亞	1903. 3. 1	보안법위반	
金 本 東 一	1916. 4.13	국가총동원법	1942. 5.11
金 城 東 起	1919. 4.12	〃	1941.11.15
金 城 永 均	1907.10.13	치안유지법	1926. 3. 9
金 水 在 龍	1900.10.17	보안법	1942. 1.21
金 原 道 仁	1909. 1. 3	국가총동원법	1941. 5.
金 乙 金 小	1906. 3. 7	치안유지법	1935. 9. 6
金 川 奎 煥	1883. 3.24	국가총동원법	
金 天 彭 聲		불경죄·보안법	1934.12.26
金 村 在 權	1901.12.29	국가총동원	1940.11.25

姓名	生年月日	罪名	記錄年月日	姓名	生年月日	罪名	記錄年月日
金澤鍾國	1907. 5.19	〃	1941.12.26	松岡相徹	1911. 1. 7	치안유지법	1943.11.30
金澤桂洪	1913. 9.16	국가총동원법	1944. 7. 6	松尾三次		치안유지법	1931. 9.29
南原成一	1897. 5.19	국가총동원법	1942. 2. 7	宋山龍期	1918.11.26	〃	
南田基錫	1923. 3.15	〃	1942. 8.12	松永光能	1923. 2.27	〃	1942. 4.11
大賜景美	1911. 5.20	치안유지법·출판법	1932.10.11	松浦良行	1915. 2.15	〃	1933. 2. 9
大田良平	1909.	치안유지법	1933. 4.11	穗城壽忠	1911. 1. 1	〃	1932. 9.26
島厚斗植	1918. 9.18	국가총동원법	1944. 8. 3	市川重保	1907. 4.20	〃	
東權正昱	1921. 2.18	치안유지법	1941. 5.13	市川重保		〃	1931. 9.28
董辛亥石	1911. 9.30	〃	1939. 8.30	市川重保	1907. 4.20	〃	1931. 9.28
樫生翼元	1900. 1. 9	국가총동원법	1940. 9.27	安田東元	1908. 8. 9	국가총동원법	1942.11.26
柳井敬一	1917. 2.28	치안유지법	1941.11.20	安田哲森		〃	1941. 2.24
柳川斗完	1908. 1.10	국가총동원법	1943. 2.22	岩崎富土男	1908. 4.12	치유법	1933. 2. 9
岡本聖根	1917. 8.31	〃	1942. 8.31	岩村蓮竹	1923. 3.15	치안유지법	1942. 9. 2
岡村學成	1902. 8.17	국가총동원법	1943. 8.13	陽川鶴松	1914. 7.24	치안유지법·강도	1942. 3. 6
武本光市	1922. 5.11	치안유지법	1942. 4.14	延川宗淳	1925.10. 8	보안법	1943. 8.27
芳野株熙	1910.12. 8	〃	1940. 9.17	永本學山	1910. 1.10	치안유지법	
衰東昌生	1922.11.29	〃	1941. 5.13	吳山千根	1916. 8. 9	국가총동원법	1944. 6.26
衰本昌生	1922. 8. 7	〃	1942. 1. 7	王村貞相	1911. 5.27	치안유지법	1940.12.13
白川南藤	1909.12. 3	국가총동원법	1941.12.27	宇都宮太郎	1911. 5.23	치유법·출판법	1932. 9.26
杏原奉煥	1900.11.11	보안법·육해군형법	1940.11. 1	宇木基駿		치안유지법	1942. 4.14
邊仁德事	1891. 2. 3	소요·보안법	1920. 2.13	伊東福伊	1903. 2.22	국가총동원법	1943. 2.
本田親男	1910. 2.21	치안유지법	1933. 2. 9	伊藤俊榮	1902. 2.10	〃	1942.10.31
富田光烈	1921.11.21	보안법	1942. 5.16	伊藤喜老	1920. 1. 4	국가총동원법	1942.11. 4
山本成晏	1915. 5.15	국가총동원법	1942. 12.	伊原鎰光	1927.12.25	예배소에대한보안법·육해군형법위반	1944. 7.21
三宅鹿之助	1902.10.30	치유법·출판·살인	1934. 6.19	伊原鐘九	1927.12.25	보안법·육해군형법위반	1944. 7.21
上野平雄	1908.11. 4	치유법·출판법	1930. 9. 8	田中祺昊	1917. 3. 4	국가총동원법	1942. 3.26
雙城元胤	1919.11.21	국가총동원법	1941. 2. 3	全青龍乭	1910.12. 8	치안유지법	1933. 7.
西原泰潤	1906. 8.13	치안유지법·살인·방화	1941.10. 3	靑山茂雄	1907. 5.27	국가총동원법	1944. 2. 9
石川昌瑞	1918. 7.29	치안유지법	1941. 3.17	中原建弘	1916. 8. 1	〃	1943. 8. 3
石村秋盯	1922. 6.25	〃	1942. 8.31	中川豊吉	1922.12.23	치안·육군형법	1941.12.22
宣木泰治	1918. 6.17	〃	1941.11.20	池谷嘉雄	1923. 2.15	치안유지법	1942. 6. 3
宣太宴	1906. 1.13			池谷真雄	1923. 2.25	〃	1942. 6. 3
鮮化宣潤		〃	1942. 8.17	旭田裏批	1917. 9. 7	국가총동원법	1943.10.25
成田虎龍	1917.12. 8	국가총동원법	1943. 9. 3	淺田仁福	1910. 7.25	〃	1943. 8.21
孫本正順	1916. 1.30	육해군형법	1943. 5.24	靑柳寅林	1897. 9. 5	〃	1942. 4. 9
松來東舜	1912. 5.11	치안유지법		清原國胤	1921. 4.21	보안법	1941. 6. 6
松島作篇	1882.10.23	국가총동원법	1944. 7.17	村井直彦	1914. 8. 1	치안유지법	1931. 9.28

384

姓　　名	生年月日	罪　　名	記錄年月日
村川庄四郎	1911. 2.20	국가총동원법	1940.12.28
崔小兒支	1911. 8.30	치안유지법	1932.12.16
澤田秀雄		〃	1931. 9.28
片川吉雄	1916. 7.17	국가총동원법	1942. 6.30
平野奉賢	1922. 7.28	치안유지법	1940.12.19
平海始律	1914. 9. 5	강도살인, 치안유지법	1942. 3. 6
浦島龍治		치안유지법	1942. 4.14
浦平會根	1902.	치안유지법, 출판법	1941. 1
豊原晟煥	1922. 7.11	치안유지법 육군형법	1942. 1. 9
豊原增煥	1922. 7.11	치안유지법,육군형법	1942. 1. 9
河本昌順	1902. 9.23	국가총동원법	1944. 3.25
筒井桂重	1915. 4.16	치안유지법, 강도상해	1942. 3.12
海村英根		치안유지법	1942. 3.11
和田獻仁	1911. 6.13	〃	1933. 2. 9
黃山乙貴	1892. 6.15	국가총동원법	1933.11.17
黃仁秀事	1900. 8.25	보안법	
橫山禮太	1910. 3.31	치안유지법	1933. 4. 7
後藤晳男	1899. 2. 5	국가총동원법	1940.12.10

■ 저자 약력 ■

김 삼 웅

1943년 전남 완도에서 출생하여, 고려대학교 정책대학원에
서 수학하였다. 《씨올의 소리》편집위원을 거쳐 현재《대한
매일》주필, 친일문제연구회장을 맡고 있다.

■ 저 서 ■

《왜곡과 진실의 역사》, 《백범김구전집》(공저), 《겨레유산 이
야기》, 《한국현대사 뒷얘기》, 《한국현대사 바로잡기》, 《통
일론 수난사》, 《해방후 양민 학살사》, 《아나키스트 박열 평
전》, 《친일정치 100년사》, 《친일파》1·2·3(공저), 《사료
로 보는 20세기 한국사》, 《곡필로 본 해방 50년》, 《금서》,
《한국필화사》, 《한국 민주사상의 탐구》등.

나남신서 759

서대문형무소 근현대사
일제시대편

2000년 2월 25일 발행
2000년 2월 25일 1쇄

저 자 : 金 三 雄
발행자 : 趙 相 浩

발 행 처 : (주)나남출판

137-070 서울 서초구 서초동 1364-39 지훈빌딩 501호
전화 : (02) 3473-8535 (代), FAX : (02) 3473-1711
등록 : 제 1-71호 (79.5.12)
홈페이지 : http://www.nanamcom.co.kr
천리안, 하이텔 ID : nanamcom

ISBN 89-300-3759-3   값 15,000 원